龍門石窟文庫

# 龍門石窟

## 保护工程实录

龙门石窟研究院 · 编
陈建平 · 主编
马朝龙 范子龙 · 副主编

科学出版社
北京

## 内 容 简 介

龙门石窟位于河南洛阳伊河两岸的龙门山与香山上，是中国古代佛教石刻艺术宝库之一，现为世界文化遗产、全国重点文物保护单位。龙门石窟历经千百年沧桑，自然因素和人为影响对石窟产生了一定程度的破坏，各种病害、洞窟渗漏、雕像溶蚀、本体风化等现象严重威胁着龙门石窟的安全。本书记录了21世纪以来，龙门石窟保护工程的实施过程与发展变化，包含了工程背景、地质勘察、病害调查，以及项目设计、施工、管理的各个方面；也总结了近年来龙门石窟文物保护工作的国际合作经验。

本书可供对石窟类文物、文化遗迹的保护与利用感兴趣的专家学者及社会人士参考、阅读。

**图书在版编目（CIP）数据**

龙门石窟保护工程实录/龙门石窟研究院编；陈建平主编；马朝龙，范子龙副主编．—北京：科学出版社，2022.8

（龙门石窟文库）

ISBN 978-7-03-072893-7

Ⅰ.①龙…　Ⅱ.①龙…　②陈…　③马…　④范…　Ⅲ.①龙门石窟－文物保护　Ⅳ.①K879.23

中国版本图书馆CIP数据核字（2022）第150561号

责任编辑：张亚娜　郑佐一/责任校对：王晓茜

责任印制：肖　兴/封面设计：金舵手世纪

科学出版社 出版

北京东黄城根北街16号

邮政编码：100717

http://www.sciencep.com

中国科学院印刷厂 印刷

科学出版社发行　各地新华书店经销

*

2022年8月第　一　版　开本：787×1092　1/16

2022年8月第一次印刷　印张：24 3/4

字数：580 000

**定价：188.00 元**

（如有印装质量问题，我社负责调换）

# 龙门石窟文库

## 编辑委员会

# 序　　言

龙门石窟历经一千五百多年的沧桑变化，遭受自然营力的侵蚀和人为因素的破坏，产生了各种病害，洞窟渗漏、雕像溶蚀、本体风化等严重威胁着龙门石窟的安全。龙门石窟的保护是一项长期而艰巨的任务。

龙门石窟自开凿以来，开凿者们就非常善于利用自然山势为石刻造像遮风挡雨。现存的历代修建的大量遮雨板、窟檐、排水沟等实物和遗迹，说明古代的工匠们一直在采取一些有效的保护措施，如运用洞窟形制起到抗震和稳定洞窟的作用，又如东山现存的石板雨篷系唐代遗存，建造石刻窟檐来遮光挡雨等。后期历代多采用木构或石构窟檐、增修洞门等措施来保护石窟。如今在龙门石窟还可以看到开窟时及后期设计的排水工程，包括山顶排水、崖体壁面排水、洞窟门槛上小型的排水沟、排水洞以及窟门前的排水沟等。

20世纪50年代龙门石窟开始有计划地开展石窟保护工作，国家科研规划将围岩崩塌、洞窟渗漏、石窟风化确定为龙门石窟的“三大病害”；60年代对石窟病害进行重点调查；70—80年代实施奉先寺等重要洞窟抢救性保护工程；1987—1992年实施“五年综合治理工程”，龙门石窟得到了有效保护，基本上完成了抢救性保护任务。

2000年龙门石窟申遗成功之后，开展了多项国际合作项目，为龙门石窟带来了先进的保护理念和完善的保护修复计划。在近十余年，龙门石窟开展了包括洞窟修复、渗漏水综合治理、遗产监测体系建设、石窟保存状况调查、保护材料研发、保护管理规划修订等工作，使龙门石窟的保护得到了有力的提升，开始向抢救性保护与预防性保护并重的方向发展。

针对龙门石窟渗漏水、危岩体病害等文物保护难点问题，积极申报国家世界文化遗产保护项目，最近十余年先后开展了“潜溪寺渗漏水治理工程”、“擂鼓台区域洞窟漏水治理”、“万佛洞区域综合治理”和“东山万佛沟修缮”等洞窟治理项目，取得了良好的治理效果。龙门石窟保护70多年来走过的路程，代表了我国石窟保护乃至整个文物古迹保护的经历，十分精彩，可圈可点。

我们对龙门石窟有着深厚的感情。我们对龙门石窟的价值认知不断深入，正如联合国教科文组织世界遗产委员会对龙门石窟的评价："龙门地区的石窟和佛龛展现了中国北魏晚期至唐代（493—907年）期间，最具规模和最为优秀的造型艺术。这些详实描述佛教中宗教题材的艺术作品，代表了中国石刻艺术的最高峰。"我们发自内心地敬仰与赞叹它。更重要的是，长期以来我们全身心关注它的保护规划、勘察、设计、施工以及研究工作，龙门石窟的保护工作已成为我们人生经历的重要组成部分。陈建平先生在龙门石窟工作期间，我们是看着他从学生成长为业务骨干，后又成为行政领导。他全程参与了龙门石窟的国际文物保护合作交流、遗产监测、环境整治、石窟管理等工作，尤其是他最近十余年中参与了众多保护工程的项目申报、工程实施和协调管理工作，由此，他在该书实录的四项保护工程项目，是经过精心挑选的。

2000年后，龙门石窟的保护理念和技术手段不断更新，保护工程的地质调查、环境监测、设计施工等环节逐步规范，中国文化遗产研究院、中国地质大学（武汉）等科研院校深度参与，科研成果频出，发表了大量文物保护科研论文。在此背景下，该书总结梳理、汇总了四项重大的保护工程，集合了项目审批、勘察、设计、施工等整套的工程资料。该书具有如下方面的特色。

第一，该书各个章节中尽可能全面地收集了项目的相关资料，内容包括项目背景、地质勘察、病害调查、设计、施工、项目管理等方面，另外每章还附加了针对该区域普遍存在的病害开展的专题研究。从内容把握上，尽量做到全面、客观，以期成为龙门石窟保护工程项目的真实档案。

第二，对龙门石窟的渗水治理进行了认真的总结。纵观龙门石窟近年的渗漏水治理实践，无论是监测手段、勘察技术，还是设计思想、灌浆材料、施工工艺，都有了较大的提高，也正是因为多年坚持不懈的实践，才取得了一定的治理效果。渗漏水治理的理念，以截排水相结合，尽可能减少对于石窟本体的干预，探索长久、有效治水的措施和方法，将一个相对独立的水文地质单元作为治理对象来考察渗流系统，治理措施分步骤实施；强调了施工期勘察的重要性，每一次技术路线上的变化都来自施工期勘察精细化的全面和深入，在治理施工中，运用了传统的现场调查结合适宜的物探手段，对洞窟进行了多次反复的勘察试验，最终确定了相对科学合理的渗流通道地质模型，为渗漏水的治理提供了理论依据；适用的材料奠定了龙门石窟渗水治理的基础，在比选了有机、无机等多种材料后，选用了适宜于龙门石窟的新型无机灌浆材料；注重石窟保护工程与石窟环境的协调，治理工程中着重考虑了治理工程与环境的协调问题，努力体现不改变原状、最小干预等原则，治理措施尽量体现为隐蔽工程。

看到该书出版，我倍感亲切。它总结了龙门石窟保护工作的很多宝贵经验和教训，包括理念、管理与保护技术、研究方法与成果，技术含量很高，是珍贵的研究材料，对我国石窟的保护项目具有十分重要的借鉴意义。

除了该书汇总的万佛洞、擂鼓台、潜溪寺等区域的保护工程之外，奉先寺、东山万佛沟、敬善寺、奉先寺以南区域的保护工程正在有序开展，希望会有后续的工程报告或其他书籍陆续出版。当然，龙门石窟的保护工作并非只是保护工程，其他监测、修复、保护技术研究等方面也有大量的成果需要整理、总结，汇集成书，为今后的保护工作奠定基础。

在国家的高度重视和关怀下，目前石窟寺保护迎来了全新的大好局面，科技部的国家重点研发计划项目多个课题涉及石窟寺结构稳定性、渗水探测技术、石窟本体风化病害防治、设备研发等，相信这些创新成果及其应用，一定能使石窟寺的保护上一个新的台阶。

中国地质大学（武汉）　方　云
中国文化遗产研究院　黄克忠
2021年岁末

# 目　　录

# 第一章　龙门石窟保护概述

## 第一节　龙门石窟概述

龙门石窟位于洛阳城南13千米处。这里两山对峙，伊水中流，形似天然门阙，故称“伊阙”，隋炀帝都洛，始有“龙门”之称。著名的龙门石窟就分布在伊水两岸南北长达1km的崖壁上，与敦煌莫高窟、大同云冈石窟并称为我国三大石窟艺术宝库。1961年，国务院公布龙门石窟为第一批全国重点文物保护单位。

龙门石窟始凿于北魏孝文帝迁都洛阳（493年）之际，历经北魏、东魏、西魏、北齐、隋、唐、五代、北宋诸朝，断续营造达400余年。现存窟龛2340多个，造像10万余尊，碑刻题记2870余块（通），佛塔70多座，其窟龛造像数量之多，规模之大，堪称全国之冠。龙门石窟的造像以北魏和唐代为两大高峰，其中北魏窟龛造像约占总数的30%，唐代窟龛造像约占总数的60%。北魏时期的大型洞窟，主要有古阳洞、宾阳中洞、莲花洞、火烧洞、魏字洞、皇甫公窟等。唐代的代表性洞窟有宾阳南洞、宾阳北洞、潜溪寺、敬善寺、摩崖三佛龛、万佛洞、惠简洞、人卢舍那像龛、极南洞、擂鼓台三洞、看经寺等。

龙门石窟的北魏和唐代造像达到了当时艺术的顶峰，以匠心独具的皇家风范、中原风格而异于中国的早、晚期石窟。其造像内容广涉佛教信仰的众多宗派，甚至包括道教题材，也为石窟艺术中所罕见。

龙门石窟以碑刻题记数量为世界石窟之最而被誉为“古碑林”。其中“龙门二十品”和褚遂良的“伊阙佛龛之碑”，分别是中国书法艺术史上魏碑体的珍品和唐楷的典范，堪称中国书法艺术的上乘之作。

龙门石窟的大量实物形象和文字资料从不同侧面反映了中国古代政治、经济、宗教、文化等许多领域的发展变化，对中国佛教石窟艺术的创新与发展作出了重大的贡献。其历史、艺术、科学和鉴赏价值是石窟艺术行列中不可或缺的，是世界现存最伟大的古典艺术宝库之一。

2000年，联合国教育、科学及文化组织（UNESCO，简称“联合国教科文组织”）第24届世界遗产委员会一致决定把龙门石窟列入《世界遗产名录》，依据世界文化遗产的评选标准给以三项入选评价：

1）龙门石窟的雕像展现了人类杰出的艺术创造力；

2）龙门石窟完美地展现了石雕这一古老艺术形式的独特魅力，而石雕在亚洲地区的文化发展中具有重要的地位；

3）龙门石窟是中国唐代高度发达的文化水平和社会形态的缩影。

世界遗产委员会高度评价道："龙门地区的石窟和佛龛展现了中国北魏晚期至唐代（493—907年）期间，最具规模和最为优秀的造型艺术。这些详实描述佛教中宗教题材的艺术作品，代表了中国石刻艺术的最高峰。"这使龙门石窟成为世界级文化资源实体，具有世界性，受到全人类的保护。

## 第二节　龙门石窟的历史保护

龙门石窟历史上虽然遭受到人为和自然破坏，但主要洞窟和大部分像龛仍保存完好。1949年中华人民共和国成立后，龙门石窟设立了文物保护管理机构，在对石窟文物的日常维修加固、洞窟渗漏水治理、石雕风化防范的过程中，力求不损害文物，以"不改变原状"为原则，以确凿文献和碑刻题记为依据，采用传统技术与现代科学技术相结合的手段进行保护、研究。其工程设计、保护材料、工艺等方面均保持龙门石窟历史风貌的完整性和真实性。同时，对景区的环境治理、对两山植被和建设控制地带的保护，也以保持龙门石窟这一世界遗产的原真性和完整性为原则，未改变其环境关系和历史面貌。

龙门石窟自开凿以来，开凿者们便善于利用自然山势为石刻造像遮风挡雨，历代修建的遮雨板、窟檐、排水沟等保护措施的实物和遗迹大量存在。怀揣着虔诚宗教理想的石窟开凿者一定希望他们创造的艺术杰作能和内心的神明一样永世流传。

但是，在一千多年的历史中，随着自然环境和社会生活的变迁，龙门石窟也经历了由兴起时的繁盛到逐渐暗淡直至衰落、荒废的过程。当千百年前的龙门石窟展现在现代人们的视野的时候，规模宏大的龙门石窟既是叹为观止，又是满目疮痍。

1909年，法国学者沙畹出版的《北中国考古图录》是目前看到最早正式出版的龙门石窟的图片资料（图1.1、图1.2、图1.4、图1.5）。

拍摄于1907年的卢舍那大像龛，大佛的佛手及腰部以下已然损毁，面部、背光裂

图1.1 奉先寺南壁

（引自〔法〕沙畹：《北中国考古图录》，《中国文化史迹》，浙江人民美术出版社，2018年）

图1.2 卢舍那大像龛

（引自〔法〕沙畹：《北中国考古图录》，《中国文化史迹》，浙江人民美术出版社，2018年）

图1.3 伊阙

（引自〔日〕水野清一、长广敏雄：《龙门石窟的研究》，同朋社，1980年）

图1.4 帝后礼佛图

（引自〔法〕沙畹：《北中国考古图录》，《中国文化史迹》，浙江人民美术出版社，2018年）

图1.5 万佛洞外的石狮

（引自〔法〕沙畹：《北中国考古图录》，《中国文化史迹》，浙江人民美术出版社，2018年）

隙开张，掉块缺损严重（图1.2）。大像龛前碎石和泥土已堆积至台座束腰部天王、力士雕像的腿部，且杂草丛生。

1941年，日本学者水野清一、长广敏雄出版的《龙门石窟的研究》一书中的伊阙景象照片，可见龙门东西两山荒无人烟，伊河河道淤积，窟前道路泥泞难行（图1.3）。

石窟围岩及雕刻品的崩塌、岩体溶蚀、风化等自然因素是造成龙门石窟损毁的首要原因，但是人类活动也是重要原因。因历代多次的毁佛灭法，元代的龙门石窟已是千疮百孔。20世纪三四十年代的蓄意疯狂盗凿造成龙门石窟大量精美雕刻流失，现在已无法在龙门石窟宾阳洞看到气势宏大的帝后礼佛图，也不能在万佛洞外看到孔武有力的雄狮了（图1.4、图1.5）。

据1958年龙门文物保管所编、文物出版社出版的《龙门石窟》一书记录："龙门石窟保管所的初步统计，现在保存下来的窟龛2102个，佛塔39座，……在过去漫长的岁月里，石窟艺术没有得到应有的重视，石窟中绝大多数的佛头和许多精美的造像也被盗凿运走，……石窟周围的岩石更被随意炸毁，在长期无人管理的情况下，丰富和精美的龙门石窟艺术被淹没在杂草和灰尘中。"

# 一、开窟时期的保护

开窟造像时期工匠们就采取了一些有效的保护措施，如运用洞窟形制起到抗震和稳定洞窟的作用、建造石刻窟檐来遮光挡雨等。后期历代多采用木构或石构窟檐、增修洞门等建筑形式来保护石窟，同时也采取了一些防雨措施，比如东山现存的唐代石板雨篷。在开窟及后期设计合理的排水工程，包括山顶排水、崖体壁面排水、洞窟门槛上小型的排水沟、排水洞以及窟门前的排水沟等。

## （一）开窟之初位置和窟形的选择

龙门位于洛阳都城近郊，风景秀丽，气候温和。香山、龙门山两山对峙，伊水东流，天然形成的陡峭崖壁为石窟的开凿提供了便利的条件。加之龙门山系古生代寒武纪和奥陶纪造山运动形成的石灰岩，颜色青灰，石质坚硬，不易风化，便于精雕细凿。故而古人择此为石窟开凿之地。

高度适宜的崖壁、完整的岩层，保证了洞窟和雕像的完整。以岩溶地区普遍存在的溶洞为基础，拓展成为洞窟，省时省力。

在窟龛的形制上，无中心柱是普遍采用的窟形。穹隆顶设计，使得洞窟既稳固又开阔明朗，较易于安排设计场景。

### （二）开窟时及后期的保护设施、遗迹

从现存遗迹和各种考古发掘资料来看，我国众多石窟都曾有一定数量、规模宏大的早期木构窟檐、石刻窟檐和龛檐。这些历史保护措施，对石窟造像和雕刻起到了积极的保护作用，使其较少受到风吹、雨淋、日晒等自然营力的侵蚀破坏。

龙门石窟的保护性建筑主要有石刻窟檐、防雨石板、保护房、木构窟檐、石构窟檐以及现代修造的栈道型窟檐。防水雨篷在我国古时已有，而其结构、材质、规模或有不同。龙门石窟东山擂鼓台现存一石板雨篷，专为保护其下碑刻，推断应为唐代遗存。而东、西两山有很多洞窟早期都修造有雨篷，惜已不存，至今尚留遗迹。其工艺简洁实用，采用凿槽安装石板或木板来达到保护洞窟造像的目的。

龙门石窟发现的古代排水工程，主要是山顶或洞窟顶部布设的排水设施，以奉先寺（卢舍那大像龛）崖顶上的“人”字形排水沟为典型代表。该排水沟沿奉先寺崖顶依山就势修造，全长120m，深0.5m以上。坡度大不会造成积水。其除了用于降雨后坡面径流的排泄，还可拦截山坡上的落石。

现场调查，有些洞窟如潜溪寺、莲花洞、龙华寺等均发现排水石洞和排水石槽，洞窟门槛上开凿有圆形石洞或“V”形石槽，目的是排泄洞窟内地面的积水。

龙门石窟迄今发现的加固措施有铸铁连接加固裂隙、糯米灰浆灌注裂隙等，还在沿河观光石道上采用铁铆钉锚固石块，防止其松动滑移或被洪水冲走。1973年，在奉先寺维修工程中，发现大佛头顶有“8”字形铸铁块连接于裂隙之中，并灌注了糯米灰浆，这就是后人称谓的“铁线板”，至今仍应用于连接石刻或桥梁。

## 二、保护管理机构的建立和完善

龙门石窟保护的历史性转变从龙门石窟管理机构的建立开始。1951年，成立龙门森林古迹保护委员会；1953年，成立龙门文物保管所；1961年，国家科研规划将龙门石窟“围岩崩塌、洞窟漏水、雕刻品风化”列为三大病害，并立项研究；1961年3月，国务院公布龙门石窟为第一批全国重点文物保护单位。

龙门文物保管所从1953年建所时的5名工作人员，到1965年增加至18名，设立了5个组室，其中保护组负责气象、洞窟观测，筹建保护技术实验室。

同时，龙门石窟的保护工作也引起了社会知名学者和科研机构的广泛关注，并被提上了议事日程，开始了石窟文物保护的探索和尝试。1961年，北京地质学院教授苏良赫、王大纯对龙门石窟进行地质调查，苏良赫于1961年8月26日在《光明日报》发

表文章《石窟保护工作中的地质学》，文中有对龙门石窟岩石特性的相关论述。1962年9月28日《光明日报》报道："龙门石窟保管所在北京大学严文儒教授的倡导和帮助下正在进行龙门石窟全调查，调查的内容包括全部洞窟的数目、窟龛形制和内容、佛像数目、窟龛和佛像的雕凿年代分期等，对佛像、浮雕和题记还要临摹、拓片和拍成照片。"

著名建筑大师梁思成1936年曾同林徽因等人一起考察过龙门石窟，尤其被奉先寺的恢宏气度所震撼。《文物》1963年第7期刊载梁思成所撰《闲话文物建筑的重修与维护》，专门谈到龙门奉先寺的保护问题："见到几个方案都采取柱廊的方式，这可能是最恰当的方式，这解决了'做什么'的问题。至于怎么做，许多方案都采用了粗壮有力的大石柱，上有雕饰的柱头，下有华丽的柱础，柱子上有相当雄厚的檐子。给人们的印象略似人民大会堂的柱廊，唐朝的奉先寺装上了今天常见的大礼堂或剧院的门面！这不仅'喧宾夺主'，使人们看不见卢舍那佛的组像，而且改变了龙门的整个气息。……新中国的伟大气概要表现在尊重这些文物，突出这些文物。我们所做的一切维修部分，在文物跟前应当表现得十分谦虚，只做小小'配角'，要努力做到'无形中'把'主角'更好地衬托出来，绝不应该喧宾夺主影响主角的主角地位。"

20世纪五六十年代，随着从无到有，龙门石窟的保护管理机构逐步完善，围绕石窟艺术、宗教、历史、地质、文物保护等方面的工作陆续开展和不断积累，为龙门石窟的抢救维修和全面保护奠定了初步的基础。

## 三、科技保护的重要开篇

20世纪70年代初以奉先寺保护为开端，用锚杆加固、化学灌浆的工程技术手段实施了以黏接加固为主的保护工程，重点进行了石窟濒危坍塌窟龛、岩体的抢救性保护，卢舍那大佛再次展露出迷人的微笑。

根据对龙门石窟损毁情况的调查，从20世纪60年代开始，已经计划对石窟进行修整保护。奉先寺是龙门石窟最重要的代表性窟龛，但卢舍那大佛龛经过一千多年的风雨洗礼，保存状况较差，掉块、开裂、崩塌等病害情况严重，急需保护维修。据龙门石窟研究院资料中心存1974年洛阳市政府（革委会）向河南省政府（革委会）呈报关于奉先寺维修的请示报告（洛市革〔1974〕023）中称："根据上级的指示精神和这里的实际情况，从一九六零年以来，曾先后搞了十二个设计方案。"可见在当时，龙门石窟以及奉先寺的保护受到了政府和文物保护工作者的高度关注与重视。

刘景龙在1993年出版的《龙门石窟保护》中记述："1971年6月，由国务院图博口组织工程技术人员姜怀英、陆寿麟、陈中行、蔡润等协同河南省博物馆、龙门文物保管所共同试验，首先对奉先寺加固的材料和工艺进行了系统研究，并对破坏严重、危险性最大的南壁天王力士进行了实验性加固施工。”龙门石窟研究院资料中心现存历史文档中有类似的记录：“龙门文物保管所于1971年提出维修加固奉先寺的报告，经省市和国务院图博口批准，工程于1971年7月正式开工，先后参加这项工作的有龙门文物保管所、河南省博物馆和国家文物局文物保护科学技术研究所等单位，工程分四年进行。”

1971年选择破坏十分严重而具有一定代表性的南壁天王、力士和迦叶三尊佛像进行维修加固和局部复原的试验工程；1972年处理了北壁力士像；1973年正式对奉先寺规模最大的卢舍那大佛进行了全面的保护工作；1974年完成剩余的四尊大像的加固工程。

在保存的一份1974年手书的缺首页的龙门文物保管所的总结材料（图1.6）里这样写道：“四年来国家拨给维护加固奉先寺的经费20余万元，调拨了大批化工材料和建筑材料，在人力物力上充分满足了工程需要。经过整修加固后的九尊大型雕刻，不但

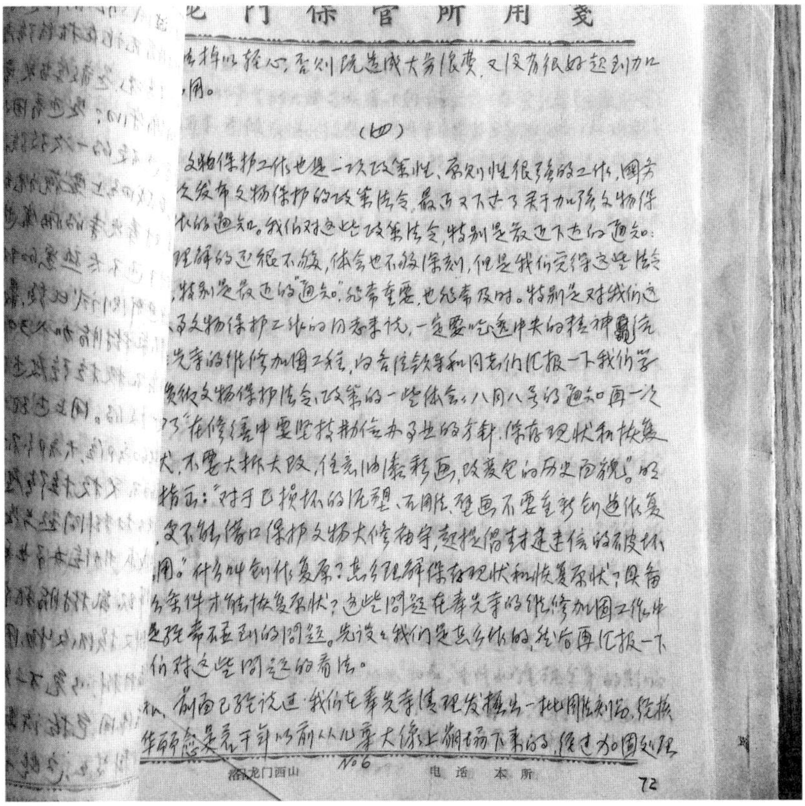
龙门保管所用笺
…操作，否则既造成大的浪费，又没有很好起到加…
…用。
（四）
文物保护工作也是一项政策性、原则性很强的工作，国务…
…又发布文物保护的政策法令，最近又下达了关于加强文物保…
…护的通知。我们对这些政策法令，特别是最近下达的通知…
…理解的还很不够，体会也不够深刻，但是我们觉得这些法令…
…，特别是最近的通知，非常重要，也非常及时。特别是对我们这…
…事文物保护工作的同志来说，一定要吃透中央的精神…
…先寺的维修加固工程，向各位领导和同志们汇报一下我们学…
…贯彻文物保护法令、政策的一些体会：八月八号的通知再一次…
…了："在修缮中要坚持执行古为今用的方针，保存现状和恢复…
…状，不要大拆大改，任意油漆彩画，改变它的历史面貌。"明…
…指出："对于已损坏的泥塑、石雕、壁画不要重新创造恢复…
…更不能借口保护文物大修庙宇，起挪借封建迷信的破坏…
…用。"什么叫创作复原？怎么理解保存现状和恢复原状？具备…
…么条件才能恢复原状？这些问题在奉先寺的维修加固工作中…
…是经常碰到的问题。先谈谈我们是怎么做的，然后再汇报一下…
…们对这些问题的看法。
…、前面已经谈过，我们在奉先寺清理发掘出一批雕刻品，经核…
…华都是属于许多年前从几尊大像上崩塌下来的，经过加固处理
No6
洛阳龙门西山　电话　本所
72

图1.6　1974年奉先寺工程总结材料手写稿

彻底改变了原来裂隙纵横、悬石累累，随时有崩塌危险的残破面貌，而且经发掘清理还找到了若干年前塌落下来的许多残碎雕刻品，仔细研究核对，这些精美雕刻一块块都找到了原来的部位，经过加固后都妥善地归安复原了，从而更加显示了原有艺术的光辉。”时任国家文物局局长王冶秋同志经常关心奉先寺的保护工作，他曾在卢舍那大佛维修工程竣工报告上批示：“这个工程搞得很好。”

奉先寺抢险加固保护工程在保护材料、工艺方法和石窟保护修复理念上都进行了积极的创新和探索。首先，将岩土工程中的锚杆加固、化学灌浆技术应用到大型石窟寺的维修保护工程中，特别是对奉先寺这种极富知名度和艺术价值的重要文物的保护，本身就具有开创性。其次，工程中涉及的黏接加固材料和灌浆设备、工艺等，在龙门石窟甚至全国的石窟保护领域都是首次尝试应用，比如经大胆尝试、反复试验确定的环氧树脂配方，着重解决漏浆难题的灌浆流程工艺等。专门定制的旋转式无震动电动凿岩机解决了钻孔工艺上的安全问题，不仅在龙门石窟的保护中发挥了重要作用，而且推广至国内的云冈石窟、麦积山石窟、敦煌莫高窟和巩县（巩义市）石窟的保护工程中。最后，在保护修复原则和指导思想上，避免了“创作复原”，辨证地理解“保存现状”和“恢复原状”原则，最终在整个奉先寺特别是卢舍那大佛的修复上得到完美体现，即便以工程结束四十余年后的眼光来看，当时修复的尺度以及呈现的效果，都近乎完美。

在上述总结材料里关于奉先寺的修复原则有大段论述：“我们还进行了一些局部艺术品表面修复，比如卢舍那大佛在加固之前，脸上有一条垂直裂缝，裂缝宽度达数厘米，左颊坍塌了约0.5平方米，右耳上部缺少一块，胸腹之饰纹，由于纵横裂隙的切割也脱落了十余块，这几处黏接裂隙灌浆加固，都依原状做了表面修补，修补的材料是石头和环氧胶泥，对于塌毁殆尽的双手、双足和台座的前半部进行了加固，外观上仍保持现状。其他几尊佛像，大致也是这样做的。第一种情况真正具备了恢复原状的条件，形式和内容都是真正的‘原’。但是一般情况这是很困难的，即使找到某些原来的东西对整个雕刻品来说也是极其微小的一部分。关于局部艺术品补全复原问题，我们认为应具备两个基本条件，一是由于整体加固的要求；二是有考古学上的依据，而且还要考虑到政治上、经济上的需要与可能。奉先寺这样做了不一定其他洞窟都这样做，具体情况具体对待。”

从1973年10月14日周总理陪同加拿大总理特鲁多来龙门石窟参观的照片可以看出，卢舍那大佛已完成加固修缮，大佛右侧的弟子阿难面部、左侧弟子迦叶脱落的头部也已黏接归位。

1974年，奉先寺北壁力士修复完成（图1.7）。

奉先寺加固保护工程是中华人民共和国成立后国家实施的第一个大型石窟寺加固维修工程，1978年获全国科学大会奖和河南省重大科学技术成果奖。

奉先寺的抢险加固工程，除了创造性使用的黏接、灌浆材料及工艺，修旧如旧的修复原则为20世纪80—90年代龙门石窟大规模的保护工程积累了宝贵的经验，同时所体现的攻坚克难、敢于创新的科学精神，敬畏历史、尊重文物的思想认知更是难能可贵，不愧为龙门石窟科技保护史上成功的范例和精彩的开端。

奉先寺保护维修工程完成后至1985年的十余年间，龙门石窟中重要的、濒危的伊阙佛龛之碑、潜溪寺、宾阳洞、净土堂、大万伍佛洞等洞窟也陆续进行了抢救性修缮保护，取得了较好的成效。

图1.7 修复完成的北壁力士

## 四、龙门石窟的综合治理

经过20世纪70—80年代的十余年努力，龙门石窟最为濒危的重要洞窟和雕刻得到了抢救性的保护，取得了阶段性的成果。但总体而言，东西两山两千多个洞窟岩体失稳、坍塌、渗漏水等病害普遍存在，仍需有计划地开展全面系统的维修保护。另外，作为享誉中外的大型石窟寺遗存和石刻艺术宝库，其安全保卫、参观游览等基础设施仍很薄弱，不能满足最基本的需求。鉴于此，在以往龙门石窟病害调查和抢救性维修工程经验的基础上，中国文物保护技术研究所、龙门文物保管所和武汉地质学院（现中国地质大学）合作，于1987年共同研究制定了《龙门石窟保护维修规划》，经国家文物局批准实施，国家文物局拨付专款305万元，工程从1987年开始至1992年结束，历时五年，后称为“龙门石窟五年综合治理工程”（图1.8）。这一时期也成为龙门石窟保护历史上的一个最重要时期。

图1.8 龙门石窟五年综合治理工程

“龙门石窟五年综合治理工程”作为龙门石窟第一个有规划的系统性的综合治理工程，历时长、规模宏大，涉及石窟保护工程、游览设施建设、安全保卫设施建设等各个方面，是龙门石窟第一个全方位的保护项目。概括五年综合治理工程，主要内容如下。

## （一）岩体及洞窟加固

1987—1991年完成了西山宾阳洞、潜溪寺、唐子洞、石窟寺、六座塔、路洞、极南洞等洞窟及周边岩体的加固；1991—1992年完成东山石窟区重要洞窟及周边岩体的加固。

图1.9　拆去洞门的古阳洞及药方洞

## （二）窟檐、雨篷修建

拆除历史上设计不合理的看经寺、潜溪寺、药方洞、古阳洞等处窟檐（图1.9）。经重新设计，1989年尝试性修建了药方洞石构窟檐，1991年修建了潜溪寺木构窟檐和宾阳洞、摩崖三佛龛防水雨篷。

## （三）安全防范措施建设

除在洞窟前和沿河边焊装栏杆外，1990年修建了1190米的西山石窟区保护围墙，1991年修建了1009米的东山石窟区保护围墙。

## （四）台阶栈道修建

1988年改造了奉先寺原有“之”字形梯道，修建了9米宽梯道（图1.10）。为解决开凿在崖壁上的洞窟不便于参观和研究的问题，东西两山规划修建了台阶栈道（图1.10、图1.11），联通各主要洞窟。

图1.10　奉先寺新梯道修建

图1.11　火烧洞南维修栈道

## （五）洞窟渗漏水试验研究

龙门石窟大量洞窟渗漏水严重，1989—1992年进行了实验性研究和初步治理，采用铺设防水层、灌浆封堵裂隙以及钻孔导水等方法，洞窟渗漏量大为减少。

## （六）工程管理规范化

严格工程资金管理，设立专用账户，专款专用。完善现场管理制度，各工程内容保质保量。工程记录、图纸资料专人负责，完整存档（图1.12、图1.13）。

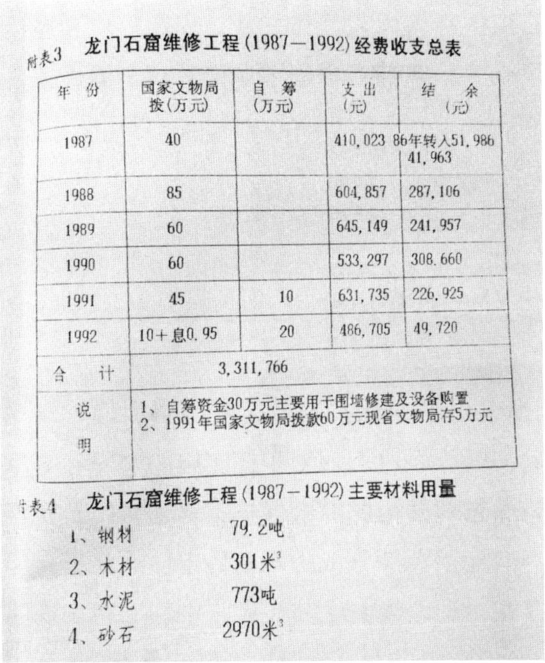

附表3　龙门石窟维修工程（1987—1992）经费收支总表

| 年份 | 国家文物局拨（万元） | 自筹（万元） | 支出（元） | 结余（元） |
|---|---|---|---|---|
| 1987 | 40 | | 410,023 | 86年转入51,986<br>41,963 |
| 1988 | 85 | | 604,857 | 287,106 |
| 1989 | 60 | | 645,149 | 241,957 |
| 1990 | 60 | | 533,297 | 308.660 |
| 1991 | 45 | 10 | 631,735 | 226,925 |
| 1992 | 10+息0.95 | 20 | 486,705 | 49,720 |
| 合计 | 3,311,766 | | | |
| 说明 | 1、自筹资金30万元主要用于围墙修建及设备购置<br>2、1991年国家文物局拨款60万元现省文物局存5万元 | | | |

附表4　龙门石窟维修工程（1987—1992）主要材料用量

1、钢材　79.2吨
2、木材　301米$^3$
3、水泥　773吨
4、砂石　2970米$^3$

图1.12　工程总结档案材料

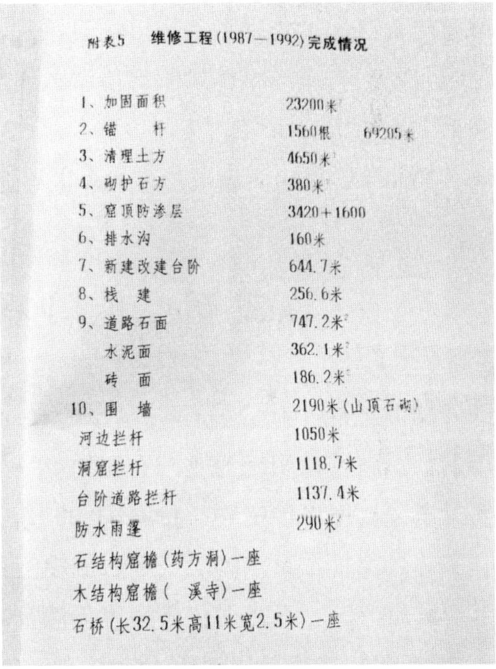

附表5　维修工程（1987—1992）完成情况

1、加固面积　23200米$^2$
2、锚　杆　1560根　69205米
3、清理土方　4650米$^3$
4、砌护石方　380米$^3$
5、窟顶防渗层　3420+1600
6、排水沟　160米
7、新建改建台阶　644.7米
8、栈　建　256.6米
9、道路石面　747.2米$^2$
水泥面　362.1米$^2$
砖　面　186.2米$^2$
10、围　墙　2190米（山顶石砌）
河边拦杆　1050米
洞窟拦杆　1118.7米
台阶道路拦杆　1137.4米
防水雨篷　290米$^2$
石结构窟檐（药方洞）一座
木结构窟檐（　溪寺）一座
石桥（长32.5米高11米宽2.5米）一座

图1.13　工程总结档案材料

工程结束于1992年12月，国家文物局组织召开了高规格的项目验收会议。在竣工验收纪要中一致认为：通过化学灌浆结合钢筋锚杆对岩体及洞窟雕刻品加固达到了稳定的目的；围墙栏杆设施有效防止了人为破坏；台阶、栈道走向合理，方便了研究、安全检查工作及游人参观；洞窟漏水的初步治理试验效果满意。

1987—1992年的五年综合治理工程，是有计划分步骤实施的东西两山的治理工程，加固了大部分岩体洞窟，基本解决了龙门石窟的稳定性问题，洞窟渗漏在一定时期内得到改善，修建了保护围墙、游览栈道，奠定了龙门石窟作为文物保护区和文物游览区的基本框架。

1990年3月，龙门文物保管所更名为龙门石窟研究所，设立石窟技术保护室。

20世纪末若干年里，龙门石窟文物保护管理工作进入稳定有序、逐步成熟的发展时期。1993年，刘景龙著《龙门石窟保护》出版，翔实、系统地记述了龙门石窟自成立管理机构以来四十年保护的实践；1997年完成龙门石窟“四有档案”建设，拍摄洞窟照片近万张，绘制图纸8000余份，打制拓片数千份，撰写说明17万字，为龙门石窟保护研究工作提供了详细的资料；1998年，中国城市规划设计院和龙门石窟研究所合作制定《龙门石窟区规划》，规划起点高，内容丰富，符合实际，具有可操作性，项目获2001年度建设部部级优秀城市规划设计二等奖；1999年对龙门石窟保护区周边违法违章建筑物进行大规模拆迁整治；1999年，河南省人大常委会立法通过了《洛阳市龙门石窟保护管理条例》。经过治理，石窟区环境风貌焕然一新，周边环境和窟区设施与龙门石窟的整体风貌相协调，伊阙风光尽呈眼前，再现了龙门石窟宁静优美、和谐古朴的历史风貌。

2000年，龙门石窟成功列入《世界遗产名录》。

## 第三节　龙门石窟保护的研究现状

20世纪50年代，龙门石窟开始有计划地开展石窟保护工作，将围岩崩塌、洞窟渗漏、石窟风化明确为龙门石窟的“三大病害”。经过七八十年代实施的奉先寺等重要洞窟抢救性保护工程、1986—1992年实施的东西两山的综合保护工程，龙门石窟得到了有效保护，重点解决了围岩崩塌问题，消除了大部分威胁石窟稳定性的隐患。但是，洞窟渗漏、石窟风化等病害仍然普遍存在，洞窟渗漏尤其在大、中型洞窟表现明显。因此洞窟渗漏和石窟风化的治理，成为龙门石窟申遗以后保护工作的重点。

### 一、关于洞窟渗漏治理

调查表明，在龙门石窟的两千余大小窟龛中存在明显渗漏现象的有344个，占比约15%。而岩体开裂破碎、洞窟表面风化、岩溶覆盖、微生物滋生等病害的发生发展都与洞窟渗漏有着直接或间接的关系。

#### （一）龙门石窟洞窟渗漏的成因及危害

根据水文地质调查可知，龙门石窟地下水稳定，最高水位低于石窟底面，造成石窟渗漏病害的水是雨季赋存于包气带中的暂时性渗水。暂时性渗水主要通过层面裂隙、卸荷裂隙、岩溶管道等渗水通道运动。在空间上三种渗水通道主要为线状分布，它们互相切割，形成了渗水连通网络，为水的汇聚与流通提供了条件。

龙门石窟面临伊河的岩壁大多裸露，直接接受降水，渗透途径短，同各石窟联系紧密。大气降水通过岩体表面交切的裂隙渗入岩体，并通过裂隙连通网络流动，最后在石窟内渗出。通过该途径产生的渗水持续时间相对较短；山顶的覆盖层具中、强渗透性，加上山体缓倾，植被发育，有利于大气降水的滞留与下渗。通过各种连通裂隙及岩溶通道，入渗的水体一部分汇入石窟内造成渗水，这种途径的渗水具有滞后性且持续时间相对较长。

渗水对龙门石窟破坏可以分为：力学作用、化学作用、生物作用。

由于大的卸荷裂隙存在，形成了很好的汇水通道，当石窟开凿之后，在洞窟壁形成了排泄口，随着时间的推移，这种排水通道发育并逐渐完善，当雨季到来时，形成连续性涌水。个别石窟，如潜溪寺，开凿时就形成了连续性水流。这种连续性水流从力学来看具有动力冲刷破坏作用，造成石窟表层分化层脱离、流失；另外一种力学作用是静水压力，由于渗水在岩体卸荷裂隙内部两壁形成垂直于卸荷面的水压力，不利于岩体的稳定性。

由于石窟位于灰岩、白云岩内，从岩溶这一角度看，渗水在岩体内运动时主要表现为溶蚀作用，流出岩体之后，由于物理化学条件的改变，形成堆积。溶蚀作用使洞窟岩体中形成大小不同的溶孔、溶隙或溶槽，造成立壁的空架结构，破坏岩体和雕刻品的完整性，碳酸钙淀积物堆积覆盖在洞窟雕刻品表面，使石窟艺术丧失价值。岩体中的层面充填物中铁锰质，在石窟表面发生各种化学反应，形成铁红、褐黄、黄褐等颜色，严重污染文物。渗水还加速了石窟物理化学风化的速度。

石窟内部，在水的补给条件下，易于苔藓等植物和微生物的生长。微生物生长对石窟表层具有一定的生物破坏作用，并在石窟表面形成粗糙的灰绿色或灰黑色的附着物。

### （二）龙门石窟洞窟渗漏治理的研究和实践

龙门石窟的渗漏水在20世纪抢救性保护阶段就引起重视，刘景龙在《文物保护技术》辑刊1982年第二辑发表有《龙门石窟中的水》等文章，对龙门石窟的水的来源及治理进行初步的研究；1986年，中国地质大学（武汉）潘别桐教授等承担国家文物局重点研究项目“洛阳龙门石窟地质病害与防治对策研究”，1990年完成报告，对龙门石窟渗水类型和通道提出预测及治理建议；2001年，联合国教科文组织“龙门石窟保护修复工程”实施，对龙门石窟区域地质环境进行了深入的研究，先后完成了《龙门石窟保护修复工程地质调查研究报告》《龙门石窟保护修复工程补充地质调查报告》等系统的研究成果，工程期间，黄克忠先生、方云教授、王金华教授、严绍军博士等发表了多篇有关龙门石窟水害勘察、治理的研究论文，将龙门石窟渗漏水病害治理的研究提升到科学系统的新高度。

在渗漏水治理实践方面，1987—1992年的五年综合治理时期，重点针对西山大型洞窟及周边岩体采取裂隙灌浆封堵，开挖排水沟，窟顶修筑防渗覆盖层，加装雨篷、窟檐等措施；在联合国教科文组织的“龙门石窟保护修复工程”中，将试验洞窟潜溪寺作为一个相对独立的水文地质单元进行治理实验，治理的基本思路是以疏导、排泄降水和截断裂隙水渗流为主，以窟内裂隙封堵防止裂隙水在窟内出露为辅，两者结合全面治理。根据影响潜溪寺石窟渗水的区域特点，采取了五个方面的治理措施：截水、排水沟和钻孔高压帷幕灌浆措施，窟顶坡体防渗排水措施，窟外崖壁区域岩体裂隙封堵措施，石窟南侧坡体岩体裂隙灌浆、封堵措施，窟内裂隙封堵措施。虽然潜溪寺的治理效果并不理想，但也为以后的治理工作积累了宝贵的经验。

2011年，国家文物局组织专家在峨眉山召开专题研讨会，研讨“国家文物博物馆事业发展十二五规划”，实施世界文化遗产保护维修工程，加强世界文化遗产地工程管理。借此机遇，龙门石窟将洞窟渗漏水治理作为“十二五”乃至以后一个时期的重点工作，组织实施了多项渗漏水治理工程。2012—2017年，先后实施了奉先寺北至万佛洞、擂鼓台区域、潜溪寺区域三个片区的渗漏水综合治理工程。通过这些渗漏水治理实践，无论是监测手段、勘察技术、灌浆材料研发和施工工艺，还是设计思想，包括对渗漏水治理工作的认识，都有了较大的提高。

## 二、龙门石窟的风化研究

龙门石窟多年的保护工作大部分集中在危岩体治理和渗漏水治理方面，其间开展了一些风化方面的研究，但是实际应用的工作较少。风化对雕刻品的破坏是明显的，风化现象最严重的是露天雕刻品，大量的佛像、佛塔和碑刻题记暴露在露天崖壁，如著名的“伊阙佛龛之碑”、奉先寺的造像碑铭以及西山立壁上的许多精细浮雕、宝塔等，风化、溶蚀日趋严重。洞窟中的雕像风化也十分严重，如大万伍佛洞南壁、北壁及正壁的千佛雕像风化剥落、起翘。路洞洞顶的莲花大部分呈块状剥落，莲花周围的小佛像风化、起翘且呈片状剥落。

### （一）龙门石窟风化的定义

研究认为，龙门石窟的岩石风化对雕刻品、佛像、佛塔的破坏是明显的。石窟的风化病害有如下特点[①]：

1）岩石风化以物理风化为主；

2）泥质含量高的岩石风化比泥质含量低或不含泥质的岩石风化更严重；

3）薄层、条带状岩石比厚层、巨厚层状岩石的风化严重；

4）受日照的雕刻品比不受日照（在洞窟内）的雕刻品风化严重；

5）磨光面的雕刻品比粗糙面雕刻品风化严重；

6）雕刻品和佛像的形状突变处岩石风化较其他部位严重。

在以龙门石窟灰岩为对象的研究中表明：龙门石窟岩体表层劣化特征表现为力学性质、化学成分、矿物成分、微观结构在深度上的变化特征（5mm概念）[②]。

### （二）龙门石窟风化机理研究成果综述

关于龙门石窟灰岩风化机理，也有多位学者进行过研究。龙门石窟灰岩岩体的矿物组构和构造特征是控制岩溶发育的主要内在因素，雨水的渗入是岩溶的外在诱因。龙门石窟区所在岩层构造面发育，雨水通过层面裂隙和卸荷裂隙渗入到洞窟内，溶蚀洞窟雕刻品，雨水中的氯离子、硫酸根离子等以及大气中的二氧化碳、硫化氢、二氧化硫等气体浓度的增加，加剧了对雕刻品的溶蚀[③]。由岩性、孔隙率及胶结物类型等决定的岩石本身的耐久性能对病害类型、程度起重要作用。石质材料本身的特性和自然或人为作用的相互关系决定了病害的类型和程度[④]。

风化作用是指岩体受气温、大气、水溶液和生物等作用影响，使地表或接近地表的岩石、矿物发生物理、化学的变化过程，且风化产物基本上残留原地的作用。石窟围岩岩体风化内部影响因素：石窟围岩结构体为易受风化的碳酸盐类岩石，即石窟位于岩溶地区，处于先天性退化快的环境；石窟区岩体结构面发育，有些部位微裂隙纵横交叉，严重破坏了岩体的连续性和完整性，增加了岩石的可透性，岩体裂隙密集部

---

① 潘别桐：《洛阳龙门石窟环境病害与防治对策研究报告》（内部资料），1990年。

② 李宏松：《石质文物岩石材料劣化特征及评价方法》，文物出版社，2014年。

③ 方云、顾成权、严绍军，等：《河南洛阳龙门石窟溶蚀病害机理研究》，《现代地质》2003年第4期。

④ 张金凤：《石质文物病害机理研究》，《文物保护与考古科学》2008年第2期。

位尤其在几组微裂隙交会的地方，风化作用最强烈。因此，结构面的发育是促进岩体风化的重要因素①。

与水化学溶液单一的侵蚀作用相比，水化学溶液及冻融耦合侵蚀作用对岩石的损伤程度要大。水化学溶液及冻融耦合侵蚀作用下，溶液中凝结核的丰度和溶液的pH值是影响灰岩损伤程度的重要因素②。

盐效应提高灰岩溶解速率，同离子效应降低灰岩溶解速率。盐的种类和浓度均相同时，酸性越强，溶解速率越大；盐的种类和pH值相同时，盐浓度升高，灰岩溶解速率增大③。

通过定量分析，潜溪寺由于二氧化碳劣化作用导致的岩体表面质量损失达1.46kg，侵蚀深度达4.35cm，并且受其他因素影响，对石窟文物表面的侵蚀破坏会更加明显④。

二氧化碳气体对石窟文物的破坏作用主要是以洞窟内凝结水作为中介，形成二氧化碳-凝结水-碳酸盐岩三相岩溶动力系统，达到侵蚀石窟文物的目的。潜溪寺内二氧化碳浓度变化规律与游客数量具有正相关关系，且游客数量对二氧化碳浓度影响非常明显，高峰时段高出大气二氧化碳浓度50%左右⑤。

龙门石窟的生物病害既有物理作用，又有化学作用。中国科学院生物研究所在龙门石窟敬善寺区域对生物病害进行调查研究，内容包括生物样品采集、种类鉴定、种类分布、侵蚀程度检测几部分。检测生物样品对石窟岩石的侵蚀程度，显示样品表面附着物中的可见菌丝与白云岩浅表层的岩石颗粒有接触，伴有菌丝相互缠绕现象，深入岩石内部约100μm，说明其对岩石具有明显的作用。表面附着物为绿藻，藻细胞深入到白云岩岩石内部50μm处，与岩石颗粒有相互接触，两者之间接触的紧密程度较高，因此推断该附着物对岩石的作用效果较为明显；附着的非地衣型真菌仅限于岩石表面而未深入到白云岩内部，但与表面岩石颗粒有相互接触，推测其仍存在侵蚀岩石

① 丁梧秀、陈建平、冯夏庭，等：《洛阳龙门石窟围岩风化特征研究》，《岩土力学》2004年第1期。

② 丁梧秀、徐桃、王鸿毅，等：《水化学溶液及冻融耦合作用下灰岩力学特性试验研究》，《岩石力学与工程学报》2015年第5期。

③ 丁梧秀、陈建平、徐桃，等：《化学溶液侵蚀下灰岩的力学及化学溶解特性研究》，《岩土力学》2015年第7期。

④ 方云、黄志义、张新鹏，等：《$CO_2$劣化龙门石窟碳酸盐岩的机理模拟试验研究》，《中南大学学报》（自然科学版）2015年第7期。

⑤ 黄志义、方云、王凯，等：《龙门石窟游客数量与二氧化碳浓度动态变化规律研究》，《科学技术与工程》2014年第14期。

的基础；中华石果衣中的菌丝不仅与岩石表面有紧密接触，而且可见已延伸至岩石内部，与岩石颗粒有相互接触，推测对岩石具有一定的侵蚀作用。

### （三）龙门石窟的风化治理

龙门石窟的风化治理，从增加保护设施，改善保存环境，减轻物理风化；清除有害盐，缓解化学风化；查明微生物，缓解生物风化；加固风化层、进行化学封护等几个层面加以考量、研究。

1. 修建窟檐

选择性修造窟龛的窟檐、恢复已坍塌洞窟的窟顶，遮护露天雕刻品，可以防止雨水的直接冲刷、阳光暴晒，减缓由此引起的雨水侵蚀、温湿度骤变、微生物滋生，对露天雕刻品起到积极的保护作用。建造窟檐保护造像雕刻的方法，在石窟营造的时期就已经采用。龙门石窟曾经在潜溪寺、宾阳洞、药方洞等大型洞窟修建不同材质和造型的窟檐，起到了很好的防护作用，缺陷是体量大，对景观面貌改变明显。近期，龙门石窟对一些小型坍塌窟龛进行实验性修补，用近似的山石模拟恢复部分窟顶，既对外观的改变较小，又能起到一定的防护作用。

2. 清洗

对文物进行清洗，要明确清洗是对文物的必要的干预行为，因为盐、污染物对文物病变的发生、发展施加不良影响，或者，表面的污损严重影响了其历史、美学价值的研究和展现。龙门石窟近年做的清洗主要有洞窟油烟结壳清洗、石灰岩凝浆结垢清洗、石质表面盐性结晶清洗等。

油烟结壳的形成主要是由大气污染物二氧化硫、粉尘加速岩石风化生成的硫酸盐，受人为烟熏所致。其严重影响了雕刻品外观，同时也易导致岩石进一步风化出现隐患。

石灰岩凝浆结垢的形成主要是洞窟的渗漏水对石灰岩的溶蚀，进而在雕刻品表面结晶覆盖。莲花洞北壁小龛石灰岩凝浆结垢的清除，恢复了雕刻品本来面目，为龙门石窟覆钵式塔造像题材的研究提供了重要佐证。

3. 风化层加固

风化层的加固有多种情况，有的是对已经起壳、空鼓的部位进行填充和粘连，有的是在风化层表面进行补强和憎水处理等。

对风化层加固材料的选择一直是个难题。其最基本的要求是强度不能太高，不会产生可能造成危害的副产物，强调可重复处理性，即不能妨碍采取其他的保护措施。对风化特别严重的露天雕刻品使用耐老化、透气、憎水、耐酸碱、黏度小、渗透性好、具有可逆性的保护材料进行处理。

目前，无机保护材料（石灰）、有机及复合保护材料（有机硅树脂、环氧树脂、丙烯酸树脂及有机氟聚合物）、纳米保护材料、仿生保护材料（草酸钙防护膜材料、二氧化硅仿生保护材料、氟磷酸钙保护材料）、微生物矿化材料等都有在灰岩风化方面的试验研究，但在龙门石窟达到实际应用还有一段距离。

龙门石窟的保护走过了数十年的艰辛历程，世界遗产得到了积极有效的保护。但是，龙门石窟在本体保护和石窟环境保护方面还有很大的发展空间。目前龙门石窟的保护工作已经从抢救性保护阶段发展至抢救性与预防性保护并存的阶段，正在逐步形成预防性保护的理念，目的是使石窟保护面临的目标和任务更加明确，在深入了解石窟病害的发生、发展过程及变化规律后，制定评价标准，研究石窟风险防范与控制技术，减缓或降低各类风险对石窟带来的危害，在此基础上建立健全预防性保护工作的框架，进而科学构建石窟风险监测与评估体系，实现对石窟保护管理的综合评估、全程管控。

本书总结编纂了21世纪以来，在龙门石窟实施的大型保护工程，介绍了最新的勘察测绘技术在龙门石窟的应用，归纳了龙门石窟保护工程设计的理念和技术路线，总结了龙门石窟保护材料研发、施工工艺研究、工程监测的最新成果，其目的是为我国石窟保护工程实践提供指导范例和工程经验。

# 第二章　联合国教科文组织龙门石窟保护修复工程

## 第一节　项目概述

### 一、项目背景

1998年11月，中华人民共和国国家主席江泽民访问日本，期间与日本首相小渊惠三举行会谈，就中日合作对中国境内丝绸之路沿线的文化遗产开展保护工作达成了协议。1999年7月日本首相小渊惠三访华之际，中日双方初步达成了以洛阳龙门石窟和新疆库木吐喇千佛洞作为丝绸之路地域文化遗产保护对象的协议。为此，日本信托基金向联合国教科文组织提供资金用于丝绸之路文化遗产保护，经过讨论决定，投资125万美元对世界文化遗产龙门石窟进行保护修复。

2000年9月，联合国教科文组织驻北京办事处、国家文物局和中日双方的专家对龙门石窟进行了考察，商定了项目的计划方案。项目选定龙门石窟的潜溪寺、路洞和皇甫公窟作为试验洞窟，这三个试验洞窟分别位于龙门石窟西山的北段和南段，在洞窟病害、区域环境特征上均具有典型的代表性。

2001年4月，联合国教科文组织驻北京办事处组织中日双方的专家，对以日方专家中田英史为主起草的项目计划书草案进行了修改完善，6月顺利完成了项目计划书和预算。

2001年11月10日，联合国教科文组织驻北京办事处代表青岛泰之与国家文物局局长张文彬在龙门石窟奉先寺签订项目合同书，标志着本项目正式启动（图2.1）。受国家文物局、河南省文物局委托，洛阳市文物局负责项目的具体实施。

### 二、项目计划

根据中日合作进行中国丝绸之路地域内现存古代文化遗产的保护协定，2000年9月由中日政府代表、中日专家以及联合国教科文组织代表组成的考察团，对龙门石窟及其周边进行了考察（图2.2、图2.3），日本代表团提出了保护计划，联合国教科文组织驻北京办事处根据中日专家组在考察期间和此后的研讨，制订了龙门石窟保护修复工程计划书。

图2.1　国家文物局局长张文彬和UNESCO（联合国教育、科学及文化组织）驻北京办事处代表青岛泰之在签字仪式上

图2.2　项目官员及专家现场考察

图2.3　项目官员及专家现场考察

## （一）龙门石窟保护修复工程项目计划书概要（联合国教科文组织2001年2月）

### 1. 项目内容

进行龙门石窟保存相关的岩体状况、石窟环境、石窟劣化原因等方面的综合调查；
制订保护修复计划方案；
相关材料试验、修复方案试验、施工模拟试验及实施；
建立包含窟龛美术史价值、破损状况等数据的档案记录；

通过项目运行进行人才培养；

出版项目有关调查、试验研究、保护修复等工程实施内容的报告书。

2. 项目日程

工程自2001年4月开始，工期分为两期。预定第一阶段为3年，第二阶段为1年。

3. 项目体制

工程由联合国教科文组织进行综合协调，中国和日本的专家共同组织实施。建立联合国教科文组织、中国、日本三方会议机制，对于实施的内容和过程等进行讨论、确认和评估，根据需要召开相关会议。三方会议成员由联合国教科文组织驻北京办事处，日本外务省，中国方面的中央、省、市机关以及中日专家构成。

4. 工程费用概算

第一阶段工程费用总计60万美元；第二阶段工程费用总计40万美元。

### （二）第二期工程计划书概要（联合国教科文组织2004年12月）

1. 环境监测

对第一期工程布置的微气象、洞窟稳定性、洞窟病害、环境等各种监测仪器设备进行长期监测，总结各种因素对洞窟长期保存的影响，分析产生洞窟病害的机理，为龙门石窟保护修复工程设计和施工提供科学依据。

2. 洞窟病害记录及建档

根据第一期工程基本完成的皇甫公窟病害记录基础资料，仔细观察该洞窟内各种病害在全年度发生的变化，补充完善病害记录的内容。开展路洞和潜溪寺的洞窟病害记录和建档工作，进行全年度的观察。建立龙门石窟病害建档模型的范本。

3. 补充防渗灌浆试验

窟顶防渗试验：选择路洞北侧顶部的一缓坡地形，清除原防渗材料，采用超细水泥新材料或水性环氧树脂进行顶部防渗灌浆，并进行表面封堵处理。对潜溪寺顶部的防渗处理，拟在完成灌浆后，在其表面采用绿色植被护坡的环保新技术进行处理。

窟内裂隙灌浆：拟清除原防渗材料，沿卸荷裂隙面布置灌浆孔，选用超细水泥新材料或水性环氧树脂进行防渗灌浆。对含水裂隙的处理可采用聚氨酯灌浆。

### 4. 数据库建立

建立“龙门石窟保护修复工程数据库管理系统”。

对龙门石窟保护修复工程的数据源进行分类归纳整理，输入数据库。

### 5. 保护修复工程施工设计

根据项目专家组的意见，参考第一期工程的试验成果、环境监测成果和病害记录，进行保护修复工程的初步设计。召开专家论证会，对初步设计进行评价，提出意见。在对初步设计进行修改、完善的基础上进行施工设计，包括材料、施工工艺、施工程序、机械等，满足保护工程的施工要求。

### 6. 保护工程的施工内容

防渗灌浆、洞窟清洗（包括粉尘清除、微生物和苔藓清除、烟垢清除、结晶物清除、锈斑和有机物污迹的检测和清除）、微裂隙修复。

### 7. 宣传、出版工作和人才培养

对龙门石窟保护修复工程第一期、第二期的调查、勘察、试验、研究、施工技术和工艺等进行总结、整理和编辑，并正式出版，作为龙门石窟保护修复工程的主要成果。

对龙门石窟保护修复工程的计划、组织和成果进行总结，采用召开总结大会、现场技术交流会等形式进行宣传总结、推广经验。

对龙门石窟保护技术中心的工作人员进行培训。通过国内进修、由日本东京文化财研究所资助赴日本学习，中国地质大学（武汉）研究生培养等方式进行人才培养，提高龙门石窟保护技术人才的理论水平。龙门石窟保护技术中心的技术人员在专家的指导下参加本项目的调查、试验、修复、施工的全过程，提高技术人才的操作技能。

## 三、项目组织

2002年2月，洛阳市文物局向联合国教科文组织驻北京办事处上报了龙门石窟保护修复工程项目组管理组织机构人员名单（表2.1）、中方专家组名单（表2.2）。

**表2.1 洛阳市文物局项目人员名单**

| 项目岗位 | 姓名 | 职务 |
|---|---|---|
| 项目负责人 | 石磊 | 洛阳市文物管理局副局长 |
| 项目技术专家 | 刘景龙 | 龙门石窟研究所所长、副研究员 |
| 项目财务主管 | 刘润丽 | 洛阳市文物管理局办公室副主任 |
| 项目助理 | 程英民 | 洛阳市文物管理局博物馆科科长 |
| | 程翀 | 洛阳市文物管理局文物科副主任科员 |

**表2.2 中方专家组名单**

| 姓名 | 单位 | 职务/职称/学历 |
|---|---|---|
| 黄克忠 | 中国文物研究所 | 高级工程师 |
| 胡东波 | 北京大学文博学院 | 博士 |
| 曲永新 | 中国科学院地质研究所 | 研究员、博士生导师 |
| 傅清远 | 中国文物研究所 | 高级工程师、兼职教授 |
| 刘景龙 | 龙门石窟研究所 | 副研究员、兼职教授 |

2002年8月，龙门石窟研究所明确项目参与人员：

项目负责人：韩玉玲，龙门石窟研究所副院长；

项目参与人员：陈建平、马朝龙、范子龙、李心坚、杨刚亮。

2002年10月，联合国教科文组织驻北京办事处确定龙门石窟保护维修工程项目参与人员：

负责人：木卡拉，联合国教科文组织文化项目官员；

杜晓帆，文化遗产保护专员。

2002年10月，龙门石窟研究院成立联合国教科文组织龙门石窟保护修复工程项目办公室，工作人员名单：

主任：韩玉玲；

成员：陈建平、马朝龙。

联合国教科文组织龙门石窟保护修复工程项目办公室工作制度：

项目办公室负责龙门石窟保护修复工程的技术协调工作，协调项目中的技术问题。

项目办公室工作人员负责日常事务，联络联合国教科文组织龙门石窟保护修复工程项目工作组中日双方专家和项目施工单位，工程中遇到的技术问题及时上报主任，提请协调。

项目办公室为联合国教科文组织和中日双方专家在洛期间提供办公场所和相应的工作条件。

2004年7月，韩玉玲调任洛阳市文物局副局长，接替石磊负责联合国教科文组织龙门石窟保护修复工程项目，龙门石窟研究院副院长李随森负责研究院方面的项目运行。

# 四、项目实施

龙门石窟保护修复工程由联合国教科文组织无偿援助经费125万美元，中国政府配套了部分经费。项目选定龙门石窟三个洞窟潜溪寺、路洞和皇甫公窟作为试验洞窟，旨在对三个试验洞窟进行保护修复研究，在取得全面调查研究资料的基础上进行保护修复，再将取得的成功经验推广到龙门石窟的众多石窟的治理中去。

工程分两个阶段进行：第一阶段（2002年1月—2005年2月）主要是基础资料的收集和试验，工作重点为对龙门石窟区域环境的调查和资料收集，包括进行地形测绘、地质调查、区域环境监测和试验洞窟病害观测，针对石窟风化、渗水等病害进行防治试验研究，选择合适的病害防治材料和施工工艺技术，为第二阶段的保护修复进行前期准备；第二阶段（2005年3月开始）主要是在第一阶段各种数据资料和试验工作的基础上，对选择的三个试验洞窟的典型病害进行综合性治理，有效解决洞窟的各种病害威胁，为龙门石窟的全面治理提供样板。

项目实施以来联合国教科文组织根据项目运行情况，协调和组织专家组和各方代表，在达成一致的基础上制订工作计划，组织项目实施，对于项目运行过程中出现的问题，三方实行反馈机制，相互通报，保持畅通联系。在洛阳成立了中方项目工作组和项目办公室，保障了各项工作的有序进行和项目的顺利实施。经过项目负责人、专家组、龙门石窟研究院以及各方的共同努力，项目各项工作进展顺利，按照项目计划书完成了各项工作内容。

## （一）第一阶段工作和项目成果

项目第一阶段按照计划书的内容，在专家组的指导下进行了地形测绘、地质勘察、现场试验和各种监测，完成了预定工作，并且取得了丰硕成果。

### 1. 试验洞窟选择

龙门石窟保护修复工程中，专家组选定龙门石窟的三个洞窟潜溪寺、路洞和皇甫公窟作为试验洞窟。三个试验洞窟分别位于龙门西山北段和南段，具有典型的代表性。

### 2. 地形测绘

地质测绘完成的工作成果：

1）航空摄影；

2）地形图测绘，1∶500、1∶1000、1∶2000；

3）西山立面图，1∶200，分四个区段；

4）断面图73个；

5）试验洞窟立面图，每洞6幅，共18幅。

所有成果由一个小型的数据管理系统管理。

### 3. 地质调查与勘探

地质调查与勘探实施完成的成果：

1）1∶500和1∶2000地质填图；

2）钻孔波速测试及地表波速测试；

3）岩样、土样、水样、石雕表面沉淀物样品测试；

4）完成了总进尺320m的四个垂直钻孔，设置了水位、水温观测仪器；

5）完成了试验洞窟地质病害调查总报告。

### 4. 进行洞窟病害调查，掌握洞窟病害资料

通过详细地调查，完成了试验洞窟的病害调查报告，全面收集掌握了洞窟的各种病害程度和分布状况，初步建立了洞窟病害档案。

### 5. 水平钻孔施工和观测项目

在三个试验洞窟周边岩体上设计施工完成了6个水平钻孔，总进尺120m。利用钻孔观察了洞窟周边裂隙分布情况和洞窟周边地下水的渗流规律。同时，在钻孔内设置多点位移计，观察洞窟裂隙宽度的长期变化。在崖壁浅层的不同深度钻孔内安装温度探头，监测岩体内部不同深度的温度变化状况。

### 6. 石窟区域环境及试验洞窟监测

在龙门西山区域设置气象观测点2处，石窟内观测仪器3套，河水、泉水观测仪器2处。常年观测项目包括：大气温湿度、降水量、风向、风速、光强、山体岩石表面温

度、土壤含水率、河水温度、泉水温度、洞窟温湿度、窟内岩石表面温度、洞窟渗漏水量等，收集了大量的观测数据，为后期工作提供了翔实的现场资料。

7. 试验洞窟病害观测

在三个试验洞窟内部安装了病害观测仪器，利用数码摄像机和温度探头监测洞窟渗水面积和漏水点周边壁面温度变化。

8. 大气污染物观测

利用项目配套资金，设置了大气污染物连续观测系统，每天不间断进行大气污染物二氧化硫、氮氧化物的监测。

9. 对各项观测资料进行分析得出观测数据分析报告

项目各种仪器设备共收集各项数据150多万个，观测照片12万张。在专家组的指导下，对各项资料进行了分类的收集整理，对数据资料与洞窟的关系进行初步分析，得出分析报告。

10. 各项室内外试验工作

在详细掌握洞窟的第一手资料的基础上，共同进行了包括洞窟的裂隙灌浆、微裂隙处理、雕刻表面清洗、表面加固等现场和室内试验。

在项目第一阶段中，利用了日本先进的仪器设备，建立了龙门石窟环境监测和病害监测系统，保障了各项数据的准确性和连续性。中国文物研究所、中国地质大学（武汉）、北京大学、解放军信息工程大学（2017年改名为中国人民解放军战略支援部队信息工程大学）、洛阳市地质勘察设计院、龙门石窟研究院等科研院所承担了前期的测绘、勘察、设计、施工等工作，为项目第二阶段的保护修复工作打下了良好基础。

### （二）第二阶段工作和项目成果

项目第二阶段按照项目计划书的内容进行了洞窟的清洗试验、防渗漏设计和施工，取得的主要成果如下。

1. 建立龙门石窟环境病害数据资料库

在第一阶段的基础上继续开展各项环境和病害的监测工作，收集各项数据资料，由中国地质大学与龙门石窟研究院合作建立了数据资料库，收录了龙门石窟长期以来收集的各项文字资料、图片、图纸、图表、影像等大量数据资料。

2. 洞窟防渗漏灌浆试验

开展防渗漏灌浆材料的筛选试验工作，选择适合龙门石窟洞窟防渗漏治理的灌浆材料，完成了有关的实验报告。

3. 洞窟凝结水监测研究

开展了龙门石窟凝结水定量监测研究，研发了相关的凝结水监测仪器，掌握了龙门石窟凝结水发生的规律，认识到其对洞窟的危害，并开展了定量监测。

4. 保护修复工程的设计施工

在各项试验和研究工作的基础上，由设计单位对试验洞窟的渗漏、风化等病害治理进行施工方案的设计，确定可行的洞窟保护修复方法。潜溪寺渗漏水治理工程在2007年12月至2008年5月进行了施工。

5. 人才培养

项目注重对龙门石窟研究院石窟保护技术人员的培训。项目开展的过程中除了项目专家的现场指导和培训外，保护中心的7名工作人员分批在日本东京文化财研究所进行了与项目有关的技术研修。

6. 项目总结

对保护工程完成的各项工作和取得的经验进行总结，出版工程总报告，同时为龙门石窟的下一步全面治理工作提出指导和建议。

项目开展过程中举行了包括三方会议、石窟保护研讨会和专家会议等在内的多次会议，专家组也多次赴实地考察现场，确定项目进度和讨论技术性问题，指导了项目各项工作的开展。联合国教科文组织、国家文物局、河南省文物局、洛阳市文物局领导和中日专家组的成员多次到龙门石窟现场考察指导，确保了项目的顺利进行。龙门石窟保护修复工程的实施对龙门石窟保护工作的开展起到了积极的推动作用。本项目所进行的地质测绘、地质调查和勘探为龙门石窟保护修复提供了完整的地质资料。石窟区域环境监测、洞窟内外环境监测、洞窟病害监测、大气污染物监测等的全面实施，构成了龙门石窟较为完善的环境监测框架。本项目对龙门石窟的病害进行的针对性研究和治理，使龙门石窟保护的基础工作上了一个新的台阶。各项数据资料的取得，极大地丰富了龙门石窟的基础资料，为试验洞窟治理方案的制订提供了翔实、可靠的依据。项目执行过程中龙门石窟研究院保护中心的研究人员在专家的指导下通过参与本项目的调查、试验、修复、施工的全过程，提高了自身的科研水平和操作技能。随着项目的开展，龙门石窟的保护越来越受到国际社会、政府部门、各方专家以及社会各界的普遍关注与支持。相信通过项目的成功实施，取得的成果和经验必将对龙门石窟的保护工作产生巨大的推动作用，对龙门石窟这一世界遗产的长久保存产生深远而积极的影响。

## 第二节　地形测绘和近景摄影测绘

### 一、地形测绘

地形测绘和近景摄影测绘是整个联合国教科文组织龙门石窟保护修复工程项目的基础工作，由中国人民解放军信息工程大学完成。

1. 地形图测绘

项目组于2001年10月利用航摄飞机对龙门石窟区域进行了彩色航空拍摄，完成了龙门石窟保护区范围1：1000地形图测绘，并在此基础上编绘了1：2000地形图。对于龙门石窟重点保护区范围，采用以航空摄影测绘为主、野外数据采集为辅的作业方式，完成了1：500地形图测绘。

2. 西山立面测绘

本项目采用近景摄影测绘技术，共完成西山立面、断面图76幅，成图比例尺为1：200。其中西山从北至南按照20m间距测绘了53个断面，过潜溪寺、路洞和皇甫公窟三个试验洞窟的中心线各测绘了1个断面，另外在三个试验洞窟附近按照间距10m加密测绘了20个断面。

### 二、近景摄影测绘

项目组对三个试验洞窟进行了近景摄影测绘。测绘目的是为三个试验洞窟的保护修复提供准确的洞窟三维数据。测量范围包括正立面、左立面、右立面、地面、顶部和门背面等6个面的等值线全要素图，成图比例尺为1：20，等值线间距3cm。共计完成18幅洞窟立面全要素图。

测绘项目于2002年10月完成。测绘成果具有“细、精、特”三个方面的特点。“细”是指测绘的图件在内容表示上超出了国家规范的要求，如细微的裂隙需要在图件中表示出来；“精”是指精度要求高，西山立面要求基本等值线5cm，试验洞窟三维数据采集精度要达到毫米级；“特”是指有很多特殊的要求，如西山立面图的投影面设计、西山断面图测量都有其特殊性。

项目组的测绘成果全部应用于本次保护修复项目的各个研究领域，为龙门石窟保护修复工程项目的顺利进行奠定了基础，并可用于后续龙门石窟的保护修复工程。

## 第三节　地质调查研究

龙门石窟赋存于伊河两岸龙门山和香山的崖壁上，是地质体的一部分。龙门石窟产生的病害，与其赋存的地质环境密切相关。因此，对龙门石窟地质环境的研究，是保护修复工程设计的基础和前提。

### 一、完成的工作量

本次工程地质调查主要是依据中日专家组提出的任务、相关的文物保护法规以及中国的《岩土工程勘察规范》进行的。项目组于2002年5月28日至11月4日多次赴现场进行了地质测绘、现场测试和洞窟病害调查，采取的岩、土、水样，分别送至中国地质大学（武汉）和中国科学院地质与地球物理研究所进行了室内分析试验。2002年8月由洛阳市地质勘察设计院和中国地质大学（武汉）完成了龙门石窟西山4个垂直钻孔的钻探。2004年4—8月，根据中日专家组的意见，中国地质大学（武汉）文化遗产和岩土文物保护工程中心对龙门石窟保护区进行了补充地质勘察。具体任务是围绕潜溪寺洞、皇甫公窟和路洞三个试验洞窟进行详细调查，查明石窟区岩体结构特性和裂隙分布状况，尤其是三个试验洞窟周边的卸荷裂隙的分布，为寻求防治病害的对策和保护工程设计提供科学依据。2004年7—8月，由龙门石窟研究院提供自筹经费24万多元人民币，中国地质大学（武汉）负责完成了龙门石窟西山6个水平钻孔的钻探和钻孔摄像勘测。其中，水平钻孔的钻探由重庆南江建设工程有限公司刘祥友高级工程师负责实施，钻孔摄像由辽宁有色勘察研究院有限责任公司协助完成。

整个地质勘察工作于2005年6月完成。

完成的工作量如下：

1）1：2000水文地质测绘（4$km^2$）；

2）1：500工程地质测绘（0.5$km^2$）；

3）1：10000区域水文地质调查（40$km^2$）；

4）1：200三个试验洞窟周边的裂隙测绘；

5）4个垂直钻孔钻探；

6）6个水平钻孔钻探；

7）崖顶洛阳铲钻探；

8）钻孔波速及地表波速测试；

9）三个试验洞窟的地质病害测绘（洞窟展开图）；

10）回弹锤击试验；

11）地质雷达探测；

12）地表试坑渗水实验；

13）采取岩、土、水样；

14）室内试验：岩石薄片鉴定，岩石天然密度、饱和密度、吸水率、饱和吸水率、颗粒密度等，岩石饱和单轴抗压强度、抗拉强度、抗折强度、饱和变形参数等，岩石反复干湿试验、浸透深度试验、热膨胀系数、热传导率等，土的常规试验，水质分析，X衍射矿物分析，X荧光化学成分分析，扫描电镜分析；

15）三维岩体结构面网络计算机模拟。

## 二、地质调查研究成果

### 1. 地形地貌

龙门石窟区地貌上处于伏牛山、嵩山山前地带，属构造剥蚀低山丘陵地貌，龙门山和伊河河谷是区内的主要地貌单元。龙门山走向近东西，由龙门山、燠子岭等山峰组成。该山体被伊水横切，形成了深切峡谷，形如“门阙”，龙门因此得名，又称伊阙，故石窟区又分为东山和西山。

龙门石窟区总的地势是东西两侧山地高，中间伊水河谷低。山地高程一般240—300m，相对高差100—150m。区内制高点龙门山的高程为303.6m，位于龙门石窟区东山；西山制高点的高程为263.8m，位于西山公园的山顶。伊河是区内最低侵蚀基准面，总体流向北。现代河床呈“U”形，高程145—150m。石窟区范围内最低处是位于铁路桥下的河床，高程145.3m。

伊河河谷内发育有3级阶地，Ⅰ级阶地高程149—159m，为堆积阶地，分布于龙门镇、魏湾等地，成片分布，宽度200—1000m不等；Ⅱ级阶地高程170—180m，零星分布于东山白园、万佛沟南等地，多为基座阶地，宽度10—30m，表层多为砂砾卵石层；Ⅲ级阶地高程190—230m，见于西山地震台以西及龙门石窟研究院以西的西山公园内，表层以含泥砾砂卵石为主。

西山为龙门石窟主风景区所在地。西山石窟区地形陡峻，地形坡度一般为40°—70°，局部在70°以上，为斜交坡。坡顶高程为230—260m，坡高为80—100m。在西山的南段形成高大的陡壁，崖壁的最大高差达50m，在该段的崖壁上集中雕凿了奉先寺、古阳洞、万佛洞等大量的石窟，试验洞窟皇甫公窟和路洞位于该段内。西山的中段地势较缓，未形成大的陡壁，石窟分布较少。北段陡壁高差约20m，分布了摩崖三佛、宾阳三洞、潜溪寺等大型石窟，其中潜溪寺是本项目选定的试验洞窟。东山的地形较西山缓，坡度多为30°—50°，局部较陡者在50°以上。东山的石窟主要集中分布在万佛沟至擂鼓台一带。

区内较大的冲沟有煤窑沟、西沟、后沟、万佛沟、二道桥沟等。煤窑沟位于西山石窟区北端，西沟和后沟位于西山石窟区南端。万佛沟位于东山石窟区内，二道桥沟位于东山石窟区南端。以上冲沟切割深度一般为20—50m，常年无水。

西山以陡崖斜坡上的山顶为地表分水岭，东山以龙门山至斗田庙一线的山脊为地表分水岭。地表水沿斜坡表面向四周排泄进入冲沟，通过冲沟汇入伊河。

### 2. 地层岩性

石窟区出露的地层从老到新为寒武系、奥陶系、石炭系、二叠系及第四系。

寒武系地层在石窟区出露全、厚度大，是组成石窟立壁岩体的主要地层。下寒武统的毛庄组出露于西山南门和东山擂鼓台南侧。馒头组地层仅出露于东山南部公路拐弯处。东山石窟区主要雕刻于中寒武统徐庄组和张夏组的岩体中。徐庄组在东山分布于万佛沟至擂鼓台一带，张夏组分布于万佛沟以北的山坡上。在西山石窟区，极南洞、龙华寺、路洞等洞窟位于徐庄组内，皇甫公窟、火烧洞、古阳洞、药方洞、奉先寺、赵客师洞、普泰洞、莲花洞、老龙洞、万佛洞、双窟等洞窟分布于张夏组地层内。在东山石窟区，固山组分布于龙门山西坡，长山组呈条带状由香山寺延续至龙门山顶，凤山组分布于香山寺至龙门桥一带。在西山石窟区，固山组和长山组分布范围内的地形较缓，没有高大的陡崖，石窟甚少，凤山组分布于石窟区北部，摩崖三窟、宾阳三洞及潜溪寺等洞窟位于该组地层。

下奥陶统厚10m左右，岩性为厚层细晶白云岩，细晶等粒结构，分布于石窟区北部、西山龙门石窟研究院所在冲沟内和东山龙门桥头。

中、上碳统厚46m，岩性为黑色灰岩、砂质页岩，底部为铝土页岩，含煤，在西山分布于龙门石窟研究院北部山坡、东山分布于白园一带。

二叠系岩性为浅黄色长石石英砂、页岩，含煤，未见顶，在西山分布于龙门矿医院至龙门矿区陵园一带，在东山仅局部零星出露于白园以北。

区内第四系分布广，成因复杂，见有冲积、坡积、残积、洪积等不同成因的堆积物，厚度不等，一般为1—10m，区域上最厚可大于20m。

3. 地质构造

区域构造上石窟区位于龙门山—香山断块内，该断块四周被宜阳断裂、草店断裂、部庄断裂和龙门桥断裂所切割。自新生代中更新世以来，该断块一直处于整体抬升，遭受剥蚀和侵蚀卸荷作用阶段，伊水纵贯其间，形成深切峡谷，龙门石窟就开凿于峡谷两岸寒武系灰岩、白云岩形成的崖壁上。

草店断裂展布于石窟南部后沟至魏湾一带，据区域资料：断裂走向NW305°，倾向NE，倾角70°，为一张扭性断裂，断距800—1000m，未见断面及破碎带出露，两侧次级断裂及裂隙发育，岩体破碎，沿断裂分别在伊河心滩和西山脚有温泉出露，钻探中还发现有较大规模的溶洞和溶蚀现象。

石窟区的地质构造整体为一倾向NNW的单斜构造，岩层倾向340°—10°，倾角20°—30°，岩层内无褶皱发育，主要构造形迹为断层和裂隙等。

据野外调查及结构面实测统计，石窟区寒武系灰岩中普遍发育有2—4组构造裂隙，走向为近东西向、近南北向、北东向和北西向，其中以近东西和近南北向最发育，线密度一般为1—3条/m。另外还有一组沿层面发育的层面裂隙。

卸荷裂隙是控制洞窟渗水病害和岩溶病害的主要因素。其走向与边坡走向近似一致，倾向与坡向相同，倾角随坡面形态而略有变化。随着向岩体内部的延伸，卸荷裂隙的分布间距逐渐加大。

石窟及邻近地区天然地震不发育，据国家地震局武汉地震大队（1977年）（1988年更名为中国地震局地震研究所）资料：洛阳地区的地震烈度为Ⅵ度，因此，天然地震不会对石窟安全造成危害。

### 4. 水文地质条件

（1）岩土体渗透性

石窟区岩土体的渗透性受岩性、地质结构影响较大。

第四系分布广，成因复杂，计有冲积、坡积、残积和洪积层等。全新统砂卵石层，主要分布于伊河河谷漫滩与Ⅰ级阶地上，渗透性最好。更新统残坡积层以含碎块石粉质黏土为主，渗透系数$2.59\times10^{-2}$—$1.3\times10^{-3}$cm/s，为强—中等透水性土层。该土层广泛分布于西山顶部。由于其渗透性较好，有利于地表雨水的垂直下渗。

二叠系以砂岩和页岩为主，岩体裂隙除表层较发育外，裂隙整体不太发育，透水性弱。石炭系岩性以砂质页岩、黑色炭质灰岩为主，透水性较弱。除灰岩外，石炭系和二叠系的地层可视为区内上部相对隔水层。

奥陶系以白云岩为主，厚度薄，岩溶裂隙较发育，透水性较好。

寒武系中、上寒武统广泛分布于石窟区内，构成石窟区立壁岩层的主体，岩性以灰岩、白云岩为主，岩体中岩溶发育，为区内岩溶裂隙水的主要透水含水层。中、上寒武统为较纯的灰岩、白云岩，岩石致密，本身不透水。地下水主要通过岩体中发育的溶洞和裂隙构成的渗水网络运移，因此岩体渗透性受岩溶及裂隙的发育情况影响较大。渗透系数大者达$8.28\times10^{-3}$cm/s，为强透水性岩层；小者为$9.12\times10^{-5}$cm/s，为弱透水性岩层。

底部下寒武统的馒头组紫红色页岩、毛庄组泥灰岩和砂质页岩，透水性弱，构成区内下部的相对隔水层。

（2）泉水及其成因分析

据地面调查，石窟区东西山立壁脚下共出露较大的泉水10眼，西山较为集中，共8眼。泉水总流量据1992年资料约为70L/s。

这些泉水具有如下特征：

1）泉水出露地层为中、上寒武统碳酸盐岩地层，该地层是本区良好的岩溶含水层；

2）泉水多具有局部承压性质；

3）泉水温度为24—25℃，高于当地平均气温（14.7℃），且比较稳定；

4）泉水流量较稳定，受季节影响小；

5）泉水出露高程为150—152.5m，高出伊河水2—3m。

由以上资料分析可知：

石窟区泉水是受区域含水层补给，该含水层即为寒武系和奥陶系碳酸盐岩地层组成的岩溶含水层。其上部的石炭系和二叠系煤系地层、其下部的下寒武统以泥页岩为主的碎屑岩地层，均为较稳定的隔水层。伊河在龙门山处深切此岩溶含水层，成为岩溶水的集中排泄区。泉水补给源较远，也就是说石窟区泉水的补给并非仅局限于区内东、西山小范围之降水补给，其补给区应包括由东、西山向两侧延伸的大面积区域。这是造成区内泉水流量和水温稳定且水温高于当地平均气温的主要原因。除部分沿地表排泄以外，大气降水还通过第四系覆盖层直接垂直入渗，进入岩体内形成包气带水。岩体内的各种裂隙相互交切，与溶洞一起构成了区内的渗水连通网络。渗水在该网络中，沿层面裂隙由南向北渗流，沿构造裂隙由东西两侧向伊河排泄基准面渗流，补给地下水。而从高程152m以下至伊河排泄带影响范围深度为岩溶水的水平循环带。据有关资料，该深度一般为60—70m。

根据泉水出露的高程，石窟区所有石窟及雕刻艺术品所在岩体均位于地下水位以上的包气带岩体中，不受地下水位波动的影响。因此，造成石窟渗水病害的地下水是雨季赋存于包气带中的暂时性渗水。

（3）地下水的化学特征

石窟区内岩溶水均属于低矿化度、弱碱性$HCO_3$—Ca、Mg型水。岩溶水中含有较高的$Cl^-$和$SO_4^{2-}$根离子，这种水质成分有利于岩溶作用。橡皮坝拦筑人工湖，使石窟区内地下水与伊河水联系密切，水化学特征相近。雨水属$HCO_3$、$SO_4$—Ca、K+Na型水，且偏酸性（pH=6.26）、雨水中$Cl^-$和$SO_4^{2-}$相对较高，这是由石窟区周围的化工厂、造纸厂等工矿企业的大气污染所造成的。含酸雨水的垂直入渗，具有较高的溶蚀能力，对石窟岩石及雕刻艺术品有显著的侵蚀性。

### 5. 石窟区岩体结构特征

龙门石窟大多开凿在中、上寒武统灰岩、白云岩形成的立壁上。因此，石窟区岩体的变形、破坏及渗透性，主要受控于该层灰岩、白云岩的岩体结构特征及其物理、水理性质和力学性质。

岩体结构特征是控制岩体变形、破坏、岩溶发育规律及地下水渗流网络的决定性因素。受区域构造的影响，石窟区岩体中各种成因的结构面（如断层、构造裂隙、层面裂隙、卸荷裂隙等）十分发育。

对岩体结构特征的研究主要是通过结构面统计及网络模拟方法进行的。为了研究立壁岩体结构面网络图像及其交切形式，采用在岩体露头面上布置不同方向的结构面精测线的方法进行结构面测量统计，运用统计学原理求出表征结构面在岩体中空间分布的几何参数及分布函数，进而运用蒙特卡洛模拟原理，用计算机产生结构面网络图像。在此基础上，再通过计算机搜索删除不与地表或其他结构面相连通的结构面，得出立壁岩体结构面连通网络图。借助这些结果，可以进行立壁岩体渗透通道及地下水网络分析。

立壁区各组结构面产状基本服从正态分布，隙宽与迹长基本服从负指数分布。区内中、上寒武统灰岩、白云岩中普遍发育有3—5组（按倾向分）结构面，其中一组为层面裂隙，产状340°—350°∠24°—26°；一组为卸荷裂隙，产状与立壁面近平行；其他为构造裂隙。这些结构面以走向近EW和近SN的构造裂隙和层面裂隙最为发育，控制着本区岩体结构特征及渗透性。由结构面连通网络图及地质条件分析可知，地下水的渗透通道与主渗方向按岩性和所处地质构造及地形条件不同而有所差异。潜溪寺一带，平面上层面裂隙是降水入渗地下的主要通道，其主渗方向为近东西向；剖面上陡倾角的卸荷裂隙和近东西向构造裂隙是降水入渗地下的主要通道，主渗方向为垂直向。由于地形地貌上这一带山崖顶部地形较缓，山体面积较大，植被发育，不利于形成地表径流，因此降水入渗补给地下水量较大，石窟内渗水现象较严重，特别是洞顶及西壁渗水较多。路洞至皇甫公窟一带，平面上层面裂隙和近东西向构造裂隙是主要的渗透通道，主渗方向为近东西向；剖面上主渗方向为近垂直和近东西向，主渗通道为近东西构造裂隙和层面裂隙。地形地貌上，这一带地形坡度陡，汇水面积有限，因此这一带石窟渗水现象相对较弱，主要在洞顶及西壁、南壁有短时少量渗水现象发生。各组结构面以层面裂隙发育最好，多为贯通性结构面，因此是岩体中近水平方向的主要渗透通道。各结构面张开度较好，隙宽平均约3mm，最大者可大于10mm，这为降水入渗地下创造了有利条件。结构面密度，平面上以NWW向和NNE向的构造裂隙密度最大，其中NNE向的构造裂隙受卸荷作用影响隙宽较大，是降水垂直入渗的主要通道。剖面上在近垂直方向以层面裂隙的密度最大。从RQD值结果看，立壁岩体完整性较好，岩块块度较大，岩块块度$T$=0.1m的RQD值一般为77%—98%；据钻孔岩芯RQD统计结果，除强风化及个别弱风化带外，RQD值为71%—98%，两者结果一致。钻孔岩芯RQD值给出的是岩体中沿垂直方向岩块块度为$T$=0.1m的统计结果。而岩体结构面三维网络模拟可以给出岩体中任意方向和不同块度（$T$=0.1m、$T$=0.3m、$T$=0.5m和$T$=0.7m）的RQD统计结果，能更好地反映实际地质情况，适用于不同的工程目的。立壁岩体结构以层状结构和层状块裂结构为主。

### 6. 石窟区岩土的工程性质

（1）洞窟岩体的物质组成

为了解石窟立壁岩石和雕像表面淀积物的物质组成，在立壁顶部4个钻孔中各取3组样品，进行物理力学试验。取样原则是在试验洞窟相对应的层位取1组，其上下层位各取1组；对各试验洞窟中的典型淀积物也采取一定数量的样品，对所取样品进行了岩石化学成分测试、镜下鉴定及X衍射分析等试验。

立壁岩体的化学成分以CaO为主，一般在灰岩中含量达44.83%—53.43%，在白云岩中CaO含量为29.42%—29.97%。MgO的含量在灰岩中一般为1.13%—4.43%，在白云岩中为19.75%—21.47%。灰岩中的烧失量达36.14%—42.77%，白云岩的烧失量为44.76%—46.50%。角砾状灰岩中泥质成分含量高，CaO含量较低，仅30.25%，烧失量为26.95%，而$SiO_2$含量为27.94%。其他灰岩、白云岩样品中的$SiO_2$含量一般不超过5%。

石窟立壁区中、上寒武统碳酸盐岩的矿物成分以方解石、白云石为主。除个别岩石外，方解石和白云石含量占90%以上。也就是说，区内岩性以灰岩、白云岩等岩性为主，质纯，对岩溶有利。

龙门石窟岩体的微观结构和组成矿物成分扫描电镜分析结果表明：

灰岩样品主要由方解石、白云石、石英和长石组成，个别样品中含充填在粒间孔隙中的次生方解石晶体。据方解石和白云石的含量，徐庄组和张夏组的灰岩应定名为白云质灰岩或含白云质灰岩。其微观结构为粒屑结构和团粒结构，碎屑颗粒和团粒由中粗晶（颗粒一般大于80μm）方解石、石英和长石组成，胶结物由亮晶（一般大于5μm）方解石组成。白云岩化强烈，白云石可能为交代成因。白云石颗粒为2—5μm，白云石充填粒间孔隙，阻塞孔隙。孔隙由粒间孔、晶间孔、溶蚀孔、成岩缝和构造缝组成，孔隙度为2%—20%，其中溶蚀孔大小不一，1—20μm的溶蚀孔占孔隙的30%—60%。

白云岩样品主要由白云石、方解石、石英、长石和文石组成，据方解石和白云石的含量，该岩石为含灰质白云岩或灰质白云岩。粒屑结构，碎屑颗粒由中粗晶（颗粒一般大于80μm）方解石、石英和长石组成，胶结物由白云石（2—5μm）、方解石（一般大于5μm）组成。孔隙由粒间孔、晶间孔、溶蚀孔、成岩缝和构造缝组成，孔隙度为3%—20%，其中溶蚀孔大小不一，2—10μm，占孔隙的30%—40%。

（2）岩溶淀积物的物质组成

洞窟内淀积物的化学成分以CaO为主，达45.45%—51.47%，烧失量为38.77%—42.34%，$SiO_2$含量仅为2.81%—6.30%。路洞内有的淀积物中泥质含量较高，$SiO_2$含量达18.21%—32.91%，烧失量为26.90%—27.75%，而CaO含量却低了一半，仅23.74%—29.77%。

根据中国科学院地质与地球物理研究所完成的淀积物化学成分分析结果表明：一般淀积物的泥质中蒙脱石的含量远小于伊利石含量。路洞顶部烟熏的黑色淀积物中富含有机质（11.4%）和石膏（35.56%），并含有蒙脱石（14.40%）、伊利石（6.14%）等黏土矿物。烧失量大的主要原因是方解石（$CaCO_3$）在加热至950℃时失去全部的二氧化碳，而石膏（$CaSO_4 \cdot 2H_2O$）不仅失去全部的结晶水，而且失去全部的$SO_3$。样品中的$SiO_2$、$Al_2O_3$、$K_2O$和MgO是淀积物中泥质的主要化学成分。$Fe_2O_3$和FeO是泥质的组成部分，$Fe_2O_3$含量的高低及其与FeO的比值可以反映淀积物形成时的氧化环境。

根据$\sum SiO_2+Al_2O_3+Fe_2O_3+FeO+K_2O+MgO+TiO_2+MnO+$有机质，可以近似计算样品的泥质含量为14.3%—51.7%，平均值为33.28%。

根据中国科学院地质与地球物理研究所采用化学法完成的单矿物测定分析结果表明：$CaCO_3$含量变化很大，淀积物的外壳$CaCO_3$含量普遍高于其下的土黄色淀积物，最高可达79.64%。路洞顶部烟熏的黑色淀积物中$CaCO_3$含量最低，仅12.31%。淀积物中普遍含有石膏。路洞顶部烟熏的黑色淀积物中石膏含量高达35.56%。淀积物的类型为钙质与泥质、化学与胶体沉积的复合型淀积物。酸不溶物含量为11.18%—47.79%，平均值26.73%。

由X衍射物相分析成果可知淀积物硬壳中以方解石成分为主，淀积物中的泥质含量普遍高于岩石，个别淀积物样品中石膏含量高达25%。

中国科学院地质与地球物理研究所对10个淀积物样品进行X衍射矿物成分分析的结果表明：淀积物的矿物成分以方解石为主，但明显伴生石英、伊利石、高岭石、蒙脱石等黏土矿物，可能还有文石。淀积物内部的土黄色部分黏土矿物含量明显高于外壳。

洞窟淀积物的微观结构和组成矿物成分扫描电镜分析结果表明：淀积物的成分以方解石为主，其他成分有白云石、石英和长石，个别样品中白云石含量较高，见石膏和少量黏土团块。粒状结构，颗粒由中粗晶（颗粒一般大于80μm）方解石组成，胶结物由亮晶（一般大于5μm）方解石组成。白云石颗粒为2—5μm。有的样品中微生物含量较高，约占20%，形成微生物骨架结构，结构松散，微孔隙发育。孔隙由粒间孔、晶间孔、溶蚀孔和构造缝组成，孔隙度为15%—45%，其中溶蚀孔占孔隙的20%—50%。大小不一，一般为2—80μm，最大可达300μm。

对路洞和皇甫公窟的6个淀积物样品进行扫描电镜分析，结果表明：土黄色板状淀积物主要为直径20—30μm的方解石晶体，其中混杂有小于3μm的钙质和泥质。有些溶孔和淀积物中分布有板状石膏聚集体。皇甫公窟近门南侧后壁佛脚之上的瘤状淀积物外壳主要为似层状展布的结晶良好的板状石膏聚集体，伴生少量细粒状方解石，瘤状淀积物内部由粗细不等的方解石颗粒所组成。在粒间充填物中可见细分散的黏土矿物和石膏。路洞顶部起伏不平的烟熏黑色淀积物厚1—4mm，为微粒状、微片状不规则石膏聚集体。黑色淀积物之下的灰岩风化表面，分布有燕尾状石膏聚集体。路洞泥灰岩风化表面，普遍分布有微粒状和细小板片状石膏。

（3）岩体的工程性质

1）力学试验成果。

为了研究区内岩体的物理力学性质，在钻孔中取岩芯12组，进行了室内岩石物理力学性质试验，并在现场东山和西山选取26个点进行了回弹锤击试验。研究可知：岩石石质纯，致密坚硬，多数岩石的单轴抗压强度为153.30—167.05MPa，饱和抗压强度为73.7—144.0MPa。岩石吸水性差，饱和吸水率多小于1%，说明岩石中微孔隙、微裂隙等微结构面不太发育。岩石均存在不同程度的软化性，软化系数为0.441—0.852。条带状灰岩与白云岩的岩体表面风化程度较高，厚层—巨厚层鲕状灰岩岩体的表面风化程度低、完整性好。

2）声波测试成果。

本次研究在现场进行了地表声波测试和钻孔声波测试，可知：

地面岩石的纵波速度普遍低于孔内纵波速度，说明由于卸荷松动及风化、岩溶等的影响，地面岩石的微裂隙和微孔隙较发育，纵波速度较低。根据岩体完整性系数的定义求得各处的岩体完整性系数分别为潜溪寺的白云岩，$K_v$=0.39；看经台—千手观音一带的灰岩，$K_v$=0.4；路洞一带的灰岩，$K_v$=0.29。岩石的动弹性模量比静弹性模量大。

3）岩石的比溶解度、比溶蚀度。

石窟区寒武系岩石的比溶解度、比溶蚀度及其与CaO/MgO间的关系：

白云岩的钙镁比为1.3—1.5，而灰岩的钙镁比一般为10—20，最大者可达35.96，较高的钙镁比是灰岩溶蚀性普遍大于白云岩溶蚀性的内在原因之一。

白云岩的比溶解度一般为0.35—0.5，最大者也仅为1.39，而灰岩的比溶解度一般为0.8—1.1，最大者可达1.63。白云岩的比溶蚀度为0.3—0.45，灰岩的比溶蚀度一般为0.9—1.1。区内岩石的溶蚀性除与岩石的钙镁比有关外，还与岩石结构密切相关。

据有关试验资料：灰岩类岩石的比溶蚀度的顺序（由大到小）是碎屑结构＞泥晶结构＞极细晶结构＞残余鲕粒结构＞球粒结构；白云岩类岩石的比溶蚀度顺序（由大到小）是极细晶＞残余鲕粒结构＞细晶结构。结构对溶蚀的控制主要是通过不同结构具有不同孔隙类型和连通性来实现，晶间及粒间孔隙是溶蚀作用扩大成溶孔的基础，微裂隙是连通各类孔隙的主要通道，因此，岩石结构往往控制岩石的微岩溶形态。

（4）土体工程性质

龙门石窟保护区地表普遍覆盖一层第四系松散堆积层，其厚度0—10m不等，成因以残坡积为主，其次为冲洪积。岩性以含碎块石、砾卵石粉质黏土、粉质黏土、黏土为主，结构松散，天然含水量较低。

区内土体以粉质黏土为主，部分含砾、卵石和碎块石。表层土体较干燥，疏松，塑性低，天然密度低。土的天然含水量一般为10%—15%，最小者只有3.3%，孔隙比为0.80—1.03。液限较低，一般为25%—29%，属于低液限土类。液性指数一般为−1.3—0.12，处于坚硬—硬塑状态。区内$Q_2$和$Q_3$土体的压缩性均属中等压缩性土，$Q_2$黄土样品由于取样扰动，试验所得的压缩系数偏高。$Q_2$土体相对较致密，渗透性较低，$k$=3.13×$10^{-5}$—6.37×$10^{-5}$cm/s。$Q_3$土体渗透性相对较高，$k$=7.67×$10^{-5}$—1.16×$10^{-4}$cm/s。当土体中碎块石含量增加时，渗透系数随之增大。$Q_2$和$Q_3$土体的pH值测定结果表明，$Q_2$和$Q_3$土体呈微碱性，$Q_2$土体的pH值为8.05 ，$Q_3$土体的pH值为7.77。说明植物根系分泌的腐殖酸并没有将覆盖层土体酸化。

### 7. 物理地质现象

（1）岩溶

区内寒武系地层以灰岩、白云岩为主，岩石主要矿物成分方解石和白云石的含量在85%以上。这类岩层溶蚀性好，比溶解度为0.36—1.08，比溶蚀度为0.32—1.37，在雨水及地下水的长期作用下，岩溶非常发育，岩溶形态主要有溶洞、溶蚀裂隙、溶沟、溶槽、石芽等。岩溶现象在中、上寒武统张夏组至凤山组灰岩、白云岩中最为发育。此外，在奥陶系及石炭系的白云岩、灰岩中也有小型岩溶发育。

石窟区内的各类灰岩、白云岩发育有三层水平溶洞，其分布高程分别为149—152m、170—175m和190—210m。149—152m溶洞高程，相当于伊河Ⅰ级阶地高程（149—159m），应为全新世时期形成的水平溶洞，如老龙洞及石窟立壁脚下的一系列溶洞。目前伊河两岸泉水出露高程也大致与此层水平溶洞高程相当。170—175m溶洞高程，相当于伊河Ⅱ级阶地的高程（170—180m），为上更新世时期形成的溶洞，如石牛溪顶部的溶洞以及古阳洞、火烧洞、宾阳北洞中的溶洞等。190—210m溶洞高程，相当于Ⅲ级阶地砂卵石层底部的高程（190—230m），形成于中更新世时期，如奉先寺顶部的溶洞等。因此，可以推断，龙门山自中更新世开始抬升，在抬升过程中经历三次间歇，形成了三层水平溶洞，而目前正处于第三次间歇期间。在最下层溶洞即泉水出露高程以上的岩体（也就是石窟所在的岩体）中，地下水的渗流形式以垂直下渗为主，其溶蚀也是以垂直溶蚀为主，雨水沿构造裂隙和层面裂隙下渗，溶蚀裂隙两侧的岩石，加宽了已有溶洞、溶沟、溶槽等，破坏洞窟和雕刻艺术品，同时，在洞壁和雕刻品表面形成沉淀物，覆盖和破坏洞壁及雕刻品。岩溶发育除与岩性及地下水溶蚀能力及其水的循环交替条件密切相关外，还受地形及岩体中裂隙、断层发育特征和区域水文地质条件影响。

（2）物理风化

在自然营力作用下，区内岩体和雕刻品均已遭受了不同程度的物理风化。影响岩石物理风化的主要因素是气温变化、湿度、降雨、渗水以及地形和岩性等。由于构成石窟立壁的岩石成分单一，结构致密，加上受到地形等因素影响，龙门石窟岩石主要以岩溶作用的化学风化和物理风化为主。

区域上的物理风化作用，在东山、西山岩体顶部普遍形成了风化带。据本次地面调查及钻探资料：石窟区岩体强风化带厚0.2—0.5m，弱风化带厚1.5—2.5m，微风化带及卸荷松动带厚8—15m。

（3）采矿活动的危害

在距石窟中心5km范围内分布有中小型水泥厂及石灰厂，加上煤矿开采等活动，区内爆破采石活动频繁，破坏了岩体的完整性，加速了岩体破坏，进而影响石窟立壁的稳定性。煤矿开采形成的降落漏斗，降低了区域地下水位，导致西山风景区的泉水水位下降乃至消失。

# 第四节　试验洞窟病害调查

## 一、洞窟病害的调查方法

图2.4　病害调查现场

本项目对三个试验洞窟潜溪寺、皇甫公窟和路洞进行了病害调查（图2.4）。这三个洞窟的病害各有特点，且具有一定的代表性，对龙门石窟全面的病害调查工作具有重要的指导意义。

在以往病害调查工作经验的基础上，制定了病害调查遵循的方法，概括起来有以下几点。

### （一）对病害种类的界定

龙门石窟存在许多种类的环境病害，为了便于调查记录，根据中华人民共和国文物保护行业标准《石质文物病害分类与图示》（WW/T 0002—2007）和龙门石窟的实际情况，把病害主要界定为14个种类：

1）裂隙；
2）结壳；
3）盐性粉化；
4）层状剥落；
5）起翘剥落；
6）缺损；
7）鳞片状脱落；
8）掉块；
9）生物绿锈；
10）渗水点；
11）修补痕迹；
12）拓片迹；
13）表面沉积；
14）蜂窝状孔洞。

### （二）确定各种病害的图例

病害图例是规定一种颜色或符号来表示某种病害，它是病害调查中绘图记录工作的基础，绘图记录的人员要以病害图例为标准进行病害的绘图记录，保证整个绘图记录工作的统一性。

### （三）现场调查记录方法

调查的内容包括以下几个方面：

1）洞窟概况，主要根据洞窟基础资料进行查阅、整理。

2）病害现状调查，包括文字记录、病害分布图绘制和典型病害照片记录等，这是病害调查的主要工作内容。

3）历史保护修复资料的整理。在现场调查的基础上，经过整理和总结，最后形成完整的病害调查报告。

现场调查工作的记录主要分为三部分：一是文字记录，二是绘图记录，三是照片记录。这三种记录都要以病害分类为依据，按照病害种类确定记录顺序，对病害逐一进行记录，避免遗漏。

## 二、洞窟病害调查成果

### （一）潜溪寺

1. 概况

后室主佛通高780cm，坐高530cm，肩宽320cm，舟形身光分为二层，内唐草纹，外素面。圆形头光分三层，内素面，外七佛，中间复瓣莲花。波状发髻，着双领下垂式袈裟，僧祇支，胸结带，偏衫覆右肩，施说法印，结跏趺坐于束腰方座上。弟子像头残，北侧弟子双手合十于胸前，南侧弟子于胸前持香炉，均立仰覆莲束腰圆台上。二菩萨像桃形头光，戴花蔓冠（北侧饰化佛，南侧为净瓶），配项圈，腕钏，斜披络腋，腰束宽带，双璎珞腹前穿过“涡纹”璧。北侧菩萨左手提净瓶垂体侧，右手执麈尾搭肩；南侧菩萨左手持物于胸前，右手提物垂于体侧，均立仰覆莲束腰圆台上。天王像圆形头光，带冠，一手置于胸前，一手垂于体侧，均身着铠甲，立夜叉上。

窟顶为莲花藻井。后室存铭刻五则。

前庭西壁存小龛11个，窟门北侧圆拱龛高27cm，宽3cm，深3cm，造菩萨像一身，通高25cm，头残，配项圈，腕钏，斜披络腋，左手提净瓶垂体侧，右手执麈尾外扬，立仰覆莲圆台上。龛下有造像记。其余龛均为空龛。北侧存圆拱空龛14个。南壁存小龛7个，下层圆拱龛高270cm，宽153cm，深96cm。龛两侧各存一线刻立佛，通高均160cm，桃形头光，内饰莲花，着双领下垂式袈裟，僧祇支，胸结带，施说法印，立仰莲台上。西侧壁立佛外侧存圆拱龛两个，造结跏趺坐佛、立菩萨各一身。南壁其余龛均为圆拱空龛。

窟外存两通圆拱形石碑，南侧碑高170cm，宽60cm。北侧碑高172cm，宽69cm。潜溪寺位于龙门石窟西山北端，窟高9.95m，南北宽9.86m，进深7.15m，为唐代初期洞窟（图2.5）。

图2.5　潜溪寺外景

2. 主要病害

潜溪寺的洞窟岩体中，层面裂隙和卸荷裂隙极为发育。被这些裂隙切割，顶壁、南壁渗漏水严重，因此潜溪寺的病害主要是渗漏水以及其引起的表面沉积、水锈和各种风化病害。

（1）顶壁

顶壁主要被三条卸荷裂隙和两条构造裂隙切割，岩石破碎，漏水严重。贯穿莲花的三条裂隙走向北东25°。洞顶中部的莲花东侧有一处深14cm、面积为77cm × 66cm的三角形掉块区，洞顶北部有一深14cm、面积为30cm × 20cm的椭圆形溶孔。

洞顶渗水较为严重，东侧有一处长约65cm的构造裂隙渗水带。西侧沿裂隙存有以前灌浆树脂的残留。

受渗水影响，洞顶岩溶较发育。洞顶西南角形成一处青灰色三角形岩溶堆积；顶壁东侧形成大面积的灰白色岩溶堆积，局部呈红褐色；洞顶中部有一处三角形黄褐色岩溶堆积，洞顶北部形成较大面积黄褐色岩溶堆积。洞顶岩溶覆盖面积率为40.3%。洞顶岩溶堆积物表面风化后呈土黄色，洞顶岩体质地较疏松，局部呈片状剥落（图2.6）。

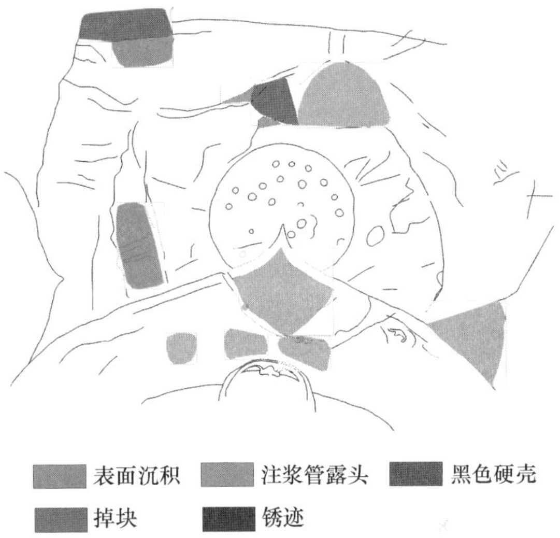


图2.6　顶壁病害分布图

（2）西壁

主佛背光沿层面裂隙有较大面积凝浆沉积，分布不均，厚度达2—3cm，裂隙以前灌浆封堵过，有树脂残留。背光右侧有注浆管露头，周围有锈蚀痕迹。主佛头部左上侧存有面积为101cm × 40cm的黑色硬壳。

受两条层面裂隙的切割，北侧弟子像脸部破损掉块。贯穿正壁的层面裂隙切割主佛像的胸部和北侧弟子像双手，造成弟子像手指断裂。主尊像两耳垂被层面裂隙切割掉块，头部保存较好，右手手指断裂脱落，两膝局部掉块，底座岩体破碎。

主尊头部右上角有三处渗水点，头部上方2条层面裂隙中各有一处渗水点，沿渗水点下方有深绿色苔藓生长痕迹。裂隙下方有条带状白色岩溶堆积物，堆积厚度0.5—2cm，质地较坚硬，其上有淡绿色淀积物，形成2种颜色的岩溶堆积物条带，绿色成分与苔藓生长有关。

沿南侧顶部卸荷裂隙有一处渗水点，其下有苔藓生长痕迹。裂隙下方形成大面积褐黄色岩溶堆积，厚度约5cm，颗粒粗大坚硬，上面覆盖浅绿色岩溶沉积。受顶部渗水裂隙影响，在正壁上部形成多处岩溶堆积，沉积物颗粒粗大，呈灰黄色、灰绿色和红

图2.7　西壁病害分布图

褐色（图2.7）。

（3）南壁

菩萨背光被三条卸荷裂隙切割，沿裂隙有黑色硬壳和灌浆封堵残留物。背光左上部有一注浆管露头。背光内右侧有树脂残留物，白灰涂抹修补。东侧天王像胸部沿层面裂隙形成一处破碎带，长170cm，宽10cm，现已用水泥砂浆修补；右手下面岩体、右脚尖及脚下夜叉有掉块脱落现象。西侧菩萨像右手手指及右脚脚趾断裂，衣裙下摆处掉块脱落；莲花座被裂隙切割破损。

南壁有四处渗水点，渗水病害严重。两处位于南壁中部，另外两处位于南壁上部两侧，菩萨像头顶至力士像肩部是一条主要的渗水控制裂隙。

力士头顶部上侧有面积约40cm × 150cm凝浆覆盖区，堆积较厚，平均厚度约5cm，最厚处达8cm，质地坚硬。受渗水裂隙影响，南壁岩溶覆盖率为48.1%。

受洞顶渗水影响，在南壁上部形成一条溶槽和一条溶沟，已进行填充处理。

力士脸部及右手风化严重，岩体表面脱落，以片状剥落为主。菩萨像右手风化严重，模糊不清。

造像腰部以下分布有绿色苔藓。南壁西侧下部有大面积苔藓分布（图2.8）。

（4）北壁

菩萨背光处有面积为55cm × 130cm区域凝浆覆盖。左侧背光有注浆管露头和树脂残留，头部左侧用白灰修补涂抹过，面积约100cm × 40cm，厚度不一，最厚处约1.1cm。

力士面部风化剥落严重，左肩有白灰填补痕迹。左手、左脚尖及菩萨像莲花座局部掉块；腿部因风化产生细密裂纹，表面片状剥落；服饰下摆处有两条风化裂隙。

力士像右手食指断裂，右耳垂脱落。力士头顶区域受一处卸荷裂隙自上而下贯穿壁面，沿裂隙有树脂封堵痕迹。力士、菩萨像腹部及壁面下部中间机械性破碎，岩体表面凹凸不平，表面有灰白色粉末沉积（图2.9）。

图2.8　南壁病害分布图

图2.9　北壁病害分布图

北壁共有三处渗水点，均位于北壁顶部，分布在顶西侧、中间和东侧。西侧形成一条灰绿色岩溶覆盖区，长120cm，宽70cm；中部渗水点的苔藓和霉菌分布范围长12cm，宽80cm。此类沉淀物附着力较弱；东侧渗水点造成较大面积黄褐色岩溶覆盖区。顶部东侧的一条卸荷裂隙是主要的渗水裂隙。北壁上部中间发育有一个溶洞，面积20cm × 60cm，进行过人工修补。

（5）东壁

窟门上部有水泥加固修补痕迹，面积约65cm × 31cm。南侧中、下部沿门框被裂隙切割，产生较大掉块区，高440cm，宽60cm。两侧底部岩体破碎。

上部北侧有一条带状黄褐色岩溶沉淀区，宽40cm，长250cm。南侧顶部有两处灰白色岩溶沉淀区，岩溶覆盖面积率为11.2%。

两侧下部风化比较严重，风化裂隙发育，裂隙交会处岩体破碎，现已用水泥砂浆修补。北侧修补区长230cm，宽90—140cm；南侧修补区长110cm，宽80cm（图2.10）。

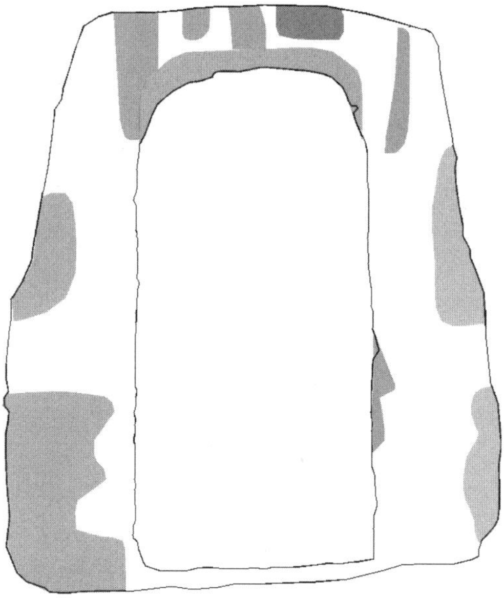

图2.10　东壁病害分布图

## （二）皇甫公窟

### 1. 概况

皇甫公窟位于龙门西山南段，靠近南端之半山腰，窟高4.70m，宽4.78m，进深4.75m。皇甫公窟是北魏时期开凿的较大洞窟。北侧上方是火烧洞，北侧下方是古阳洞和药方洞。

窟外立面正中为长方形窟门。窟门上方有尖拱形门楣。门楣之上凿出仿木结构的屋顶雕饰。窟门两侧有二门柱，柱外侧各雕一力士。窟门南侧，凿有一通造窟石碑。

窟内平面呈马蹄形，窟门至正壁之间，有一条通行的走道，走道南北两侧地面浮雕六朵莲花。

窟顶呈穹隆状，正中高浮雕一圆形莲花，环绕莲花四周，雕出六身伎乐飞天。

正壁高坛上，雕出一佛、二弟子、二立菩萨、二思维菩萨。坛下两端各雕一狮子。南北壁各开一大龛，在壁门的南北两侧也各开一龛，北壁龛内为二坐佛，坐佛之间雕二弟子，两侧为二菩萨。南壁龛内主尊为一坐菩萨，两侧为二弟子和二菩萨，龛下部均雕有精美的礼佛图。前壁窟门两侧各凿一龛，龛内为一立佛和二菩萨。

主室四壁龛外的壁面上，浮雕千佛、菩萨、罗汉、供养人像等。此外，在窟内外，尚有十多个后代凿的小龛。

皇甫公窟是代表龙门石窟北魏晚期洞窟的主要样式之一（图2.11）。

### 2. 主要病害

皇甫公窟的岩体完整性较好，渗水病害多发生于层面裂隙和构造裂隙的交会处，雕刻品被裂隙切割掉块，以风化剥落和生物病害为主。

（1）外壁

外壁上部仿木构窟檐的前檐部分崩落；被三条裂隙切割，右侧飞天胸部层状剥落；窟楣自右向左第二、第五尊小佛头部缺损；窟门右侧力士上半身呈三角状崩落，左侧像大部分崩落，仅余头光及轮廓（图2.12）。

图2.11　皇甫公窟外景

（2）顶壁

窟顶莲花藻井受两条裂隙交切作用影响，形成两块三角状脱落，仅存东西两部分莲花瓣。表面有风化剥落、溶蚀、水锈痕迹；莲花藻井周边的飞天头部均缺损（图2.13）。

（3）西壁

主尊像头部、面部缺损，有修补痕迹，右手拇指、食指和左手拇指缺损，其余部位保存较好，两条裂隙分别贯穿头部、肩部。左侧弟子像头部缺损，有修补痕迹，裂隙渗水导致溶蚀，表面有钙质沉积，左肩有风化剥落现象，右肩有裂纹现象，一条层面裂隙贯穿腰部，沿裂隙有带状风化脱落，左脚部位莲花台缺损，右脚几乎脱离身躯，背光右侧有一处出水点，下有钙质析出。

图2.12　皇甫公窟外壁病害分布图

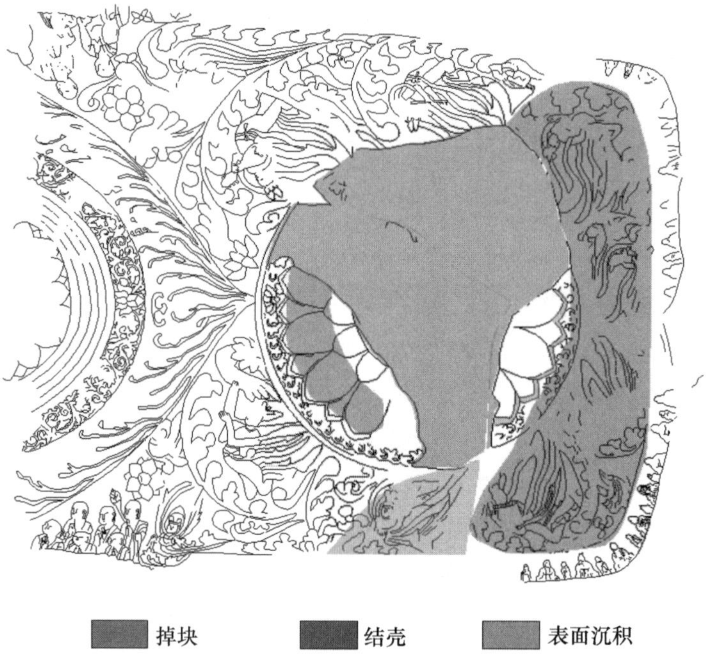


图2.13　皇甫公窟顶壁病害分布图

两条层面裂隙贯穿西壁，沿裂隙下部出现凝浆覆盖和水锈。

左二菩萨像头部缺损，胸部沿裂隙风化剥落（约20cm），腰部下侧沿裂隙脱落。

左三菩萨像头部缺损，裂隙自胸部贯穿，右肩部存在龟裂、剥离现象，左臂缺损，左手有修补痕迹。

右一弟子像头部缺损，膝部以上表面龟裂脱落，下部及周围有小面积苔藓生长。

右二菩萨头部缺损，有加固修复痕迹，两条裂隙贯穿躯体，右手缺损，左脚拇指、食指缺损，下侧及身体侧面有苔藓类生长，并有风化起壳剥离现象。

右三菩萨头部缺损，右手缺损，有修复痕迹，胸部有小裂隙贯穿，莲花台座有裂纹剥离现象。

主尊坛基左前侧一尊石狮，头部及左前腿缺损，身躯与岩体剥离，前身脱落，仅余左右脚前掌。

石狮左上侧小龛内两对佛的面部缺损，龛楣左侧弟子像沿裂隙风化剥落。右上侧小龛内主佛头部缺损，体表风化剥落，左侧弟子像缺损，右侧弟子像头部缺损，龛楣右上角沿裂隙风化剥落，左侧飞天及弟子像保存较好，龛楣有拓片痕迹。

坛基右侧石狮头部及右前腿缺损，后背有一块三角状脱落，且有裂纹。石狮左上侧龛内主尊双手缺损，左侧弟子像双手缺损，菩萨像仅余双脚，右侧弟子像保存较好，菩萨像剥落，裂隙自华盖贯穿，左侧供养人像完整，右侧供养人像面部残缺，躯体有开裂剥离现象。右侧小龛内主尊头部缺损，左侧供养人像仅余肩以上部分，下部剥落，左侧保存较好（图2.14）。

图2.14　皇甫公窟西壁病害分布图

（4）南壁

南壁发育两组层面裂隙，产状为345°∠24°，密集裂隙间距2—30cm，分布在壁面主龛龛楣以下区域，上下两组裂隙分界明显，距离约90cm。南壁有四条卸荷裂隙，受裂隙切割影响，主龛壁面及龛内弟子、菩萨表面部分剥落，剥落层最厚达2cm左右。壁面左侧卸荷裂隙J1下部被厚层岩溶物覆盖，岩溶物表面苔藓发育。

大龛内主佛头部及双手缺损，右手有修复痕迹，一条层面裂隙自右手处至左膝贯穿，右肩缺损，左侧弟子像缺损，仅余右脚，左侧菩萨像头部缺损，多条裂隙贯穿胸腹及下肢，左脚缺损，莲花底座也有块状脱落，裂隙周围均存在风化剥落起壳现象。

主尊左侧壁面下部存在较严重的风化剥落现象，菩萨右下侧有灌浆封堵痕迹，菩萨背光右侧维摩像有拓片痕迹。

主尊右侧弟子像头部、双手缺损，双脚及莲台均有不同程度缺损，身体表面受裂隙切割影响风化剥落，裂隙下方有白色沉积物。菩萨像肩部缺损，表面受多条裂隙切割影响风化剥落，下肢尤为明显。

主尊右侧壁面有小面积黑色油烟覆盖，且风化剥蚀严重。门楣左侧供养人像腰部以上剥落严重，一条裂隙切割头部，下部另有多条裂隙切割剥落。门下部左侧也有一小部分缺损。

龛右侧一裂隙自上而下贯穿壁面，该裂隙曾灌浆加固。供养人像头部以及上部壁面大面积缺损。沿裂隙下方壁面全部被褐黄色及深绿色凝浆覆盖，凝浆质地坚硬，颗粒较粗。供养人像表面有苔藓类附着。

龛下方礼佛图正中被裂隙切割形成一斜三角形脱落区，曾用黄泥填充修补，表面有拓片痕迹。东侧供养人像被凝浆覆盖，其中有一处出水点。

南壁左下侧小龛内二坐佛像身体下侧有灌浆污染物，左侧供养人像下身被白色凝浆覆盖（图2.15）。

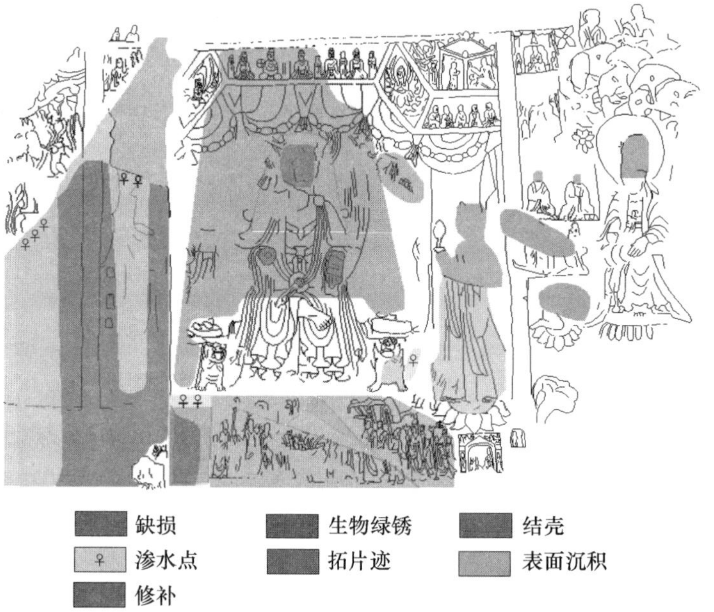


图2.15　皇甫公窟南壁病害分布图

（5）北壁

北壁发育有7条卸荷裂隙和两组层面裂隙。两组层面裂隙分布在壁面右下侧区域内，间距为10—12cm，产状为345°∠24°。裂隙密集带上层宽40—100cm，下层宽40—180cm，层面裂隙间距为2—6cm。受这两组层面裂隙密集带的切割影响，该区域内壁面及雕刻品大部分已剥落，剥落层厚度最深达2cm左右。

该区域内大部分被土黄色薄层岩溶沉积物覆盖，覆盖层厚度均匀。

该区域内东侧一尊菩萨及北壁主龛内东侧佛像及菩萨受烟熏危害。

北壁尖拱形龛内右侧佛像头部缺损，背光被一条裂隙贯穿，双手缺损，胸部被两条小裂隙切割，沿裂隙周围有开裂、脱落现象，腹部受风化作用起翘剥落，衣纹下摆局部空鼓。佛像两侧壁面雕刻受裂隙影响，风化起翘、剥落严重。背光处裂隙有灌浆痕迹，右手有修补痕迹。左侧弟子像头部、背光及身体表面存在起翘、风化剥落现象。右侧菩萨像头部缺损，左脚缺损，身体表面有小面积脱落现象。左侧佛像面部及胸部风化剥蚀现象明显，一裂隙贯穿头部及左肩，头部仅余轮廓，身体表面可见较大面积的钙质沉积。右侧弟子像头部仅余轮廓，身体表面因上方裂隙溶蚀产生了水锈和钙质沉积。龛楣尖拱处受层面裂隙与卸荷裂隙交切作用，造成三角状岩体块状脱落，并有一处渗水点，沿渗水点下方受溶蚀作用影响在周围形成土黄色颗粒沉积，两边龛门也有不同程度缺损。龛楣上雕刻佛像头部大部分缺损，右侧部分风化剥落现象明显。龛楣上部与正壁相接处有两片水锈痕迹。龛左侧供养人像身体表面大面积风化剥落，右侧供养人像头部缺损，下肢受裂隙影响部分脱落，右侧花瓶及瓶内莲花雕刻品保存较好，表面有拓片墨迹。龛下侧礼佛图中间供养人像下部被裂隙切割脱落，其余保存较好，表面有拓片痕迹。

礼佛图东侧雕刻被裂隙切割和受风化作用剥落，雕像已不可识别（图2.16）。

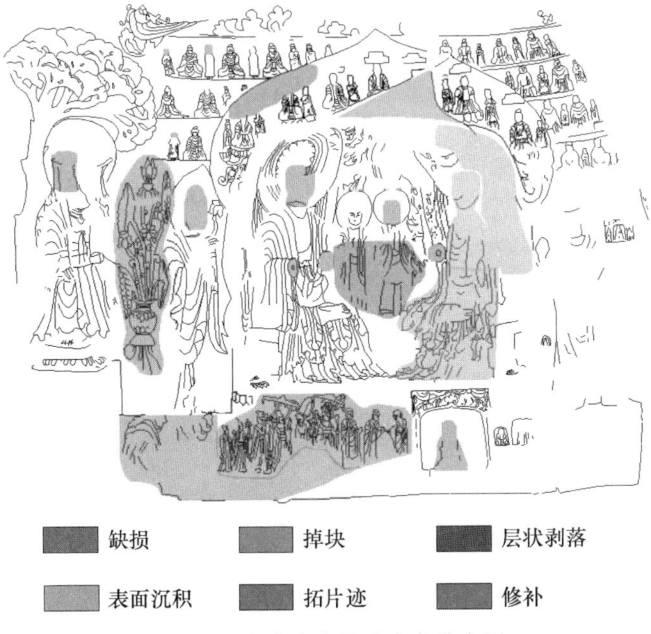


图2.16　皇甫公窟北壁病害分布图

（6）东壁

东壁主要发育有两组层面裂隙，产状为345°∠24°，裂隙密集带宽度2.8—4.2m，裂隙间距2—15cm不等，分布于整个壁面。受裂隙切割影响，壁面呈片状剥落，其中壁面上部剥落极为严重，剥落层最厚达3cm左右。整个壁面受到烟熏危害，呈黑色。窟门左上侧受渗漏水影响，产生薄层白色岩溶物覆盖区，宽0.1—0.8m，长1.5m（图2.17）。

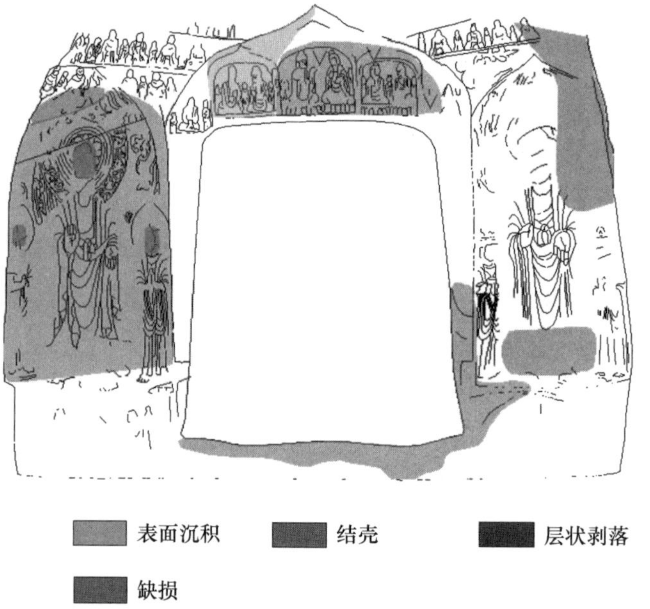


图2.17　皇甫公窟东壁病害分布图

（7）地面

地面受层面裂隙切割影响，造成地面莲花图案沿裂隙周边缺损和块状脱落现象。北侧小裂隙发育明显，雕刻品表面脱落，形成小凹槽（图2.18）。

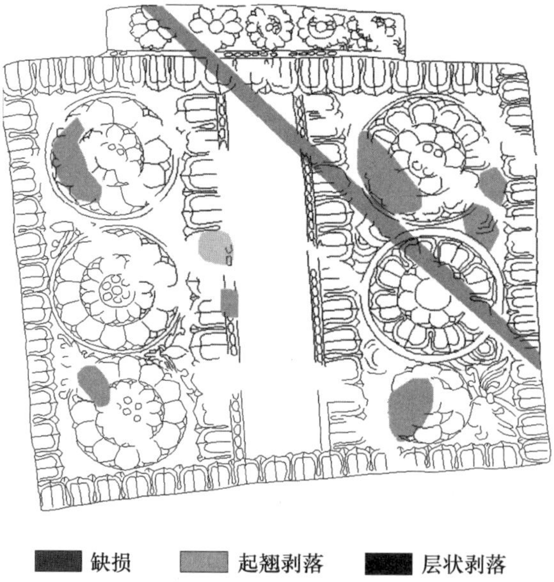


图2.18　皇甫公窟地面病害分布图

## （三）路洞

### 1. 概况

路洞是龙门石窟北魏时期开凿的最南边的一个洞窟，也是北朝阶段在龙门开凿的大型窟中最晚一例。窟内平面呈马蹄形，穹隆顶。正壁凿出一种大的帐形龛样式，上部雕出莲花、覆莲瓣，华绳及倒三角形装饰，两侧又雕出垂帐，成为一个天幕大龛。龛内顶部呈横券顶，至南北两端又凿成近似于穹隆状。龛内雕出一佛、四弟子、二菩萨等九身大像。这种正壁开天幕大龛置一铺像的做法，当来源于云冈第二期洞窟，在龙门石窟中也仅此一处。在全窟雕刻造像中，窟内正壁基坛上的一铺大像以及南北壁分层分段雕出的列龛，除北齐武平三年（572年）题记的两个龛与个别唐代小龛外，全是北魏末期的特征与风格。

在北壁西侧下层，有一个天幕尖拱龛，龛楣上刻有维摩、文殊与众比丘形象，下有“武定七年”纪年的题记，是路洞内最早的题记，据此开窟时间约在北魏末期或东魏。

在窟门的南侧壁，浮雕有一身头顶高螺髻、身着交领广袖长袍的供养人像，该供养人像手持幢幡，借表“麾群生，制魔众”之意，故于佛前建此物。这种造型，也是供养人像中持炉、持花以外之新体例（图2.19）。

图2.19 路洞外景

### 2. 主要病害

路洞是三个试验洞窟中存在病害类型多且较为严重的洞窟，裂隙交切造成雕刻品掉块脱落，沿卸荷裂隙发育有渗水病害和溶蚀病害，表面沉积物、黑色结壳覆盖面积大，风化剥落现象严重。

（1）外壁

外壁右侧受风化裂隙切割影响已垮塌，采用水泥砂浆修补恢复。窟口下部被裂隙切割产生掉块（图2.20）。

图2.20　路洞外壁病害分布图

（2）顶壁

顶壁西北角沿卸荷裂隙多处渗水，裂隙两侧均产生掉块区。东北角掉块区为窟门垮塌处，现已用水泥砂浆修补恢复。洞顶中心的莲花图受构造裂隙和层面裂隙的切割影响，在重力作用下脱落，仅剩轮廓。顶板厚度较薄，裂隙较发育，渗水点众多，导致顶部岩溶堆积十分发育，大面积分布灰白色的淀积物。由于水中含铁的氧化物作用，在该岩溶堆积区可见条带状的铁红色锈迹。整个洞顶的中西部均因烟熏变黑（图2.21）。

（3）西壁

西壁整体保存状况较差，缺损、层状脱落严重，另有油烟污损、凝浆沉积以及渗水等病害存在。

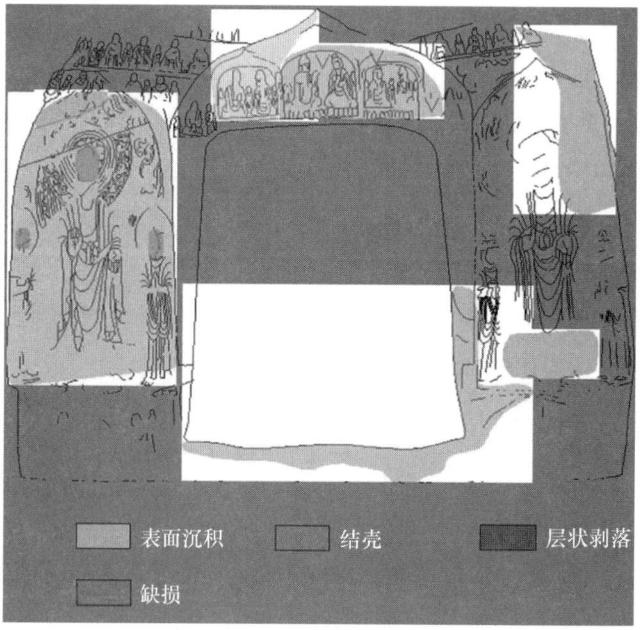

图2.21　路洞顶壁病害分布图

主佛头部、两小臂缺失；北侧两弟子像整体缺失，仅存底座残迹，菩萨头部缺失；南侧一弟子像头身缺失，另一弟子像头部缺失，菩萨头部缺失；基座有脱落掉块现象；上部龛檐大部分缺失，南侧残存约1m长。

西壁上部北侧岩溶堆积物表面风化后，质地疏松，呈土黄色粉末状。主像岩体呈片状剥落，左肩部分布有一条风化裂隙。主像南侧造像的岩体呈片状剥落，被卸荷裂隙切割，岩体脱落，脱落区高60cm，宽40cm。下部北侧，受物理风化作用，岩体表面呈片状剥落，被裂隙切割，岩体掉块，掉块区高82cm，宽76cm。中部莲花座底边风化严重，岩体表面风化呈土黄色，表层零星分布有若干苔藓残留体。

西壁南侧上部至龛顶油烟层较厚。在烟熏区范围内进行过清洗试验，试验面积长25cm，宽15cm，清洗后试验范围内的岩体露出了灰岩的原色。

西壁有拓片痕迹一处，锚杆出露生锈两处，树脂沥干区域一处。

由于存在渗漏水现象，沿渗水裂隙下方存在大面积凝浆覆盖（图2.22）。

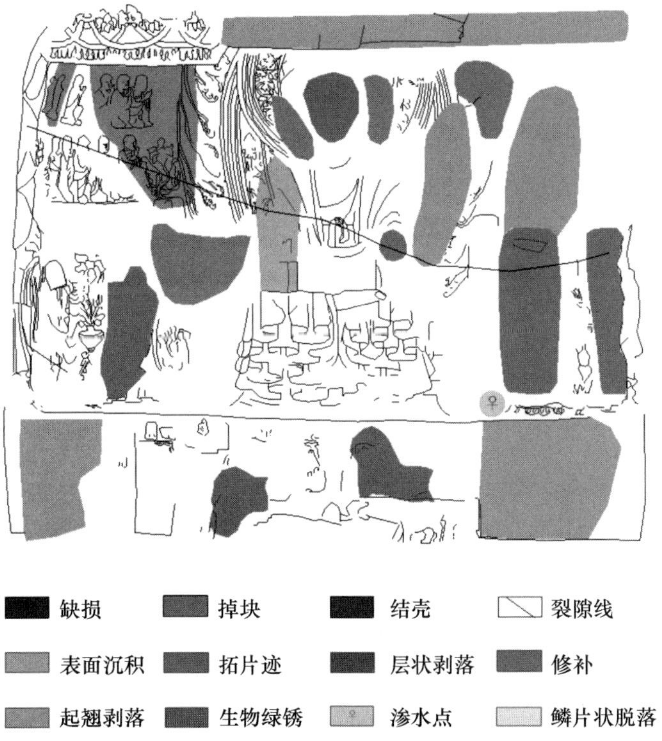


图2.22　路洞西壁病害分布图

（4）南壁

两条大裂隙贯穿中部，有局部渗水现象，风化严重。左上部大龛表层为油烟所覆盖，风化严重，大片脱落，表层起皮，空鼓明显，整个南壁油烟覆盖面积约三分之一。

受渗水裂隙影响，右下部及上中部有渗水现象，下部滋生大量苔藓类生物，中部有凝浆沉积，覆盖部分雕刻品。

左下侧供养人像表面有拓片墨迹污染，呈黑色，龛内佛头均被盗凿，有修复痕迹。

南壁中、下部的东侧层面裂隙甚为发育，受风化作用影响，表层呈土黄色，薄片状起壳，局部有不规则的风化裂隙。造像身体表面均存在不同程度开裂、空鼓现象，整个壁面风化以片状脱落现象为主。佛像严重风化，头顶部岩体片状起壳，壳厚3—5mm，最厚达1cm，佛像头部风化后呈铁锈色，身部风化后呈土黄色，片状剥落（图2.23）。

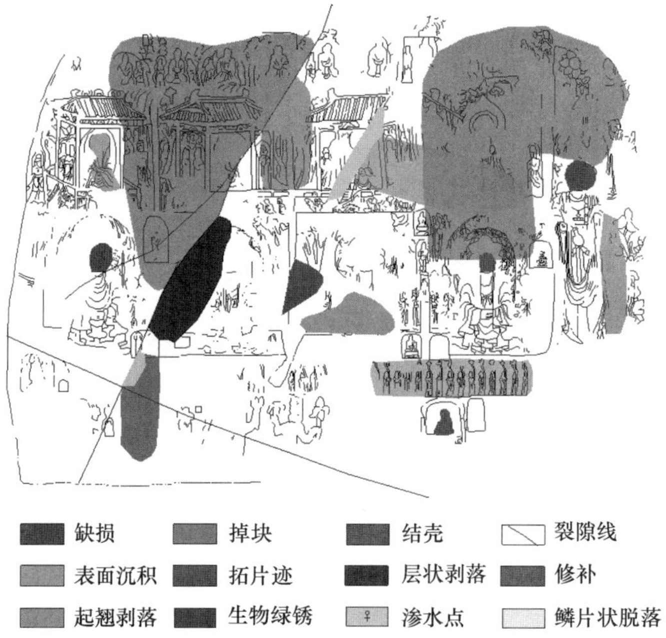


图2.23　路洞南壁病害分布图

（5）北壁

两组贯穿顶部的卸荷裂隙延伸至北壁，沿北西裂隙带下部约有1.5m²的缺损，且裂隙渗水严重，沿此裂隙上部有油烟覆盖，影响观瞻。

壁面小龛内主佛头像都遭到了破坏。壁面西侧和东侧各有小区域片状脱落，严重影响了文物安全。

北壁发育有五处渗水点，均位于北壁的中上部。壁面东侧中部有一处渗水点，沿此处渗水点向下形成小面积的生物绿锈。贯穿北壁中部至窟顶的卸荷裂隙出水量相对较大，需要着重治理。

中部沿裂隙形成带状掉块，带长100cm，宽10cm。渗水沿构造裂隙流动，加重了裂隙两侧岩体的风化。

在裂隙的中、下部形成一块长约200cm，宽60cm的严重风化区，风化区内岩体呈片状剥落，并有灰色的霉菌、苔藓，呈斑状分布，中部构造裂隙东侧的佛像受裂隙渗水影响，干湿交替，风化严重，佛像表面质地疏松。整个北壁的东侧层面裂隙密集带，受风化作用影响位于该区的佛像表面严重风化，呈片状剥落，表层岩体质地较疏松（图2.24）。

图2.24　路洞北壁病害分布图

（6）东壁

窟门的北侧受风化裂隙切割影响已垮塌，目前已用水泥砂浆修补恢复。窟口下部被两条裂隙切割掉块。南侧门沿附近的小佛像，被人为凿坏。

下部北侧层面裂隙密集带风化作用十分明显。门顶及南侧的中部，有两处严重风化区。岩体风化后质地疏松，呈灰黑色，表层起壳，极易脱落。沿起壳部位的边缘见灰黄色的风化残积物（图2.25）。

本次对三个试验洞窟的病害调查，为龙门石窟今后全面深入地开展病害调查打下了坚实的基础。但是，本次病害调查工作还存在一些不够完善的地方，例如缺乏对于病害组成成分的测试分析，缺乏对病害形成机理的深入研究，缺乏对病害的定量评估等，这些都是今后进行病害调查需要进一步深入的工作方向。

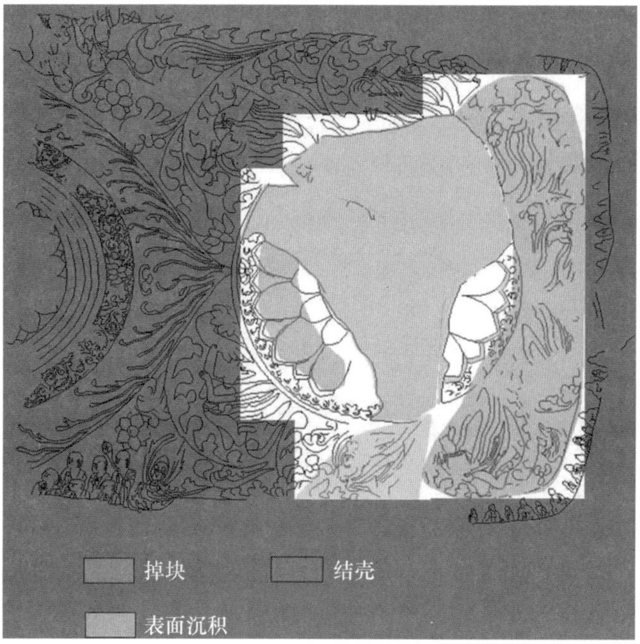


图2.25　路洞东壁病害分布图

# 第五节　环境与病害监测

为了研究龙门石窟的区域环境状况与石窟病害之间的关系，2003年4月，有关部门开始安装试运行龙门石窟环境监测系统，共设置仪器站点12处，监测项目26项，分布于龙门石窟西山区域和试验洞窟内外，对龙门石窟区域的气象、大气环境、洞窟内外环境、河水、泉水、地下水位、渗漏水等相关影响因素开展了24小时自动化连续监测。项目安装了大量日本生产的高端监测设备和部分国产设备，如红外相机、太阳能供电等当时国内尚未普及的先进设备。本项目建立了相对完善的龙门石窟环境与病害监测体系，使龙门石窟环境与病害的监测水平上了一个新台阶，成为当时国内仅次于敦煌研究院，并达到了国内领先水平的环境监测系统。表2.3列出了龙门石窟监测系统的检测内容和参数指标。

**表2.3　监测系统参数指标**

| 监测内容 | 单位 | 采样频次 | 仪器供电方式 | 数据备注 |
|---|---|---|---|---|
| 大气温度 | ℃ | 次/h | 太阳能 | 每60分钟的瞬时值 |
| 大气湿度 | % | 次/h | 太阳能 | 每60分钟的瞬时值 |
| 洞窟温度 | ℃ | 次/h | 直流电源 | 每60分钟的瞬时值 |
| 洞窟湿度 | % | 次/h | 直流电源 | 每60分钟的瞬时值 |

续表

| 监测内容 | 单位 | 采样频次 | 仪器供电方式 | 数据备注 |
|---|---|---|---|---|
| 岩石温度 | ℃ | 次/h | 太阳能 | 每60分钟的瞬时值 |
| 水平孔内温度 | ℃ | 次/10min | 直流电源 | 每10分钟的瞬时值 |
| 风向 | deg | 次/h | 太阳能 | 每60分钟的瞬时值 |
| 风速 | m/s | 次/h | 太阳能 | 每60分钟间的最大值 |
| 光强 | $kw/m^2$ | 次/h | 太阳能 | 每60分钟的瞬时值 |
| 降水量 | mm/h | 次/h | 太阳能 | 每60分钟量的总和 |
| 土壤含水率 | $m^3/m^3$ | 次/h | 太阳能 | 每60分钟的瞬时值 |
| 地下水位 | m | 次/30min | 直流电源 | 每30分钟的瞬时值 |
| $SO_2$ | ppb | 次/10min | 交流电源 | 每10分钟的瞬时值 |
| $NO_x$ | ppb | 次/min | 交流电源 | 每1分钟的瞬时值 |
| 渗漏水红外线摄影 | 张 | 次/10min | 交流电源 | 每10分钟拍摄一张照片 |

## 一、监测的内容

### （一）区域气象监测

在龙门石窟西山万佛洞顶部和南部牡丹园设置两处气象观测站，用于监测龙门石窟区域的基本气象环境，监测指标有大气温湿度、风向、风速、光强、降水量、土壤含水率、岩体表面温度等（图2.26）。

### （二）洞窟微环境监测

在潜溪寺、路洞和皇甫公窟三个试验洞窟内，安装了温湿度监测仪，对石窟内部微环境温湿度、岩石温度等进行连续监测（图2.27）。

图2.26　石窟区域气象监测设备

图2.27　洞窟内的观测仪器

### （三）大气污染物监测

大气质量监测站建于石窟中心区的珍珠泉区域。监测二氧化硫、氮氧化物等指标，收集大气污染物对龙门石窟影响的数据。

### （四）水环境监测

流经石窟区的伊河是影响石窟区域环境的一个重要因素。龙门石窟区地下水资源丰富，在1km长的东、西两山石窟区，有十余处泉水出露。对河水及泉水的监测点分别设在西山南门附近的伊河河水中和老龙洞外的泉水中，主要监测水温变化和水体之上的大气温湿度变化。

为了监测地下水位的变化规律，在西山施工的四个垂直钻孔内安装了地下水位和水温的监测仪器。

### （五）凝结水监测

龙门石窟的很多洞窟在夏季有大量冷凝水出现，对洞窟内的雕刻品溶蚀破坏十分严重。

潜溪寺是凝结水病害的典型洞窟，每年5月至8月间最为明显。本项目选择潜溪寺作为监测点，研发了专门的凝结水采集仪，进行了连续两年的观察、记录，并对凝结的水量进行了定量测算，掌握了潜溪寺凝结水发生规律的基本特征和程度。

### （六）渗漏水监测

洞窟渗漏水现象在龙门石窟中普遍存在，对石窟造成了诸多不利影响。利用安装在洞窟内的红外线摄像机和雨量计对渗漏水点进行连续观测记录，根据渗漏时间、渗漏面积、漏水量的测定结果，可以对渗漏水的规律和程度有较为清楚的了解。

### （七）洞壁温度监测

温度变化是造成石窟表层雕刻品风化的主要因素之一，尤其是对露天雕刻品的影响更大。利用壁面温度监测仪和红外线摄像机两种设备可以监测洞壁温度的变化。红外线摄像机观测到的露天雕刻品表面极端最高温度达70℃，最低温度为−5.7℃。

### （八）岩体稳定性监测

岩体崩塌是龙门石窟破坏的主要原因之一，历史上龙门石窟曾多次发生岩体崩塌、雕像开裂、损毁。经过20世纪的几次大规模治理工程，石窟岩体稳定性得到了提高，近年来未发生大的岩体崩塌现象，但是局部的岩体开裂、脱落现象仍然存在。本项目通过安装在洞窟外的裂缝位移计、多点位移计等设备对石窟岩体的稳定性进行了连续监测。

## 二、监测成果分析

### （一）区域气温、湿度对石窟的影响

通过对龙门石窟西山区域气温和湿度的连续监测可知：

龙门石窟的年平均气温为15.48℃。夏季7月最热，月平均气温为25.69℃，最高气温38.09℃。冬季1月最冷，平均气温1.89℃，最低气温-7.36℃。一年中6、7、8三个月温度最高，12月和1月的温度最低。

7、8、9三个月的湿度要高于其他月份，1、2月的湿度值要低于其他月份。观察一天之内的温度变化曲线可知，一般情况下，日温的最低值出现在早上6—7时，最高值出现在下午2—3时。与之对应的相对湿度值正好相反，温度最低时湿度最高，温度最高时湿度最低。

将三个试验洞窟的窟内温湿度和西山区域温湿度进行比较，洞窟内的温度变化幅度要小于窟外的环境温度变化幅度。一般来说洞窟内夏季的最高温度低于外界最高温度，最低温度高于外界最低温度。冬季则相反，但整体温度变化趋势基本是一致的。洞窟内温度最高值以及最低值出现的时间晚于外界大约1个小时。随着季节不同，窟内外温度的变化有明显区别。如在夏季，洞窟内温度明显低于洞窟外温度，冬季洞窟内温度则整体高于外界温度。

洞窟内湿度一般随外界湿度的变化而变化，其变化幅度小于外界的变化幅度。在降雨过后的渗漏过程中，洞窟内渗水的存在，加大了洞窟的湿度，造成洞窟内的湿度短时间内整体高于外界湿度，这在潜溪寺表现得十分明显。

### （二）河水、泉水对石窟的影响

穿过龙门石窟的伊河发源于熊耳山南麓的栾川县，流经嵩县、伊川，穿伊阙而入洛阳，东北至偃师注入洛水，全长368km，流域面积约6100km$^2$。其龙门石窟段水面70多万m$^2$，最宽处约300m，最深处接近3m。

河水温度变化受外界温度影响十分明显，四季温度变化分明，变化趋势基本一致。

河水温度的变化幅度小于外界大气温度变化幅度，河水温度最低为0.88℃，接近0℃，伊河冬季河面一般不结冰。

龙门东西两山有十余处泉水出露，这些泉水都具有流量和水温相对稳定的特点。老龙洞监测点的泉水水温一年四季维持在22—25℃，平均水温23.5℃，远远高于泉水面之上的平均气温（13.79℃）。龙门石窟区域泉水分布较多，泉水四季恒温，流量稳定，出露高程低于主要洞窟底部。一般认为泉水对洞窟保存无不良影响，但也有日本专家提出了洞窟部分裂隙水的渗流、壁面冷凝水的形成与温泉水蒸气在裂隙中的移动有关的观点，认为泉水对洞窟的渗流有一定影响。

近年来受到天气及周边矿山开采、企事业单位用水等因素的影响，龙门石窟区的泉水水位下降甚至断流的现象明显。

### （三）洞窟内外岩石表面温度变化对石窟的影响

通过对三个洞窟壁面岩石温度同洞窟外岩石温度的对比可知，洞窟内外岩石表面温度变化的周期基本一致，洞窟外温度的变化幅度大于洞窟内温度的变化幅度。三个洞窟相比，路洞壁面温度变化同窟外岩石温度变化最为接近，其次为皇甫公窟，而潜溪寺洞窟壁面温度变化幅度小且较慢。西山岩石表面的极端温差为52.1℃，路洞为30.14℃，皇甫公窟为27.02℃，潜溪寺为20.6℃。洞窟越深，其温差变化越小。

通过垂直崖面的钻孔监测岩体内部的温度变化，由监测结果可以看出，水平孔内的岩体温度变化随着孔深的增长，变化幅度逐步减小，在距孔口分别为36cm、61cm、91cm的探头处监测的岩石温度基本一致，差别很小。由监测结果可知，日晒等因素造成的温度变化，对崖壁表面至岩体内部21cm深的范围以内的浅表层影响较大，越接近崖壁面岩体的温度变化幅度越大，影响越明显。

2004年6月21日，龙门石窟的气温最高为38℃，利用红外摄像机记录到下午3时东山擂鼓台院内向阳壁面雕刻品最高温度达65.6℃。

夏季的监测数据显示，西山露天石刻表面温度值在40℃以上，东山向阳面岩石表壳温度在50℃以上，其中擂鼓台中洞外力士表面最高温度达56.5℃，而冬季最低温度可以达到−5.7℃。

2005年在擂鼓台院内测到69.8℃的崖壁面高温，同一地点的冬季红外照片显示壁面温度为−2.9℃，温差达72.7℃。

所以露天的雕刻品受外界温度变化影响明显，在岩石表面产生的温差应力大于岩石的抗拉强度，造成石窟立壁岩体表面质地疏松分解，呈片状剥落。根据观察，风化层厚度不超过20cm，这同上面水平孔的崖壁浅表层温度变化影响范围的观察数据是一致的。

## （四）风对石窟的影响

根据风向、风速监测数据统计结果，龙门石窟西山的平均风速为4.48m/s，大于牡丹园的平均风速3.12m/s。西山最大风速为17.34m/s，牡丹园为13.82m/s，西山风速明显大于牡丹园风速。就风向而言，两个地点也有较大差异，牡丹园风向以NW方向频率最高，其次为NE、SW方向，SE、E方向频率最低；西山观测点的风向主导频率为SSW、SW和NNE方向。两个场点主导风向相差较大的原因，可能是受地形的影响。龙门峡谷呈南北走向，牡丹园位于峡谷南口外缘中部，地势较为平坦，能较准确测定各个方向的风向，因此牡丹园记录的风向应该与洛阳地区的实际风向更为接近。而西山观测场位于峡谷内的半山腰上，受峡谷微地貌特征的限制，其测定数据与洛阳地区的实际风向有较大偏差，但西山监测点记录的风向更真实地反映了西山石窟区的主导风向和对石窟产生风蚀作用的实际风向。

由此可知，龙门石窟西山位于伊河峡谷内，受到峡谷地势的影响，窟区主导风向为东北风和西南风。降雨时雨水可随风冲蚀雕刻品表面，如奉先寺南壁雕刻品的垮塌就同常年受到东北风的影响有关。其北壁因为朝阳背风，保存状况良好，其他洞窟也有类似的现象。

## （五）大气降水及渗漏水对洞窟的影响

龙门石窟地处河南西部山区，河洛盆地南部边缘，属于暖温带大陆性季风气候。气候特征明显，四季分明，冬季寒冷雨雪少，夏季炎热，雨水较多，多年平均降水量为696mm，多年平均蒸发量933mm，大多年份的蒸发量大于降水量。

龙门石窟开凿在伊河两岸香山和龙门山的碳酸岩崖壁上，域内发育有层面裂隙、卸荷裂隙和构造裂隙，这些裂隙相互交叉切割，形成空间格子状渗水网络，是渗漏水的通道，也是造成龙门石窟洞窟渗漏水的主要原因。龙门石窟几乎所有的大、中型洞窟均存在不同程度的渗漏水状况。

龙门石窟渗漏水病害同降雨直接相关，降雨在崖顶坡面垂直入渗，可在土壤层中蓄积，并进入岩体裂缝内，在渗流过程中经洞窟壁面的裂隙出露，形成渗漏水。

渗漏水沿着洞窟壁面向下流动，在出水点下方和水流过的范围内，洞窟表面的岩石含水量增加，有利于微生物的生长。所以，在渗水点周围以及下方过水范围内，普遍存在苔藓类植物和微生物生长的现象。雨季生物生长迅速，范围扩大，干燥季节内生物生长范围逐步缩小，最后干枯死亡。遗体附着在雕刻品表面形成黑色覆盖物，路洞、皇甫公窟、莲花洞等许多洞窟都有这类明显的生物病害存在。伴随着渗水的蒸发，在渗水区域的雕刻品表面析出碳酸盐凝浆，日积月累，形成厚厚的沉积物，覆盖在雕刻表面。苔藓生长和凝浆覆盖两种现象同时发生的情况下，在洞窟壁面形成致密坚硬的绿色凝浆覆盖物，厚的可达7—8cm，较难去除。

龙门石窟的雨水pH值经检测在6.2左右，呈弱酸性，加剧了对龙门石窟的碳酸盐洞窟的侵蚀作用。

### （六）大气污染物对石窟的影响

龙门石窟区为洛阳南部的交通要道，工业生产和交通汽车排出的尾气等严重影响了龙门石窟区小范围内的空气环境质量，其中的氮氧化物、二氧化硫等气体对石灰岩雕刻品造成了很大威胁。

2003年4月龙门景区东山交通道路封闭，根据龙门石窟研究院大气环境质量观测站观测，道路封闭后石窟区的空气环境质量明显改善，各种大气污染物含量明显降低，特别是能加速雕刻品表面风化的二氧化硫、氮氧化物含量显著减少，同时降尘、总悬浮颗粒物、噪声等指数都大为降低。另根据地震部门测定，汽车振动对石窟的危害已经消除。龙门石窟的保存环境质量得到了显著提高，极为有效地降低了大气污染源等因素对石窟保存的影响。

### （七）土壤含水率与降雨、渗漏间的关系

土壤含水率主要测定崖顶山体表土层中水分所占的比例。降雨较为集中的6、7月，可以看到土壤含水率明显高于降水量少的冬季1、2月份。一个降雨过程中，随着降雨的进行含水率明显上升，降雨停止后开始逐步降低，达到一定值后开始保持稳定，再随着下一个降雨过程开始变化。通过对每次降雨前后的土壤含水率观察发现，一场2个小时20mm左右的降雨，可使土壤含水率在1个小时内迅速由0.04$m^3/m^3$的干燥状态升高到0.2$m^3/m^3$以上的偏湿状态。随着降雨的结束，土壤内水分通过蒸发和渗流等途径流失，土壤含水率逐渐下降。根据雨量的不同，需2—7天时间含水率下降到0.1$m^3/m^3$以下，完全恢复到干燥状态则需要10—15天的时间。

龙门西山土层以含碎块石粉质黏土为主，土层为强、中等透水性土层，具有良好的渗透性。龙门山山体表面覆盖大量土层，植被茂盛，植物根系发达，十分有利于大气降水的保存和入渗。土壤内的水沿着山体的裂隙向下渗漏，一部分水渗流进入洞窟，这些渗漏水的水源充分而且渗流途径较长，是龙门石窟洞窟暂时性渗漏和长期渗漏的主要水源，对洞窟造成了很大危害。

### （八）地下水位的变化规律

西山的四个钻孔内的地下水位变化趋势基本一致，同涨同落，水位变化规律接近。钻孔内水温长期稳定在23℃左右，同泉水的水温接近，同时钻孔内水位高程高于该区域的泉水出露高程。这应该是龙门石窟西山景区泉水的水温和流量稳定的原因。

在本项目执行期间，积累了丰富的环境监测数据，为后续的研究和保护工程设计积累了科学依据。先进的监测技术在国内其他石窟得到了推广应用，如岩体内部温度梯度的监测技术，后来在云冈石窟和花山岩画保护项目中得到了推广应用，为岩体破坏机理温度耦合作用三维模拟数值分析提供了宝贵的监测数据。

# 第六节　防渗灌浆材料试验

## 一、龙门石窟以往的灌浆材料

从龙门石窟的病害成因分析可知，防渗是治理龙门石窟病害的根本途径。为了达到很好的防渗灌浆效果，灌浆材料的选择至关重要。龙门石窟以往的灌浆材料主要选用了两类材料：环氧树脂类和水泥类。

环氧树脂类灌浆材料是在国内外灌浆技术中使用最多的一种材料。其优点是：可以用于较细（可到0.1mm）裂隙的灌浆，流动性好、抗风化能力强、不泛盐碱、货源充足、运输与使用方便。其缺点是：常温下胶凝时间比较长、固化慢、受热有蠕变现象，固化过程中收缩大、易开裂、毒性大。

水泥类灌浆材料主要针对比较宽（宽度一般大于0.25mm）的裂隙进行灌浆。选用这种材料的优点是操作简单、价格低廉。超细水泥灌浆材料克服了不能灌细缝的缺点，使可灌性得到提高。缺点是普通硅酸盐水泥会出现严重的泛盐碱现象，极难处理。

为此，联合国教科文组织资助项目进行了防渗灌浆材料试验研究，其目的是筛选适用于龙门石窟裂隙灌浆的理想防渗材料。

## 二、项目的实施

本项目的材料试验研究由中国地质大学（武汉）、中国文化遗产研究院和龙门石窟研究院合作完成。试验研究拟选用的防渗材料为聚氨酯防水堵漏树脂（3M聚氨酯）、超细水泥和水性环氧树脂，通过现场和室内试验提出不同材料的适用条件和可靠程度，确定施工工艺流程。

2004年7月至2005年1月，中国文化遗产研究院完成了超细水泥的现场灌浆试验和部分室内试验研究。中国地质大学（武汉）完成了部分室内试验。

2005年1月中日专家组在北京三方会议上要求增选材料类型，进行室内外对比试验，从中优选适合龙门石窟地质环境的最佳防渗材料和施工工艺，为龙门石窟保护修复工程（详细）设计和施工提供科学的依据。

2005年8月至2006年11月，中国地质大学（武汉）进行了防渗材料性能和施工工艺的补充试验研究。采用超细水泥、水性环氧树脂、新型水性环氧树脂纳米复合材料和聚氨酯树脂进行了现场灌浆对比试验研究。对从现场试验中筛选出来的超细水泥和水性环氧树脂的性能进行了系统的室内试验。在此基础上，中国地质大学（武汉）和武汉理工大学国家重点实验室合作进行了水性环氧树脂改性试验研究和镁基膨润土硅酸盐防渗新材料的室内试验研究。

2005年8月26—30日，中日专家组在龙门石窟现场论证并确定了现场裂隙灌注试验详细实施计划。

2005年9—10月，完成了现场裂隙灌注试验工作。

2005年10月至2006年1月，在武汉进行了超细水泥和水性环氧树脂的室内试验分析。

2006年2—4月，完成了改性水性环氧树脂的室内试验研究。

2006年8—12月，完成镁基膨润土硅酸盐防渗新材料的室内试验研究。

2006年12月，完成了整个项目的研究工作。

## 三、研究内容

裂隙灌浆的充填效果取决于灌浆材料性能、施工工艺和石窟岩体的环境地质条件，需通过试验筛选可灌性好、黏结性能优越的灌浆材料，确定适当的施工工艺、方法。试验材料不仅要达到防渗要求，而且要符合修旧如旧、保持原状的原则。

现场试验的具体内容如下：

1）选定皇甫公窟附近的1589号洞窟内的渗水裂隙，分段采用不同的防渗材料进行窟内灌浆封堵试验。

2）在路洞洞窟顶部北侧岩体表面选定一条张开性裂隙，采用防渗材料封填灌浆。其目的是进行窟顶防渗灌浆试验，隔绝大气降水通过卸荷裂隙直接入渗。

3）选定皇甫公窟下方一试验点，采用防渗材料进行灌浆封堵试验，其目的是进行宽裂隙防渗灌浆工艺试验。

室内试验重点内容是对所选材料的性能检验。样品包括现场采取的原岩样品、灌浆材料。对灌浆材料的基本物理力学性能和灌注前后样品的防渗性能、加固效果进行对比，并结合现场试验成果，筛选确定最佳的灌注材料和施工工艺。

## 四、试验研究结论

根据室内外试验的研究成果，综合分析比较各材料的性能，得出了如下结论：

1）灌浆材料应选择流动性好，具有适当的凝固时间的材料，这样施工比较方便可行。对于窟内的渗水卸荷裂隙，水性环氧树脂和超细水泥都是有效的灌浆材料。其中以水性环氧树脂为首选。对于洞窟外的宽裂隙，超细水泥是理想的防渗灌浆材料。

聚氨酯树脂不适合用于石窟防渗灌浆。

镁基膨润土硅酸盐水泥是一种防水新型材料，具有凝固快、容量轻、保温、防水、防渗漏、防火、防高温、抗冻胀、抗老化、抗腐蚀等优越性能。镁基膨润土硅酸盐水泥在干燥条件下透气性较好，遇水时膨润土矿物发生膨胀使孔隙密闭，具有很好的防渗效果。建议以镁基膨润土硅酸盐材料作为潜溪寺顶部防渗铺盖的材料。该材料的抗折、抗压强度低，与岩石的黏结强度低，不适合用作裂隙灌浆材料，仅适合作为顶层防渗铺盖。

普通硅酸盐水泥封缝，表面有泛盐碱现象。建议采用硅橡胶或聚合物修补砂浆进行表层封缝。

地表应以砂浆代替超细水泥作为封缝材料，以防超细水泥的表面开裂。

2）裂隙灌浆的施工工艺是防渗效果的重要保证。中国文化遗产研究院在1589号窟进行超细水泥灌浆，开始灌不进去，后来聘请重庆南江建设工程有限公司刘祥友高级工程师现场指导，改进了钻杆长度和钻进方向，顺利解决了灌浆工艺问题。现场试验的成果表明：对于已经被后期渗水沉淀物覆盖的洞窟内渗水区域，必须详细查明含水裂隙的分布情况和产状，沿裂隙面方向钻孔，穿透碳酸盐覆盖表层，进行防渗灌浆，可达到止水堵漏的目的。

3）根据现场试验的结果，建议对于洞窟表层的裂隙灌浆宜采用低压灌浆技术，灌浆压力为0.1—0.3MPa。洞窟外的裂隙灌浆压力可以稍高一些，建议采用0.3—0.4MPa。

4）室内试验表明，水性环氧树脂的材料性能总体优于超细水泥，具有流动性好、弹性好、力学指标接近原岩、抗风化能力强、不泛盐碱等优点。水性环氧树脂是低毒环保型新材料，是龙门石窟洞窟内裂隙防渗灌浆的首选材料。水性环氧树脂体系中，固化剂可以有效调节体系的胶凝时间。在保证材料具有足够强度的前提下，建议将固化剂的用量控制在3%—5%，初凝时间2—2.5小时，胶凝时间12小时。

# 第七节　渗水防治工程设计

中国文化遗产研究院和中国地质大学（武汉）共同承担项目保护修复工程的基本设计。

设计人员于2005年12月、2006年1月和2月，3次赴龙门石窟进行现状调查，并与龙门石窟研究院的项目组成员进行了现场讨论，多次征求了中日专家组的意见，据此确定了龙门石窟保护修复工程基本设计的工作内容。

图2.28　潜溪寺渗水治理措施示意图

根据中日专家组的要求，本次保护修复工程基本设计的主要内容为：

1）裂隙渗水的防渗治理；

2）洞窟清洗；

3）微裂隙及风化岩体修复加固。

其中以潜溪寺洞窟裂隙渗水治理为主要内容。

潜溪寺渗水治理的设计思想是采取截、堵和导、排相结合，建立立体防治体系的综合治理方案。治理措施包括6个方面（图2.28）。

**措施1**：选用有机硅密封材料对窟内的渗水裂隙进行简易的临时封堵，防止施工期间跑浆造成窟内雕刻品污染，竣工后予以剔除；

**措施2**：对洞窟上方的防渗盖层、松散堆积以及破碎岩体予以清除，对揭露的裂隙进行灌浆封堵，对洞窟顶部分布的小型石窟的窟底做防渗处理；

**措施3**：清除排水沟上方原有的混凝土防渗层和风化破碎岩体，对揭露的裂隙进行灌浆处理，然后铺设镁基膨润土防渗层；

**措施4**：对洞窟南侧的裂隙进行灌浆封堵，对该区域密集分布的小型石窟的窟底做防渗处理；

**措施5**：沿潜溪寺和宾阳三洞之间的冲沟布置截水排水暗沟，截断洞窟南侧沿层面向潜溪寺洞窟的渗流；

**措施6**：沿南侧冲沟和顶部防渗层西边界设置灌浆防渗帷幕，防止南侧和西侧山体浅层水向洞窟补给。

基本设计于2006年4月完成初稿，根据中日专家组的审查意见，项目组对初稿进行了修改完善。2006年10月，中日专家组审查通过了基本设计文本。该基本设计方案由洛阳市文物局上报国家文物局，并于2006年11月通过了国家文物局的审批。

设计组于2007年8月完成了项目的施工设计方案。该方案包括三个试验洞窟的修复治理，但由于经费和时间的限制，中日专家组决定仅对潜溪寺开展渗水治理和试验性清洗。

## 第八节　渗水防治工程施工

施工结束后，龙门石窟进入雨季，观察发现本期施工完全没有防渗效果，下雨后洞窟渗漏仍然十分严重。

为了分析工程失败的原因，事后进行了开槽验孔和雨季的现场观察，发现本期工程存在三方面的问题：

1）施工工艺上未能实施有效的压力注浆，开槽验孔发现灌浆孔之间的裂隙中完全没有充填浆液，仅在钻孔中形成孤立的水泥柱，由于灌浆孔之间的距离为0.5m，没有形成有效的侧向防渗帷幕；

2）通过雨季在洞窟顶部的观察，在排水沟内发现混凝土防渗层下有水流出，水量很大，说明混凝土盖板下已被掏空，形成了渗流通道，该处洞窟顶板的岩体厚度仅3—4m，且十分破碎，盖板下的水流是造成洞窟顶部漏水的主要原因；

3）在原有混凝土防渗层表面涂抹的水泥已经开裂，没有起到防渗的作用，反而在山体表面形成了一个巨大的水泥疤痕，与环境很不协调。

### 一、主要施工内容

潜溪寺石窟水害治理一期工程由甘肃中铁地质灾害防治技术工程有限公司承

图2.29　潜溪寺渗水防治工程施工现场

担施工任务，于2007年12月25日开始，2008年5月7日结束，历时135天（图2.29）。

主要施工内容：

1）对窟内揭露的渗水裂隙进行简易临时性封堵处理，封堵材料选用有机硅胶密封材料，工程竣工后剔除；

2）在区域南侧冲沟和西部边界布置灌浆帷幕防渗，防止南侧、西侧山体内的浅层水向石窟内部补给；

3）施工方在清理、开凿揭露部分混凝土防渗层后，发现混凝土防渗层厚30cm左右，非常坚硬，凿除十分困难，且防渗层表面不存在严重的开裂起鼓现象，完整性较好，安全稳定性较好，而且防渗效果较好，提出变更设计要求，经设计方同意，保留原有混凝土防渗层，用细石水泥对原有混凝土防渗层表面进行抹平处理；

4）对原排水沟和南侧冲沟交叉处进行防渗处理，开凿原有混凝土排水沟地面，重新铺设混凝土排水沟；

5）沿构造裂隙J1所在的冲沟开凿截水排水暗沟，目的是截断沟谷及沟谷南侧岩体向石窟的渗流。

## 二、施工方案及主要技术措施

### （一）文物防护措施

#### 1. 临时文物防护措施

防砸、防碰、防污染、支顶防护等。

#### 2. 窟内渗水裂隙封堵防护措施

窟内渗水裂隙封堵的目的是防止水害治理工程实施期间，水或灌浆材料渗漏对石刻造像的污染损害，工程完成后需要剔除，是预防性的、临时性的。要求封堵材料固化后的强度、硬度等适中，有弹性，具有比较好的密封、封堵作用，又容易剔除，不损害裂隙岩石。

### （二）裂隙灌浆

对窟外坡体上揭露的裂隙进行灌浆封堵是治理工作的一个重点。根据设计要求，对排水沟至混凝土盖层上，沿范围内原有防渗设施重新进行防渗排水处理，开凿清除原有的混凝土防渗层和风化破碎岩体，对揭露的裂隙进行灌浆处理，对治理范围内残存的小型石窟窟底进行防渗处理。

裂隙灌浆施工方案包括：裂隙开凿清理、灌浆孔定位钻进、安设灌浆管、裂隙封堵、裂隙封堵密封检测、裂隙灌浆、封堵灌浆孔、裂隙做旧等。

### （三）排水沟上方坡体防渗

在排水沟上方，历史上曾经进行过防渗处理，同时也是本次治理工作的一个重点。主要治理工作内容包括：表面松散堆积物的清理、原有混凝土防渗层表面处理以及砌筑挡墙。

### （四）灌浆帷幕

根据初步设计思想，在坡顶排水沟上方的南侧和西侧设置一连续截水帷幕（图2.28），截断从上述两个方向来的表层裂隙水。原设计总共布置灌浆孔102个，总进尺为1020m。施工中对截水帷幕的长度进行了调整，总共布置灌浆孔117个，总进尺为1464m。

### （五）窟顶岩壁漏水治理

潜溪寺窟外建筑与崖壁之间出现裂缝，导致大量雨水入渗，考虑采用如下方案进行处理：将墙后采用丝麻白灰泥填充封堵后，按下部屋顶做法铺设排水青瓦。

首先将屋顶压顶砖和基岩之间的原有水泥填充物清除，检查下部支撑结构受雨水腐蚀的情况，并根据情况进行加强或更换。在基岩上凿出一条缝，缝与压顶砖之间东西向连线与水平面形成15°角。然后，用丝麻白灰泥填充，西至人工岩缝，东至压顶处。最后，采用与原有屋顶瓦一致的青瓦铺设，形成排水通道。

## 三、完成的工程量

本项目渗水防治工程完成的工程量见表2.4。

**表2.4　主要工程数量统计**

| 序号 | 单项名称 | 单位 | 工程量 | 备注 |
|---|---|---|---|---|
| 1 | 窟内裂隙封堵 | | | |
| 1-1 | 脚手架 | $m^2$ | 200 | |
| 1-2 | 裂隙人工清理 | 延米 | 47 | |
| 1-3 | 裂隙人工封堵 | 延米 | 47 | |
| 1-4 | 有机硅封堵材料 | kg | 30 | |
| 1-5 | 石窟文物遮护 | $m^2$ | 80 | |
| 2 | 岩壁及屋顶裂隙灌浆 | | | |
| 2-1 | 脚手架 | $m^2$ | 1000 | |
| 2-2 | 清理堆积物、杂草 | $m^3$ | 60 | |
| 2-3 | 岩体裂隙人工清理开凿 | 延米 | 200 | |
| 2-4 | 岩体裂隙人工封堵 | 延米 | 200 | |
| 2-5 | 裂隙钻孔 | m | 160 | |
| 2-6 | 裂隙灌浆 | t | 1 | |
| 2-7 | 超细水泥 | t | 2 | |
| 2-8 | 石窟文物遮护 | $m^2$ | 140 | |
| 2-9 | 屋檐开凿 | $m^3$ | 0.6 | |
| 2-10 | 屋顶与岩壁充填 | $m^3$ | 2.4 | |
| 2-11 | 防护及复旧 | $m^2$ | 400 | |
| 3 | 灌浆帷幕 | | | |
| 3-1 | 钻孔 | 延米 | 1464 | |
| 3-2 | 注浆 | $m^3$ | 17.95 | 水灰比3：1 |
| | | | 7.45 | 水灰比2：1 |
| | | | 21.11 | 水灰比1：1 |
| | | | 10.11 | 水灰比0.65：1 |
| 3-3 | 注水试验 | 点 | 105 | |
| 4 | 截排水沟 | 延米 | 63 | |
| 5 | 块石挡墙 | $m^3$ | 50 | |
| 6 | 水泥砂浆抹面 | $m^2$ | 500 | |

## 第九节　潜溪寺清洗试验研究

2008—2009年，北京大学胡东波教授团队在潜溪寺开展了洞窟表面试验性清洗研究，其目的在于探索对潜溪寺表面不同沉积物的合理清洗方法。

本项目采用红外相机拍照，尝试利用表面温度差异来探测空鼓范围；采用回弹仪测定洞壁表面不同类型沉积层和岩壁的表面强度；采用便携式荧光光能谱仪对洞壁表面的颜色进行元素定性测定，以便于了解表面物质的基本成分。这些测定方法的应用和获得的数据，为制订清洗处理方案提供了必要的依据。

# 一、检测分析

## （一）回弹仪测试

采用回弹仪测试洞窟内沉积物和岩石的表面强度。因为沉积物表面起伏不平整，使用回弹仪测量时存在较大的误差。但从总的趋势来看：表面的灰色沉积层强度较小，较为疏松；黄色和棕色的沉积层强度较大，均较为致密；岩石的表面强度最大。

## （二）便携式荧光光能谱仪对表面颜色的测定

在造像表面，局部有各种色彩的残留痕迹，使用便携式荧光光能谱仪对潜溪寺、莲花洞、双窑三个洞窟中造像表面可以见到的红彩、绿彩、贴金部位，进行成分测定（表2.5），了解其颜料成分，为清洗工作提供依据。

## （三）沉积物成分分析

表面沉积物样品的检测，其主要成分均为$CaCO_3$、$CaMg(CO_3)_2$。沉积物主要来自岩溶产物，与潜溪寺的岩性和洞窟内渗漏水严重直接相关。

**表2.5　彩绘和贴金的成分测定**

| 颜色 | 部位 | 主要元素 |
|---|---|---|
| 红色 | 潜溪寺天王右腿、腰部、左腿侧面<br>大势至菩萨右手下方 | Pb |
| | 莲花洞中对2003年度清理出的小窟龛造像 | Fe |
| | 窟内地面裂隙红色明显的部位 | Fe |
| 绿色 | 潜溪寺洞窟内弟子阿难的脚下<br>双窑南洞弟子迦叶的右肩部 | Cu |
| 金箔 | 双窑南洞主佛头部右侧 | Au |

## （四）可溶盐分析

洞窟表面物质中可溶盐与水的相互作用产生的应力，是文物风化的重要原因之一。选择表面凝浆状沉积物、水泥灰浆物质、洞窟东壁内侧的砂浆、岩石样品、洞窟内的渗漏水等进行了离子色谱测试，分析其中可溶盐的种类与含量，评价其对文物稳定性的影响。对比发现，几类疏松的沉积物中，有大量的可溶盐。通过对主佛表面的积尘刮取样品分析，结果表明，积尘是可溶盐的一个重要的来源。内壁的白色砂浆中，可溶盐的含量也较高。除此以外，其余类型的凝浆类沉积物中的可溶盐含量均与岩石本底相差无几，而岩壁上致密的凝浆沉积物中的可溶盐含量远低于岩石样品。

渗漏水与石窟内泉水、河水化学成分对比，注意到渗漏水中的$Ca^{2+}$、$SO_4^{2-}$离子的含量明显比泉水、河水高出一个数量级。泉水反映的是岩体中的水溶解作用，是一类充分溶解的水体，其中各种化学成分的含量相对稳定。渗漏水一方面包含了大气中的污染物，因而$SO_4^{2-}$含量高，同时酸性气体导致降雨呈酸性，有利于岩溶；另一方面洞窟顶部的风化层表现为Ca元素析出，灌浆帷幕中使用的水泥等，都会溶解在地下水中进而下渗，导致其中各种元素含量显著增加。

龙门石窟岩壁表面的物质主要为伴随着渗漏水形成的岩溶产物以及相关的泥土附着等物质，不同于石材变色的现象，更与青铜等文物在保存环境中因变质而形成的“锈色”类变色现象不同，不构成文物价值的一部分。虽然部分致密的覆盖物具有相对的稳定性，阻绝了部分风化劣变的发生，在一定程度上起到了保护的作用，但因其遮盖作用，影响了文物价值的体现。从文物价值的角度考虑，造像表面厚重的覆盖物影响到了文物原貌的展示，不利于其价值的体现。对覆盖物进行适当的清洗，使得其下掩盖的文物得以展现，是十分必要的保护措施。

## 二、清　　洗

项目组按照潜溪寺洞窟表面覆盖物的颜色和质地，选定了五块试验区，采用喷射气枪、振动刻磨机和打磨机，进行了试验性清洗研究，取得了比较理想的效果。在去掉覆盖的沉积物后，造像表面发现了红色、绿色和蓝色的彩绘以及描金和贴金。同时，清洗使得被遮盖影响的洞壁雕刻品表面纹饰清晰地展现出来，达到了清洗的目的。

### （一）清洗方法

气动清洗：气动清洗的特点是快速，对文物的作用力弱，面积可控制，具有非接触性的优点。分两种方式：喷气式除尘和吸尘器吸尘。需要注意，在操作中最好用吸尘器吸去扬起的浮尘，防止再次沉落在文物表面形成二次污染。

机械清洗：磨具、金属刷、刀、牙钻、牙科超声仪、精细金刚砂纸以及小凿等都可清除其石质品表面的附着物。机械清洗效果较好，但需谨慎操作（图2.30）。

图2.30　潜溪寺沉淀物清洗

## （二）清洗试验

### 1. 天王与大势至菩萨之间的立壁

两尊造像之间遍布褐黄色岩溶堆积，表面呈网纹状结构，质地坚硬，岩壁附着力强。从裂隙向下厚度变薄，最厚处约1.2cm。整体沉积物可以分为三层：表面为灰色的物质，下为黄色沉积物，黄色之下是白色物质，白色之下是岩石本体。清洗过程中从上到下，使用振动雕刻机、木刻刀、石刻刀等，将沉积物呈块状凿落，露出石刻表面，清洗效果良好。

在文字处有黄褐色、红褐色的沉积，因渗漏水而形成。在题刻下方可见人为刻划痕迹。根据形状判断为两个字，单个字体面积为5cm × 5cm，刻划深度约在1mm。清除表层的灰色沉积物，厚度在1mm以下，甚至更薄，质地较为细密，较硬，不甚平整，表面斑驳，被本次清洗使用的振动刻磨机锉磨掉。

题记处有薄壳状沉积物，根据颜色分为两种，粉红色沉积物结构松散，轻轻刮取，呈粉末状脱落，厚度在2—3mm，刮去后其下层为灰色的沉积物。灰色沉积物表壳略带光泽，微发白色，较硬，内部较疏松，厚度为1—2mm。本次试验使用振动刻磨机振动去除。

### 2. 天王衣服下摆处

主要为黄色的沉积物，质地细密且较硬，呈壳状。部分区域叩击有空鼓声，使用回弹仪测试，没有显著的差异。

在清理表层结壳后，露出底部的岩石，石头表面有红色彩绘。继续清理，在红色彩绘的右下方出现了绿色彩绘，面积小于0.5cm × 0.5cm，与主佛右手侧弟子造像上的绿色彩绘相类似。

### 3. 天王两腿之间墙壁和夜叉全身

由天王颈下的渗水处延伸而下，有灰色的带状附着物，厚约2mm，宽约40cm，延续到脚下夜叉全身，尤其在沟缝如眼窝、嘴角等处堆积物极厚。

灰色的附着物去除后，露出岩石本体，夜叉的肌肉轮廓清晰，岩石表面有竖向的细条状雕刻痕迹，并经过磨光加工。

墙壁上表面沉积物呈灰色，灰色附着物面积较大且目测其成分较为单一，使用气动清洗法吹去其靠西一侧的表面沉积物，呈块状剥落，厚度在2—3mm，质地较为疏松，从断面观察其没有明显的分层现象，质地较轻。

墙壁上东侧水泥结壳相对较为坚硬，厚度在1—2mm。去除之后直接露出岩石表面。表面较为平整，有竖向的雕凿痕迹，凿痕长4—5cm，很浅，深度不超过1mm。

两腿之间墙壁上的灰色沉积物完全去除后，发现了几处渗水点，在墙壁上有一些部位很细的沟缝中，同样存在着水泥状的灰色附着物。

天王左腿东侧，附着物呈灰色，质地较密，有一些部位与背后的石头连接松散，用振动雕刀轻触之即以片状脱落。碎片的大小在2—3cm，厚度为1—3mm。

夜叉表面为灰色附着物，表面呈水泥状堆积，坚硬致密厚实，铿磨机仅能以小块状形式将其崩落。经过去除后，造像的轮廓明显，表现出肌肉的纹理。夜叉前后腿之间有大块附着物，从断面分析可能与地面曾经垫高有关，以泥土为主，由近表面部分向塑像表面逐渐变厚，厚度从5cm递增到10cm。

#### 4. 背壁南段

背壁南端表面斑驳相间，表面包括水泥砂浆、岩石、地仗类物质、环氧树脂淋漓痕迹、堆满表面的灰尘等。

背壁从表面到岩石可分为三层。表层为灰色的松散沉积物，厚薄不一，厚度在2—30mm，尤其是在靠近地面的部分最厚，厚度在30mm左右，去除后露出底部为砂浆状的物质。中层为棕黄色的环氧树脂淋漓而下形成的污染，表面光滑，呈黑褐色，有一定的光泽，厚度为2—4mm。底层为黄色的岩溶沉积物，厚小于1cm，质地较软。在裂隙处局部有环氧树脂或水泥砂浆填补的保护修复痕迹。

先使用振动刻磨机剔除掉表面松动的灰色沉积物，到达环氧树脂淋漓层。针对表面被污染的环氧树脂类沉积物，选择用打磨机塑料刷头进行处理。为了保护岩石层，剔除过程中以随色为主，不以完全剔除为目标，力争做到以颜色与岩石协调为主，使表面颜色不甚突兀即可，防止打磨过度伤及文物表面。

将南壁南侧靠下层的部位墙壁表面上的一层水泥完全去除。这一层水泥很厚，在1cm及以上，表面较为平整、致密。水泥下的砂浆局部随水泥脱落，多填补在缝隙和大裂隙中，砂浆表面较为平整，对于砂浆层进行去除。

## （三）清洗试验扩展

在第一次清洗的基础上，对各试验点进行了扩展清洗试验。

### 1. 天王头顶上方的凝浆

从天王头顶部上方裂隙向下，岩壁表面覆盖有黄褐色岩溶堆积，最厚处达8cm，质地坚硬。岩溶淀积带上部呈石钟乳状，其里面呈灰黄色。为了使被叠压在凝浆下的纹饰得以展现，对其进行清洗。

清洗方法以振动雕刻机和木刻刀为主，剔除凝浆表层较硬的壳状物质，其厚为2—3mm。外壳底层为松散的白色岩溶产物，可呈块状剥落。经过去除沉积物，露出天王的头光，岩溶沉积物下层的雕刻品纹样保存完好。

### 2. 天王正面胸腹部位

天王颈部下方裂隙向下，在天王的胸部、腹部、右腿，分布有黄色、灰色的结垢，其厚度在0.1—1cm，表壳较为致密，呈波纹状，内层为松散的黄色物质。

对胸部松散的较厚沉积物，使用振动雕刻机将其振落；细部使用雕刻刀将其剔除；结壳状的较薄沉积物，使用木刻雕刀能够将其呈壳状剔落。天王右腿的黄色结壳沉积物去除后，呈现出白色、致密的地仗层，在之前露出红点部位存有大面积的鲜艳红色。

### 3. 清洗中的发现

清洗的过程中及结束以后，在造像表面发现有彩绘、贴金、金粉、红色颜料、蓝色颜料、绿色颜料等，对于龙门石窟表面的开凿工艺有了一定的调查依据。

在清洗过程中发现洞窟内壁面普遍存在石材加工开凿的痕迹。在天王胸部衣带上，有明显的修补痕迹，曾使用砂浆类的材料在造像表面填补、找平，使得造像表面光滑。

从剖面观察，修复的材料有分层现象，可能在保存过程中曾有过多次修复。在天王右肩部的清洗过程中，发现贴金痕迹两处，金箔所残余的面积均很小，约1mm$^2$。在天王右肩部的清洗过程中，发现金粉绘痕一处，红、绿、蓝彩多处。

本项目对龙门石窟碳酸盐岩洞窟的清洗进行了界定，划分了清洗对象和清洗程度，建议对碳酸盐岩石窟采用物理方法进行清洗，提出了需要考虑的影响因素，探讨了清洗工作应该达到的目标。本项目的成果为龙门石窟本体保护的清洗提供了有益的参考。

# 第十节　潜溪寺凝结水实验研究

龙门石窟自建成1500多年以来，在自然营力作用下，产生了严重的环境地质病害，这些病害使石窟雕刻艺术品遭到了较严重的破坏，其中以水侵蚀病害最为严重，而凝结水病害是水侵蚀病害中不容忽视的一方面。

龙门石窟基本地貌为两山夹一谷，气候类型为温带大陆性季风气候，年平均降水量为580mm左右，60%以上的降水集中于每年的6—9月。按照湿润程度的地带性划分，龙门石窟地区属于半湿润半干旱地带。东、西两山之间有伊河穿过，由于人工橡胶坝的拦截，形成了人工湖面，面积达70余万$m^2$，这为水汽的产生创造了客观条件。龙门石窟中粗糙不平的岩壁风化层、岩石表面附着的灰尘颗粒物以及大气中的悬浮灰尘颗粒物质提供了水汽凝结所需要的凝结核。龙门石窟洞窟多为穹隆顶、马蹄形平面，大型洞窟在进深、高度、宽度等体量上较大，由于通风差、潮湿等因素，容易形成水汽凝结。另外，有些洞窟如潜溪寺、药方洞等修造有大型窟檐，阻挡了阳光的射入和气流的流通，这些条件都为凝结水的产生创造了条件。当岩壁温度低于露点温度时，空气中湿热的水蒸气遇到温度较低的岩壁，就会在岩壁上产生凝结水，对石窟区的雕像产生破坏。

简单地说，洞窟内的高湿度是凝结水形成的内因，而洞窟内外的温差变化、通风状况等是凝结水形成的外因。

2003年7月，龙门石窟保护专家论证会在现场考察的基础上提出了龙门石窟凝结水危害的问题。根据中日专家组2005年北京三方会议上提出的建议，对龙门石窟的凝结水立项进行专题研究，本项目由中国地质大学（武汉）和龙门石窟研究院共同承担。根据项目组的现场考察，决定选取凝结水比较严重的潜溪寺作为凝结水研究的试验洞窟。

专题研究工作内容包括：现场调查和长期观察、凝结水定量采集仪器的研制、现场试验和室内分析。

国内尚无合适的测量装置来准确测定洞窟表面的凝结水量。项目组采用由中国地质大学（北京）曹文炳教授研制的凝结水定量测试仪，并针对潜溪寺的现场环境，在原设计的基础上进行了改进和完善，改用日本ULVAC机工生产的干式膜片真空泵，改进了密封罩。于2006年至2008年，连续三年夏季凝结水发生期间在潜溪寺洞窟内进行了现场检测（图2.31）。

综合现场调查、长期观察和凝结水定量采集试验，得出以下结论：

1）龙门石窟凝结水主要出现在潜溪寺、宾阳三洞等大型洞窟之中。凝结水在窟内的分布范围主要是在窟壁的下部和地面上，其中以洞窟最深处的正壁底部最为严重。凝结水的分布范围距地表有一定的高度，潜溪寺内水线的最大高度可以达到6.5m。凝结水在碳酸盐岩洞窟壁面的悬挂附着状态通常呈现水珠状散布状态，水珠直径最大可达豆粒大小（直径3—5mm）。

图2.31　凝结水检测现场

2）龙门石窟凝结水的发生集中在5—10月。5月以前不明显，7、8月比较突出，9月较少出现，10月以后基本不再出现。

3）龙门石窟凝结水病害的影响因素主要有洞口窟檐的修建、通风性能、窟内渗水、岩性、凝结核以及石窟区的人工水面。

4）过大湿度的存在是凝结水形成的内因，而洞窟内外的温差变化、通风状况等是凝结水形成的外因。通过在岩壁安装温湿度计采集数据，计算得到露点温度，并与壁面温度比较，可以较准确地判断凝结水开始凝结和消失的时间。

5）通过在潜溪寺采集的数据得到的露点温度，可以判断潜溪寺窟顶凝结水产生的频率和强度均低于凝结水富集的洞窟下部。

6）北壁在凝结水量跟凝结速率上均小于南壁，同时从实际观测也可以发现南壁的水线上升高度总体上都在北壁之上。这与南壁的渗水比北壁严重有关，南壁的渗水聚集在南壁地面，为水汽的凝结提供了强大的水汽来源。

7）通过对冬季与夏季潜溪寺窟内外水蒸气压分析，可以发现夏季窟内外的水蒸气压远高于冬季的水蒸气压，说明夏季空气中的水蒸气含量高于冬季，这为凝结水的形成提供了必要的物质条件。对冬、夏季窟内外水蒸气压的平均差值的分析可知，冬季窟内外空气的流动使窟内外水蒸气的交换基本持平，而夏季窟内外水蒸气的交换从整体上看，外界水蒸气对窟内会略有补充，所以冬季窟内从外界补充的水蒸气要低于夏季窟内从外界大气中获取的水蒸气，这也说明夏季比冬季在产生凝结水现象上更有优势。

8）从环境监测资料分析可知，夏季降雨前后岩壁温度与温泉水温度一直比较稳定，基本上维持在25℃左右。降雨前6小时外界气温与窟内气温均开始下降，降雨后窟内外气温都趋于25℃左右。降雨前6小时湿度呈递增趋势且窟内湿度比外界湿度及温泉水表面空气湿度都高，降雨后窟内外湿度达到一致，基本上维持在90%—100%。环境因素的变化表明，降雨前湿度的增加为凝结水的形成提供了有利条件。

9）综合三年的试验数据可得，一天24小时内上午和下午凝结水量及凝结速率差不多，上午稍大。但由于晚上大气温度比白天低，空气与岩壁的温差小，因此晚上的凝结水量和凝结速率相对较小。根据凝结速率及观测的凝结面积，可以得出潜溪寺凝结水单位面积的平均凝结速率为6.782—53.7504g/m$^2$/h，夏季潜溪寺内凝结的水汽质量为148.997—345.369kg，平均5.97—6.77kg/日，其量相当可观。

10）建议：加强潜溪寺窟顶的渗水治理，因为夏季窟内较高湿度的来源与窟内渗水在地面的聚集有着密切的联系，窟内渗水的减少，可以改变产生凝结水的洞窟高湿环境。凝结水的防治措施为：采用中国地质大学（武汉）研制的自动抽湿机（已获得国家发明专利）消除潜溪寺内的凝结水。自动抽湿机开启的主要依据是以凝结水是否将产生为判定原则，通过传感器自动采集窟内环境因素并计算露点温度，将露点温度与岩壁温度进行比较，当露点温度高于岩壁温度时自动开启抽湿机，当露点温度低于岩壁温度时机器自动停止。

## 第十一节　数据库建设

龙门石窟文物保护数据库管理系统的总体目标是：利用数据库技术，科学地存储文物保护工程中的各种文档，采集各种图形、图表数据，为文物保护工作者提供方便高效的信息查询、决策分析、数据管理等技术手段，使龙门石窟的文物保护水平得到进一步提高。

中国地质大学（武汉）和龙门石窟研究院合作完成了龙门石窟保护修复工程数据库管理系统的研制，钱同辉教授负责本项目，研究期限为3年，2006年开始，2008年结束。

### 一、数据特点

龙门石窟保护修复工程的数据具有如下特点：

1）数据多元化：在保护修复工程中被处理的信息具有多种类型，如AutoCAD绘制的图形数据、GIS处理的空间数据（矢量、栅格）、Excel制作的表格数据、Word编制的文本数据以及有关洞窟的基本属性数据等。

2）信息量大：龙门石窟保护修复工程是一项长期、持续的工作，在工作进程中会不断产生新的数据，需要利用计算机将这些数据及其历史管理起来。

## 二、功能要求

1）多种查询手段：要求系统具有提供洞窟基本信息、各种监测数据、实验数据的方便查询功能。能够按照洞窟的别名、编号查找到洞窟的相关资料；能够查询到各个监测点的温度、湿度、凝结水等的监测数据；能够按照工程项目查询到相关的实验结果、分析报告；能够按照文件名中的关键词检索到相关文件；能够处理日常事务工作，如查询相关的论文资料、上级文件等。

2）数据在线处理：能够对查询的数据进行编辑修改，进行数据分析。对数据库中的图形数据直接用AutoCAD进行编辑；对文档数据用Word修改；对矢量数据用MAPGIS进行分析；对表格数据可以直接用Excel进行直方图处理。

3）数据维护：要求能够备份、装载历史数据。

4）安全性：龙门石窟保护工程中的监测数据、实验数据是非开放性的数据，要求一定的安全保密性。系统应能够提供身份识别机制，用户必须得到系统授权允许，才能够访问使用这些数据。用户必须得到更高级别授权，才能够修改维护数据库中的数据。

## 三、系统设计

### 1. 系统体系结构——基于C/S模型

用户通过客户端程序使用数据库，如输入洞窟别名、编号，工程项目名，监测点信息等客户端程序，将用户请示打包，向服务器提出请求。

服务器端接收到客户端的请求，解包、对数据库进行操作，完成客户端要求的服务并将相应结果发送给客户端。

客户端接收到服务器响应结果，放入本地工作区进行编辑、分析、处理，处理后的新结果可再存入数据库或者存入本地主机。

### 2. 数据库设计

数据库中的数据模式采用层次结构设计，最多允许用户定义七层。它们与存入数据库的文件相对应，用户通过数据模式，可以方便地指定里面的查询路径，允许用户灵活地修改数据模式。模式以关系表形式存入数据库，各种类型的文件以数据库内部格式统一存放在库中。服务器端只负责按照数据库内部格式存储的数据进行处理，客户端负责将数据库内部格式的数据转换成相应文件类型。

### 3. 系统模块结构图

龙门石窟数据库管理系统由管理模块和查询模块组成，系统首先对用户进行口令识别，经检查通过后的用户才可以按授权的级别使用系统。

管理模块供系统管理员使用，它具有数据录入、查询、编辑、分析功能。管理人员可以使用该模块按照应有需求灵活地定义修改数据库模式，将需要保存的数据录入数据库，查询各种数据、修改数据，对数据进行直方图分析等。

查询模块供一般的技术人员使用，允许方便的多种查询，但不允许修改数据库。用户通过该模块可以输入洞窟别名或洞窟编号查询洞窟的基本信息，如年代、介绍、图片等；可以查询保护工程中各个监测点的监测信息，如温度、湿度、凝结水等监测数据；可以查询洞窟的测绘信息，如地形图、洞窟立面图等；可以查询有关洞窟的保护修复历史信息，如保护方案、修复工程施工图、修复资料等；可以按照工程名查询龙门石窟保护区的各种与保护工程相关的资料信息，如工程进度、工程资料等；可以进行日常工作管理，如查询上级文件、发表论文等。

系统接口采用直观的窗口式下拉菜单方式。用户只需按照菜单提示，点击相应的按钮，系统自动完成用户的请求，完成查询功能。

图2.32为龙门石窟数据库的系统模块结构图。

## 四、项目完成进展

1）2006年完成的工作量：数据库建立、程序编码完成；进入软件测试阶段，输入部分数据。

2）2007年完成的工作量：重点进行软件测试；增加了数据库英文检索目录；增加了关键词检索功能，使得通过某一个相关的关键词就能很快地从大量的文件中搜索到

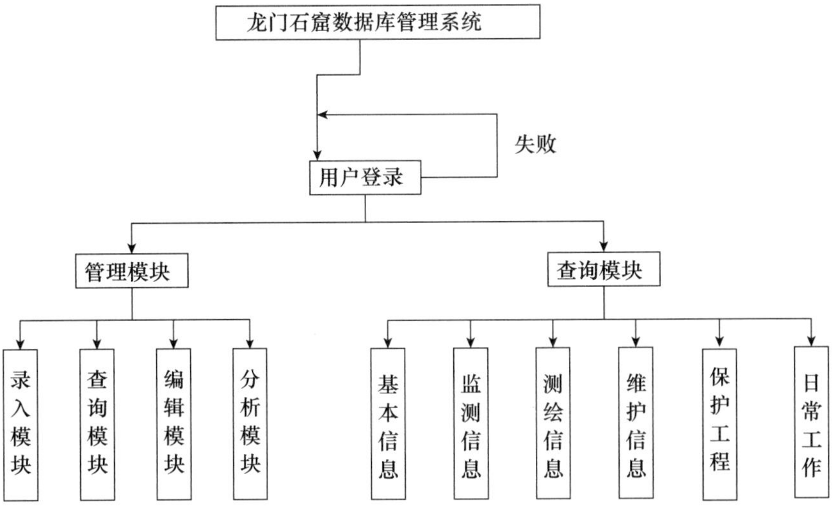


图2.32　龙门石窟数据库的系统模块结构图

所需要的文件资料；输入大量的数据资料。

3）2008年完成的工作量：优化完善数据库；软件测试；完成了繁重的资料整理及录入工作。

首先是把大量的历史保护资料做成电子版存入电脑。一些手写记录的文档，由于存放时间较长，纸张有的已经破损或是字迹模糊，对这些资料采用手动输入，做成Word文档。一些保存较好的保护资料以及上级部门的红头文件做成PDF格式的电子书形式，这样既能保留原有文件（特别是红头文件）的本来面貌，同时也能更好地供后续的研究参考以及利用。历史上龙门石窟完成的保护修复工程中积累了大量的设计图纸、航空摄影图以及大量地形图、地质图等，将这些资料做成1∶1的JPG图片格式。

然后就是数据的录入工作。录入之前先根据文件的内容和数据库的结构给文件命名，以便搜索系统对其进行检索。而后再根据文件的类型分别放到数据库系统中不同的文件目录下。

龙门石窟保护修复工程数据库管理系统主要用于龙门石窟研究院保护中心的资料管理和工程项目管理。除了联合国教科文组织资助的项目资料外，还包括过去数十年的资料和今后的工程项目资料。

本项目2006年完成了基础软件的结构设计，2007年开始正式运行调试。2006—2008年完成了繁重的资料整理及录入工作。经过2年的调试使用，数据库运行良好。

# 第十二节　项目相关材料

## 一、项目成果清单

### 1. 研究报告清单

| 报告名称 | 数量 | 完成单位 | 完成时间 |
|---|---|---|---|
| UNESCO《龙门石窟保护修复工程补充地质调查报告》 | 4本 | 中国地质大学（武汉）文化遗产和岩土文物保护工程中心、龙门石窟研究院 | 2005年3月 |
| UNESCO《龙门石窟保护修复工程水平钻孔勘察报告》 | 2本<br>3张光盘 | 中国地质大学（武汉）文化遗产和岩土文物保护工程中心 | 2004年12月 |
| UNESCO《龙门石窟保护修复工程钻探勘察报告》（正文1本，附图5张） | 5份 | 洛阳地质工程勘察设计院 | 2002年11月 |
| UNESCO《龙门石窟保护修复工程钻探岩芯照片及工作照影集》 | 1本 | 洛阳地质工程勘察设计院 | 2002年11月 |
| UNESCO《龙门石窟保护修复工程裂隙监测及保护材料检测试验技术报告》 | 1本 | 中国文物研究所 | 2005年1月 |
| UNESCO《龙门石窟保护修复工程地质调查报告》 | 2本 | 中国地质大学（武汉）土木工程系 | 2002年12月 |
| UNESCO《龙门石窟保护修复工程地质调查报告附图附表集》 | 2本 | 中国地质大学（武汉）土木工程系 | 2002年12月 |
| UNESCO《龙门石窟保护修复工程龙门石窟病害档案资料：第1609窟》 | 3份 | 龙门石窟研究院 | 2004年9月 |
| UNESCO《龙门石窟保护修复工程龙门石窟病害档案资料：第20窟》 | 3份 | 龙门石窟研究院 | 2005年1月 |
| UNESCO《龙门石窟保护修复工程龙门石窟病害档案资料：第1787窟》 | 3份 | 龙门石窟研究院 | 2005年8月 |
| UNESCO《龙门石窟保护修复工程观测数据分析报告》 | 3份 | 龙门石窟研究院 | 2004年9月 |
| UNESCO《龙门石窟保护修复工程项目测绘成果》 | 1本 | 信息工程大学测绘学院遥感信息工程系 | 2002年11月 |
| UNESCO《龙门石窟保护修复工程工作报告：2001，11-2003，10》 | 5份 | UNESCO龙门石窟保护修复工程项目办公室 | 2003年10月 |
| UNESCO《龙门石窟保护修复工程年度报告》 | 5份 | UNESCO龙门石窟保护修复工程项目办公室 | 2005年1月 |
| UNESCO《龙门石窟保护修复工程第二期保护修复保护工程基本设计》 | 1本 | 中国文物研究所、中国地质大学（武汉）文化遗产和岩土文物保护工程中心 | 2006年5月 |

### 2. 图件成果清单

| 图件名称 | 比例 | 数量 | 测绘单位 | 时间 |
|---|---|---|---|---|
| 龙门石窟保护区航空影像图 | 1：10000 | 2 | 信息工程大学 | 2002年10月 |
| 龙门石窟地形图 | 1：5000 | 3 | 信息工程大学 | 2002年10月 |
| 龙门石窟保护区地形图 | 1：2000 | 3 | 信息工程大学 | 2002年10月 |
| 龙门石窟重点保护区地形图 | 1：500 | 2 | 信息工程大学 | 2002年10月 |
| 西山立面图 | 1：200 | 3 | 信息工程大学 | 2002年10月 |
| 龙门风景名胜区总体规划图集 | | | | 1989—2005年 |
| 龙门石窟保护修复工程垂直钻孔工程地质综合柱状图 | 1：200 | 4 | 洛阳地质工程勘察设计院 | 2002年6月 |
| 龙门石窟地质地形图 | 1：2000 | 2 | 信息工程大学 | 2002年10月 |
| 龙门石窟地质地形图 | 1：1000 | 2 | 信息工程大学 | 2002年10月 |
| 龙门石窟工程地质图 | 1：500 | 1 | 信息工程大学 | 2002年10月 |
| 路洞、皇甫公窟、潜溪寺三个试验洞窟测绘图 | 1：20 | 14 | 信息工程大学 | 2002年10月 |
| 路洞、皇甫公窟、潜溪寺三个试验洞窟立面图 | 1：20 | 18 | 信息工程大学 | 2002年10月 |
| 龙门石窟工程地质图 | 1：2000 | 6 | 中国地质大学（武汉） | 2002年12月 |
| 龙门石窟地质纵剖面图 | 1：500 | 5 | 中国地质大学（武汉） | 2002年12月 |
| 龙门石窟地质断面图 | 1：200 | 44 | 中国地质大学（武汉） | 2002年12月 |
| 西山工程地质纵剖面图 | 1：500 | 1 | 中国地质大学（武汉） | 2002年12月 |
| 路洞、皇甫公窟、潜溪寺三个试验洞窟断面图 | 1：200 | 29 | 中国地质大学（武汉） | 2002年12月 |

整理：杨刚亮，2006年9月7日

# 二、项目文件

## （一）联合国教科文组织无偿援助“龙门石窟保护修复工程”签字仪式新闻稿

联合国教科文组织无偿援助

“龙门石窟保护修复工程”

签字仪式新闻稿

2001年11月

龙门石窟位于中国历史文化名城河南省洛阳南13公里。这里两山对峙，伊水中流，形如一座天然门阙，故史称“伊阙”。著名的龙门石窟就分布在伊水两岸长达1公里的崖壁上，为中国古代三大佛教石窟艺术宝库之一。1969年，中华人民共和国国务院公布龙门石窟为全国重点文物保护单位。2000年11月30日，联合国教科文组织第24届世界遗产委员会通过列入《世界遗产名录》。

龙门石窟始凿于北魏孝文帝迁都洛阳之际（公元493年），历经东魏、西魏、北齐、隋、唐和北宋诸朝，营造时间长达400余年。据统计，两山现存窟龛2300余个，佛塔70余座，碑刻题记2800余块，造像近11万尊。

龙门石窟北魏时期的窟龛约占30%，唐代窟龛约占60%，其代表性洞窟有古阳洞、宾阳洞、莲花洞、皇甫公窟、潜溪寺、奉先寺、万佛洞、大万伍佛洞、高平郡王洞和看经寺等。

龙门石窟是北魏和唐代皇室、贵族发愿造像最集中的地方，具有典型的皇家风范。联合国教科文组织第24届世界遗产委员会评审专家一致认为：一、龙门石窟的雕像表现了人类杰出的艺术创造力；二、石窟完美展现了石雕这一古老艺术的魅力，而石雕在亚洲地区的文化发展中处于重要地位；三、龙门石窟是中国唐朝高度发达的文化水平和社会形态的缩影。

由于龙门石窟位于中原地区，地处南北交通要道，穿越石窟区的公路上过往车辆频繁。此外石窟石灰岩石质，裂隙发育明显，雨季易形成洞窟漏水，干湿、温差变化大，再加上历史原因造成的环境恶化，都影响着石窟的安全。

1953年中华人民共和国文化部批准成立了龙门文物保管所。随后于70年代对石窟进行了维修和加固工程，采取了多项安全措施，杜绝了人为破坏，使石窟安全得到了基本保障。80年代初开始，采取化学、地质、工程方法，展开科学技术保护。虽经治理，但因石窟病害多而且严重，终未根治病害。石窟雕刻品的崩塌、洞窟漏水、石刻风化、雕刻品表面油烟等的保护研究与治理，亟需进一步开展。

1999年6月，联合国教科文组织代表对龙门进行了初步考察；2000年1月，联合国教科文组织世界遗产专家对龙门石窟申报世界文化遗产工作进行了实地考察和评估。2000年9月，联合国教科文组织驻中国代表、中国国家文物局、日本东京国立文化财研究所、中国文物研究所等有关部门专家共同对龙门石窟的保护进行了考察和论证，计划利用日本政府的无偿援助资金125万美元对石窟进行保护，首先提供62万美元用于龙门石窟保护研究和维修项目的第一期工作，在第一期工作取得较好成效的基础上继续第二期工作。2000年11月，日本东京国立文化财研究所、日本文化保护振兴财团专家及代表对龙门石窟进行了考察，同龙门石窟研究所就石窟保护人员研修、石窟技术保护等项目达成了共识。

2001年11月10日，联合国教科文组织援助龙门石窟保护项目的签字仪式在洛阳龙门隆重举行。国家文物局张文彬局长、日本国公使青岛泰之代表双方签字，联合国教科文组织驻中国代表、日本国公使、国家文物局、河南省、洛阳市等有关部门的领导和专家出席了签字仪式。

## （二）联合国教科文组织龙门石窟保护修复工程工作报告（2001年11月—2003年10月）（节选）

…… ……

三、保护修复工程进展情况

（一）完成的工作内容

按照工程计划书，目前已完成的工作内容有：

1. 地形测绘部分

针对洞窟病害严重、种类复杂、涉及面广的特点，为使这一工程得到顺利实施，首先必须要开展地形测绘工作，这方面的工作是工程的基础性工作，是顺利开展地质调查和施工的前提。

地质测绘项目由郑州解放军信息工程大学测绘学院承担实施，合同资金为36万元人民币。工作从2002年4月开始，截至2002年10月。

完成测绘内容包括：

（1）航空摄影；

（2）1∶500，1∶1000，1∶2000地形图测绘；

（3）1∶200西山立面图（分四个区段）；

（4）断面图73幅；

（5）试验洞窟立面图，每洞6幅，共18幅。

测绘部分全部工作在2002年11月底前完成，对成果建立了一个小型的管理系统。

2. 地质调查部分

围绕潜溪寺、皇甫公窟和路洞三个试验洞窟进行详细的地质调查，并对石窟保护区进行补充地质勘查。查明石窟区岩石结构特性和裂隙分布状况，地质病害的类型和机理，寻求防治病害的对策，为龙门石窟保护修复工程设计和研究提供科学依据和完整的档案资料。工程由中国地质大学承担实施，合同资金为33.68万元人民币。

2002年7月完成1：500，1：2000地质填图野外踏勘调查；钻孔波速测试及地表波速测试；岩石、土、水样、石雕表面沉淀物样品测试；回弹锤击试验等项工作。

2002年11月完成了地表垂直渗水实验和试验洞窟地质病害调查。

2002年12月完成了三个洞窟的三维岩体网络结构面模拟；岩石物理力学实验，土、水样实验；岩石薄片鉴定；扫描电镜，X—衍射矿物成分分析等项工作。

所有工作2002年12月底以前全部完成。

3. 垂直钻孔施工及试验

在路洞、皇甫公窟对应的位置设计了4个垂直钻孔，设计总进尺320m。由洛阳地质勘察设计院承担实施，合同资金28.5万元人民币。

2002年8月完成总进尺 321.57米，注水实验11段次，孔温测量620点次；

分别于6月21日、8月20日、7月3日和8月19日向1号孔、2号孔、3号孔和4号孔内安装了监测仪器。

4. 环境监测设备安装

购买日本白山工业公司气象监测设备，合同资金为13.17万美元。

2002年11月21—24日，日本专家确定了气象观测仪器安装的具体位置，包括牡丹园、万佛洞顶室外观测场、三个试验洞窟、泉水、河水共7处观测点。

2003年4月2—6日安装气象仪器，开始对石窟大气环境、水环境及三个试验洞窟环境进行监测。

5. 石窟病害监测设备安装

在三个试验洞窟内安装病害监测仪器、漏水点壁面温度监测设备、漏水时间监测设备及数码相机等。

2002年9月5日，安装三个试验洞窟数码摄像机；

2003年4月2日—6日安装了三个试验洞窟的壁面漏水点温度监测设备和漏水时间监测设备等。

2003年9月20日，根据中日双方的协商，更改了试验洞窟内部分观测设备监测点的监测位置。

（二）对照工程计划书已完成有变动的工作内容

1. 地质钻孔勘察

治理洞窟漏水是洞窟保护修复的主要工作内容之一，卸荷裂隙是洞窟漏水的主要通道，岩溶沉积大多沿卸荷裂隙分布，当卸荷裂隙贯穿洞窟时，不仅破坏雕刻品，而且造成洞窟失稳，给石窟带来极大的危害。因此，查明卸荷裂隙的分布状况和规律，观测裂隙位移，对保护工程设计有极其重要的意义。为了给第二阶段治理洞窟漏水，提供科学依据，专家组通过协商确定，修改了原计划书的部分内容。修改的内容包括：

① 由于资金不足等原因，取消了项目计划书中对应潜溪寺的两个垂直钻孔，保留了对应皇甫公窟和路洞的4个垂直钻孔，用于观测地下水位和水温的变化。

② 在潜溪寺、路洞和皇甫公窟周围增加6个水平钻孔，在水平钻孔中采用电视探头，查明卸荷裂隙的分布状况和规律，由中国地质大学负责，龙门石窟研究院配合完成，于2003年10月开工。

2. 大气监测

风化是龙门石窟主要病害之一，也是工程中涉及解决的主要问题之一。近几十年来，随着工业和交通运输的发展，环境污染日益加剧，有害气体对石窟的侵蚀所造成的化学风化也越来越严重。为了给保护工程设计提供科学依据，龙门石窟研究院自筹资金32万余元，购买了空气质量连续监测仪器，用于监测石窟大气环境中有害气体。仪器设备于2003年2月安装完成并开始运行。本设备的安装和使用，与气象监测系统共同组成了龙门石窟较完备的环境监测系统。

（三）按照工程计划书尚未开展的工作内容

在《龙门石窟保护修复工程计划书》第一阶段任务中，属于调查方面尚未开展的工作有：

1. 试验洞窟病害调查

对三个试验洞窟病害的调查，包括：三个试验洞窟周围裂隙分布调查和裂隙变化测定、热传导测定、表面温度分布测定等。

2. 石窟生物危害调查

对石窟生物危害的调查，包括：确认繁衍生物和微生物；繁衍生物和微生物繁衍状况调查；植物根系调查；分布图及摄影等。

3. 环境测定部分的岩石连续浸水量，岩石含水率观测。

属于试验、研究的未开展工作有：

1. 风化对策研究；

2. 渗水对策研究；

3. 制定档案记录标准。

（四）配套资金

工程实施以来，洛阳市人民政府为保证项目的顺利运行，已投入资金120余万元人民币，作为项目的配套资金使用，弥补了项目开展在资金方面的不足。

1. 西山钻孔场地施工配套

场地“三通一平”费用，人民币3.578万元

水电费用，人民币1.15万元

2. 气象仪器安装配套

钢制栏杆、劳务费，人民币1.538万元

3. 会议费

2002年1月—2003年3月，共召开工作会议8次，人民币8.8万元

工作人员差旅费、劳务费，人民币7.87万元

4. 地下水位观测设备报关费

人民币1.78万元

5. 工程项目办公室通讯、办公家具等费用

人民币0.765万元

6. 环境连续自动监测站

人民币32.626万元

7. 水平钻孔施工

人民币24.569万元

8. 地质调查、地形测绘

工程资金缺口，人民币40万元

以上费用总计人民币122.676万元

由日方提供的资金为：

1. 自动地下水位观测仪器4套，共230万日元

2. 定时观测用数码相机3部和笔记本电脑1台，共70万日元

3. 红外线数码探测相机1部，230万日元

4. 皇甫公窟摄影用的电脑等各种仪器以及拍摄人员派遣费，共270万日元

5. 2003年3月陈建平、马朝龙在东京文化财研究所进行研究的费用，共70万日元

6. 2003年3月派遣朝日探察公司技术人员费用，共45万日元

7. 2003年9月派遣白山工业公司技术人员费用，共110万日元

以上费用总计1025万日元。

四、保护修复工程工作会议

联合国教科文组织龙门石窟保护修复工程具体实施的工作内容是由工作会议决定的。自工程运作以来各项工作计划的制订，工程内容的实施，工程实施过程中出现的问题等均是在工作会议上由代表、专家讨论，达成一致后实施的。随着项目的运行，教科文组织驻北京办事处每年多次组织工作会议、专家会议，论证工作计划、确定实施项目、对资料进行验收、分析等。每次召开的会议指导了各项工作的全面展开，保障了工程的顺利进行。

1. 2002年工作会议

2002年保护修复工程共召开了五次工作会议，通过工作会议，研究、确定、实施的工程内容有：

（1）项目工作机构

确认了中方专家组成员，成立了项目办公室。

（2）地形测量

采取邀请招标的方式确定解放军测绘学院承担地形测量部分的工程。教科文项目官员和专家组对承担单位和龙门石窟实地进行了考察，并就测量的具体技术要求达成共识。测量工作11月全部完成，并作了汇报。

（3）地质调查

确定由中国地质大学承担地质调查部分的工程，其中垂直钻孔项目由洛阳地质勘察设计研究院负责实施。由于经费的问题，将计划中的6个孔改为4个，同时，决定增加水平钻孔项目。除水平钻孔项目外，其余地质调查内容，12月底全部完成。

配套资金：由于项目经费与工程实际开展所需经费的不足，工作会议建议不足部分由洛阳市人民政府配套解决。测量调查和地质调查两部分所需配套资金为40万元人民币。

2. 2003年工作会议

2003年保护修复工程共召开了3次工作会议，主要内容有：

（1）地质调查

对中国地质大学的调查报告进行了讨论，肯定了报告具有的国际化专业水平，并就一些具体问题提出修改意见，中国地质大学修改后完成了调查报告。水平钻孔项目确定2003年10月开工。

（2）环境监测

项目中的气象仪器安装实施后，专家组对其现场监测情况进行了考察，认为部分仪器设置存在问题，经过讨论，确定了修改意见，并对部分仪器的设置进行了调整。未列入工程计划书的空气质量监测项目，安装实施后，得到工作会议的高度评价，认为此项目将为龙门石窟环境资料的完善提供良好的条件。

3. 龙门石窟保护研讨会

2003年7月21日至22日，为了加强龙门石窟的保护技术研究工作，针对石窟风化、洞窟渗漏等主要病害采取切实有效的防治措施，同时对正在进行中的“UNESCO龙门石窟保护修复工程 ”进行研讨，龙门石窟研究院邀请有关石窟保护领域的知名专家、学者及国家、省、市文物部门的主管领导在洛阳召开“龙门石窟保护研讨会”。

参加会议的除教科文驻京办官员和项目专家组部分成员外，还有中国知名的文物保护专家：谢凝高、陆寿麟、李最雄、奚三彩、马家郁、黄继忠等，地质、水利水电、遥感、古建方面的专家吴铭江、冯水滨、方云、汪祖进、嵇益民、李中翔等，龙门石窟研究院顾问温玉成、刘景龙。

院长李振刚、副院长韩玉玲等参加会议。

会议采取专题发言和自由讨论的形式，围绕龙门石窟以往的保护工作、保护规划制定、环境与病害监测、主要病害的防治措施等内容展开研讨。

会议认为：

（1）龙门石窟过去三十年的保护工作是卓有成效的，抢救加固了大量行将崩塌的雕刻品，基本解决了石窟稳定度问题，治理洞窟渗漏积累了一定的经验；

（2）目前，龙门石窟存在的主要病害是洞窟渗漏和石刻风化，影响石窟病害的主要因素是大气降水，水是龙门石窟病害防治首先要解决的问题；

（3）洞窟渗漏的治理应在充分论证以往治理工程得失的基础上，研究龙门石窟适宜的材料、工艺、方法，采取排、导、堵等综合手段加以治理；

（4）石窟的防风化应提到议事日程，针对实际情况，制定相应的措施；

（5）病害治理材料的选择应在反复实验的基础上进行；

（6）龙门石窟的保护规划应尽快制定，既要体现规划的全面、长远性，又要体现轻重缓急，分阶段，分步骤实施；

（7）龙门石窟的环境与病害监测在已开展工作的基础上，应制定科学 、全面、务实的监测规划，专人负责，及时分析，长期落实。

同时，与会专家还就世界遗产管理、信息化建设、实验室建设等方面提出了具体意见。病害的治理是一项长期而艰巨的任务，不可能一劳永逸，必须经过长期的努力，包括人才的培养和经验的积累，在此基础上，实事求是地开展龙门石窟的保护工作。

五、工程工作回顾

1. 工程的运行得到各方的高度重视

龙门石窟保护修复工程是联合国教科文组织、日本国政府、中国政府共同组织实施的保护世界文化遗产的国际合作项目，也是龙门石窟保护史上迄今为止投资规模最大的保护工程。项目从筹备、签约、实施至今，凝聚着各方的辛勤和努力。

联合国教科文组织是项目的组织者，项目专员充分发挥组织协调作用，组织召开各方管理机构及中日专家会议，协调理顺关系，讨论布置项目工作计划，考察了解实施进展情况，保障项目资金的及时到位，从而保证了工程顺利实施。

国家文物局非常重视龙门石窟的保护工作，为项目的开展从多方面给予支持和帮助。

项目专家组在工程实施中，本着求真求实的科学态度，深入现场考察，反复研讨项目计划，制定实施方案，对承担施工单位严格审核，对其提出的实施计划及预算检查把关，并进行现场监督考察，及时处理工程实施中遇到的各类技术问题，工程的进度和质量得到保证。

洛阳市政府也极为重视这项工程，从项目的争取、协商及实施均付出了积极的努力。项目实施以来，市领导多次到龙门石窟实地调研，了解工作进展，处理解决项目遇到的问题，并根据合作协议精神，协调项目配套资金，支持项目正常实施。

洛阳市文物局和龙门石窟研究院更是把实施好项目作为自己最重大的责任，给予高度重视，由主要领导组成项目中方工作组和项目办公室。

2. 项目实施获得了丰硕的资料成果

项目运行两年来，在各管理部门和专家组的共同努力下取得了丰硕的实际成果，地形测绘、地质调查、石窟环境与病害监测等成果丰富了龙门石窟的保护研究资料。资料成果包括：

① 测绘成果：《龙门石窟保护工程项目测绘成果》，包括图纸96幅、光盘5个。

② 地质调查成果：《龙门石窟保护修复工程地质调查研究报告》，图纸

22幅、光盘1个；《龙门石窟修复工程钻探勘察报告》，图纸5幅、光盘1个。

③ 石窟环境与病害监测成果。

3. 项目运行对龙门石窟保护研究起到了积极的推动作用

龙门石窟的气象观测、渗漏观测等工作开始于20世纪六十年代，但是，观测的数量、连续性及观测仪器的准确性、自动化水平等方面，一直处于较低的层面。通过联合国教科文组织龙门项目的实施，气象观测、大气污染物观测、洞窟小环境和洞窟渗漏病害的监测都达到自动化连续监测的水平，且整个监测项目形成了一个相对完善的石窟环境监测体系。这不仅为本项目后阶段洞窟病害治理方案的制订提供直接的依据，待项目结束后，仍将在龙门石窟长期运行，为龙门石窟的长久保护奠定基础。目前，龙门石窟研究院已制定《龙门石窟环境监测方案》及《龙门石窟病害调查方案》，并将有计划地实施。

4. 项目运行提升了龙门石窟保护研究人员的研究水平

项目实施之中，龙门石窟的保护研究人员参与到项目的各个环节，听取专家的现场传授，参与专家的讨论，与施工单位共同实施现场工作，大大丰富了实际工作经验，拓展了思路，逐步明晰了石窟保护研究的方向。两名研究人员赴日本进行了技术培训，提高了各种仪器的操作和维护水平。同时，专家们的敬业精神和严谨的工作作风为研究人员树立了典范。

5. 实施中出现的问题

项目第一阶段的运行总体是有序顺利的，主要项目内容地形测绘、地质调查等按照计划书的要求按时保质保量圆满完成。

但是，也出现了一些问题。如项目实施之初，存在仪器设备入关手续办理时间紧促等，在中方的重视和积极努力下，问题很快解决。气象仪器安装延期问题，项目中使用的气象仪器购自日本公司，由于中日双方在信息沟通上的不便，仪器运抵洛阳的时间、公司派技术人员来洛阳安装的时间均有不同程度的延误，致使监测期后延。

中日专家的交流问题。项目中的所有技术问题都是由双方专家研讨决定，双方专家相互交流、讨论，在多数问题上取得了很好的共识。但是，在此期间，由于中日专家的思想观念、技术路线、保护方法等存在差异，也曾出现一些不同意见，甚至争论。如地质钻孔问题，在项目开始时双方就在垂直钻孔和水平钻孔的认识上存在较大分歧，专家组经过数次讨论，为不影响整个工程进度，求同存异，互谅互让，形成统一决定：日方专家坚持的垂直钻孔先行施工，中方专家认为极有必要的水平钻孔待垂直钻孔施工完成，观测一定时期后，再行施工，资金由中方配套支付，使得这一问题圆满解决。因此，这种分歧或争论是能够在更多的交流中逐步解决的，使得在某些问题的看法上更趋于科学和实际。同时，也正是由于分歧的存在，才更显示出国际合作与交流的必要。经过第一阶段项目的实施，中日专家加强了了解与信任，加深了友谊，为项目第二阶段的合作打下了良好的基础。

六、下一阶段保护修复工程建议

龙门石窟保护修复工程自2001年实施以来，第一阶段工程进行了地形测绘、地质调查、环境监测仪器设置等工作。项目的基础研究工作基本结束，但是仍有一些工作需要补充。鉴于目前龙门石窟漏水、风化病害严重，第一阶段的调查研究对漏水、风化的认识清晰、明确，漏水的治理尤为迫切，急需拿出切实可行的方案，采取抢救性的保护措施。项目应该起到一个示范的作用，利用先进的技术、先进的方法治理龙门石窟存在的病害。因此项目应该尽快进入制订病害治理方案及可行性论证阶段，选择一个洞窟进行试验，包括材料、工艺方法、室内实验、现场试验等工作，同时做好所有监测数据的整理分析工作。中日双方专家应在龙门石窟主要病害的认识和治理的紧迫性上加强交流，达成共识。为第二阶段的洞窟修复治理奠定基础。

## （三）联合国教科文组织援助龙门石窟保护修复工程项目年度报告（2004）（节选）

…… ……

一、本年度主要完成的工作

1. 为加强基础资料收集，补充第一阶段前期的洞窟调查成果，龙门石窟研究院配套资金人民币20多万元，同中国地质大学合作顺利完成了三个试验洞窟的周边水平钻孔施工。现场技术人员全面记录了潜溪寺、路洞、皇甫公窟三个试验洞窟的钻孔技术数据和采集岩芯的整理工作，收集了洞窟小区域的裂隙和渗漏水资料，设置了水平钻孔多点温度观测仪器。

2. 2月份项目官员高桥晓、杜晓帆到龙门石窟现场考察项目进行情况，通报了教科文组织对项目进展的关心，明确了年度的工作计划和工作要求。

3. 4月20—24日，为了按照工作计划开展下一阶段的试验工作，项目官员杜晓帆，专家黄克忠、冈田健和中国地质大学方云、中国文物研究所李宏松、王金华等到龙门石窟现场考察。针对下一阶段的现场实验工作，考察了东西两山及三个试验洞窟具体状况，选择了合适的场所，初步选定了皇甫公窟南侧一洞窟作为治理漏水的试验点，现场察看了潜溪寺洞窟的洞顶防水层的保存状况。其间进行了工作会议，确定了由中国文物研究所、中国地质大学、龙门石窟研究院共同承担现场实验工作。会议针对实验材料选择问题，建议由中方专家组成员胡东波先生同日方专家共同选取现场试验材料。会议同时确定由龙门石窟研究院保护中心负责对一个观测年度的数据进行全面分析整理，得出分析报告，提供全面的气象、钻孔水位及洞窟渗漏分析资料，进行洞窟的病害调查档案记录工作。

4. 龙门石窟研究院石窟保护中心按照专家组要求，对采集的一个观测年的数据资料等开始了归类、制图、制表、统计和分析工作。5—6月间，项目官员杜晓帆和项目专家青木繁夫、冈田健、石砖武志等到龙门石窟现场检查指导项目数据处理和病害档案记录工作。专家官员一行对龙门石窟研究院保护中心目前的数据处理工作表示满意，专家同保护中心一起进行数据处理，指导保护中心人员。同时，专家为下一阶段的数据处理工作提出了具体意见和建议，如针对现有情况要求保护中心补充了河水位观测项目，具体数据处理的种类、方法、格式等，提高了保护中心研究人员的数据处理水平。一行还对病害档案记录工作中的记录方法、方式、记录内容丰富化、记录照片的高质量化等提出了要求和指导意见。

5. 7月22—28日，根据龙门石窟保护修复工程第一期工程工作计划，项目专家中科院地球物理研究所曲永新，项目承担方中国文物研究所李宏松、胡源，中国水利电力科学研究院专家吴铭江等到龙门石窟现场工作，通过对洞窟的实地察看和讨论，初步确定了多点位移计和裂隙水压力测试设备的安装位置、型号以及工作计划和完成时间。

6. 7月25—27日教科文组织驻北京办事处官员杜晓帆、项目专家胡东波、冈田健、中田英史、津田丰等到龙门进行现场工作，检查了水平钻孔的完成情况，对水平钻孔的完成情况表示满意。经过专家的现场察看和讨论，最后选定在路洞南侧排水孔内安装温度仪器。双方专家同保护中心人员一起利用摄像头观察了钻孔内的情况，随后进行了钻孔内温度仪器的安装，现场就仪器的使用和数据回收培训了保护中心工作人员。专家还就风化程度检测仪器和材料处理前后的色度对比色差仪。对保护中心工作人员进行了仪器使用的培训。

7. 10月15—16日，联合国教科文组织龙门石窟保护修复工程专家会议在北京文博大厦举行，其中教科文组织驻北京办事处官员杜晓帆、洛阳市文物局王献本、项目专家黄克忠、曲永新、胡东波、刘景龙、青木繁夫、冈田健、中田英史、津田丰，中国地质大学方云、中国文物研究所李宏松、龙门石窟研究院副院长李随森和石窟保护中心马朝龙、范子龙等参加了会议。

工程承担方代表向专家组汇报了今年进行的水平钻孔施工、仪器安装、龙门西山雷达勘探和三个试验洞窟周边地质调查、洞窟裂隙位移监测、洞窟渗透水压力观测、洞窟清洗、裂隙填充材料研究等各项工作的完成情况和工作中出现的困难和问题。龙门石窟研究院人员向专家组作了项目运行以来的各种观测数据分析报告和皇甫公窟病害档案记录报告，同时对下一步观测工作提出了建议。

专家组对工程的完成情况进行了讨论，肯定了前期完成的工作，提出了意见和进一步完善的建议和要求。针对龙门石窟研究院的报告，官员和专家均表示满意，认为项目运行以来龙门石窟研究院保护中心在过去时间里做了很好的长期观测，得出了大量数据和分析观测成果，提出了自己的研究建议。专家组肯定了龙门石窟研究院对承担项目的工作完成情况，但是对档案记录的科学化、标准化、术语统一等方面和数据资料分析的进一步深入等提出了修改意见。

会议还讨论了中国地质大学提出的下一阶段工作研究计划，初步认可了该计划书的思路和内容，但需要进一步详细化和增加部分内容，尽早完成下一阶段的正式计划书。同时会议还确定了年度三方会议的时间，对会议上各方面提交的报告进行了布置，争取各方拿出高质量的报告。

8. 12月10日联合国教科文组织龙门石窟保护修复工程专家会议在UNESCO驻北京办事处举行。教科文组织驻北京办事处专员杜晓帆，项目中方专家黄克忠、曲永新、胡东波，日方专家冈田健、中田英史、津田丰，中国地质大学方云、中国文物研究所王金华、李宏松，龙门石窟研究院陈建平、马朝龙、范子龙、杨刚亮等参加了会议。

首先听取了项目承担单位中国文物研究所前一阶段的龙门石窟现场灌浆实验、清洗实验工作汇报。专家对灌浆总体规划，材料和工艺的综合考虑，清洗后存在洞窟继续维护问题等提出了建议，指出清洗的目的、标准要明确，方法要谨慎。

专家们围绕中国地质大学的“龙门石窟保护修复下一阶段工作计划”进行了广泛讨论，基本同意了中国地质大学的第二期工作计划，但也针对前期和下一步工作提出了建议：前期研究、试验阶段还要继续，但牵涉到经费不足问题；要增加试验项目如灌浆材料的试验；加强裂隙封堵材料的试验；第一阶段要补充病害档案的建立、长期监测；现场取样要明确取样地点；充分利用现有的资料中减少试验项目等。下一阶段计划还要经过联合国教科文组织总部、中国国家文物局、日本外务省三方认可后开始具体实施。会议确定由龙门石窟研究院完成三个试验洞窟的病害调查工作，从项目经费中划拨一定的调查经费加速调查工作的进行。专家认为第一阶段的病害调查和数据分析还不完全，第二阶段还要进一步完善和补充。

二、本年度项目实施所获得的经验

本年度联合国教科文组织龙门石窟保护修复工程的顺利实施是联合国教科文组织、日本政府、中国政府、洛阳市文物局和龙门石窟研究院各方相互协作，紧密配合的结果。联合国教科文组织专员多次到龙门石窟现场组织协调、指导工作的进行。中国国家文物局、河南省文物局领导非常重视，亲自到现场考察项目情况。洛阳市文物局高度重视这项国际性合作项目，在国家文物局和洛阳市政府的大力支持下，积极协调教科文组织和中日专家组及龙门石窟研究院之间的各项工作，并向教科文组织和国家文物局及时通报工作进度，向市政府尽力争取配套资金，及时协调解决项目实施过程中遇到的问题，保障了项目的正常实施。

龙门石窟研究院更加以主人翁的姿态全力投入到项目工作中来，从人员和经费上给予了有力配合，抽调专门的人员负责项目办公室的各项工作，配套资金20多万元完成了水平钻孔施工。石窟保护中心积极参与项目的各项工作，独立和合作承担多项工作内容，较好地完成了工作任务，得到项目专家组的认可。同时协调组织了多次工作会议，为来洛阳工作的专家、官员搞好后勤服务工作。龙门石窟研究院还全力配合各个工程施工单位的施工调查等工作，做好各项现场和后勤工作，保障了各项工程的顺利进行。

2004年是龙门石窟保护修复工程项目第一阶段的第三年，中国和日本的项目专家多次到现场调查，进行技术指导。项目收集了第一阶段开始以来大量的地质、勘察、测绘、气象、水环境、洞窟区域环境、洞窟内部环境、洞窟病害、洞窟渗漏等方面的详细资料。在专家组的直接指导下，进行了各种现场和室内实验，积累了丰富的实践经验，为第二期现场治理工作打下了良好的基础。

日本东京文化财研究所邀请专家组胡东波和龙门石窟研究院高东亮、范子龙等赴日本考察相关研究机构和石质文物的保存状况，同时还在龙门石窟研究院人才培养和红外线相机等先进仪器设备在项目中的使用等方面也给予了很大的支持和帮助。

龙门石窟研究院和多家单位共同参与到项目的各项工作中去，通过工作的参与和专家组的指导，龙门石窟研究院石窟保护中心人员在实践中提高了自身的理论水平和实际工作能力，将促进龙门石窟的保护研究水平。

总之，本年度项目的顺利实施是各个方面相互协作、相互配合的结果，项目取得的经验也将为搞好下一阶段的工作起到积极作用。

三、2005年度工作计划

根据《龙门石窟保护修复工程计划书》，龙门石窟保护修复工程第一期各阶段的工作已经基本结束，将要开展第二阶段的工作。2005年即将开展的工作计划如下：

1. 洞窟裂隙防渗灌浆材料试验。

2. 试验洞窟防渗灌浆工程。

3. 试验洞窟清洗（粉尘、微生物和苔藓、结晶物、烟垢等）。

4. 洞窟内部微裂隙修复。

## （四）联合国教科文组织援助龙门石窟保护修复工程项目年度报告（2005）（节选）

一、本年度主要完成的工作

1. 继续进行各种环境监测仪器和病害监测仪器的观测工作，加强基础资料收集。龙门石窟研究院石窟保护中心继续进行各种监测仪器的维护保养和定期数据采集整理工作，继续进行渗漏水病害和环境数据变化的监测，按照需要和专家组的要求补充进行了冷凝水的日常观察记录，设立了河水水位标尺观察记录河水水位的变化。

2. 2005年2月28日—3月1日，在北京举行联合国教科文组织龙门石窟保护修复工程专家及三方会议。联合国教科文组织驻北京办事处代表青岛泰之、文化遗产保护官员杜晓帆；国家文物局文物保护司司长顾玉才、外事处副处长盛蔚蔚、文物保护司刘华彬；日本外务省文化交流部国际文化协力室课长补佐小野浩隆，日本国大使馆公使井出敬二、三秘井上惠；项目专家黄克忠、曲永新、刘景龙、胡东波、方云、冈田健、中田英史、津田丰；河南省文物局副局长孙英民、博物馆处处长康国义；洛阳市文物局副局长韩玉玲、博物馆科科长王献本；龙门石窟研究院院长李振刚、副院长李随森和石窟保护中心工作人员等参加了会议。

会议上洛阳市文物局副局长韩玉玲作了2004年度工作汇报，回顾了2004年度实施的工作，总结了项目实施过程中所获得经验和体会，提出了第二期的工作思路。

中国地质大学教授方云向会议提交了第二期工作计划书并做了详细的说明。专家组经过广泛讨论对项目第二期预算和工作内容提出了修改意见，确定了第二期工作的治理重点为洞窟治水和整体治理，增加了冷凝水研究项目。中国国家文物局要求在施工方案确定后，尽快履行报批手续，并表示将加快办理，节约时间。最后三方会议通过了该计划书的内容。

会议确定联合国教科文组织将提供给龙门石窟保护修复工程第二期的资金为62万美元，同计划书预算尚有缺口。对于不足部分，国家文物局代表、河南省文物局代表、洛阳市文物局代表等表示将努力筹措资金，确保项目的顺利进行。

联合国教科文组织北京办事处代表青岛泰之、日本政府代表小野浩隆、中国政府代表顾玉才分别讲话，对第一期工作的进行表示满意，对第二期工作提出了更高要求。

3. 9月2日，联合国教科文组织龙门石窟保护修复工程项目第二阶段签字仪式在北京举行。教科文组织驻京办代表青岛泰之、国家文物局副局长张柏代表双方在协议上签字，教科文组织驻京办项目官员卡贝丝女士、文化遗产保护专员杜晓帆先生、国家文物局文保司司长顾玉才、办公室主任王军、外事处副处长盛蔚蔚、日本驻中国大使馆公使井出敬二、河南省文物局副局长孙英民、文物处副处长张斌远、洛阳市文物局副局长韩玉玲女士等出席了签字仪式，标志着第一阶段的顺利结束和第二阶段的正式开始。

4. 9—10月，中国地质大学（武汉）方云教授等一行同龙门石窟研究院石窟保护中心人员一起进行了裂隙灌浆加固防渗漏试验，采用了包括超细水泥、水性环氧树脂、纳米材料、聚氨酯等材料进行了不同材料下的灌浆试验和施工工艺研究，得出了不同灌浆材料在实验过程中的性能和数据资料，为下一步的正式施工防渗漏积累了施工工艺技术资料和材料性能资料。

5. 12月21—22日，教科文组织项目官员杜晓帆、洛阳市文物局副局长韩玉玲、博物馆科科长王献本、龙门石窟研究院副院长李随森、中国地质大学方云、中国文物研究所王金华和龙门石窟研究院石窟保护中心人员等在龙门石窟现场考察。其间进行了工作会议，讨论确定了2006年度的工作计划。

其中要求2006年5月之前制定出潜溪寺的修复方案，并报国家文物局通过，尽可能在2006年开始皇甫公窟的修复施工工作。

会议上确定了中国地质大学和龙门石窟研究院共同承担冷凝水研究和数据库的建立工作，由方云教授和李随森副院长作为双方的负责人。

根据项目工作的需要，重新调整了项目办公室的领导同时增加了成员。针对龙门石窟研究院提出的观测仪器的故障和维修等问题进行了讨论。

杜晓帆专员还要求洛阳市文物局和龙门石窟研究院努力争取配套资金，确保项目各项工作的顺利进行。韩玉玲副局长作为项目负责人对会议进行了总结和布置了各项工作，李随森副院长代表龙门石窟研究院表示全力做好各项工作，保障项目的顺利进行。

二、本年度项目实施所获得的经验

2005年度是龙门石窟保护修复工程项目第一阶段的最后一年，本年度联合国教科文组织龙门石窟保护修复工程的顺利实施是联合国教科文组织、中国政府、日本政府、洛阳市文物局和龙门石窟研究院各方相互协作，紧密配合的结果。联合国教科文组织专员多次到龙门石窟现场组织协调、指导工作的进行。中国国家文物局、河南省文物局领导非常重视，亲自到现场考察项目情况。洛阳市文物局高度重视这项国际性合作项目，在国家文物局和洛阳市政府的大力支持下，积极协调教科文组织和中日专家组及龙门石窟研究院之间的各项工作，并向教科文组织和国家文物局及时通报工作进度，向市政府尽力争取配套资金，及时协调解决项目实施过程中遇到的问题，保障了项目的正常实施。

三、存在的问题

项目自2003年4月开始，为了收集环境和病害检测仪器设备，在龙门石窟区域设置了包括环境监测、石窟内部监测、病害监测、裂隙监测、地下水位监测等多项仪器设备，其中的环境监测、石窟内部监测、地下水位监测等仪器设备均为日本进口。随着仪器内部电源损耗和设备的老化，目前河水仪器和个别观测项目的探头均出现了故障现象，中国国内更换电源和维修比较困难，随着时间的推移，如何妥善解决对各项仪器设备的维修和更换电源、配件问题，不影响观测数据的收集成为第二阶段工作中的一个问题。

四、2006年度工作计划

根据《龙门石窟保护修复工程计划书》和三方会议制订的工作计划，龙门石窟保护修复工程第二阶段2006年开展的工作计划如下：

1. 潜溪寺、路洞、皇甫公窟三个试验洞窟防渗灌浆工程。

2. 试验洞窟清洗（粉尘、微生物和苔藓、结晶物、烟垢等）。

3. 洞窟内部微裂隙修复、加固。

4. 冷凝水的研究。

5. 开始数据库的建立工作。

## （五）潜溪寺工程工作会议记录（节选）

一、2008年1月29—30日 北京

教科文组织驻京办官员杜晓帆、卢叶，专家组成员黄克忠、曲水新、刘景龙、胡东波、清水、冈田健、津田丰、中田英史，中国地质大学方云教授、潜溪寺施工工程方中铁西北科学研究院的代表、龙门石窟研究院石窟保护中心人员等参加了会议。

会议上施工方代表介绍了潜溪寺前期施工中的情况，对洞窟顶部防渗层的保留、南侧排水沟的处理、钻孔的施工方法等提出了意见。项目设计方王金华书面也对施工方案提出了修改建议。专家组对几个方面的意见进行了讨论，确定保留顶部防渗层，同时由地质大学调查防渗层保存现状，提交调查报告，提出合适的处理方法和使用材料等相关内容，施工方要协助调查，经费由施工方负责。南侧排水沟在施工上要分两步走，先做帷幕灌浆，观察一个雨季效果后再决定是否开挖排水沟。钻孔施工中考虑到干钻和水钻的利弊确定采用水钻施工。

二、2008年3月31日 洛阳

出席会议的官员和专家有联合国教科文组织驻京办项目官员杜晓帆，项目专家组成员曲永新，山东博物馆孔庆生、项目设计单位中国文化遗产研究院王金华、中国地质大学（武汉）严绍军，洛阳市文物局副局长韩玉玲、科长王献本，龙门石窟研究院副院长李随森，项目施工单位甘肃铁科地质灾害防治技术工程公司王孟良、王逢睿、张国军。龙门石窟研究院石窟保护中心的工作人员也参加了会议。

会议首先由项目施工单位代表介绍了施工的进展情况，随后，与会人员根据现场考察的情况和施工中发现的新情况，就工程的技术问题和下一步工程安排进行了讨论研究，形成以下意见：

1. 为了保障帷幕灌浆的防渗效果，适当增大处理范围，即冲沟段向下增加两排6个帷幕灌浆钻孔，孔底高程156m，向上增加三排9个帷幕灌浆钻孔，每个钻孔深25m。

2. 窟顶部原有混凝土防渗层只具有排水功能，失去防渗功能，需要对原有混凝土防渗层进行防渗排水处理，表层涂抹细石防渗砂浆，砂浆的厚度平均3cm。涂抹防渗砂浆前，开凿清除空鼓区域的混凝土防渗层。为确保防渗砂浆与原有混凝土面的牢固性，安设锚杆钢筋和钢筋网。防渗砂浆选择矿渣型水泥。

3. 施工单位必须重视潜溪寺窟顶至南侧小石窟群崖壁面各类裂隙的灌浆、封堵等治水工作，此区域与潜溪寺窟顶渗水密切相关。对裂隙部位已失效的混凝土进行开凿清理，钻孔灌浆封堵。

4. 帷幕灌浆工程完毕后，冲沟区域必须进行清理和防渗处理。清除所有的覆盖层和杂草，露出基岩面，铺设细石防渗砂浆，砂浆厚度平均3cm。

三、2008年11月14日　洛阳

项目专家组黄克忠、设计方王金华、施工方张国军、市文物局韩玉玲等，就潜溪寺治水工程施工进行了现场考察讨论。各方认为对潜溪寺渗水机理、途径、渗水模型的分析和判断是基本正确的，但由于潜溪寺岩体构造的复杂性，以及施工过程中存在一定的程序问题，帷幕灌浆措施没有达到有效的治理效果，顶部防渗层与环境不协调。经各方协商，就潜溪寺治水工程后期工作提出以下意见：

1. 为探明潜溪寺岩体构造特征和渗水机理，各方同意进一步深化勘察实验工作，在顶部南侧冲沟帷幕灌浆的区域开挖两个实验探槽进行岩体结构勘察、岩体渗水情况分析以及截水排水实验，为下一步治水工程提供依据。

2. 顶部混凝土防渗层做旧由施工方负责，设计方提供技术建议。

四、2009年3月4日　北京

参加会议的有联合国教科文组织北京办事处项目官员杜晓帆；设计方负责人中国文化遗产研究院王金华；施工单位负责人中铁科学院地质灾害防治技术有限公司王孟良、李传珠、张国军；参加会议的专家黄克忠、冯水滨、兰立志、方云；以及龙门石窟研究院保护中心陈建平、马超龙、杨刚亮。

会议对潜溪寺石窟治水工程实施后仍存在渗水的现状进行了诚恳、深入、全面的交流和讨论，形成以下共识和意见：

1. 对潜溪寺石窟渗水病害的地质构造条件、水源补给条件、微观地貌地形条件、水的补给、渗流途径的调查分析，即建立的渗水地质模型是基本正确的，但是由于潜溪寺石窟地质构造条件的复杂性（层面裂隙、构造节理裂隙、卸荷裂隙、岩溶等）和灰岩条件下水运移的复杂性，渗水通道（一条或一组等）具体位置和分布很难准确定位，所以水害治理工程具有挑战性和较大的困难，并影响治理工程的效果。在龙门石窟坚硬的灰岩地区，针对的是滴水状态的渗水病害，实施水利上比较成熟的帷幕灌浆技术，不能实现有效治水的目的，需要根据文物保护的需求、地质条件等进行深入、全面的试验研究。

2. 设计方依此提出的治理水害水源，切断渗流途径设计思想是正确的，是一种积极、长期有效的保护理念，设计的措施是合理的。根据后期进行的人工降雨模拟试验、开挖探槽、地质雷达探测等调查勘察工作，在国家文物局批准的基本设计的框架内，设计方补充修改设计。

## （六）龙门石窟保护修复工程成果报告会（报告节选）

联合国教科文组织龙门石窟保护修复工程，在联合国教科文组织文化遗产保护日本信托基金的资助下，于2001年开始实施，八年来经过中日两方专家和各级政府的不懈努力，项目进展顺利，按照工作计划圆满完成了各项任务，取得了引人瞩目的成就。

2009年2月20—21日，联合国教科文组织保护文化遗产日本信托基金项目-龙门石窟保护修复工程成果报告会在北京中国文化遗产研究院举行，报告会由国家文物局和联合国教科文组织主办，河南省文物局、洛阳市文物局、龙门石窟研究院等单位协办。来自中国国家文物局、联合国教科文组织北京办事处、日本外务省、日本驻中国大使馆、河南省文物局、洛阳市文物局、中日两国专家、中国文化遗产研究院、龙门石窟研究院、北京大学、中国地质大学等单位代表等70多人参加了会议。

根据安排，20日下午，教科文组织北京办事处、中日专家、洛阳市文物局等方面的有关人员在中国文化遗产研究院举行预备会议，对龙门石窟的保护修复工作进行了总结。21日，教科文组织北京办事处主持召开了龙门石窟保护修复工程成果报告会。报告会上，龙门石窟研究院向大会播放了精心制作的保护项目宣传片，展示了项目实施的工作过程和成果。洛阳市文物局副局长韩玉玲就实施龙门石窟保护修复工程的管理及体会进行了详细汇报，中日专家代表黄克忠、方云、冈田健、津田丰等则分别从龙门石窟保护的不同角度对合作项目进行了回顾和探讨。此外，龙门石窟研究院汇报了龙门石窟的环境监测和病害调查成果。成果汇报后，河南省文物局陈爱兰局长在会上做了龙门石窟保护修复工程对河南文物保护工作积极意义的报告，高度评价了龙门石窟保护修复工程中取得的经验和成果。国家文物局副局长童明康、日本大使馆公使道上尚史、联合国教科文北京办事处代表辛格分别代表三方致辞，分别从不同侧面高度评价了此次国际合作项目在文物保护技术和人员培训等方面取得的丰硕成果和积极意义。之后，与会人员在轻松愉快的气氛中还就今后如何继续加强和拓展文物保护国际合作和交流项目等问题展开了热烈地讨论。

## 三、项目关联保护研究

### （一）潜溪寺保护工程的前期研究

潜溪寺是龙门西山自北端开始的第一个大型洞窟，为唐高宗初年雕造，潜溪寺中的造像在艺术上发生了不同于北魏时代造像风格的变化，展现了唐初雕刻艺术的长足发展，已奏响了盛唐丰腴、典雅的造像风格的序曲。与此同时，潜溪寺也是龙门石窟大型洞窟中渗漏水最为严重的洞窟之一。20世纪80年代曾经对洞窟进行过保护维修工程，在洞窟顶部修筑了排水沟、覆盖层等防水设施，修建了仿古木构窟檐，对裂隙进行了封堵，这些措施在工程之后的一定时期内起到了很好的保护作用。但随着时间的推移，新的病害问题逐步显现，渗漏水日趋严重，病害治理亟待实施。

自2002年开始实施的联合国教科文组织龙门石窟保护修复工程项目选定龙门石窟的三个洞窟潜溪寺、路洞、皇甫公窟为试验洞窟，开展保护修复研究试验。工程主要任务包括龙门石窟区域的地形、地质状况、区域环境和石窟病害等基础资料的调查研究，针对洞窟病害的防风化、防渗漏治理方案的设计，合适的病害防治材料的筛选和施工工艺技术的确定等。其中又以潜溪寺洞窟为重点开展了从测绘、勘察、现状调查、监测、材料试验到防渗工程、洞窟清洗试验的全过程的试验研究。

潜溪寺渗漏水治理工程是联合国教科文组织资助龙门石窟保护修复工程的一部分。本项目计划分成两个阶段进行，第一阶段是基础资料的收集和试验，包括龙门石窟区域的地形、地质状况的调查和勘测，石窟区域环境和石窟病害观测，针对洞窟的防风化、防渗漏进行试验，筛选合适的病害防治材料和施工工艺技术等。第二阶段是在第一阶段各种数据资料和试验工作的基础上，选择试验洞窟的典型病害进行治理，为龙门石窟的全面治理提供样板。

因此，潜溪寺保护工程的前期研究侧重于病害调查和洞窟监测等资料收集和基础性试验工作，这也是每项保护工程实施之前必须要开展的工作，诸如环境资料、病害资料、地质资料等；在确定潜溪寺保护工程治理方向时，水害被确定为潜溪寺的主要病害，即洞窟渗漏水和凝结水，其中又以渗漏水为石窟寺普遍存在的治理难点。潜溪寺的保护工程设计也确定以渗漏水的治理为主。因此，有针对性地加强了地质勘察的力度，补充了地质调查的内容，例如，水平钻孔施工、洞窟周边裂隙调查、地质雷达表面覆盖层探查等。之后又引入地球物理探测方法和人工模拟降雨试验等手段，进一步探查渗漏途径，验证工程设计的思路。

回顾潜溪寺保护工程前期研究的工作，内容大致概括为病害调查、洞窟监测、地形测绘、地质勘察、保护材料试验等。病害调查的目的在于全面掌握洞窟保存现状的基础信息，洞窟监测是要了解洞窟所处的环境状况以及病害的发展过程和程度，地质勘察承担了探究石窟渗水病害地质成因、形成治理工程思路的重任，保护材料试验为治理工程提供适合的材料和施工工艺。五个方面的工作内容最终形成洞窟渗漏水治理的设计方案。病害调查、洞窟监测、地形测绘、地质勘察和材料试验等构成了潜溪寺渗漏水治理工程前期研究的框架，在此内容之中既有全面准确的基础研究，又强调针对病害治理的重点研究，由此形成了一个洞窟渗漏水治理工程的研究模型。

对潜溪寺渗漏水治理工程前期研究的几点认识与思考。

### 1. 前期研究的完整性

潜溪寺渗漏水治理工程的前期研究是龙门石窟历史上洞窟保护工程中研究内容最丰富、涉及面最广泛、专项研究最深入的工程研究范例。洞窟微环境监测、历史保护信息的收集、病害档案的建立、典型病害的监测、地形测绘、地质勘察和材料试验等研究内容，涉及与保护工程相关的各种因素，并且每项研究都进行到相当的深度，形成了完整的研究报告，体现了前期研究的完整性。

### 2. 前期研究的探索性

潜溪寺渗漏水的定量研究采用了定点收集和连续摄像的方法模拟计算洞窟渗漏水的量值，在石窟渗漏水的监测上属于创新性的试验研究。凝结水的定量研究使用了专门研发和改良的试验设备，取得了较为精准的试验结果。水性环氧树脂、聚氨酯树脂等新型防渗漏材料的试验研究，丰富了龙门石窟保护材料的选择和应用。地震探测、地质雷达探测、高密度电法探测等地球物理探测方法提高了地质勘察的技术含量，更加符合石窟保护的微观、深入、具体的要求。诸如此类新的技术与方法、新的材料在潜溪寺渗漏水治理工程中得到了应用，具有一定的试验、研究性质，体现了研究的探索性。

### 3. 前期研究的关联性

石窟的保护工程涉及面广，关联因素众多。体现在研究方面，可以分为基础性研究、重点研究、适时的补充研究等不同层面，但仍要注重与保护工程的目标相结合，突出重点。潜溪寺渗漏水治理工程的中心任务是渗漏水的治理，与渗漏水治理紧密相关的地质勘察必然是其中最重要的研究内容。潜溪寺石窟区域作为一个相对独立的水文地质单元，其岩体结构复杂，层面裂隙、构造裂隙和卸荷裂隙纵横交错，相互连通。其中又以层面裂隙和卸荷裂隙组成的渗流结构对洞窟渗漏影响明显，加之石窟顶部受水面积大，来源多，洞窟渗漏时间表现不一，渗流途径极为复杂，一般性的地质勘察、调查远远不能满足治理工程的需要。因此在前期研究中根据渗漏水治理的特点，突出了地质调查与勘察的全面和精细，运用了传统的现场调查结合先进的物探手段，在条件许可的情况下齐聚了所有能应用的研究方法，对潜溪寺进行了多次的反复勘察试验，最终确定了潜溪寺相对科学合理的渗流通道地质模型，为潜溪寺渗漏水的治理提供了理论依据。

石窟渗漏水的治理是一项复杂的系统工程，治理工程是分步骤、分阶段，渐进式的长期工作，一次性解决所有问题不切实际。对于它的前期研究，既要兼顾完整性，又要突出重点，并且在工程实施当中，随时补充，最大限度地接近实际情况，着力于关键点上，体现了研究的关联性。

潜溪寺的洞窟渗漏水治理工程历时15年，提供了一个前期研究的基本模型，积累了难得的实践经验，一定会对后续龙门石窟的洞窟渗漏水治理工程起到积极的促进作用。

## （二）中日合作的研究性监测项目

石窟保护研究首要的是了解石窟文物的保存环境、保存状态以及环境与病害之间的关系，而要了解这些情况，就必须对石窟进行监测。从监测的内容来看，可以分为石窟环境监测和石窟病害监测，从监测的目的和作用来看，又可以分为掌握石窟一般规律的常规性监测和针对某一病害或环境因素而进行的研究性监测。

2001—2008年实施的联合国教科文组织龙门石窟保护修复工程项目中，石窟监测是一项重要内容，持续在龙门石窟核心区域内开展了区域气象环境、洞窟微环境、水环境、大气污染物、凝结水、渗漏水、壁面温度、岩体稳定性等多项监测，共设置观测仪器12处，观测项目种类26项。其中有诸如大气温湿度、风速、风向、降水量、土壤含水率等大量的常规性监测，也有针对洞窟渗漏水和凝结水进行的定性、定量的研究性监测，尤其是在潜溪寺洞窟开展了关于洞窟渗漏水和凝结水的较为深入的监测研究。2005年，笔者在日本东京文化财研究所研修期间，鉴于联合国教科文组织龙门石窟保护修复工程项目对龙门石窟凝结水的高度关注，研修的主要课题选择了对镰仓一百零八座洞穴（鎌倉百八やぐら群）第38号洞窟的凝结水的监测，本节即是对龙门石窟潜溪寺和镰仓一百零八座洞穴第38号洞窟（十三塔洞窟）病害监测研究情况的回顾和总结。

### 1. 十三塔洞窟监测的目的、方法和成果

从镰仓时代开始，日本神奈川县镰仓市周边地区有许多被用来作为坟墓使用而开凿的凝灰岩石质洞穴，一般形式呈矩形，壁面雕刻有石塔浮雕。本次研究的洞窟为编号第38号洞窟，《镰仓市史》记载该洞窟正壁雕刻有五座五轮塔浮雕，右壁四座，左壁仅残留一座，推测原来应该有13座，因此称该洞窟为十三塔洞窟。十三塔洞窟宽2.2m，进深1.9m，高1.3m，属于较小规模的洞窟。根据观察，洞窟存在崩塌、裂隙、渗水、泛盐性、藻类生长等病害，凝结水现象明显（图2.33）。

图2.33　十三塔洞窟外景

为了调查洞窟壁面凝结水的发生变化规律，以及凝结水和石质文物表面保存状况的关系，对洞窟进行了多项监测。

（1）温湿度监测

监测项目包括洞窟内外环境温湿度（图2.34）和洞窟壁面温度（图2.35）。除了在洞窟内外各设置了一个代表洞窟内外环境的温湿度仪器之外，另设置多达12处温湿度测试点，全面了解洞窟内部不同壁面、不同高度的情况。测量数据表明，即便是十三

图2.34　洞窟内外环境温湿度监测

图2.35　洞窟壁面温度监测

塔这样小型的洞窟，不同壁面之间，同一壁面的上、中、下测试点之间，温湿度仍然有差异，如相对湿度的平均差值可以达到10%、平均温度的差异也在2℃。

（2）壁面表面水分量

采用JE-100红外线水分计（图2.36），利用测量物体对红外线的吸收换算出测量物体表面水分的数值。选择洞窟内不同风化程度的区域，以及藻类生长区域等共21个点进行检测（图2.37），左壁6个、正壁6个、右壁9个。根据夏季6—10月份的观测，将所有测试点按照数值的变化趋势分类为变化剧烈的、变化平缓的、变化滞后的等。剔除藻类生长和盐性风化测试点，然后进行二次分类。经过比较分析，得出表面水分量的变化与测试点保存状况的相关性。根据测试点的不同，测试结果存在较大的差异性，且变化量大的测试点风化程度较为严重。

图2.36　JE-100红外线水分计

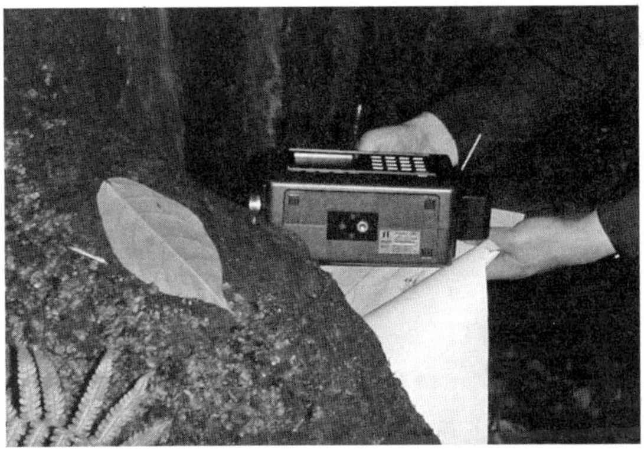

图2.37　表面水分量现场测量

（3）岩石含水量

采用TDA水分测量计（图2.38），可以测量近似表示长17cm，宽7cm，深6cm范围内岩石的平均含水量（图2.39）。在表面水分量的21个测点中选择具备测量条件的15

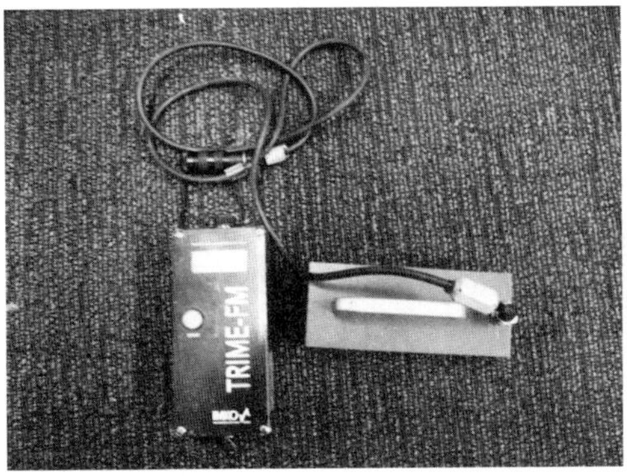


图2.38　TDA水分测量计

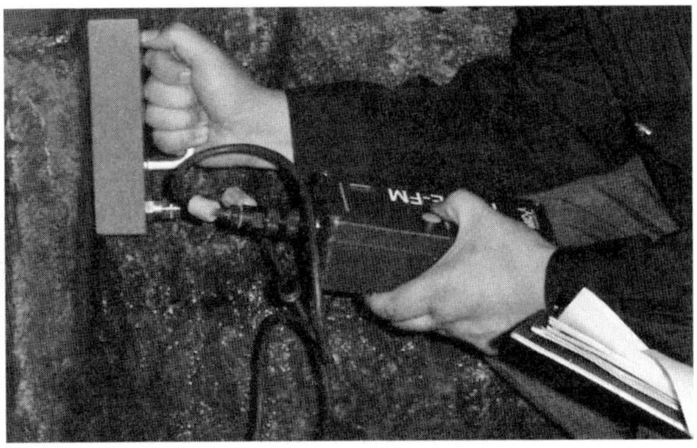

图2.39　岩石含水量现场测量

个点进行测量。经过对测量数据的分析，没有得出具有一定规律性的结果。虽然本次试验没有得出很理想的结果，但是并不能认为岩石含水量和岩石保存状况之间没有关系，仍然应该在以后的研究中注意这个问题。

（4）壁面水分蒸发量

利用一种特别设计的装置（温湿度传感器TR-3310），贴近岩壁设置两个间隔一定距离的温湿度计（图2.40），计算出壁面绝对湿度的变化，来表示壁面水分蒸发或凝结的情况（图2.41）。这种试验方法曾经成功应用在其他实验研究当中。但在此次研究中，试验设备中途故障，未能连续测量，另外考虑到测试环境相对湿度接近100%，在高湿环境下实验的效果难以保证，故蒸发量测试结果未能采用。

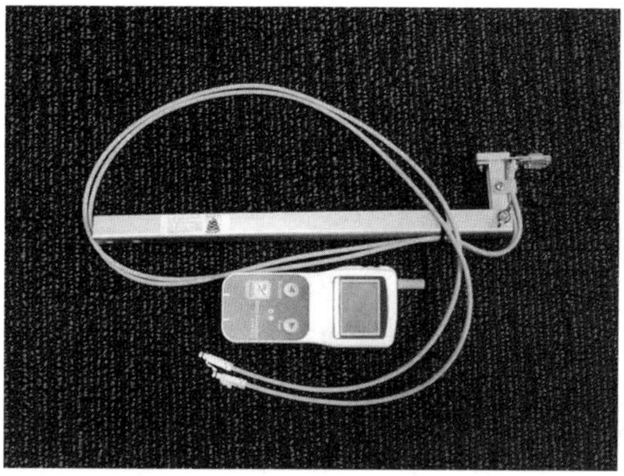

图2.40　蒸发量测量装置

图2.41　蒸发量现场测试

## 2. 潜溪寺洞窟监测的目的、方法和成果

潜溪寺洞窟内岩体层面裂隙和卸荷裂隙极为发育，被这些裂隙切割，窟顶和南壁漏水严重，因此潜溪寺的病害主要是漏水和凝结水引起的表面溶蚀、水锈、风化。潜溪寺是龙门石窟凝结水现象最为严重的洞窟。

潜溪寺的病害中，洞窟渗漏水和凝结水现象突出，因此对该洞窟的病害监测以洞窟渗漏水和凝结水的定量化研究成为关注的焦点。

（1）洞窟渗漏水的监测

洞窟渗漏水监测主要是利用洞窟内漏水收集仪器和数码照相机两种方法来进行。

洞窟渗漏水量监测：采用渗漏水接收仪器收集洞窟顶部滴漏水量的数据，仪器同时记录渗漏水的时间和单位时间内的渗漏量（图2.42）。

将数码照相机设定为连续拍照模式，对渗漏区域进行10min 1次每天24h不间断拍摄（图2.43），进行渗漏水面积变化的量化监测。记录洞窟从一次降雨之后，洞窟渗漏水

图2.42　洞窟渗漏水收集设备

图2.43　渗漏水监测用数码照相机

从发生到发展直至最后消失的全过程。根据岩壁濡湿面积的连续数据作图，可以反映一次渗漏过程中渗漏水量的变化。

将两种监测数据与龙门石窟环境气象站的降雨数据进行对比和分析，可以大致描述一次降雨过程对洞窟渗漏的定量化影响，有助于了解降雨过程洞窟渗漏的规律，为渗漏水的治理研究提供参考。

（2）洞窟凝结水的监测

监测的方法有两个。其一是用人工观察记录结合仪器监测、理论计算来考察洞窟凝结水的发生变化规律，首先是设置洞窟环境温湿度监测仪器，自动采集试验点的岩壁温度、洞窟大气温度和湿度，运用计算公式计算岩壁的露点温度，用露点温度与岩壁温度进行比较，当岩壁温度低于露点温度时，壁面上产生凝结水，反之则不产生凝结水。通过近三年的实际监测，计算出的凝结水规律和通过人工详细记录得出的洞窟凝结水的时空分布有很好的相关性。其二是凝结水的定量测定，潜溪寺凝结水测定试验采用了中国地质大学（北京）曹文炳教授研制的凝结水定量测试仪，并在原设计的基础上对仪器进行了改进和完善（图2.44）。仪器采用密闭气流循环干燥的原理，将实验点置于一个密闭的循环罩里，利用动力使密闭系统里的空气循环流动，这样不断循环的空气将测试点岩石表面的凝结水带出，再经干燥吸收测定，就能定量得出测试点凝结水的量值，进而推算出整个洞窟凝结水的总量（图2.45、图2.46）。

### 3. 潜溪寺和十三塔洞窟病害监测的讨论与思考

1）潜溪寺和十三塔洞窟的观测对象都是洞窟的渗漏水和凝结水，关注点则略有不同。潜溪寺希望通过监测得出洞窟渗漏水或凝结水的量值，解决观测定量化的问题。因为之前的病害描述往往停留在主观判断上，有或没有，很难用一个客观的标准界

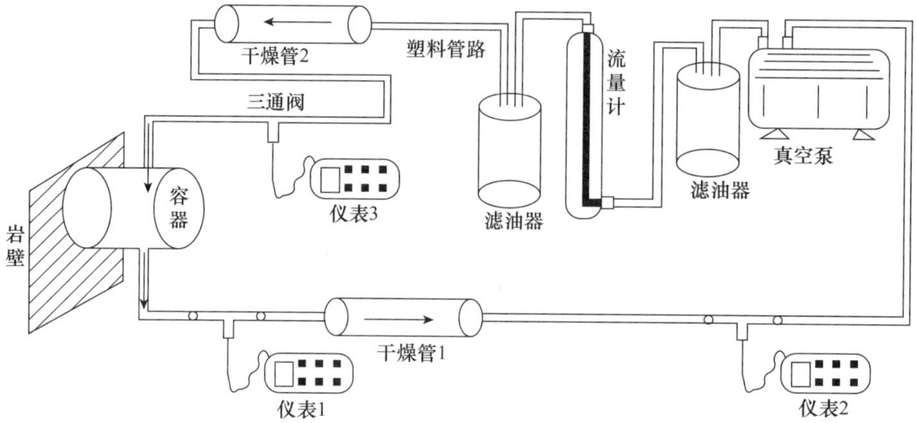


图2.44　凝结水测定原理示意图

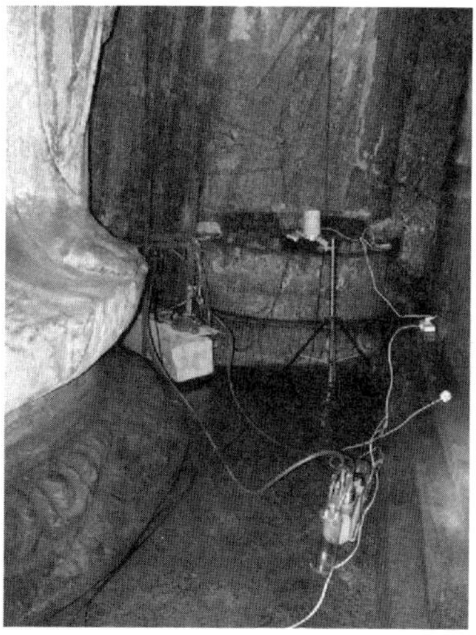

图2.45　凝结水现场测试

图2.46　凝结水在壁面形成的水滴

定，比如风化问题，经常有人认为，随着社会工业发展，污染增加，石质文物的风化有明显加快的趋势。但是准确地说出加快的趋势到底有多少，是困难的。本次潜溪寺试验中用数码摄像的照片体现的壁面濡湿情况近似地说明了洞窟渗漏水的程度，洞窟渗漏水量监测方法对病害的定量分析是很好的补充。凝结水的定量测定更是将结果量化成具体数值，得出洞窟凝结水的凝结速率、凝结面积和洞窟凝结总量等具体结果。十三塔洞窟的监测注重的是凝结水与环境及文物保存状况的关系，寻找病害发生的相关因素，诸如温湿度、壁面含水率、岩石含水率、岩石风化度、风速、微生物生长、析盐物等。十三塔洞窟的实验结论并不复杂，但是用严谨的数值准确地说明现象，是实验研究应有的基本方法和态度。

2）潜溪寺和十三塔洞窟监测的共性，首先表现在，二者都是针对某一特征要素经过精心设计而实施的，有很强的针对性，区别于一般的常规监测。其次都带有实验性、探索性，实验的过程有待完善，系统误差可能难以避免。但是，两处洞窟的监测都提出了病害监测新的方法，并且取得了良好的效果。潜溪寺利用数码照片观测洞窟渗漏水的方法，未见有其他相似的报告；凝结水的定量监测仪器属研发成果，之前仅在云冈石窟的砂岩洞窟中有应用的实践经验。十三塔洞窟试验中应用的表面水分计、岩石水分测量计、蒸发量测量装置在我国应用极少，大大丰富了研究的思路。同时，两处洞窟的监测内容构成了病害监测的一般方法，具有普遍的适用性。创新的监测手段，则具有可推广的价值。

3）潜溪寺和十三塔洞窟的监测，在一定程度上是石窟病害监测方式的拓展和提升，即从常规性监测向特征性监测，从基础性监测向研究性监测的拓展和提升。石窟监测不仅要解决石窟保存的环境、石窟的保存状态如何的问题，更要成为一种研究的手段，探究病害形成的机理，诊断病害发展的程度，进而介入石窟保护的全过程，成为石窟保护真正意义上的最重要、最基础性的工作。

# 第三章　奉先寺北至万佛洞段保护工程

## 第一节　项目概述

### 一、工程简介

#### （一）区域概况

奉先寺北—万佛洞段位于龙门石窟西山中段，南端从奉先寺北沿起，北端至双窑北洞止（图3.1）。该段洞窟密集，大小700多个洞窟（窟龛编号510—1226）分布于此，重要大、中型洞窟包括双窑、万佛洞、惠简洞、老龙洞、莲花洞、破洞、赵克师洞、魏字洞、唐字洞等。

该段区域内的众多洞窟几乎全部集中于地平面与伊河一级阶地平台之间的立壁上，平台后缘连接西山陡倾的山坡，构成了该区域的主要地形特征（图3.2）。区域内山体裂隙纵横分布，与崖壁洞窟交切，构成了连通的裂隙网络。平台汇聚滞留了雨季山坡的地表水，经裂隙下渗，导致该段洞窟的渗漏水相对比较严重，主要洞窟受渗漏水病害的影响，均不同程度地产生或加剧了多种病害。因此，该段洞窟顶部的天然平台是这一区域洞窟渗漏的主控因素，是开展治理工程需关注的重点。

平台南北长度约为135m，东西最大宽度约15m，平均宽度为8.6m。以中部的石牛溪（岩溶沟）为界，可以分为南北两个部分。北部的面积约为585m$^2$，南部为575m$^2$，总面积1160m$^2$。平台西缘上部多为基岩裸露斜坡，坡度为40°—70°。平台上方分布有两条大的自然冲沟和两条小冲沟。平台下部为受陡直卸荷裂隙控制的陡崖，主要的造像、佛龛、石窟分布于陡崖上，平台上部仅在斜坡的最北部和最南部有残缺的小型佛龛（石窟）分布（图3.3）。

崖顶平台的地形平缓，并堆积有大量的第四系松散堆积物。在降雨季节，雨水沿山体表面顺坡而下，富集于平台之上的覆盖层中。由于构造裂隙和卸荷裂隙的切割及岩溶作用，平台岩体内部渗水通道十分发育。平台上第四系堆积层中赋存的大部分水

图3.1　工程区位置图

图3.2　项目区域平台全景图

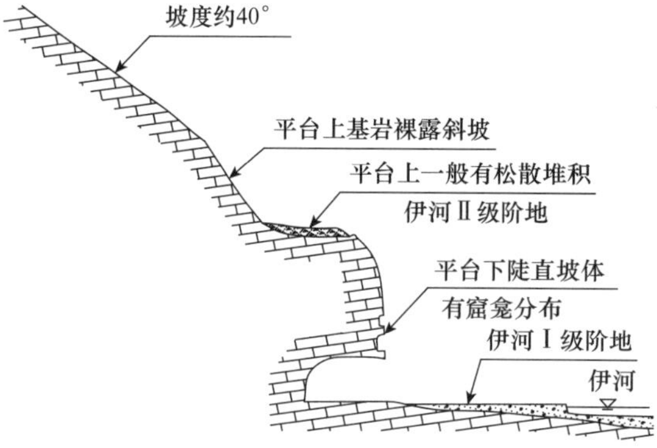


图3.3　奉先寺北—万佛洞段典型地形剖面示意图

体，顺上述通道从上往下、从西向东产生渗流，当渗水裂隙或岩溶通道切割洞窟时，地表水向石窟内部排泄，石窟形成较严重的渗水病害。平台整体地形为北低南高，其中部发育的石牛溪岩溶沟，地形局部凹陷，形成东西向的排水通道。石牛溪以南平台的积水经石牛溪向东边的伊河排泄；在石牛溪北部，北缘的部分积水也向石牛溪流动，其余大部分由南向北朝万佛洞顶的排水沟流动。

根据长期观察记录，万佛洞由于洞顶距平台地面仅0.8m，降雨后雨水迅速渗入洞窟，洞内渗水点有近20处，灰白色岩溶沉淀物覆盖面积30%—40%。莲花洞的洞顶岩层厚5m，但渗水裂隙发育，洞内渗水点多达40余处，岩溶沉淀物覆盖约30%，南北壁面有大量苔藓生长。惠简洞内有渗水裂隙10条，渗水点15处，岩溶沉淀物覆盖面积达80%。唐字洞内有渗水裂隙12条，渗水点22处，北壁顶部渗水较严重，灰白色岩溶沉淀物覆盖面积达60%。魏字洞内有渗水裂隙8条，渗水点19处，南壁溶蚀较强，岩溶沉淀物覆盖面积达40%。由渗漏水带来的溶蚀、岩溶沉淀物覆盖、生物病害等，共同威胁着洞窟雕刻品的安全。

## （二）项目简介

1987—1992年龙门石窟实施了历时五年的综合治理工程，对东、西两山重要区段、重点洞窟进行危岩体加固、洞窟渗漏水治理等综合保护措施。1988年，针对奉先寺北至万佛洞区段平台曾做过防渗处理，采取的主要措施有：清理平台上松散堆积层、杂草、碎石，灌浆封堵平台和崖壁岩体中的裂隙，在平台上浇筑混凝土防水层，在防水层表面用沥青涂封做表层防渗处理。采用以上措施治理后，在10年左右的时间内不同程度降低了石窟内部的渗漏水情况。在其后的维护工作中，发现部分保护措施已经失效，双窑、万佛洞等洞窟在2000年后出现明显的渗漏情况，对其上部覆盖层又进行过一些补救工作。上述工作对区段内的石窟起到了一定的保护作用。但是，随着时间推移，观察到该平台上的混凝土防渗铺盖已逐渐开裂失效，石窟内部渗水不断加剧。因此，有必要在总结以往治理经验的基础上，重新设计更加合理有效的防渗治理方案。

为此，龙门石窟研究院邀请中国文化遗产研究院（原中国文物研究所）、中国地质大学（武汉）文化遗产和岩土文物保护工程中心，共同进行奉先寺北至万佛洞段地质勘察、洞窟病害调查和保护方案设计等工作。

从2006年8月至2007年2月，完成了1：200地形图测绘，进行了工程地质、水文地质勘察、洞窟渗水病害调查和室内试验，于2007年3月，在地质勘察的基础上完成了《龙门石窟奉先寺北—万佛洞段保护工程设计》。设计的目标是实现平台上部水体有序地流动，大幅度减少平台上水体的下渗量，从而减少石窟内部的渗水量，达到防渗的目的。国家文物局2008年批复该方案（文物保函〔2008〕4号），在原则同意的基础上提出了五点意见，要求对方案做进一步修改、完善，加强施工管理，确保工程质量和文物安全。同时督促有关部门加强对本项目的监测和日常维护工作，保证工程的长久实效。

2010年9月，中国文化遗产研究院结合现场补充调研和国家文物局批复意见，完成了《龙门石窟奉先寺北—万佛洞段保护工程方案补充设计》。

龙门石窟研究院于2011年9月对项目进行公开招标，文物保护工程施工一级资质单位重庆市大足县盛煌建筑工程有限公司中标项目施工。因监理招标未成功，报请主管部门批准，选择文物保护工程甲级监理单位河南东方文物建筑监理有限责任公司负责项目监理。

2011年10月15日，龙门石窟研究院组织项目专家，勘察设计单位、施工单位、监理单位召开项目技术交底会，项目专家黄克忠先生，勘察、设计、施工、监理单位的方云、王金华、刘祥友、高中明以及龙门石窟研究院李随森、陈建平、高东亮等参加会议。会议就工程的设计原则、设计意图、施工难点、要点以及施工中容易出现的问题等，进行了全面的技术交底。其后，各方结合设计方案、国家文物局批复意见和现场考察情况对施工的有关问题进行了现场答疑和充分地沟通。会议要求对于工程施工进程中发现的问题，应由各方研究解决。施工方要充分理解设计，明确施工要点，施工组织设计要详细、实用，更改设计要按程序进行，设计单位要在设计变更的关键时间在现场紧密沟通。建设方要全程参与工作。作为隐蔽工程，施工全程的资料收集要齐全，做好施工档案。制订安全预案，文明、安全施工，做到人员安全、文物安全和森防安全。

奉先寺北至万佛洞段保护工程于2011年10月30日开工实施。

治理工程涉及的主要工程内容以及工程量包括：裂隙灌浆工程，顶部裂隙灌浆面积800$m^2$；平台防渗工程，防渗层铺设面积约为1914$m^2$；排水沟工程，修筑排水沟、挡水墙约110m；危岩体与滑坡治理工程，主要对3处危岩体采取加固治理措施。

其中，工程重点为洞窟渗漏水的治理，防渗工程主要内容如下。

### 1. 地表水体的拦截与疏导

1）奉先寺北侧排水沟：在奉先寺排水沟的北端，顺裂隙设置一条排水管道，将奉先寺的积水向下排至平台地面。

2）沿山体坡脚或坡体上方修建截（排）水沟：拦截平台上方山体坡面径流。截水沟的修建尽量顺坡就势，在石牛溪以南，截水沟与奉先寺顶排水沟连接，并向北排入石牛溪。在石牛溪以北平台，部分水体向南导入石牛溪，其余通过坡脚排水沟将坡面径流通过万佛洞顶排水通道向北导出石窟范围以外。

3）平台顶混凝土防渗层人工砌体处理：重新砌筑平台顶沿崖壁边缘的混凝土防渗层人工砌体。

### 2. 平台防渗处理

平台范围内汇集的降水是洞窟渗水的主要来源。因为平台上防渗混凝土受风化的破坏较少，还具有一定的防渗作用，因此保留大部分防渗混凝土，仅将其表面的沥青全部清除。在前期防渗混凝土层上再布设一组防渗综合体，该防渗体主要由如下几层组成：耕植土、级配砂、土工织物、粉土膨润土混合防渗层、土工布、夯实灰土垫层。

### 3. 平台上方坡体裂隙防渗治理

石窟内部的渗水一部分是来自平台上方垂直入渗的近程水，另外还有一部分来自山体构造裂隙的远程水。因此需对平台上方一定范围内的裂隙进行治理，以裂隙内部注浆为主，以达到长期治理的目的，裂隙注浆主要针对大的卸荷裂隙和构造裂隙，特别是以走向为东西向的构造裂隙作为重点。由于平台山体裂隙与下部龛窟距离较远，裂隙注浆压力一般对龛窟没有影响。

2012年6月，工程基本完工。

工程治理完成以后，通过一年的观测，除莲花洞还存在明显漏水以外，其余主要洞窟如双窑、万佛洞、惠简洞等都得到了有效治理，证明工程中的治理措施行之有效。

2013年对该项治理工程进行了针对性的补充治理工作，对莲花洞上方溶洞内的渗水通道进行灌浆封堵。通过补充治理，莲花洞漏水程度较治理前有明显的改善。

2016年9月29日，在龙门石窟研究院召开项目验收会，勘察、设计、施工、监理、建设单位的代表分别汇报了项目实施情况，经过专家查看资料、质询、讨论，形成验收意见：奉先寺北至万佛洞段治理保护工程符合设计方案的要求，工程管理规范，竣工资料齐全，渗水病害治理效果明显，工程质量优良，同意通过验收。专家认为治理工程重视施工勘察和信息化施工，专业团队全程参与，研究工作贯穿保护工程全过程的模式具有推广价值。治理工程在灌浆材料上取得的研发成果应予推广，同时专家建议进一步深化材料研究，建议加强对工程的后期监测工作，系统整理施工资料和治理工程成果。

奉先寺北至万佛洞段保护工程，是龙门石窟“十二五保护专项规划”的重点项目之一，项目的实施，有效改善了该区段主要洞窟渗漏水状况，为龙门石窟渗漏水治理积累了宝贵经验。

## 二、工程区域重点洞窟及其病害调查

### （一）万佛洞

唐代洞窟，双室结构，主室进深680cm，宽587cm，高580cm，方平顶、方平面。因洞窟南北两壁密密麻麻整齐排列着一万五千尊佛像而得名，完工于大唐永隆元年（680年），由朝中女官姚神表和内道场智运禅师为皇帝唐高宗、皇后武氏及太子诸王而建。

洞窟前室左、右壁底部对称开一圆拱形大龛，龛内各雕一蹲狮，惜遭盗凿，现藏美国纳尔逊艺术博物馆和波士顿艺术博物馆。前室后壁正中开圆拱形窟门，底部凿留出高大的门槛，窟门两侧各雕一金刚。主室平面方形，各壁的壁面及窟顶均呈方形。正壁底部设一座低矮的浅坛，上造一佛、二弟子、二菩萨。主要造像上方的正壁壁面上，雕出游戏坐于联茎莲花上的小型菩萨像五十二尊。左、右壁布局内容一致，壁面中间略上处凿出一方形优填王像龛，以之为中心雕出横向成排的小坐佛，即所谓“一万五千佛”，底部雕出坐姿乐伎和跳动的舞伎。主室前壁窟门两侧各高浮雕一足踏邪鬼的神王（图3.4—图3.7）。

图3.4　万佛洞后室西壁

图3.5　万佛洞后室北壁

图3.6　万佛洞后室南壁

图3.7　万佛洞后室顶部

万佛洞布局严谨，构思精巧，艺术家用对比的手法营造出强烈的视觉冲击力，既展现了佛国的神圣与庄严，又使净土世界温馨的和风扑面而来。由宫廷内官和僧尼主持建造的阿弥陀佛、五十二菩萨与“一万五千佛”的造像组合，是龙门石窟唐代洞窟新出现的形式，体现了宫廷内流行的佛教信仰与时尚。

万佛洞在保存状况方面：洞窟形制完整，造像本体基本完整。

整个洞窟开凿于寒武系中统张夏组巨厚层灰岩地层内。岩层倾向355°，倾角26°。由于此处岩层呈巨厚层状，万佛洞窟内无层面裂隙出露，其环境地质病害的发育主要受构造裂隙和卸荷裂隙所控制。洞窟内发育的病害主要有岩体掉块及雕刻品缺损、渗水病害以及由其引发的岩溶污染物和堆积物的覆盖、苔藓覆盖。整体上后室西壁、后室北壁、后室东壁、窟顶及外室西立壁的渗水、岩溶、苔藓病害相对比较严重。

在构造运动及风化等应力作用下，万佛洞整个洞窟内发育有众多的裂隙，前后两室发育裂隙主要为构造裂隙和卸荷裂隙。在后室主要发育有一组走向为NE10°—20°的卸荷裂隙，前室发育的优势裂隙为一组走向NE25°—45°、倾向ES110°—140°的卸荷裂隙和一组走向WN270°—330°，倾向SW190°—220°的构造裂隙。由于洞窟内发育的裂隙切割岩体，在岩体内形成渗水通道，降雨沿裂隙渗入窟内，在壁面上形成大量的渗水。由于万佛洞北壁构造裂隙大量出露，北壁渗水病害发育明显多于（图3.8—图3.11）南壁。

图3.8　北壁渗水

图3.9　西立壁面苔藓

岩溶病害根据其作用机理可以分为溶蚀和碳酸钙淀积物覆盖两类。溶蚀作用使得洞窟岩体上形成大小不同的溶蚀孔、溶隙或溶槽，破坏岩体和雕刻品的完整性。碳酸钙淀积物堆积覆盖在雕刻品表面，会造成石窟雕刻品艺术失去艺术价值。万佛洞南壁在裂隙周边发育小的溶蚀凹坑、凹槽。后室南壁立面上岩溶覆盖病害主要发育在南壁的左半壁面，后室西立壁面岩溶病害主要为岩溶污染物覆盖，窟顶上发育小面积的岩溶病害，后室东壁立面岩溶病害发育严重，长时间渗水，使得后室东壁立面有大面积

图3.10　主佛右侧造像缺损

图3.11　南壁左下溶蚀凹坑

的岩溶病害产生。前庭南立面上分布有岩溶污染物覆盖区，前庭北壁立面上有岩溶污染物堆积（图3.12—图3.15）。

岩体掉块主要指由自然因素如地震、裂隙切割等的作用在洞窟无雕刻品区的岩体上所形成的块状掉落。雕刻品的缺失主要指由历史上的人为破坏或不确定性因素所导致的雕刻品残缺。后室南壁上发育的岩体掉块及雕刻品缺损病害大多数为小面积零星掉块，且多发育在南壁左半侧，一般病害沿裂隙周边发育。后室西壁立面上发育的大面积岩体掉块及雕刻品缺损、缺失病害主要分布在主佛两侧的造像和主佛莲花座上。后室北立壁面发育的掉块缺损病害较少，仅零星小面积分布，北立壁面下部乐伎区造像缺损掉块相对较多，上部壁面上在裂隙周边有轻微的局部掉块现象。后室窟顶上的岩体掉块及造像缺损病害主要发育在窟顶莲花四周的飞天区域及裂隙切割莲花的东侧莲花边缘。万佛洞后室东立面、前庭南壁、前庭西壁、前庭北壁均有不同程度的岩体掉块及造像缺损病害。

风化剥落与起翘是风化作用的结果，风化作用又可分为物理风化与化学风化。物理风化是指岩体受温差作用和干湿变化的影响，产生大量的风化裂隙，使表层变得疏松，造成石雕呈粉末状剥落。化学风化主要是指水溶液在与石雕中的矿物进行化学反应的过程中，使石雕的结构构造遭到破坏，成分受到改造，并产生一些在地表条件下稳定的新

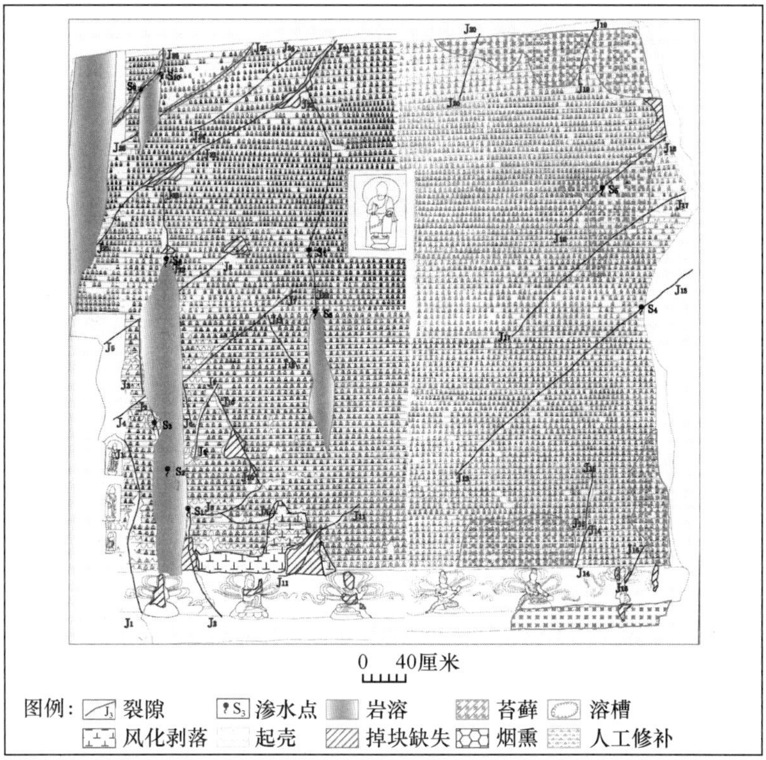


图3.12 后室南壁病害图

图3.13 后室西壁病害图

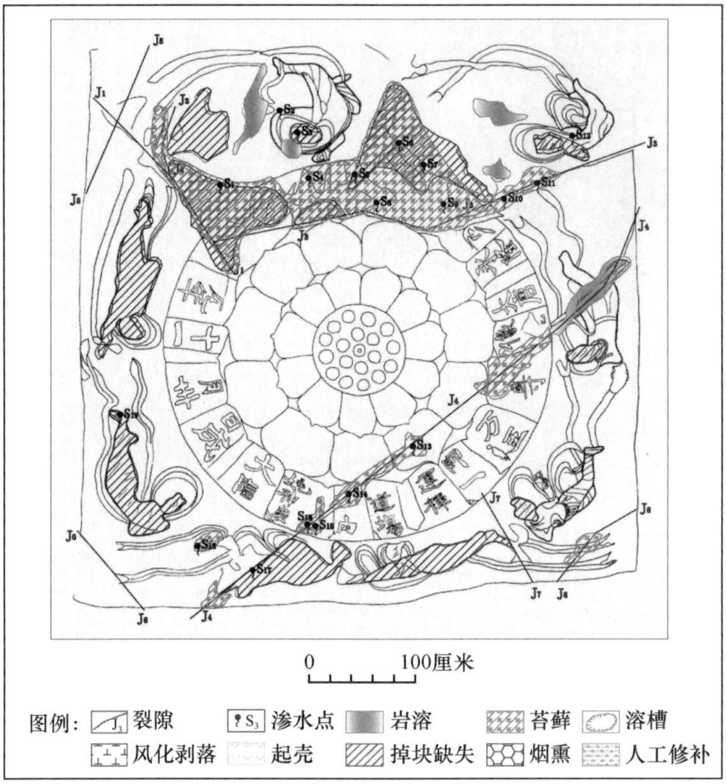


图3.14　后室顶部病害图

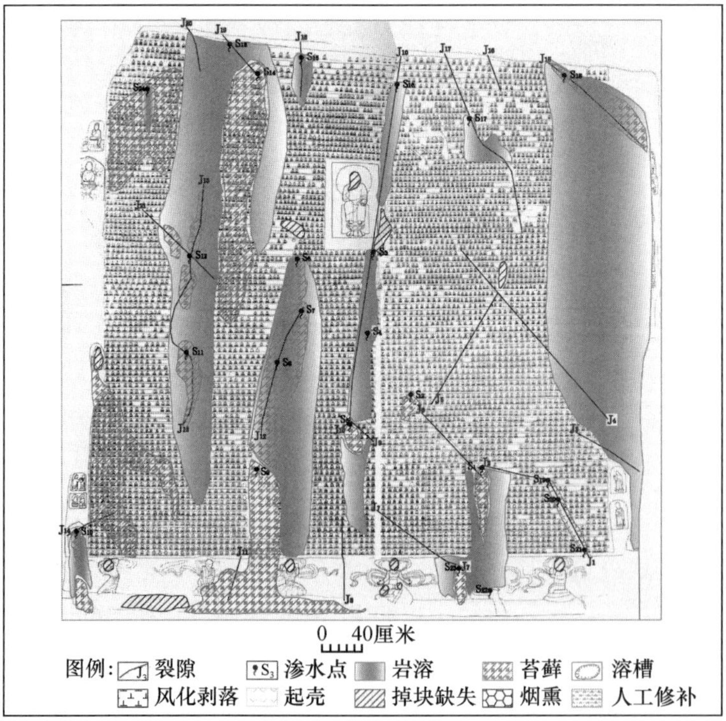


图3.15　后室北壁病害图

矿物。渗水病害加剧了石刻岩体的风化作用。万佛洞的风化主要是物理风化，以片状剥落为主。整体来看，万佛洞的风化病害发育较少，由于后室进深较大，且有窟门遮蔽，内室南北壁几乎无风化剥落及起翘病害发育。其余各壁也仅少量发育。

万佛洞内生物病害发育主要为苔藓的覆盖，窟内苔藓病害发育严重，其中病害发育主要集中在后室西立壁面和北立壁面上。

在万佛洞前庭南、北两壁面上各有一小佛龛内佛像由于游客抚摸其表面呈黑亮色。

## （二）莲花洞

北魏洞窟，进深978cm，宽622cm，高590cm，因窟顶雕刻精致的硕大高浮雕莲花而得名，穹隆顶，马蹄形平面。

窟内正壁造像一铺五尊，不同于其他北魏洞窟主尊结跏趺坐的形式，该窟主尊释迦牟尼为立姿，表现了释迦牟尼出行传法的场景。立佛像高5.1m，身后壁面雕出通身舟形背光，尖端直抵窟顶莲花边缘，主尊的面部、手足及莲座均残毁。释迦像两侧的弟子像采用浅浮雕的形式，左侧的大弟子迦叶做艰辛前行状，刻画出一位饱经沧桑的苦行僧形象，也证明了正壁主像是释迦牟尼外出游化乞食或参禅说法的形象，迦叶的面部被盗凿，现藏于法国吉美博物馆；右侧弟子像阿难左手握莲蒂置胸前，右手举胸前，做恭敬侍立状。二菩萨南北对立，头均残，各立仰覆莲台上。

莲花洞窟顶雕出直径360cm、厚达35cm的高浮雕大莲花，中心莲蓬高突，其外莲瓣布局疏密得当，刀工精致，造型劲健，外饰忍冬纹一周。莲花南北两侧，各刻三身飞天，面向主佛凌空飞舞，展现了佛国世界的庄严美妙，为龙门石窟莲花藻井中最精美的一例。

洞窟南北两壁密布大小不一的龛像，以北魏正光二年（521年）为最早，其中南壁三列大龛排列有序，有的龛壁饰以精美的佛传故事，北壁则以小龛居多，龛形丰富多变，造像题材多样（图3.16—图3.19）。

莲花洞在保存状况方面，整体洞窟形制完整，造像本体基本完整。

洞室内裂隙较为严重，以层面裂隙、卸荷裂隙为主，在南壁中部及北壁下侧发育层面裂隙密集带。对莲花洞内裂隙进行统计分析，可知莲花洞内主要发育一组走向NE20°—35°、倾向ES110°—125°的优势裂隙和一组走向近东西向、倾向为355°的层面裂隙。

莲花洞内的渗水病害主要沿卸荷裂隙发生，尤其是降雨后，雨水沿卸荷裂隙直接渗入洞窟中，形成潮湿区，甚至滴落而下，形成大片汇水区。总体上说莲花洞南壁立面及窟顶渗水较严重。窟内渗水病害内侧比外侧（即接近洞口）更严重，南壁比北壁严重。

图3.16　南壁

图3.17　西壁

图3.18　顶部

图3.19　北壁

莲花洞的岩溶病害主要发育于洞室北壁接近洞口的下侧，在北壁下部层面裂隙密集带上发育有严重的溶蚀病害，在层面裂隙密集带顶部发育一条长7m、宽0.67m、深0.85m的溶蚀沟，溶蚀沟两端窄中部宽，在中部形成透镜状溶蚀洞。在西壁下部的溶蚀沟端部也形成一个深1.09m的小溶洞。北壁层面密集带处的洞窟表面发育有大量溶蚀孔，影响了窟壁的整体稳定性，需对其进行加固支护（图3.20—图3.23）。

总的来说，岩溶覆盖物、苔藓病害也呈现为内侧比外侧严重、南壁比北壁严重的情况。在南壁菩萨与弟子像之间，洞室内一条主要卸荷裂隙的端部形成一块厚度达8cm、宽56cm的条带状岩溶堆积物，由于渗水点的作用，岩溶表面青苔呈深绿色（图3.20—图3.23）。

南壁最左侧靠近窟底的佛龛有缺失，最右侧主菩萨的头部由于裂隙切割掉块形成缺失，菩萨左脚有一处掉块，菩萨头顶上部的众多小佛也缺失。西壁主尊莲花台

图3.20　北壁掉块缺失

图3.21　北壁裂隙切割掉块，溶蚀形成特大溶槽

图3.22　南壁主佛渗水

图3.23　西壁主佛南侧渗水

严重缺失，主尊头部及双手均缺失，左手沿裂隙面脱落，右手腕处有凹槽，两侧弟子像头部缺失，西壁的大弟子迦叶雕像头部缺失，主菩萨的头部形成整体缺失，被岩溶苔藓覆盖，同时菩萨的左腿下部形成大溶槽，使菩萨底部缺失悬空。北壁内大部分的小佛龛内佛像的头部都已缺失，部分小窟内的佛像整体缺失，北壁的下侧沿

层面裂隙由于溶蚀形成一个很大的溶槽。外室西壁南侧下部的主佛头部整体缺失，北侧部分，由于岩溶的发育，窟门两边不对称，窟口北壁的部分出现大量缺失。

莲花洞的整体风化现象不是十分严重，主要是风化剥落起壳现象。其中南壁相对较严重。

北壁、外室北壁及窟顶由于渗水点的存在，苔藓病害较为严重。

由于环境污染造成的酸雨通过渗水裂隙流入到洞窟内，加之融入空气中的二氧化硫、硝酸根离子等，对洞窟产生腐蚀作用。另外，还有烟熏等对佛像造成的污染。莲花洞中此类病害并不明显，但莲花洞南壁上、中、下部分布有拓片痕迹，表面呈黑色（图3.24—图3.27）。

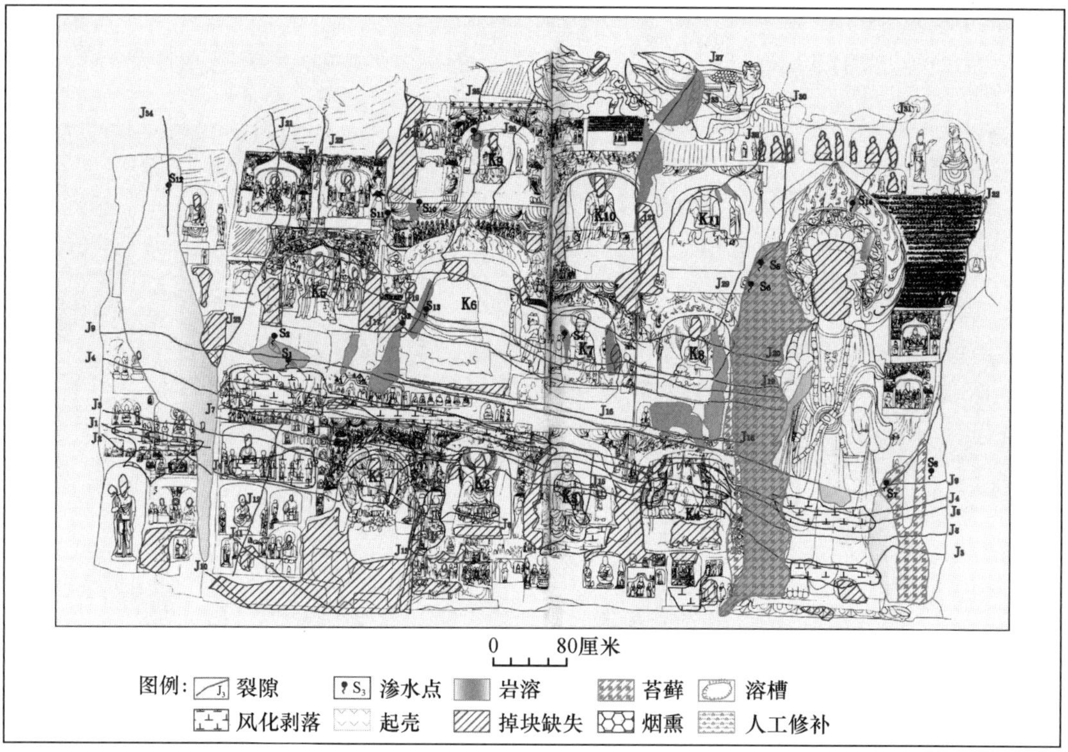


图3.24　南壁病害图

## （三）破窑

唐代洞窟，进深885cm，宽545cm，高620cm。穹隆顶，椭圆形平面，利用天然溶洞开凿，洞内平面未加修整，且外观残破，称其为破窑。洞中虽没有主像，却布满了密集的小龛，造像内容丰富。根据洞中的题记可知，破窑约凿于唐太宗贞观十一年（637年），到武则天初年结束，整个洞窟雕凿历时30多年。

图3.25　西壁病害图

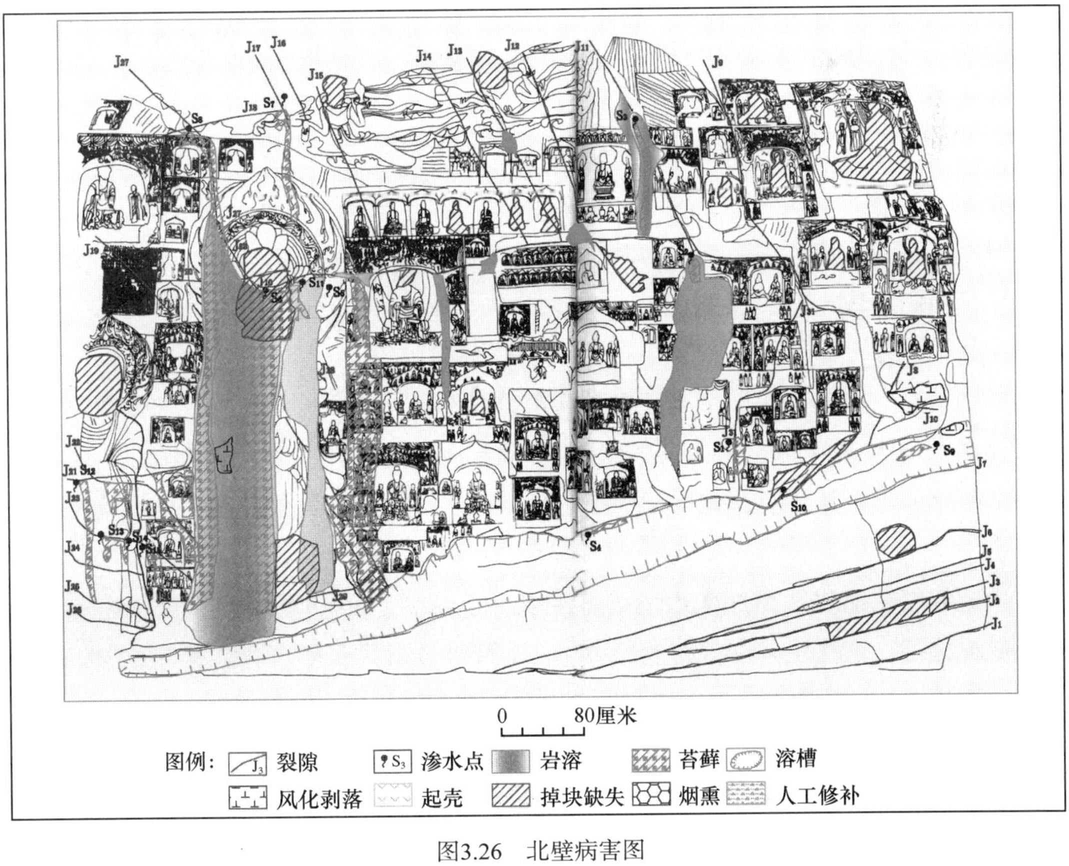


图3.26　北壁病害图

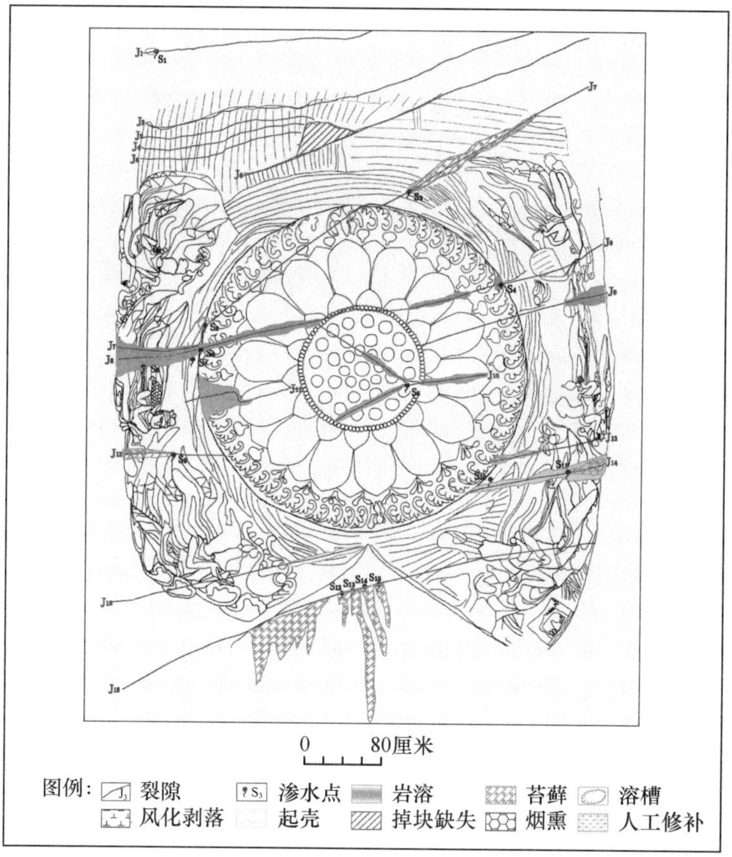


图3.27　顶壁病害图

正壁无主体造像，四壁密凿有43龛造像。西壁一拱龛，内造倚座佛像，双足踏莲，神态肃穆，为唐高祖妃刘氏为其子道王元庆所造。破窑中最大的像龛是位于西壁正中的隶州阳信县令所造的释迦像龛，高175cm。龛内上部造一佛、二弟子、二菩萨，下部中间是该龛的题记。

在阳信县令像龛左侧，是唐高祖李渊之妃刘氏为其子道王元庆所造的弥勒像龛。开凿于唐贞观十一年（637年），整个像龛高1m，宽0.9m。主尊为弥勒佛，善跏趺坐于长方形坛基上。从该龛造像题记中我们可知，它是破窑中身份最高、地位最显赫的发愿主。

南壁留有题记的像龛，有651年孝子封会容造像龛，669年孔士登造阿弥陀佛像龛等。除此之外，南壁还有许多密集的小龛，造像组合形式多样。菩萨有单身像、双身像，有两身并坐的弥勒佛，有优填王像等，并大都配有供养人和狮子。

北壁同样小龛云集，造像题材多样。有七佛并坐的题材，有二菩萨题材，在洞口还雕有近2m高的七级方塔。北壁有题记的龛位于正中上部，是654年洛阳县邓思孝为父母造释迦像龛。在邓思孝造像龛左侧有一观音像龛，高1.3m，这尊菩萨像婀娜多姿、妩媚动人，可谓龙门菩萨像中的佳作。整个洞窟人物众多，形态各异，且题材丰富（图3.28—图3.31）。

图3.28　北壁东侧

图3.29　北壁西侧

图3.30　南壁西侧

图3.31　南壁东侧

破窑在保存状况方面：洞窟形制完整，造像本体完整。

洞窟轴线走向SE110°，洞窟南壁有一组层面裂隙密集带，宽81cm，贯穿整个壁面，产状为355°∠26°—34°。两个壁面都存在空鼓现象。整个洞窟南壁无明显渗水点，北壁有多处渗水点发育，在观测当时无渗水现象，但渗水点附近壁面潮湿。整个窟面有多处岩溶发育，其中南壁岩溶比北壁轻。北壁渗水点附近堆积有大片浅黄色岩溶物质，在岩溶堆积物的表面有青苔覆盖。两个壁面沿裂隙周边均有轻微的风化起翘剥落现象。在洞口两侧，由于受强烈的风吹日晒，壁面有较严重的剥落现象（图3.32—图3.35）。

图3.32　风化剥落区

图3.33　渗水点

图3.34　苔藓生长

图3.35　岩溶堆积

破窑整个窟内发育两组优势裂隙，走向分别为NE20°—40°，NW270°—300°，倾向分别为SE110°—130°，SW280°—300°。另外还有一组层面裂隙发育。破窑内发育的裂隙中，构造裂隙占68%，层面裂隙占20%，卸荷裂隙占10%，风化裂隙占2%。病害严重区域主要集中在北壁，主要病害特点为：渗水点多，岩溶及青苔多处发育。这三大类病害诱发的原因主要是受一组构造裂隙控制，该组构造裂隙倾向为205°，倾角近乎垂直，自山坡顶切穿窟顶延伸至窟内，形成良好的渗水通道，由于长期渗水的作用，壁面渗水处发育浅黄色岩溶以及墨绿色苔藓。

风化剥落病害严重区域主要集中在东侧壁窟口处。该处发育层面裂隙密集带，产状353°∠26°，同时该处长期受到阳光暴晒和风吹雨淋，致使该处风化剥落区域明显多于其他部分（图3.36—图3.41）

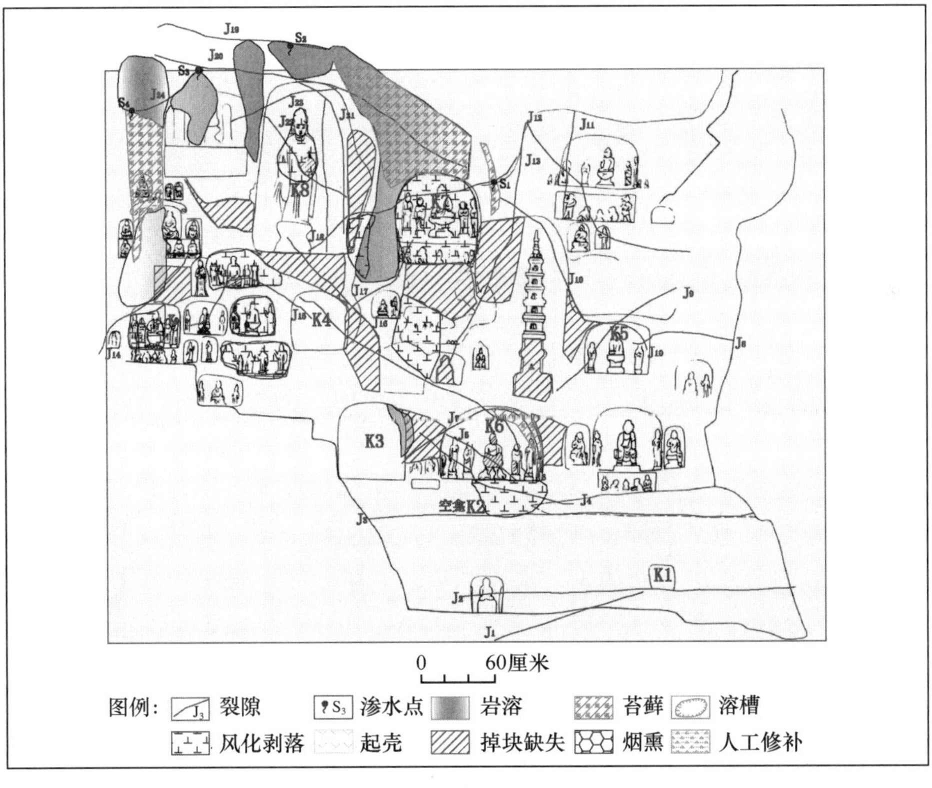


图3.36　破洞①号病害分布图

## （四）唐字洞

北魏至唐，进深270cm，宽422cm，高385cm，平顶，椭圆形平面。因为洞内保留较多的唐代造像而得名。

图3.37 破洞②号病害分布图

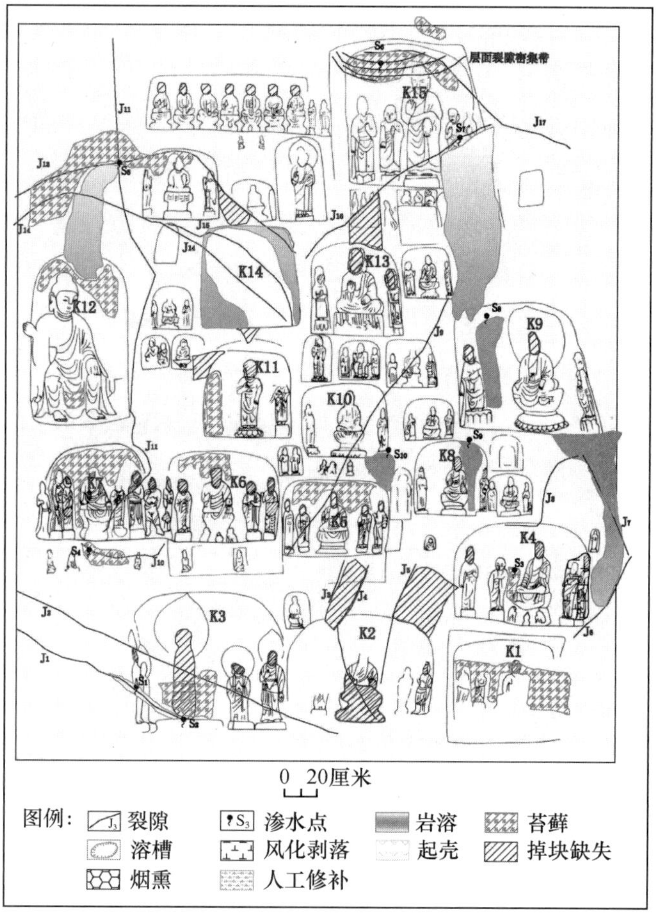


图3.38 破洞④号病害分布图

正壁一佛、二菩萨，南、北壁各开龛造像。北魏帐形龛，装饰雕刻写实。四壁间刻唐代小龛造像。据专家考证，洞中大像是唐代在北魏未完工的基础上重新雕刻的。主尊阿弥陀佛结跏趺坐于方台座上，隆胸削肩，右手抚于小腿上，体型丰满，着双领下垂袈裟，衣下摆呈圆弧形垂于座前。二菩萨身躯修长，颈部有蚕结纹，上身袒露，下束裙，披帛环绕，装饰华丽。

窟檐前坡雕刻瓦垄，檐下刻有18根椽子，写实逼真，极为形象，为研究北魏建筑提供了珍贵的实物资料。屋檐上的神鸟为迦楼罗鸟，民间俗称大鹏金翅鸟，为佛教护法天龙八部之一。人面鸟身，昂首挺胸，张开两翅雄踞于屋脊之上，极有气势。

唐字洞内壁及窟门外布满了北朝、唐代开凿的小像龛。其中有东魏、西魏的造像龛，从一个侧面说明北魏分裂后，洛阳成为东魏、西魏争夺的焦点。这些大大小小、参差错落、时代各异的像龛，反映出当时民间佛事活动的兴盛，犹如一幅幅旧时代的画面，折射出北朝与唐代的社会生活侧面（图3.42—图3.45）。

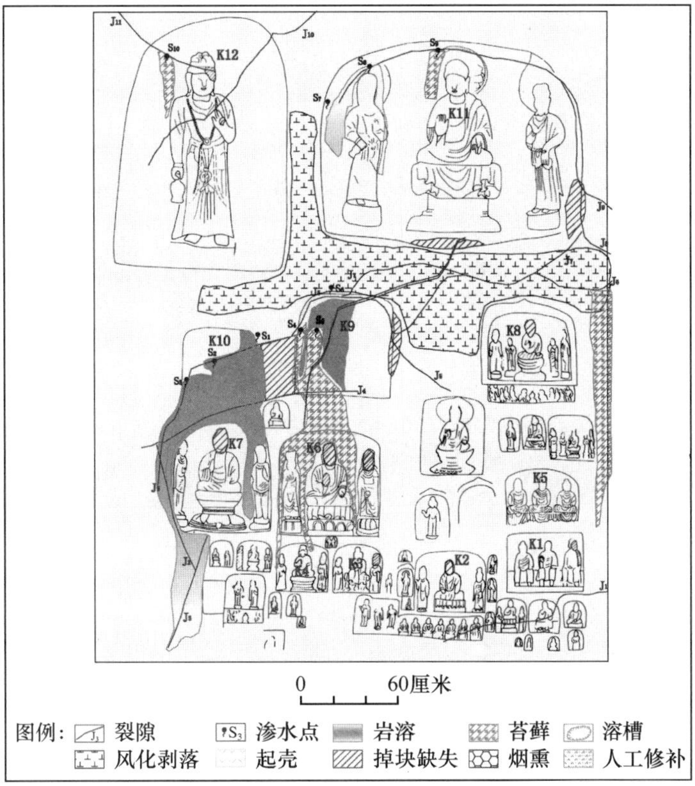


图3.39　破洞③号病害分布图

在保存状况方面：洞窟形制完整，造像本体基本完整。

唐字洞窟内的裂隙统计分析表明，窟内主要发育两组优势裂隙，其中一组走向为NE30°—35°，倾向为SE120°—125°。另外一组为层面裂隙，走向近东西向，倾向355°左右。

南壁出露渗水点共计13处，西壁立面出露渗水带、渗水点共计5处，北壁上出露渗水点7处，窟顶2处渗水点有渗水现象，自窟顶向下渗水，在窟底形成潮湿区。外正壁立面共出露渗水点3处。受裂隙渗水影响，各壁面均有不同程度岩溶发育（图3.46—图3.49）。

唐字洞南壁的缺失掉块病害较为严重，主佛及东、西两侧菩萨头部均缺失。东侧菩萨的右手及腹部缺失，西侧弟子像的整个身体除左肩其余基本上均缺失，西侧造像头部均缺失。南壁面各佛龛中佛像的头部基本缺失。西壁主佛头部部分及两只手指缺失，西壁主佛下龛中的主佛身体缺失。西壁的其他小佛龛中，造像的头部大多缺失。主佛台座下部，两狮子中间的球状物缺失。北壁最西侧菩萨的头部由于裂隙切割形成掉块，北壁中部的菩萨自腰部向上的身体整体缺失，北壁最西侧与中部大菩萨之间小佛龛内佛像头

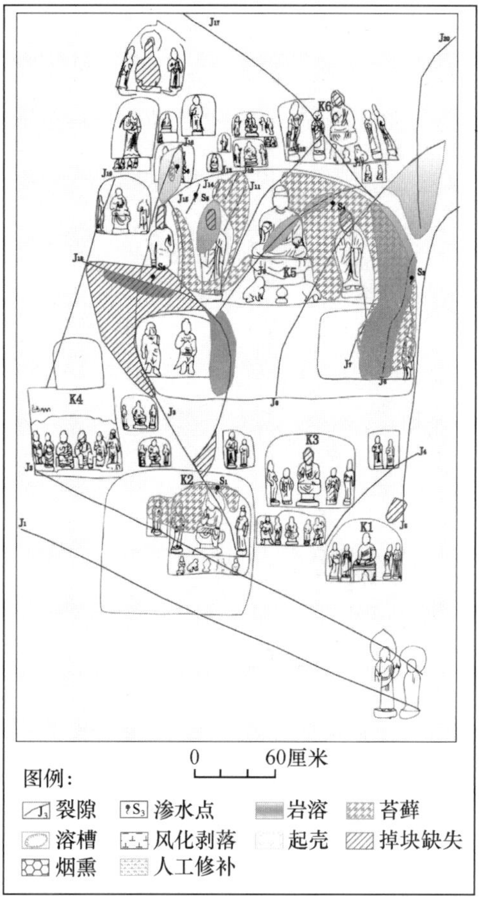


图3.40 破洞⑤号病害分布图

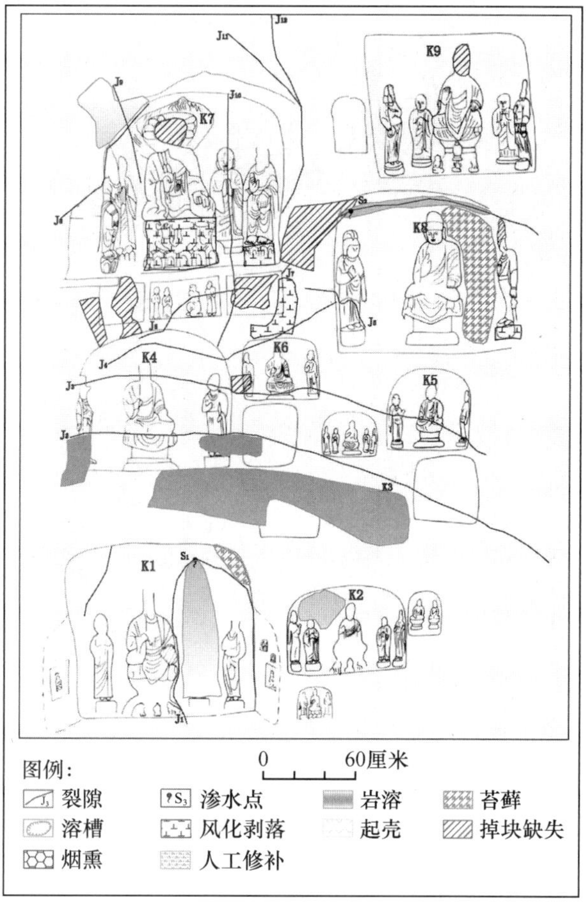


图3.41 破洞⑥号病害分布图

图3.42 西壁

图3.43 南壁

图3.44 北壁

图3.45 顶部

图3.46 南壁立面烟熏污染

图3.47 外正壁风化

图3.48 南壁面掉块及缺失

图3.49 北壁西侧菩萨头部缺失

部基本缺失，北壁最东侧大弟子像由于裂隙切割使其头部掉块缺失。在北壁最东侧与背壁转角处，由于裂隙切割形成掉块。东壁立面多为裂隙切割形成菱形掉块。

南壁风化剥落主要发育在层面裂隙J4下侧，片状厚度为1—2mm，剥落层厚度逐渐增加。西壁主要发育在主尊台座上铺的弧形坐垫最下部向上至主尊的膝盖处，长86cm、最宽40cm的范围内，零星分布有薄片状风化剥落物，片状厚度为1cm。北壁风化剥落主要发育在最右边大弟子像身体的左外侧，自肩部至脚部发育有片状剥落，剥落层厚度1cm。东壁立面风化剥落较严重。外正壁上，均有片状风化现象。其中窟口左、右两侧壁面，窟口顶高度向下的范围内，风化现象较弱，剥落厚度1mm。在窟门的棱角处有厚层片状剥落，最厚处达6mm。自窟门顶高度向上的外正壁区域，风化严重，风化层厚度达1—8mm。在窟门顶以上长110cm、宽为230cm的范围内风化严重，表面呈粉末状。在窟口顶边缘上部的第一层佛龛风化最严重，厚度达8mm，在片状剥落层周边有起壳现象。外南壁立面风化剥落较严重。

南壁、西壁、北壁立面上有苔藓病害发育。

唐字洞烟熏病害主要分布在南壁、北壁、东壁和窟顶（图3.50—图3.53）。

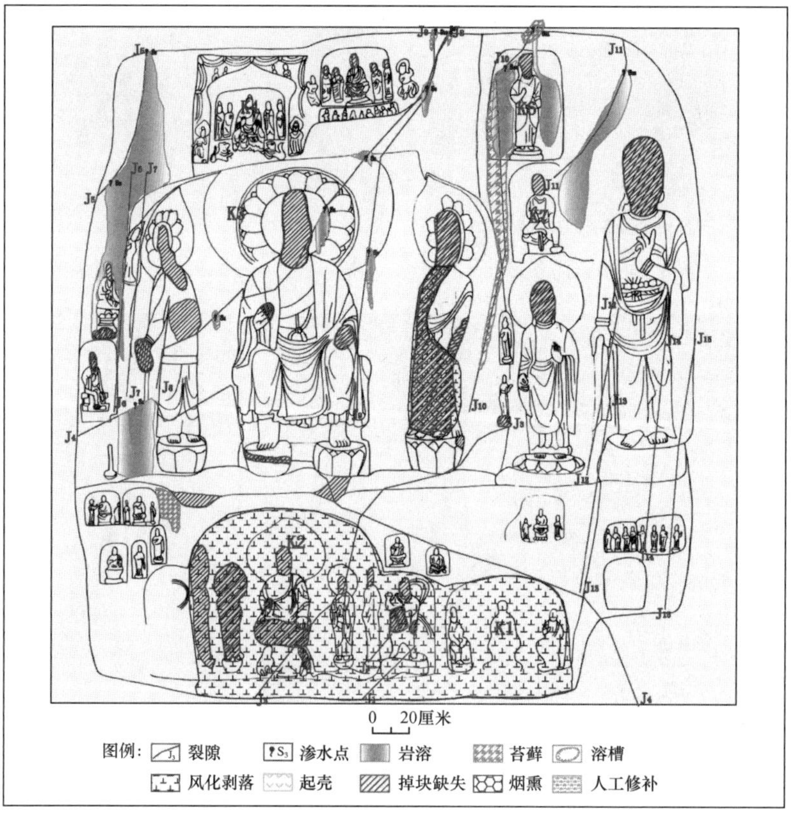


图3.50　南壁病害图

图3.51　西壁病害图

图3.52　外正壁病害图

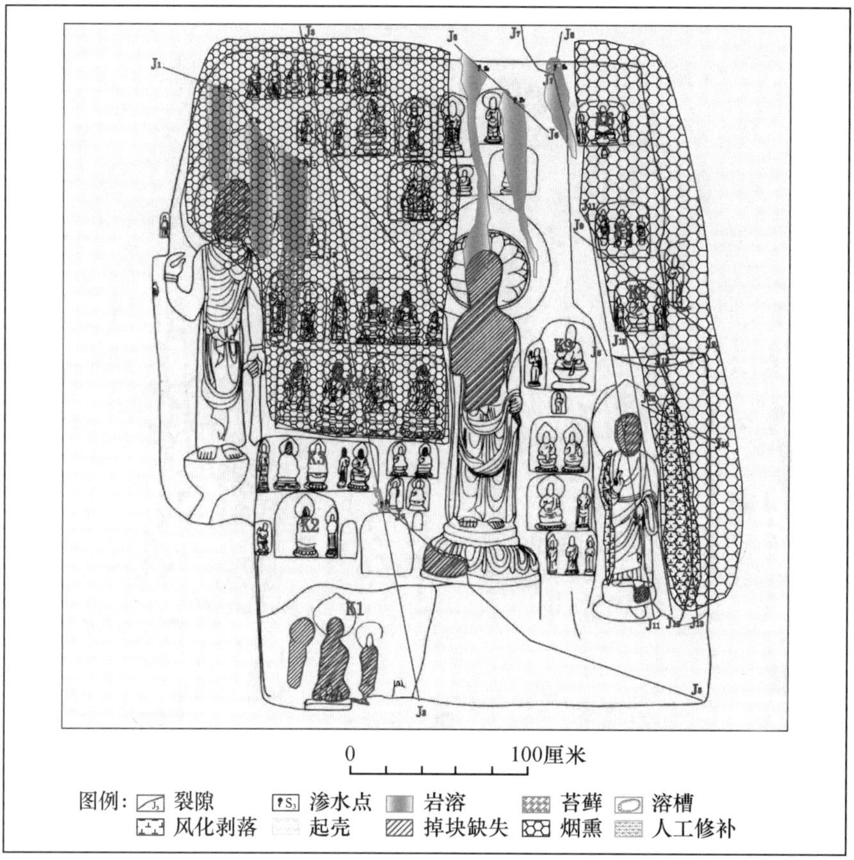


图3.53　北壁病害图

## （五）魏字洞

魏字洞，北魏洞窟，进深430cm，宽570cm，高430cm。穹隆顶，马蹄形平面。因窟内有多处北魏时期的造像题记而得名，是以女性比丘尼为中心开凿的。

正壁主佛为释迦牟尼，通高3.5m，结跏趺端坐于方台之上，头顶有磨光的高肉髻，面相长圆清秀，身躯胖瘦适度，左手施与愿印，宽大的袈裟衣褶稠密，呈羊肠纹状覆盖佛座。佛像端庄慈祥而又正气凛然，具有典型的北魏晚期造像特点。佛背后的头光、身光由莲花瓣、忍冬纹、花草纹、连珠纹、火焰纹等组成，直达窟顶，与洞窟顶部的浮雕大莲花宝盖连为一体，莲花周围四身飞天凌空飞舞，壁面装饰华丽。佛旁二弟子、二菩萨虔诚侍立。佛座两侧各雕有一尊狮子，背朝佛像，而头部则回首向佛，形象生动活泼。在龙门石窟近千件狮子雕刻作品中别具一格。

窟内南、北两壁各开一大龛，龛内主像均头戴宝冠，身着菩萨装。南壁大龛中，造像露出右脚向下伸出，颇具生活气息，应是弥勒菩萨下生成佛的特定形象。北魏迁都洛阳初期，弥勒造像多为交脚坐姿，表现菩萨即将从兜率天宫降生人间，但还未成佛的形象。而到了唐代，弥勒佛则演变为善跏趺坐（倚坐式）。本窟这种特殊的弥勒造型反映出佛教造像的不断演化（图3.54—图3.57）。

图3.54　西壁

图3.55　南壁

图3.56　北壁

图3.57　顶部

魏字洞在保存状况方面：洞窟形制完整，造像本体基本完整。

魏字洞窟内的裂隙统计分析表明，窟内主要发育两组优势裂隙，其中一组走向为NE25°—35°，倾向为SE115°—125°。另外一组为层面裂隙，走向近东西向，倾向355°左右。

魏字洞内渗水通道主要是从山顶贯穿窟顶延伸到窟底的近垂向卸荷裂隙，造成大气降水从山坡上沿着这组卸荷裂隙渗进窟内。南壁内共5处渗水点，西壁内有14处渗水点，北壁内有7处渗水点，3条渗水带。岩溶病害主要集中在南壁、西壁及北壁，南壁的岩溶堆积情况较轻，没有大范围厚度较大的岩溶堆积。西壁内渗水相对较重，弟子像身子左下角，由渗水点向下形成一块宽30cm、高43cm的三角形堆积区，岩溶堆积最厚处为7mm，黄色，表面呈颗粒状，较硬。北壁在渗水点S3下侧形成一块长34cm、宽11cm范围的岩溶堆积物，表面呈颗粒状，质地坚硬，最厚处达3cm。

掉块及缺失病害是魏字洞中比较严重的病害之一，整个洞窟内大部分佛像的头部基本缺失。洞窟边缘转角处形成大块的缺损。魏字洞中由于南北两壁上佛像雕凿密集，掉块及缺失病害最为严重。南壁主佛龛外东侧力士头顶上部小佛龛整体缺失，主佛龛内主尊及左、右弟子、菩萨的头部均已缺失，主尊左右手臂缺失。主佛龛东侧菩萨的整个下半身缺失，形成一个光滑断面。龛口东侧的力士像头部缺失，脚底下有一小的掉块。龛口西侧的力士像头部及右手臂有掉块，在主佛龛龛口的东西两侧及上部边缘均发生缺失掉块，主佛龛底下部的小佛龛内佛像的头部也基本上均已缺失。西壁主佛南侧弟子像的南下角，裂隙切割形成一块长30cm、宽17cm、深2cm的掉块区域。主佛的右小手臂断裂缺失，左手手指部分缺失，南北两侧弟子的头部均已缺失，北侧弟子的右手掌发生掉块。北壁最左侧菩萨的头部及其右手臂由于裂隙切割及人为因素影响整体缺失。魏字洞窟顶的缺失掉块病害较少（图3.58—图3.61）。

图3.58　南壁东侧掉块

图3.59　西壁掉块

图3.60　南壁下部风化剥落

图3.61　窟顶烟熏

风化病害主要集中在南、北两壁和背壁，西壁稍轻，窟顶几乎无风化剥落现象。整个窟内大致表现是越靠近窟口风化剥落情况越严重。由于越靠近窟口温差变化越大，加之渗水使岩壁干湿交替变化的影响，产生大量风化裂隙，使表层变得疏松，石雕呈粉末状剥落。南壁在主佛龛两侧及龛底部，距窟底175cm高度的范围内均有风化剥落现象，左侧风化剥落厚度1—2mm，中部剥落厚度3—4mm且呈片状剥落，右侧5mm。南壁最西侧菩萨右手及腹部以下到膝盖范围内有风化剥落现象。西壁主佛左肩下部发育有一块长30cm、宽15cm的片状风化剥落区，剥落厚度为1—3mm。北壁西下角构造裂隙的下侧，有一块风化剥落区域，最厚处3cm，剥落区域的西侧片状剥落较薄，东侧剥落厚度则较大，形成约3cm厚的缺失。

魏字洞内生物病害较轻，其中生物病害主要集中在西壁及北壁，其他几个壁面未发现生物病害。

南壁主佛龛顶及小佛龛底至窟顶，普遍发育有烟熏病害。南壁东上角及西下角烟熏最严重，主佛龛顶上部50cm高、110cm宽的范围内烟熏污染较轻。西壁只有主佛的面部、主佛头部上方与窟顶交接的地方有少量的烟熏污染。窟顶烟熏污染比较严重，占整个窟顶面积的80%（图3.62—图3.65）。

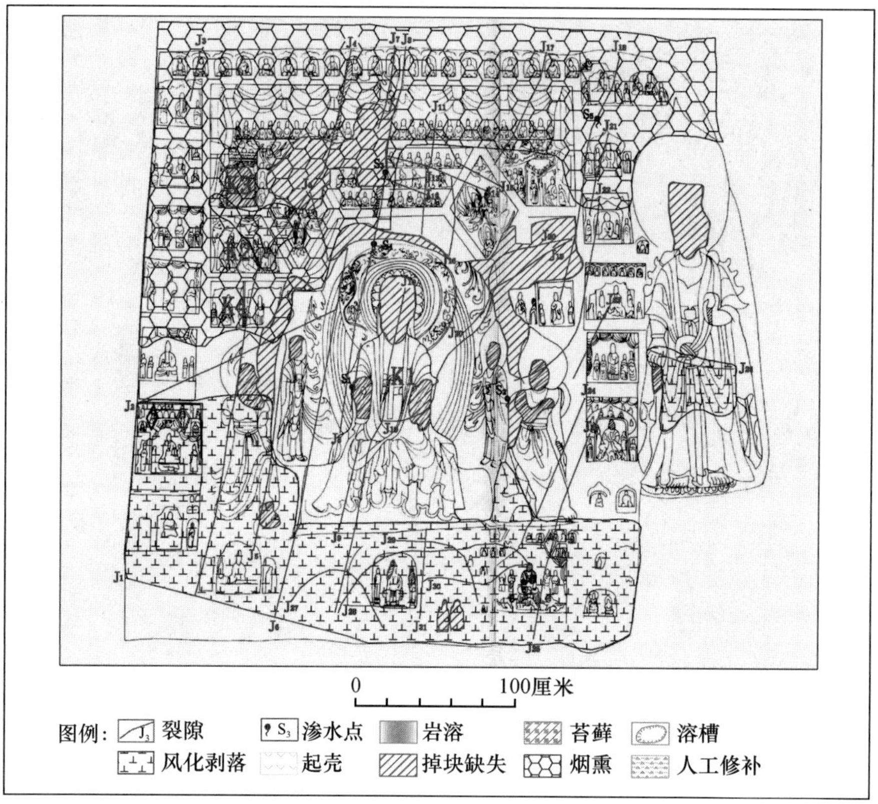


图3.62　南壁病害图

图3.63　西壁病害图

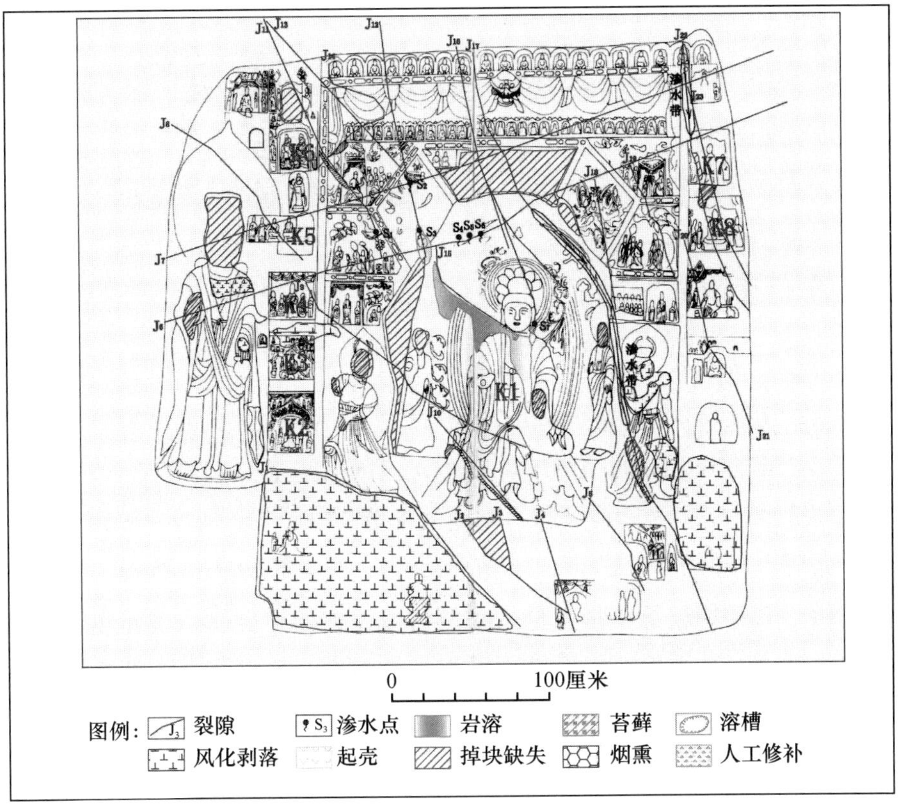


图3.64 北壁病害图

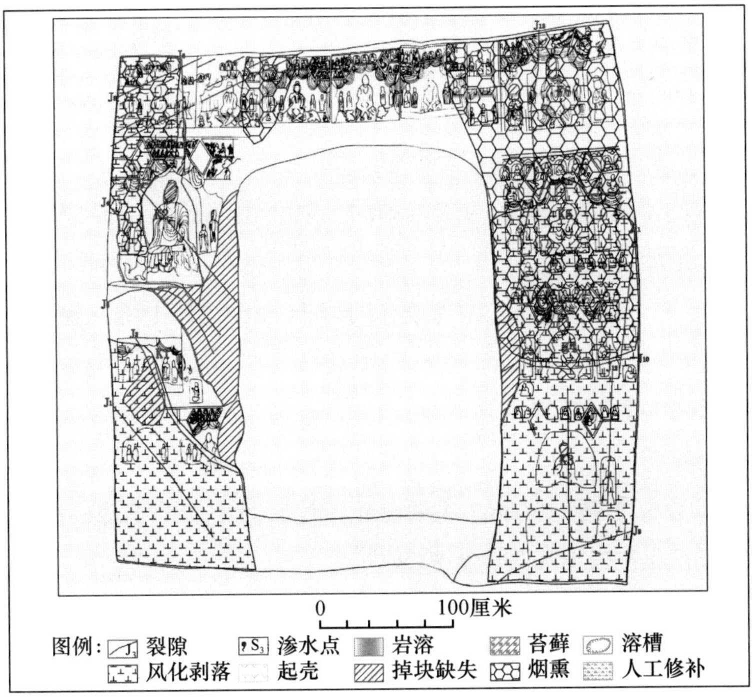


图3.65 东壁病害图

# 第二节　工程前期研究

## 一、地质勘察

### （一）地质构造

奉先寺至万佛洞区段的地质构造相对比较简单，主要出露单斜地层。岩层产状稳定，地层产状为倾向345°—0°，倾角23°—31°。无褶皱和大的断裂发育，主要的构造形迹为裂隙。根据野外实测的裂隙统计分析，该区段内主要发育有3—5组结构面。其中一组为层面裂隙，一组为卸荷裂隙，其他为构造裂隙。

其中张开度较好的构造裂隙影响范围最大，该类裂隙透水性好，一般构成岩溶发育通道。由于其延伸较长，将大量的小型构造裂隙和卸荷裂隙贯通起来，构成了岩体内部的渗水通道。这类裂隙将经坡面垂直入渗的雨水从山体内部导向伊河。当这类含水的构造裂隙切割石窟时，就构成了石窟内部的主要渗水裂隙。

区段内的卸荷裂隙在临近陡崖的岩体内更为发育，其走向与边坡走向近似一致，倾向与坡向相同，倾角随坡面形态变化而略有变化。这类裂隙的隙宽较大，当其切割石窟时，就造成石窟内部大量渗水。因此，卸荷裂隙是产生洞窟渗水病害和岩溶病害的主要因素之一。

### （二）地层岩性

该区段出露的基岩为寒武系的灰岩和白云岩。由北往南主要分布在寒武系上统的崮山组和中统的张夏组。

崮山组（$\epsilon_{3g}$）：厚度60.1m，主要分布于该区段山体的上部，按岩性分为三段。

厚层残余鲕粒白云岩；

中厚层白云岩夹薄层灰岩、含鲕粒；

中厚层残余鲕粒白云岩。

张夏组（$\epsilon_{2zx}$）：厚度111.7m，主要分布于该区段山体的下部，按岩性分为四段。

中厚层白云石化灰岩夹薄层含鲕粒灰岩；

厚层强白云石化粉晶—细晶鲕粒灰岩，鲕粒结构，岩性坚硬、致密；

厚层、巨厚层强白云石化细晶—粗晶粒屑灰岩夹薄层灰岩、生物碎屑灰岩，岩性坚硬、致密；

薄层灰岩夹厚层灰岩，含鲕粒。

石窟岩体主要由张夏组的灰岩组成，岩体的溶蚀现象较强烈。构成平台的主要岩体为张夏组的第四段和第三段的灰岩。

## （三）土体工程性质

### 1. 人工堆积物

人工堆积物为20世纪80年代末龙门石窟综合治理过程中，在窟顶平台防渗层上堆积的砾石土，呈灰黄—浅黄色，土体结构松散，均匀性差。土体内植物根系发育，砾石主要成分为灰岩，棱角分明，细颗粒主要成分为粉土。

分别在石牛溪南、北两个区采取土样进行现场和室内试验，得到该土层的主要工程性质指标。

由土的颗粒分析结果可知，砾石的含量（粒径＞2mm）占土体总质量的25%—28.4%，砂粒的含量（2mm＞粒径＞0.075mm）为7.4%—12.7%，而粉粒的含量（0.075mm＞粒径＞0.005mm）约为55%，黏粒的含量（粒径＜0.005mm）占6.6%—8.4%。因此，平台上土体主要成分为砾石和粉土，黏粒和砂粒的含量较低。土体的级配较差，属于混合土。平台人工堆积层的形成时间较短（不到20年），结构较松散，且含有大量碎石。

由于人工堆积过程中未进行筛分和按一定标准夯实，土体的均匀性较差。

对采取的扰动土样在实验室内按正常固结条件进行应力恢复，然后进行固结快剪试验，得到平台上人工堆积土的抗剪强度为：黏聚力$c$为4.3—9.5kPa、内摩擦角$\varphi$约为28°。

同时，通过现场渗水试验结合室内变水头渗透试验，得到平台上松散堆积土在现有状态下的渗透系数为$1\times10^{-4}$cm/s。

另外，据西山降水量和表层土体含水量变化监测资料可以看出，表层土体的含水量和降雨密切相关。降雨后，土体的含水量急剧上升，随后在地表蒸发和非饱和入渗作用下缓慢降低。正是土体长期缓慢地非饱和入渗，不断向平台下方岩体补给，导致石窟内部长期渗水。

### 2. 残坡积物

残坡积物主要分布在平台上方的山坡上。土体在天然状况下稳定性较好，但遇水容易形成小型的山体浅层滑坡，并大量堆积于平台之上。

由土的颗粒分析结果可知，砾石的含量占土体总质量的13.2%，砂粒的含量为6.9%，而粉粒的含量约为74%，黏粒的含量占6.3%。因此，山坡上土体的主要成分为粉土，其次为砾石，黏粒和砂粒的含量较低，土体的级配较差。正是由于高含量的粉粒构成了残坡积物土体的骨架，形成结构性很好的黄土状粉土。这种结构的土体，在干燥条件下工程性质较好，强度较高，而在降雨情况下极易软化，导致浅层滑坡的形成。

对采取的残坡积物土样进行重塑饱水后的固结快剪试验，用于模拟土体在遇水完全丧失结构性后的强度指标：黏聚力$c$约为2.7kPa、内摩擦角$\varphi$约为24.6°。原状土体在天然饱水的情况下仍然具有一定的黏聚力，根据两个土体滑坡的稳定性反分析和龙门石窟区域资料，遇水后土体的黏聚力$c$取10kPa，以此作为边坡稳定性计算的设计参数。

## （四）岩体工程性质

据《龙门石窟保护修复工程地质调查研究报告》（2002），龙门石窟寒武系的灰岩和白云岩的干单轴抗压强度为153.30—167.05MPa，饱和抗压强度为73.7—144.0MPa，属于坚硬岩，软化系数为0.609—0.852，饱和吸水率多数小于1%。根据岩石回弹试验结果（表3.1），张夏组厚层—巨厚层鲕状灰岩，新鲜岩体表面强度均值为164.3MPa，约占室内岩块干单轴抗压强度的96.5%，中等风化岩体表面强度均值为108.6MPa，约占室内岩块干单轴抗压强度的63.4%。

**表3.1　龙门石窟岩体表面回弹试验结果表**

| 序号 | 地点 | 地层岩性 | | 回弹值（$R$） | 岩体表面强度/$MP_a$（范围/均值） |
|---|---|---|---|---|---|
| 1 | 奉先寺 | $\epsilon_{2zx}$巨厚层鲕状灰岩 | 新鲜岩体 | 50—57 | （137—175）/143.0 |
| | | | 中风化岩体 | 38—49 | （77—124）/103.0 |
| 2 | 莲花洞 | $\epsilon_{2zx}$巨厚层鲕状灰岩 | 新鲜岩体 | 49—58 | （124—185）/157.9 |
| 3 | 老龙洞 | $\epsilon_{2zx}$巨厚层鲕状灰岩 | 新鲜岩体 | 50—58 | （137—185）/155.3 |
| | | | 中风化岩体 | 44—49 | （95—124）/111.0 |
| 4 | 万佛洞 | $\epsilon_{2zx}$巨厚层鲕状灰岩 | 新鲜岩体 | 51—58 | （140—185）/163.2 |
| | | | 中风化岩体 | 32—50 | （49—137）/111.8 |

由岩石溶蚀试验结果可知（表3.2），灰岩的比溶解度大于白云岩，同时溶蚀性的差异还同岩石的结构密切相关。灰岩类岩石的比溶蚀度的顺序（由大到小）是：碎屑结构＞泥晶结构＞极细晶结构＞残余鲕粒结构＞球粒结构；白云岩类岩石的比溶蚀度顺序（由大到小）是：极细晶＞残余鲕粒结构＞细晶结构。

**表3.2 龙门石窟岩石溶蚀性试验结果表**

| 时代 | 岩性 | CaO/% | MgO/% | 酸不溶物/% | CaO MgO比 | 比溶解度 | 比溶蚀度 |
|---|---|---|---|---|---|---|---|
| $\epsilon_3$ | 中—细晶白云岩 | 29.58 | 20.85 | 4.16 | 1.42 | 0.36 | 0.32 |
| | 细—极细晶白云岩 | 26.68 | 20.07 | 9.15 | 1.34 | 0.43 | 0.39 |
| | 含灰细晶白云岩 | 29.42 | 19.75 | 5.90 | 1.49 | 0.47 | 0.44 |
| | 含灰细晶白云岩 | 29.93 | 21.17 | 2.09 | 1.42 | 0.36 | 0.33 |
| | 残余鲕粒白云岩 | 29.95 | 21.47 | 2.07 | 1.39 | 0.34 | 0.32 |
| | 残余鲕粒白云岩 | 29.37 | 22.57 | 1.04 | 1.30 | 0.39 | 0.36 |
| | 残余鲕粒白云岩 | 30.38 | 21.40 | 1.65 | 1.42 | 0.43 | 0.41 |
| | 残余鲕粒白云岩 | 29.39 | 22.07 | 1.09 | 1.33 | 1.39 | 1.37 |
| $\epsilon_2$ | 白云化鲕粒灰岩 | 47.00 | 7.30 | 4.17 | 1.44 | 1.63 | 1.09 |
| | 白云化残余鲕粒灰岩 | 49.59 | 4.54 | 4.74 | 10.12 | 0.86 | 0.90 |
| | 白云化亮晶鲕粒灰岩 | 50.58 | 3.76 | 4.43 | 13.45 | 0.93 | 1.00 |
| | 白云化微晶鲕粒灰岩 | 51.61 | 2.34 | 4.04 | 22.48 | 0.95 | 1.02 |
| | 白云化极细晶灰岩 | 50.15 | 2.20 | 5.02 | 22.80 | 0.97 | 1.03 |
| | 泥质微晶球粒灰岩 | 46.80 | 4.81 | 1.93 | 12.28 | 0.96 | 0.98 |
| | 含泥鲕粒泥晶灰岩 | 49.99 | 4.39 | 7.24 | 35.69 | 1.00 | 1.10 |
| | 白云化碎屑微晶灰岩 | 49.91 | 4.74 | 5.70 | 26.68 | 1.08 | 1.37 |

分别在万佛洞顶部采取了崮山组第一段白云岩（编号1）、张夏组第四段（编号2）和张夏组第三段（编号3）灰岩进行X射线矿物成分分析（表3.3）。由表可知，张夏组第四段的方解石含量最高，而其下伏的张夏组第三段和上覆的崮山组第一段岩石的方解石含量均较低。两层岩溶发育弱的地层夹一层岩溶发育强的地层组合，有利于张夏组第四段的溶蚀发育，形成该区段内相对较好的含水透水层。

**表3.3 X射线矿物分析结果表**

| 编号 | 图谱号 | 云母 | 石英 | 长石 | 方解石 | 白云石 |
|---|---|---|---|---|---|---|
| 1 | Huiyan1 | | | 2 | | 98 |
| 2 | Huiyan2 | | | | 80 | 20 |
| 3 | Huiyan3 | | | | 60 | 40 |

野外调查发现，张夏组第四段含鲕粒薄层夹厚层灰岩的岩溶发育强度大于第三段厚层、巨厚层强白云石化细晶—粗晶粒屑灰岩夹薄层灰岩、生物碎屑灰岩。特别是在第三段和第四段的分界处，发育了较多的水平向、垂直向及顺层面方向的岩溶洞穴。如老龙洞和莲花洞中，顺层面和裂隙面都发育有连续的岩溶通道。

另外，对上述2、3号样进行了电镜扫描结构观察，分析结果表明，张夏组第四段灰岩的溶蚀现象明显强于张夏组第三段。

# 二、裂隙调查统计分析

根据调查，奉先寺至万佛洞段内不存在大的构造形迹，对石窟渗水影响最为明显的就是各种切割平台岩体的裂隙。区内分布的裂隙可以分为构造裂隙、卸荷裂隙和层面裂隙。通过详细勘察对平台上下裸露的基岩进行了裂隙实测编号和统计分析。

## （一）裂隙调查

表3.4为奉先寺至万佛洞裂隙调查统计结果表。

**表3.4　奉先寺至万佛洞裂隙调查统计结果表**

| 编号 | 类型 | 倾向 | 倾角 | 概述 |
|---|---|---|---|---|
| J1 | 构造裂隙 | 20 | 76 | 裂隙面较平直，溶蚀发育，形成10—15cm宽的渗水通道，曾采用水泥砂浆为表面封堵，已开裂起壳 |
| J2 | 构造裂隙 | 215 | 61 | 裂隙面平直，相对闭合，中部发育溶蚀洞穴，用水泥砂浆封堵 |
| J3 | 卸荷裂隙 | 88 | 88 | 裂隙面平直，张开度好，顶部张开度10—15cm，曾采用水泥砂浆块石充填，有杂草和灌木生长，为一条主要的渗水裂隙 |
| J4 | 卸荷裂隙 | 90 | 85 | 与J3平行发育，裂隙面较平直，顶部采用水泥砂浆封堵 |
| J5 | 卸荷裂隙 | 121 | 68 | 裂隙面平直，向下斜切，在滑坡体顶部北形成一座小型危岩体 |
| J6 | 卸荷裂隙 | 120 | 60 | 顶部张开度好，裂隙面有一定起伏，在上部倾角约为45°，该裂隙面构成危岩体的主要滑动面 |
| J7 | 层面裂隙 | 345 | 24 | 形成小型危岩体的上部边界，沿裂隙面有杂草、树木等生长 |
| J8 | 构造裂隙 | 198 | 81 | 裂隙面粗糙，起伏较大，上部顺裂隙形成风化凹槽，有杂草、树木等生长 |
| J9 | 卸荷裂隙 | 110 | 77 | 裂隙面平直、光滑，裂隙表面有$CaCO_3$堆积，沿裂隙面掉块，形成危岩体的东侧面 |
| J10 | 卸荷裂隙 | 190 | 68 | 张开度约为3cm，粗糙，与层面裂隙J7和J24共同构成了小型危岩体的边界 |
| J11 | 构造裂隙 | 212 | 82 | 该裂隙构成危岩体南边界，裂隙面起伏较大，岩体出现掉块 |
| J12 | 构造裂隙 | 30 | 70 | 为构造裂隙发育带，产状不稳定，沿裂隙出现掉块和岩溶现象，小型灌木沿裂隙发育，是一条主要的构造裂隙，为地表水体沿裂隙下渗的主要通道，曾采用水泥砂浆进行过封堵，但已经完全失去作用 |
| J13 | 卸荷裂隙 | 132 | 59 | 裂隙面平直、光滑，相对闭合 |
| J14 | 卸荷裂隙 | 135 | 62 | 裂隙面平直、光滑，相对闭合 |
| J15 | 卸荷裂隙 | 143 | 56 | 裂隙面平直、光滑，相对闭合 |
| J16 | 卸荷裂隙 | 143 | 69 | 裂隙面平直、光滑，相对闭合 |

续表

| 编号 | 类型 | 倾向 | 倾角 | 概述 |
|---|---|---|---|---|
| J17 | 卸荷裂隙 | 132 | 70 | 裂隙面平直、光滑，相对闭合 |
| J18 | 构造裂隙 | 232 | 88 | 裂隙张开度约为2cm，沿裂隙溶蚀发育，灌木沿裂隙发育，裂隙有松散土体充填，曾采用水泥砂浆封堵，基本失去作用 |
| J19 | 构造裂隙 | 244 | 79 | 裂隙张开度较好，沿裂隙岩溶发育，与裂隙J12、J18相交，形成宽约50cm的岩溶洞穴，现已被水泥砂浆封堵 |
| J20 | 构造裂隙 | 50 | 74 | 裂隙面起伏较大，产状不稳定。在坡体中、下部形成破碎带，裂隙张开度好，沿裂隙有岩溶发育及植物生长，残留有用于封堵的水泥砂浆，但大部分已经失效 |
| J21 | 构造裂隙 | 47 | 82 | 裂隙面起伏较大、张开度好，约为3—10cm，沿裂隙有大量的植物生长，在与层面裂隙J24相交处发育一个宽约60cm的岩溶洞穴，中间有第四纪松散体堆积 |
| J22 | 构造裂隙 | 32 | 74 | 局部为2—3条裂隙呈带状发育，裂隙为张裂隙，裂隙上部张开度可达10cm，下部大部分被水泥砂浆封堵，沿裂隙有岩溶发育及植物生长 |
| J23 | 层面裂隙 | 0 | 30 | 裂隙面相对闭合、平直，和卸荷裂隙相交形成局部积水地形 |
| J24 | 层面裂隙 | 358 | 29 | 与卸荷裂隙相交形成负地形，容易积水，有大量植物生长，与J18、J19、J20、J21、J22相交，往北延伸至危岩体坡脚 |
| J25 | 构造裂隙 | 211 | 79 | 裂隙面较平直，下部采用水泥砂浆封堵，宽约5cm |
| J26 | 卸荷裂隙 | 149 | 68 | 裂隙面平直，张开度较小，上部采用水泥砂浆封堵 |
| J27 | 构造裂隙 | 143 | 62 | 裂隙面较平直、光滑，宽度约1cm，现被水泥砂浆封堵，裂隙面见少量$CaCO_3$堆积 |
| J28 | 卸荷裂隙 | 139 | 68 | 裂隙面平直，沿裂隙有植物生长，与裂隙J29相交形成一个溶蚀洞穴，宽度约1m，以垂直发育为主 |
| J29 | 构造裂隙 | 187 | 59 | 与J28相交，顶部发育岩溶洞穴，顺裂隙岩溶发育强烈，该裂隙在局部呈破碎带，主要裂隙产状有183°∠64°、194°∠84°等，曾采用水泥砂浆封堵 |
| J30 | 构造裂隙 | 77 | 71 | 裂隙面平直、基本闭合，裂隙面有$CaCO_3$堆积。与裂隙J28相交形成掉块 |
| J31 | 构造裂隙 | 204 | 74 | 裂隙面起伏较大，有岩溶发育，裂隙上部有小型灌木生长，下部为水泥砂浆封堵，在中部与卸荷裂隙J32相交 |
| J32 | 卸荷裂隙 | 137 | 56 | 裂隙面平直、光滑，顶部张开度较大，约5cm，沿裂隙有植物生长，裂隙大部为水泥砂浆充填 |
| J33 | 层面裂隙 | 346 | 29 | 为一条主要层面裂隙，平直，沿该裂隙与其他裂隙相交处形成掉块，构成一系列的积水坑，曾采用水泥砂浆填堵 |
| J34 | 卸荷裂隙 | 127 | 53 | 裂隙面平直、光滑，表面有$CaCO_3$堆积，构成斜坡立面 |
| J35 | 卸荷裂隙 | 156 | 54 | 裂隙面平直、光滑，顺裂隙面岩体掉块 |
| J36 | 构造裂隙 | 200 | 75 | 裂隙走向为110°，构成了平台上溶蚀洞穴南侧，顺裂隙面岩溶强烈发育，发育大量小型溶蚀洞穴，见大量岩溶堆积物，曾采用水泥砂浆进行涂抹，现已破裂起壳，并有植物发育 |

续表

| 编号 | 类型 | 倾向 | 倾角 | 概述 |
| --- | --- | --- | --- | --- |
| J37 | 构造裂隙 | 180 | 60 | 裂隙面平直、相对闭合，但在下部有岩溶发育 |
| J38 | 构造裂隙 | 205 | 57 | 裂隙面起伏较大，表面有$CaCO_3$堆积，下部岩溶发育，上部相对闭合，沿裂隙面进行过封堵 |
| J39 | 构造裂隙 | 211 | 72 | 裂隙面起伏较大，局部形成破碎带，裂隙下部岩溶发育，形成宽约10cm的溶蚀洞穴，曾采用混凝土封堵 |
| J40 | 层面裂隙 | 350 | 31 | 沿层面裂隙岩溶发育，并有较多植物生长 |
| J41 | 卸荷裂隙 | 137 | 61 | 裂隙面较平直，表面有较多$CaCO_3$堆积，沿该裂隙和层面裂隙J46岩体脱落，局部形成负地形，松散土体堆积，有植物生长 |
| J42 | 卸荷裂隙 | 136 | 73 | 裂隙面比较平直，表面有较多$CaCO_3$堆积。裂隙下部采用水泥砂浆封堵，形成一个凸起的地形 |
| J43 | 卸荷裂隙 | 130 | 57 | 裂隙面平直、比较光滑，沿裂隙面有小裂缝，用水泥砂浆封堵 |
| J44 | 构造裂隙 | 33 | 85 | 裂隙面较平直，沿顺裂隙面岩溶发育，在坡面上由2—3条裂隙组成宽0.3—0.5m的裂隙带 |
| J45 | 构造裂隙 | 217 | 79 | 裂隙张开度较好，在下部形成岩溶洞穴，宽约40cm，曾采用水泥砂浆封堵 |
| J46 | 层面裂隙 | 353 | 29 | 为一条主要的层面裂隙，沿裂隙出现掉块和植物生长 |
| J47 | 构造裂隙 | 211 | 86 | 裂隙张开较好，裂隙面起伏粗糙，沿裂隙面有树木和杂草生长，曾进行过砂浆封堵，受裂隙影响，附近岩体比较破碎 |
| J48 | 构造裂隙 | 29 | 79 | 裂隙张开较大，隙宽5—10cm，裂隙面较平直，沿裂隙面岩溶较发育，曾采用水泥砂浆封堵，但现在已经基本失去作用 |
| J49 | 构造裂隙 | 28 | 80 | 裂隙张开度较好，岩溶发育，与裂隙J48为同一组裂隙，两条裂隙之间形成一个破碎带，构成了一个垂直渗水通道 |
| J50 | 卸荷裂隙 | 141 | 77 | 裂隙面平直，沿裂隙岩体掉块 |
| J51 | 卸荷裂隙 | 136 | 71 | 裂隙面平直，沿裂隙岩体掉块，曾进行过封堵 |
| J52 | 构造裂隙 | 76 | 85 | 裂隙面起伏较小，沿裂隙面和层面出现掉块，形成局部负地形，植物生长，曾进行过砂浆封堵 |
| J53 | 卸荷裂隙 | 128 | 79 | 裂隙面较平直，沿裂隙岩体掉块，植物发育，用砂浆封堵 |
| J54 | 卸荷裂隙 | 126 | 78 | 裂隙面较平直，沿裂隙岩体掉块，植物发育，用砂浆封堵 |
| J55 | 构造裂隙 | 91 | 83 | 裂隙面平直，起伏较小，裂隙宽2—3cm，有松散泥质充填，沿裂隙有植物生长 |
| J56 | 构造裂隙 | 220 | 75 | 裂隙面比较平直，向下贯穿小型佛龛导致渗水 |
| J57 | 卸荷裂隙 | 142 | 65 | 裂隙面平直，局部有$CaCO_3$堆积，沿裂隙掉块 |
| J58 | 构造裂隙 | 193 | 64 | 裂隙面粗糙，张开度较好，曾采用水泥砂浆封堵 |
| J59 | 构造裂隙 | 240 | 52 | 一条主要的构造裂隙，裂隙面贯穿至坡顶，沿裂隙岩溶发育，宽10—20cm，曾采用水泥砂浆封堵，沿裂隙面见铁锰结核 |
| J60 | 卸荷裂隙 | 141 | 65 | 与裂隙J57平行发育，平直 |

续表

| 编号 | 类型 | 倾向 | 倾角 | 概述 |
|---|---|---|---|---|
| J61 | 构造裂隙 | 31 | 77 | 裂隙面有一定起伏，张开度较好，采用水泥砂浆封堵，局部有植物生长 |
| J62 | 构造裂隙 | 215 | 86 | 裂隙面平直、光滑，相对闭合 |
| J63 | 构造裂隙 | 143 | 60 | 裂隙面平直、光滑，相对闭合，与裂隙面J62相交形成楔形掉块 |
| J64 | 构造裂隙 | 139 | 56 | 裂隙面粗糙，斜切万佛洞 |
| J65 | 构造裂隙 | 136 | 54 | 裂隙面粗糙，与J64为同一组裂隙 |
| J66 | 构造裂隙 | 142 | 84 | 裂隙面较平直，在万佛洞窟顶发育 |
| J67 | 构造裂隙 | 271 | 75 | 裂隙面平直、光滑、相对闭合，沿裂隙掉块，形成陡坎的西侧边沿 |
| J68 | 卸荷裂隙 | 95 | 88 | 发育于万佛洞之上一座小型石窟内，张开度较好，为一条渗水裂隙，有岩溶堆积物，为一条进入万佛洞内的主要渗水裂隙 |
| J69 | 构造裂隙 | 122 | 75 | 裂隙面起伏较大，沿裂隙形成掉块 |
| J70 | 卸荷裂隙 | 125 | 85 | 裂隙面近垂直发育，裂隙面较光滑，顶部出现掉块，曾采用水泥砂浆封堵 |
| J71 | 构造裂隙 | 278 | 75 | 裂隙面平直、光滑、相对闭合。在裂隙J70和J71之间发育多条裂隙，其他裂隙的产状：123°∠61°、212°∠35°、135°∠66°、135°∠56°、139°∠59°，裂隙相互切割形成渗水通道 |
| J72 | 卸荷裂隙 | 125 | 75 | 裂隙面有一定起伏，较光滑，掉块构成陡壁，曾进行过封堵 |
| J73 | 卸荷裂隙 | 123 | 74 | 裂隙面有一定起伏，较光滑，部分掉块构成陡壁，与J72平行 |
| J74 | 构造裂隙 | 192 | 77 | 裂隙面有一定起伏，沿裂隙掉块，曾进行过封堵 |
| J75 | 构造裂隙 | 175 | 55 | 裂隙面平直，成组发育 |
| J76 | 构造裂隙 | 174 | 56 | 裂隙面平直，成组发育，在该裂隙和裂隙J75之间形成一个宽约50cm的裂隙带 |
| J77 | 卸荷裂隙 | 128 | 78 | 裂隙面平直，曾进行过封堵 |
| J78 | 卸荷裂隙 | 128 | 78 | 裂隙面平直，曾进行过封堵，与J77平行发育 |
| J79 | 卸荷裂隙 | 139 | 65 | 裂隙面平直，沿裂隙掉块，曾进行过封堵 |
| J80 | 卸荷裂隙 | 130 | 55 | 裂隙面平直，沿裂隙掉块，曾进行过封堵 |
| J81 | 卸荷裂隙 | 138 | 67 | 裂隙面平直，沿裂隙掉块，曾进行过封堵 |
| J82 | 卸荷裂隙 | 137 | 70 | 裂隙面平直，沿裂隙掉块，曾进行过封堵 |
| J83 | 构造裂隙 | 152 | 60 | 裂隙面稍有起伏，水泥砂浆封堵，顶部（砌体下部）见渗水痕迹 |
| J84 | 卸荷裂隙 | 135 | 72 | 裂隙面平直，沿裂隙掉块，曾进行过封堵 |
| J85 | 卸荷裂隙 | 134 | 71 | 裂隙面平直，沿裂隙掉块，曾进行过封堵，形成陡壁 |
| J86 | 构造裂隙 | 237 | 70 | 裂隙面相对平直、较闭合，沿裂隙面局部进行过封堵，该裂隙与裂隙J85相交处发育一个垂直溶洞 |
| J87 | 构造裂隙 | 235 | 71 | 裂隙面相对较平直、较闭合，沿裂隙面局部进行过封堵，在裂隙J86和J87之间形成一个裂隙发育带，裂隙间距5—20cm |
| J88 | 构造裂隙 | 160 | 65 | 裂隙面相对平滑，有一定起伏，沿裂隙面进行过砂浆封堵 |

续表

| 编号 | 类型 | 倾向 | 倾角 | 概述 |
| --- | --- | --- | --- | --- |
| J89 | 卸荷裂隙 | 105—110 | 65—70 | 在莲花洞南—石牛溪溶洞之间的平台下，岩体内发育多条卸荷裂隙，裂隙面平直，较光滑，大部采用水泥砂浆封堵，沿裂隙岩体出现掉块 |
| J90 | 卸荷裂隙 | | | |
| J91 | 卸荷裂隙 | | | |
| J92 | 卸荷裂隙 | | | |
| J93 | 卸荷裂隙 | 113 | 74 | 裂隙面平直，沿裂隙掉块，局部植物生长，用水泥砂浆封堵 |
| J94 | 卸荷裂隙 | 110 | 76 | 裂隙面平直，沿裂隙掉块，形成陡壁，曾进行过封堵 |
| J95 | 卸荷裂隙 | 114 | 75 | 裂隙面平直，沿裂隙掉块，形成陡壁，曾进行过封堵。在裂隙J93和J95之间形成一个卸荷裂隙带 |
| J96 | 卸荷裂隙 | 112 | 71 | 在裂隙J92下方岩体上平行发育三条卸荷裂隙，裂隙面相对平直，顶部张开度较好，大部采用水泥砂浆封堵 |
| J97 | 卸荷裂隙 | | | |
| J98 | 卸荷裂隙 | | | |
| J99 | 卸荷裂隙 | 109 | 69 | 裂隙面较平直，沿裂隙出现掉块，形成陡坎，用水泥砂浆封堵 |
| J100 | 卸荷裂隙 | 110 | 70 | 与J99近平行发育，局部掉块，裂隙面相对闭合、平直 |
| J101 | 卸荷裂隙 | 98 | 78 | 裂隙面有一定起伏，沿裂隙掉块，形成陡坎，曾进行过封堵 |
| J102 | 构造裂隙 | 205 | 80 | 裂隙面较平直、光滑，沿裂隙掉块，沿裂隙见岩溶发育 |
| J103 | 构造裂隙 | 182 | 58 | 裂隙面平直、较光滑，$CaCO_3$充填，2、3条裂隙呈带状发育 |
| J104 | 构造裂隙 | 175 | 76 | 裂隙面平直，表面见$CaCO_3$发育，沿裂隙面掉块 |
| J105 | 构造裂隙 | 182 | 60 | 裂隙面平直，沿裂隙面岩体掉块，见植物沿裂隙面生长，上部采用水泥砂浆封堵 |
| J106 | 构造裂隙 | 181 | 64 | 与裂隙J105平行发育，见植物生长，上部采用水泥砂浆封堵。在J105和J106附近，岩体比较破碎 |
| J107 | 构造裂隙 | 180 | 47 | 裂隙面平直、光滑，沿裂隙岩体出现掉块，局部有植物生长，曾采用水泥砂浆封堵 |
| J108 | 卸荷裂隙 | 108 | 80 | 裂隙面有一定起伏，沿裂隙面岩体掉块，形成岩壁，曾采用水泥砂浆封堵 |
| J109 | 构造裂隙 | 185 | 50 | 裂隙面有一定起伏，沿裂隙面出现掉块，曾采用水泥砂浆封堵，裂隙南侧岩体比较破碎 |
| J110 | 构造裂隙 | 178 | 77 | 裂隙面比较光滑，有一定起伏。沿裂隙岩体出现掉块，是局部地表水体下渗通道，曾采用水泥砂浆封堵过 |
| J111 | 构造裂隙 | 189 | 79 | 裂隙面比较光滑，有一定起伏，沿裂隙岩体出现掉块，与裂隙J110共同构成一个破碎带，破碎带内裂隙发育，岩体相对破碎，植物局部生长，曾采用水泥砂浆封堵过 |
| J112 | 卸荷裂隙 | 118 | 78 | 裂隙面比较光滑，沿裂隙面掉块，形成陡坎边缘，大部采用水泥砂浆封堵 |
| J113 | 卸荷裂隙 | 117 | 76 | 裂隙面比较光滑，沿裂隙面掉块，形成陡坎边缘，大部采用水泥砂浆封堵 |
| J114 | 构造裂隙 | 185 | 88 | 裂隙面比较平直、光滑，与裂隙J115平行发育 |

续表

| 编号 | 类型 | 倾向 | 倾角 | 概述 |
|---|---|---|---|---|
| J115 | 构造裂隙 | 185 | 88 | 裂隙面比较平直、光滑，与裂隙J114平行发育 |
| J116 | 构造裂隙 | 168 | 57 | 裂隙面平直、光滑、相对闭合，沿裂隙出现掉块 |
| J117 | 构造裂隙 | 175 | 75 | 裂隙面平直、光滑、相对闭合，沿裂隙出现掉块 |
| J118 | 构造裂隙 | 72 | 80 | 裂隙面有一定起伏，较粗糙，采用水泥砂浆封堵 |
| J119 | 构造裂隙 | 232 | 67 | 裂隙面较起伏，沿裂隙面发生掉块 |
| J120 | 层面裂隙 | 345 | 26 | 为一条主要的层面裂隙，其下有多条层面裂隙平行发育，在老龙洞北形成部分悬空的岩体，裂隙面闭合 |
| J121 | 层面裂隙 | 351 | 23 | 岩体在沉积过程中形成多个夹层，颜色为灰白色，夹层的性质与上、下岩体有比较明显的差别，风化相对较强，顺层面透水性较好，在破洞沿层面岩体掉块 |
| J122 | 层面裂隙 | 353 | 26 | 性质基本与J121类似，裂隙下部由于长期渗水，软弱物质被溶蚀、冲刷，形成透水性很好的通道 |
| J123 | 层面裂隙 | 347 | 25 | 为张夏组第四段与第三段分界线，上部为薄层灰岩，层面裂隙富集，顺分界线岩溶强烈发育，透水性非常好 |
| J124 | 层面裂隙 | 351 | 24 | 顺层面裂隙和构造裂隙交切面岩体掉块，形成一个局部沿层面倾斜的平台 |

## （二）裂隙发育规律统计分析

经统计，区段内的主要裂隙为陡倾的卸荷裂隙和缓倾的层面裂隙。卸荷裂隙占42%、层面裂隙占8.87%，其余几组为构造裂隙。构造裂隙在靠近石窟崖壁区域内密度比卸荷裂隙小。卸荷裂隙主要受地形控制，分布范围主要集中在石窟崖壁附近，沿崖壁朝向山体方向，卸荷裂隙的分布密度逐渐减小。卸荷裂隙的倾向为90°—156°，平均为125°，倾角为53°—88°，平均为70°。

区段内地质构造相对简单，岩层产状稳定，层面裂隙的倾向为345°—0°，倾角为23°—31°。

为了研究构造裂隙的分布规律，在剔除卸荷裂隙和层面裂隙的基础上，对构造裂隙的分布进行了单独的统计。结果表明，主要构造裂隙有4组：倾向分别为180°、210°、20°—40°和230°—240°，构造裂隙的倾角均较大。现分述如下。

### 1. 倾向为180°

裂隙面一般比较平直，张开度小，是区段内出露最多的构造裂隙组。走向基本呈东西向，与山体陡壁近垂直相交，是山体内部远程水的主要渗水通道。

裂隙J110和J111之间形成一个裂隙破碎带，中间的岩体比较破碎，多产生掉块，形成一个向山体内凹进的负地形，在破洞顶部形成一个地表水下渗通道，是破洞渗水的主要原因。

该组裂隙表面一般都有$CaCO_3$充填或者溶蚀现象发生，说明沿该组裂隙的渗水与岩石的相互作用较强烈。

2. 倾向为210°

张裂隙，裂隙面粗糙，起伏较大，如裂隙J47。裂隙的透水性好，与第1组裂隙类似，该组裂隙的走向也同山坡陡壁近垂直发育，也是远程水的渗流通道。平台上石牛溪处的垂直岩溶也主要沿裂隙J36发育。

3. 倾向为20°—40°

比较典型的张裂隙，裂隙面粗糙，起伏较大，张开度好（一般大于5cm），倾角一般大于70°，走向大致同边坡垂直。局部见多条裂隙成组发育，形成裂隙带，如J48同J49之间，裂隙带内的岩体一般比较破碎，并有掉块、岩溶等现象发生。由于裂隙的透水性好，部分裂隙内有松散碎石土充填，有树木、杂草等沿裂隙生长。该组裂隙是区段内最主要的东西向控水通道。

沿这组裂隙常常在地表形成天然积水沟，造成地表水体下渗，如裂隙J12。

该组构造裂隙在石牛溪以北平台之上的山体内最为发育，主要有J1、J12、J20、J21、J22等。该组裂隙常与其他裂隙相交，多有溶蚀现象发生，导致裂隙的地表张开度较大，其结果是加大了垂直入渗作用。

因此，为了减少石牛溪以北主要洞窟（万佛洞、莲花洞、老龙洞等）的渗水量，解决这些洞窟的长期渗水问题，应该将对该组构造裂隙的治理作为重点。

4. 倾向为230°—240°

这组裂隙倾角一般大于70°。裂隙的性质以张裂隙为主，裂隙面起伏较大。裂隙J59位于该区的南端，裂隙自坡底延伸至山坡上，裂隙的张开度很好，达10—20cm，沿裂隙见溶蚀现象。由于其透水性很好，可以看作地下水单元的分界线。

在石牛溪北，沿该组裂隙常可见岩溶发育，如裂隙J19，该裂隙与构造裂隙J12相交，形成宽50cm的岩溶洞穴。

虽然该组裂隙的数量不大，但同样具有重要的水文地质意义。

总的说来，在构造裂隙中，第1组（倾向为180°）裂隙的数量较多，但裂隙一般比较闭合，连通性较差，除局部地段（破洞顶部）外，一般透水性较弱。其余3组构造裂隙以张裂隙为主，特别是第3组裂隙（倾向为20°—40°），在平台之上的山坡内发育得较好，并构成天然的地表水体排水通道，是治理石牛溪以北石窟内部渗水的重要裂隙组。第4组裂隙（倾向为230°—240°）数量有限，但也同样具有明显的水文地质意义。

## 三、窟顶平台历史维护工程调查

### （一）历史维护工程概况

1988年，在龙门石窟综合治理第2期工程中，曾对奉先寺北—万佛洞段顶部进行过防渗漏治理，采取的主要措施有：

1）对平台上松散堆积层、杂草、碎石进行清理，直至基岩面；

2）对平台和崖壁岩体中的裂隙灌注水泥砂浆进行封堵，对洞窟内的渗水裂隙灌注环氧树脂混合物浆液进行封缝；

3）在平台顶部的岩体表面浇筑混凝土防水层，厚度8—10cm；

4）在混凝土防水层及裂隙封堵砂浆表面用10#沥青涂封，做表层防渗处理，厚度为2—3mm；

5）在万佛洞顶北部修筑排水沟，长度18m；

6）为了不影响窟区自然景观，在防水层上回填了厚度0.5—1m的土层，局部厚达1.2m，并在表面植草。

采用以上措施对该区段进行治理后，在10年左右的时间内一定程度上降低了石窟内部的漏水情况（图3.66）。

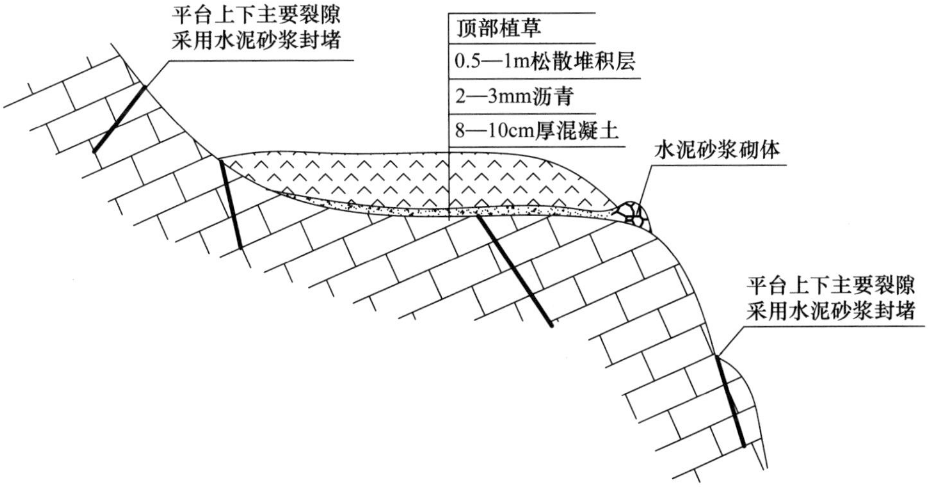


图3.66　平台综合治理示意图

## （二）防渗层调查

现场调查发现，随着使用时间的延续，平台顶部的防渗层已经暴露出一些问题，对区段内几个重要洞窟的保存造成了威胁。

奉先寺顶部现有的排水沟终止于平台南端，导致奉先寺崖顶山坡的雨水经排水沟导入平台，增加了平台上的积水量。积水在沿平台向北流动的过程中向下渗透，加剧了下部石窟的渗水量和渗水时间。

在1988年治理过程中，对窟顶平台的原有第四系堆积土进行了清理，在一定程度上减少了平台顶部的积水。但坡脚土体的清除，破坏了原有斜坡体的稳定性，诱发了平台以上多处山坡表层土体在雨季不断向平台滑动的情况。在北部平台上，也诱发了一处危岩体。

坡顶回填的堆积层结构松散、均匀性差，具有良好的渗透性和持水作用。坡顶的大量植物（特别是灌木）根系向下生长，造成了下部沥青和混凝土防渗层的破坏。部分松散堆积土体充填在石牛溪岩溶洞穴中，使岩溶洞穴的垂直下渗功能降低，加长了水体的滞留时间。

平台上防渗混凝土分布有宽度不等的施工缝，施工缝的最小间距约4m，缝宽1—2cm不等，缝中原充填有沥青，已经基本老化失效，沿裂缝有草生长，构成了良好的下渗通道。平台顶部混凝土防渗层在宽度方向上总体为两边高，中间低，导致平台上积水主要沿平行崖壁方向长距离流动，加大了水体下渗时间。混凝土上涂抹的沥青老化、起壳严重。

在防渗混凝土平台靠近崖壁的东侧，为了防止水体沿崖壁挂流侵蚀陡壁上分布的窟龛，在陡壁的顶端设置了水泥砂浆拦水砌体。在砂浆砌体中留有和混凝土防渗层一致的施工缝。这些施工缝同样采用沥青封填。但由于砌体直接暴露于空气中，风化十分强烈，砌体的拦水功能失效，出现了比较严重的渗水。据现场调查，为治理这些新出现的渗水，后期又进行过水泥砂浆封堵，但沿补封的砂浆与砌体之间普遍出现了开裂。

平台岩体中的裂隙均进行过灌浆防渗处理，但灌浆的深度有限，容易老化，大部分裂隙封堵砂浆均开裂起壳，已经失去了防渗的作用。

在万佛洞窟门顶部，顺层面裂隙J124的岩体已脱落，形成一个局部的凹地形，容易形成积水，该范围内岩体裂隙发育，是造成窟门附近渗水的主要原因。为了治理万佛洞顶部平台，前期曾经采用水泥砂浆做一层人工防渗层。目前水泥砂浆同下部基岩之间已经开裂起壳，砂浆风化强烈，局部已呈粉末状。砂浆同岩体接触处有植物生长。另外，万佛洞顶部的小型石窟内积水严重，这些积水的下渗，增加了万佛洞内部的渗水量。

平台顶部的防渗混凝土层以及崖壁上裂隙封缝的水泥砂浆和沥青均出现了严重的老化现象，这是整个平台防渗效果失效的主要原因。

## （三）窟顶平台砂浆物性分析

为了研究窟顶水泥砂浆的风化现状，分别采取不同部位的水泥砂浆进行测试分析。砂浆样品的采取地点见表3.5。

**表3.5　水泥砂浆样品的采取及描述**

| 编号 | 性质 | 位置 | 描述 |
|---|---|---|---|
| SJ-1 | 水泥砂浆 | 构造裂隙J12 | 灰白色，表面有残留的沥青，底部卵石较多，结构较疏松，卵石间充填物疏松，水泥砂浆基本脱落，已经不具备防水作用 |
| SJ-2 | 水泥砂浆 | 万佛洞顶南砌体表面后期涂抹砂浆 | 浅灰色，水泥含量较高，敲击声较清脆，基本无砾石等粗颗粒，无明显的大孔隙，小型孔隙均匀分布，为后期涂抹于砌体表面，与砌体结合的整体性差，大部开裂 |
| SJ-3 | 水泥砂浆 | 万佛洞顶防护砂浆 | 灰白色，结构较疏松，水泥含量较低，锤击容易呈粉末状，下部见未胶结的砂粒，万佛洞顶平台水泥砂浆风化非常严重，整体起壳，敲击出现空响 |
| SJ-4 | 混凝土 | 平台顶防渗混凝土层 | 浅灰白色，强度较高，风化较弱，敲击声较脆，粗颗粒以卵石为主，同砂浆之间的胶结作用较好，表面沥青涂层风化较严重，但混凝土受上覆土层的保护，整体性基本完好 |
| SJ-5 | 水泥砂浆 | 老龙洞顶构造裂隙 | 灰白色，以水泥砂浆为主，表面残留较多的沥青涂层，下部见松散的裂隙充填物，水泥砂浆起壳、风化比较严重 |

为了研究前期处理过程中不同部位的水泥砂浆的风化现状，采取上述砂浆样品进行了扫描电镜结构分析、水理性质分析和X射线矿物成分分析。

### 1. 扫描电镜结构分析

为了对比砂浆的孔隙分布，在同一放大倍数下对水泥砂浆进行扫描电镜观察。通过对比可知，在较低的放大倍数下，砌体表面二次涂抹砂浆（SJ-2）的孔隙分布最为密集，呈架空结构。而平台顶部防渗混凝土（SJ-4）的孔隙最少，主要为一些收缩裂缝。而崖壁裂隙封堵砂浆（SJ-1、SJ-5）因风化形成相对独立的大孔隙，这一点与万佛洞顶防渗砂浆（SJ-3）具有类似的特点。

SJ-1属于构造裂隙封堵砂浆，表面直接同空气接触，而下部同山体基岩或者裂隙中泥质充填物接触，砂浆表面风化程度明显高于下部。SJ-1样品的下端直接与空气接触，可以观察到砂浆与空气接触面处的风化程度明显大于其他部位。

（1）裂隙封堵砂浆——SJ-1

水泥在水化过程中，无水的熟料矿物转变为水化产物，固相体积逐渐增加，但水泥总体积却在不断缩小。这种体积减缩是因化学反应所致，故称为化学减缩。随着水化作用的进行，化学减缩虽在相应增加，但固相体积却有较快增长，所以整个体系总孔隙率仍不断减少。

硬化水泥浆体的体积随含水量而变。干燥时硬化水泥浆体产生体积收缩（简称“干缩”），潮湿时则会发生体积膨胀（简称“湿胀”）。干缩和湿胀大部分是可逆的，硬化水泥浆体在第一次干燥收缩后，再在潮湿环境中，其收缩的体积会部分得到恢复，但会遗留部分不可逆的收缩。干湿循环可导致硬化水泥浆体反复胀缩。干燥与失水有关，但两者并不成线性关系。相对湿度不同，硬化水泥浆体的收缩也不同。水泥砂浆的风化往往沿着砂浆施工浇筑及硬化过程中形成的软弱部位或者裂隙发育，如骨料与浆体的界面。由于浆体的化学收缩及干湿体积变化导致在界面处形成裂缝，砂浆表面风化呈蜂窝状。而在浆体内部同样因为浆体的收缩形成裂缝。由于施工时往往采用人工涂抹填塞，施工质量难以控制。现场调查发现，部分砂浆材料的浆体不饱满，粗骨料呈架空结构，透水（气）性非常好，防护作用有限，且有利于风化的发育。

由于裂隙砂浆暴露于空气之中，含水性直接受大气降水与蒸发的控制，水、气交换频繁，非常有利于风化作用的发生。其中一个比较重要的过程即水泥砂浆的碳化。碳化进一步引起硬化水泥浆体体积变化。空气中的二氧化碳，在有水汽存在的条件下，可以与水泥浆体内所含的氢氧化钙相互作用，生成碳酸钙和水，从而引起硬化水泥浆体的体积收缩。这种体积收缩称为碳化收缩，是不可逆收缩。由扫描电镜结果可以观察到，沿风化孔隙和裂隙均出现次生矿物沉淀和生长。

（2）砌体表面二次涂抹砂浆——SJ-2

砌体表面二次涂抹砂浆颜色较深，该类砂浆的水泥含量较高，残余强度较高，敲击声较清脆。但是砂浆受风化影响较严重，砂浆的宏观透水性很好。

从300倍的扫描电镜照片可以看出，砂浆浆体中水泥颗粒与细骨料之间大多为点—点或点—面接触关系。风化孔隙之间的连通性非常好，构成网状的风化孔隙系统。大孔隙虽然比较少，但是浆体的风化程度较高。从电镜照片可以观察到，风化大孔隙内无明显的堆积作用，以风化破坏为主，细骨料也出现风化现象，燧石表面出现溶蚀和次生矿物堆积现象。

表面人工涂抹的砂浆，施工质量难以控制，常在施工质量较差的疏松部位出现比较强烈的风化。风化孔隙中残留有水泥浆体，次生矿物比较发育。风化较弱的部位水泥颗粒之间的胶结物一般结构比较致密，所以该类砂浆仍然有一定的残余强度。

（3）万佛洞顶防护砂浆——SJ-3

在所采取的砂浆样品中，万佛洞顶部水泥砂浆的宏观强度最低，由扫描电镜观察可知，水泥颗粒之间的胶结非常弱，大孔隙发育。

风化孔隙壁结构疏松，次生矿物发育，次生矿物呈粒状或柱状。局部的水泥浆体与颗粒之间胶结较好，但总体工程性质较差。

（4）平台顶部防渗混凝土——SJ-4

平台顶部防渗混凝土的工程性质较好，由扫描电镜可知，水泥颗粒之间、骨料之间被水泥浆体很好地胶结在一起，主要的孔隙为水泥浆体硬化过程中形成的收缩裂缝。该类裂缝贯通性较差，密度低。骨料和浆体之间的差异变形（可能在硬化过程中形成，也可能干缩形成）导致浆体中发育一些相对集中的裂隙，沿裂缝可见纤维状石膏晶体发育。

可以看出，在具有上部第四纪松散堆积层保护的条件下，大面积施工的混凝土的质量和抗风化能力明显好于暴露条件下的水泥砂浆。

（5）裂隙封堵砂浆——SJ-5

由裂隙封堵砂浆SJ-5的微观结构照片可以看出，其基本性质与SJ-1类似，这里不再赘述。

### 2. 砂浆水理性质分析

图3.67为水泥砂浆的含水率分析结果。

由于采样和测试期属于枯水季节，长期未降雨，此时的天然含水率基本属于风干状态下的含水率。在此状况下，砌体表面后期涂抹层（SJ-2）与万佛洞窟顶防护砂浆（SJ-3）的天然含水率最低，而平台上防渗混凝土（SJ-4）的天然含水率最高。

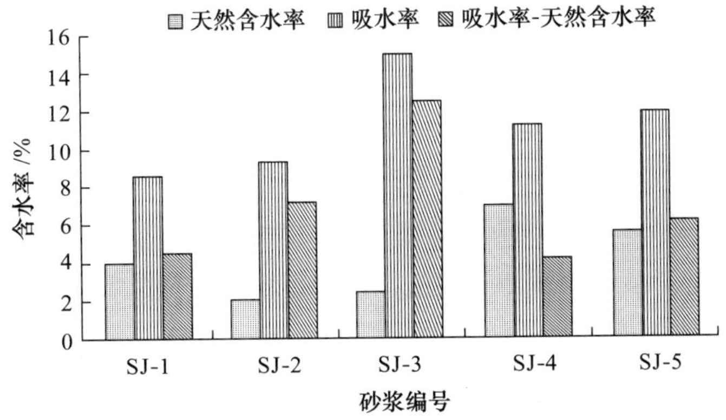


图3.67　水泥砂浆含水率分析

在自由饱水状况下，以SJ-3的吸水率最大，而构造裂隙表面封堵砂浆（SJ-1）的值最低。

吸水率同天然含水率之间的差值以SJ-3为最大，而平台上防渗混凝土（SJ-4）的值最小。

由含水率测试结果可知，万佛洞窟顶防护砂浆（SJ-3）的孔隙率最高，这些孔隙在降雨中极易饱和而在蒸发过程中容易丧失，水体同外界交换密切。砌体表面后期涂抹层（SJ-4）虽然水泥含量较高且风化时间较短，但是涂抹层和砌体之间的胶结弱，难以形成整体，结合部位已大部分开裂，导致水体通过外表面的裂缝灌入。而平台上混凝土防渗层（SJ-4）虽然天然含水率最高，但大部分水体都存在于微孔隙中。这部分水体在天然状况下一般难以丧失。吸水率与天然含水率之间的差值基本代表了砂浆中的大孔隙，在5个样品中防渗层的差值最小。由此可知平台上防渗混凝土中大孔隙（天然或者风化形成）相对较小，风化对其影响最小。而裂隙封堵材料SJ-1、SJ-5的性质介于SJ-3和SJ-4之间。

由含水率分析可知，水泥砂浆（混凝土）受风化影响程度的顺序为：万佛洞窟顶防渗层（SJ-3）＞砌体表面后期涂抹层（SJ-2）＞裂隙封堵材料（SJ-1、SJ-5）＞平台防渗混凝土（SJ-4）。

综上所述，可以得到如下结论。

1）由于混凝土中水泥浆体的含量相对较低，收缩裂缝较少，抗风化能力明显好于净水泥砂浆。在能使用混凝土的部位尽量不采用水泥砂浆进行防渗处理。砂浆表面涂抹的沥青在初期有明显作用，但是极易风化。即使在上部有松散土层保护的平台，沥青也基本失去防渗作用。

2）在裂隙表面或者浅部进行水泥砂浆封堵效果不理想，砂浆在裂隙表面受温度和湿度的直接影响，极易发生物理风化和化学风化，导致砂浆强度降低、渗透性加大或者开裂脱落。采用砂浆对裂隙进行封堵必须保证砂浆进入裂隙有一定深度。

3）必须控制水泥砂浆或者混凝土的水灰比，高的水灰比有利于施工，但是固结后容易形成裂缝而有利于风化的进行。

4）砌体表面涂抹的水泥砂浆已经丧失作用，建议清理掉。反复多次采取水泥砂浆处理，即使是后期采用高性能的材料，也只能在短期有效。

5）平台顶部防渗混凝土基本未丧失其抗渗作用，具有继续保留使用的价值。万佛洞窟门顶部防渗水泥砂浆已经失效，建议清理掉。

6）人工小面积浇筑混凝土或者水泥砂浆时，施工质量控制难度较大。

## （四）窟顶平台松散土层及植被调查

### 1. 沿裂隙发育的植物

裂隙构成了蓄水、渗水通道，在较大的裂隙中，往往有泥质充填，因此，有利于植物的发育生长。此外，沿裂隙岩体掉块往往形成局部的负地形，水体容易在该处汇聚，同样也有利于植物生长。

在裂隙中发育的植物种类较多，因裂隙的不同部位而异。在大部分裂隙中往往生长一些耐旱植物，而在局部地下水排出点，可以发现一些喜欢潮湿的植物。除了一些杂草外，还有树木生长。主要的树木有：构树、椿树、野山枣及松树等，前三种为天然野生，而后一种为人工种植松林落籽生长而成。受裂隙的限制，树木的根系主要沿裂隙生长，深入裂隙的内部。

### 2. 平台上方的植物发育状况

平台上部松散堆积层厚度大、水源丰富，导致植物生长茂盛。据调查，平台上主要的树木为生长迅速的构树。草以马唐、狗尾巴草为主，而马唐占80%以上。植物基本将松散堆积层全部覆盖。在平台上的两个滑坡体堆积区以小型灌木为主。

杂草的根系非常发育，但是深度有限。为了调查杂草根系的发育，在避开灌木一定距离分别选择马唐和狗尾巴草生长部位开挖探坑。马唐草的根系主要发育于浅部15cm范围之内，向下和向四周发散生长，根系比较粗大。狗尾巴草根系同样仅仅在浅部15cm发育，根系纤细，呈网状向四周扩散。

平台上主要的树种为生长迅速的构树，其根系非常发育。在松散土层较薄的地段，其根系以水平向发育为主，向四周扩散，并萌发新构树。在松散层较厚的地段，根系以“V”形根系为主，向下生长。

### 3. 植物发育对渗水的影响

植物生长在水土保持方面具有积极的作用，在有植被覆盖的部位，可以有效地减少风和坡面径流对土体的破坏作用。在降雨期间，植被首先对雨水起拦截作用，减缓了坡面径流的发生。植物的根系对土体具有加固的作用，有利于表面土体的稳定性。由于植物根系深入地下，在生长期吸收地下水，通过蒸发与蒸腾作用会降低土体中的含水量。

植物的发育对于石窟渗水控制不利。植物根系沿裂隙发育，不断长大，将裂隙深部和浅层的水体联系起来，促进地表水体的入渗。此外，根劈作用使裂隙的宽度扩大，根系分泌的酸液侵蚀作用沿裂隙产生溶蚀，加剧了入渗强度。植物的发育使表土层疏松，渗透性以及持水性均会提高。

如前所述，降雨时植物首先对降雨进行拦截，使大部水体进入疏松的表土层，迅速下渗。另外一种情况是平台上部山体因降雨形成坡面径流，向下汇入平台松散堆积层中，由于植物的发育导致松散层的渗透性和持水性均较好，加大了积水的入渗时间和入渗量。这种情况在奉先寺顶部排水沟北端尤为明显。

总体来讲，平台上的松散堆积层植被覆盖率高，主要的杂草为马唐，部分为狗尾巴草，主要的树木为生长迅速的构树，沿裂隙主要有构树、野山枣树等生长。杂草的根系主要在浅部15cm生长，对下部防渗混凝土的直接破坏作用不明显，而树木根系是影响防渗层作用的主要原因。植物的生长在水土保持方面有着积极的作用，不利方面主要表现为促进裂隙的扩张，延长了水体进入石窟的入渗时间和入渗量。在山体上部产生坡面径流的情况下，植物生长对水体入渗具有促进作用，必须控制引导山体坡面径流。在治理后期恢复植被时，建议耕植土的厚度应大于15cm，严禁构树生长，人工植草直接采用原坡顶松散层上的草种马唐和狗尾巴草，易于管理和维护，不宜种植草皮，引进草皮需要浇水，不仅管理困难，而且会加大坡顶的积水。

综上所述，1988年综合治理及后续维护，对保护该区段的石窟具有明显的作用，但是随着时间的推移，风化导致治理工程的功效不断丧失。另外受当时条件限制，一些治理措施缺乏整体规划，如奉先寺排水沟北端出水口的设置，对平台积水的影响等。

根据平台上现有的风化水泥砂浆的微观、宏观研究结果可知，裂隙封堵材料、万佛洞窟门顶部防渗砂浆以及砌体后期涂抹层的整体风化严重，已基本丧失抗渗作用。而平台顶部防渗混凝土整体受风化作用的影响较小，具有继续使用的价值。

平台松散堆积层及上部山体的植物发育，对于石窟的保护、景观等方面具有积极的作用，但也具有一些不利的影响。特别是当山体存在坡面径流的情况下，平台上松散堆积层植物的发育，将加大雨水的入渗时间和入渗量，对山体坡面径流应进行控制和引导。

## 四、斜坡岩土体稳定性分析

龙门石窟西山临伊河边坡整体为斜交坡，构成山坡的碳酸盐岩体的强度较大，覆盖层薄，斜坡的整体稳定性较好，仅存在局部岩土体失稳的现象。前期治理工程施工过程中，在奉先寺北—万佛洞段平台上清理了平台顶部的覆盖土层，破坏了平台以上山体的坡脚，诱发了3处岩土体边坡失稳情况。

具体为：惠简洞顶部滑坡、惠简洞南侧顶部危岩体和石牛溪南滑坡。虽然规模都不大，但却威胁着游人与文物的安全，也严重影响平台治理工程的施工与维护。

### （一）惠简洞顶滑坡形成机理及稳定性分析

惠简洞顶部滑坡为一个小型的堆积土体滑坡，滑动面为坡体的卸荷裂隙面，坡度较大。堆积体结构较紧密，在低含水量的时候其强度较高，该类土体在遇水后强度损失剧烈。由于在平台治理过程中，对坡脚进行了清理，诱发了滑坡的形成。

由现场调查可知，该滑坡经过了多次滑动，为一牵引式滑坡。由于下部土体滑动，上部岩体失去支撑，裂隙扩张充水，使上部岩体软化失稳，向下错动，导致在滑坡顶部加载，进一步促进了滑坡的滑动。

地下水的渗透力作用、堆积层饱和加重作用、地震作用均可导致滑坡稳定性的降低。但最主要的原因还是在降雨情况下，地表入渗和沿基岩面渗水的共同作用下导致堆积土体自身强度的降低。

滑坡形成的主要原因是人为地在坡脚清理卸荷，降雨是边坡滑动的主要诱发因素，该滑坡经过多次滑动，整体属于牵引式滑坡。在坡顶破碎岩体作用下，可能会向推移—牵引式滑坡发展。在没有降雨的情况下，该滑坡是稳定的，而降雨入渗，对土体起软化作用，导致滑坡的强度降低。在降雨作用下，该滑坡的稳定性急剧下降，接近临界失稳状态。

### （二）石牛溪南滑坡形成机理及稳定性分析

石牛溪南滑坡也属于一个基岩上松散堆积体滑坡，坡体主要属于残坡积物，滑坡规模较惠简洞顶滑坡稍大，坡体上植物发育比较茂盛。从现场调查看，坡体砾石含量较高。滑坡的形成主要也是人为坡脚开挖，加上降雨导致土体强度降低。

滑坡形成的主要原因是人为地在坡脚清理卸荷，降雨是斜坡滑动的主要诱发因素，该滑坡已经过多次滑动。

从稳定性分析结果看，天然状况下滑坡的稳定性较好，但在暴雨季节，滑坡处于不稳定性状态。建议采用抗滑措施对滑坡进行治理，该滑坡的治理需要和平台上方防渗治理工程结合起来考虑。

### （三）惠简洞南危岩体形成机理及稳定性分析

惠简洞南发育的危岩体紧邻万佛洞顶，位于惠简洞顶滑坡南侧，为一突出平台上部的孤立岩体。该危岩体的形成主要受卸荷裂隙、构造裂隙和层面裂隙的交切作用控制。人为地清理坡脚是其形成的诱发因素。滑动面按倾角整体可分为上部垂直、中部缓倾、下部陡倾三段。在危岩体中发育的多条构造裂隙，与张开的卸荷裂隙交切构成渗水网络，雨水沿裂隙向危岩体中渗水，加速了坡体的破坏。

危岩体的整体稳定性较低，目前处于欠稳定状态。但是，如果不加治理，沿层面破碎带和构造裂隙面不断发生的风化和局部掉块，使危岩体强度不断丧失，上部岩体失去支撑，最终可能发生整体失稳，危及洞窟和游人的安全。考虑到风化作用和后期平台治理对边坡的影响，应对该危岩体进行锚固治理。

危岩体和滑坡的形成受所在区域的地质条件控制，但人类活动是主要的原因。而降雨导致坡体强度降低是诱发两个滑坡的主要因素。坡脚层面裂隙带的破坏可能会导致整个危岩体产生整体失稳的状况。

惠简洞顶滑坡应进行清理，石牛溪南滑坡规模稍大，可采取工程措施进行加固。而危岩体可以采用锚固等措施进行治理，也可削坡将危岩体清理掉。

## 五、石窟渗水形成机理

洞窟内部的渗水主要与各个洞窟所处的特殊地质环境和人为影响有关。各洞窟的渗水既有个性，又有共性，从各个洞窟的渗水可以总结出一些有益的规律。

万佛洞位于陡壁中部。该处平台至坡脚高差较小，万佛洞顶部岩体厚度小。因此，其受卸荷裂隙影响比较明显，在万佛洞内部见较多渗水点沿卸荷裂隙出露。万佛洞正下方分布有一小型石窟，使上部应力分布更加复杂，导致在窟门及其顶部范围内，发育较多的渗水裂隙。

万佛洞顶部平台是石牛溪南平台积水的主要出口，如果平台顶部防渗层遭到破坏或者风化失效，石牛溪南平台积水将成为万佛洞渗水的丰富补给来源。另外，平台上部裸露基岩中发育的构造裂隙直接位于万佛洞顶部。在山体坡面径流、壤中流和石窟内部渗水之间建立了良好的水力联系。

万佛洞窟门顶部岩体顺层面掉块，造成局部地形沿层面内倾，虽然曾经做过处理，但已经不起作用；治理时未考虑万佛洞顶部附近小型石窟内部积水的问题。在上述因素作用下，共同加剧了万佛洞的洞窟渗水。

老龙洞和莲花洞距离较近，二者均位于张夏组第三、第四段分界线以上，顺层面岩溶发育，具有相对一致的水文地质条件。

在石牛溪至老龙洞范围内，整体控制地下水流动的主要因素为岩溶的发育程度。

在张夏组第四段内岩溶发育强度高于张夏组第三段，在两段岩体交界处顺层面发育一条层面溶蚀通道（简称层面岩溶）。而垂直向发育的溶洞以及水平向和垂直向同时发育的溶洞是该区域内岩溶裂隙水良好的排出通道，并向层面岩溶通道汇聚。该层面岩溶通道还是左上方裂隙岩体的良好排水通道，迅速排泄左上方的渗水，减少了莲花洞和老龙洞南侧的补给水源。

老龙洞是该区域内最重要的东西向排水通道。通过该区域内沿构造裂隙发育的东西向岩溶通道，可将区内的地下水迅速向河流排出。现地表进行了表层硬化处理，反而部分阻挡了该水平向导水通道的功能。

虽然莲花洞和老龙洞具有上述的相似特点，但是具体到单个洞窟，又各具特点。莲花洞位于层面岩溶通道中部，是地下岩溶水渗流经过的部位，南壁下部有渗水发生。而老龙洞为地下岩溶水排泄点，南壁渗水较弱。两个洞窟的高程也不一致，莲花洞位置较高，距平台面距离较小，其受卸荷裂隙渗水的影响更为强烈。而老龙洞的渗水点主要来自东西向发育的岩溶构造裂隙。

在石牛溪以南，岩溶整体发育比较弱，渗水通道主要为卸荷裂隙和构造裂隙。在坡脚分布的主要石窟如破洞、唐字洞、魏字洞等距平台面较远，因此影响石窟渗水的主要因素为构造裂隙和层面裂隙。如破洞，正位于多条构造裂隙形成的破碎带范围内，加上有一条层面裂隙位于石窟南壁，纵横交错的裂隙网络导致该洞窟渗水比较严重。

唐字洞和魏字洞位于该区段的东南端，山体在该处被截断，导致局部应力分布更加复杂，各种裂隙发育，渗水量相对较大。

在平台上部，奉先寺排水沟的终端止设置于破洞、唐字洞、魏字洞顶部，构成了丰富的渗水来源。

# 第三节　工程设计

## 一、奉先寺北—万佛洞段保护工程设计

### （一）设计遵循的原则

以不损害、干扰、破坏石窟原状为根本原则：不破坏、不损伤、不干扰石窟的历史信息，保持石窟环境及石窟历史演化状态的真实性和完整性，尽可能弱化实施措施对石窟及环境的干扰和影响。

针对性：由于奉先寺—万佛洞段由南至北地质条件有所差异，必须有针对性地分段采取措施进行治理，具体问题具体分析。

整体性：由于石窟渗水问题是一个复杂的课题，治理措施在空间上要保持整体性。同时要考虑后续治理，为后续治理提供条件，即保持治理时间上的整体性。

长效性：由于石窟属于珍贵的文物，需要长期的保护，但任何保护措施均有一定的时效性。为了解决这一矛盾，治理措施最好是选取使用时间较长、使用经验较丰富或研究程度较高的方法。

在设计时尽量考虑治理措施的可维修性，这样即使前期治理作用降低，也可以通过不断维修延续治理工程的使用时间。

### （二）奉先寺北—万佛洞平台分段

根据奉先寺北—万佛洞平台的地形地貌、工程地质与水文地质特点，将整个平台上部分为六段，下面对各段的情况进行简要叙述。

第一段：自万佛洞顶部排水沟到万佛洞顶的惠简洞滑坡。该段属于石牛溪北平台水体流出口。该段平台上裸露基岩坡体较陡，坡度大于50°。该段主要分布的裂隙有构造裂隙J1、J2和卸荷裂隙J3，其中构造裂隙J1最为重要。在平台下为万佛洞，万佛洞顶岩体裂隙分布密集且基岩厚度较薄，导致万佛洞渗水严重。

第二段：该段平台上方主要分布有惠简洞滑坡体和惠简洞南危岩体。主要的裂隙有卸荷裂隙J6和层面裂隙J24，前者构成危岩体的滑动面，后者导致危岩体坡脚分化破坏。在惠简洞滑坡体南北均有松动岩体。平台下方边坡陡直，且无大型的石窟分布。

第三段：平台上方基岩裸露范围较大，裂隙发育，主要有构造裂隙J12、J20、J21、J22、J25，层面裂隙J23及J24。另外卸荷裂隙也很发育。沿卸荷裂隙、层面裂隙形成梯状地形，整体坡度相对较缓。顺裂隙岩溶比较发育，见多处垂直发育的岩溶通道。该处主要分布的洞窟为老龙洞。因平台下方岩体顺层面掉块，使该处的地形呈悬臂状。除了卸荷裂隙外，对石窟影响比较大的还有层面裂隙J123。该层面裂隙构成张夏组的第四段和第三段的分界。顺层面裂隙岩溶非常发育，形成良好的渗水通道。

第四段：该段平台上方裸露岩体的坡度较大，地形基本受卸荷裂隙的控制。岩溶在该段非常发育，主要的垂直岩溶洞穴有K1、K2、K3，水平发育的主要为K4，其中K4构成了石牛溪的东西向天然排水通道。垂直岩溶K1、K2和K4连通。在平台上方主要发育构造裂隙和卸荷裂隙，形成了渗水网络通道。同第三段类似，层面裂隙J123构成了一条岩溶渗水通道。该段分布有大型洞窟莲花洞。

第五段：该段平台上方为第四系堆积层所覆盖，地形坡度较缓。植物茂盛，发育有一处规模较大的滑坡体——石牛溪南滑坡。平台下岩体顺层面掉块，坡度约23°。顺层面修筑排水沟，将南平台上的积水排向下部石牛溪岩溶通道。在平台下部的岩体中主要发育卸荷裂隙。该段无大型石窟分布。

第六段：该段平台上部有裸露基岩坡体出露，呈现自北向南增高的趋势。上部一般覆盖有松散堆积层，坡度相对变缓。平台下部地形陡直。该段洞窟较多，比较重要的有破洞、唐字洞、魏字洞等。该段构造裂隙比较发育，局部岩体受裂隙影响，比较破碎，主要的构造裂隙为J110和J111，二者构成一个裂隙带，是破洞渗水的主要原因。

## （三）治理方案设计

前期治理工作为本次治理方案的选择提供了很好的经验。本次治理方案基本按照原有思路进行，并做了一些相应的改进。本方案内容主要包括如下三个方面：地表水体的拦截与疏导、平台防渗处理以及平台上方山体防渗治理。

在地表水体的拦截与疏导上，前期作了一系列的工作：平台东侧崖壁边缘人工砌体的修筑减少了水体向下挂流冲刷破坏陡壁上的龛窟的情况，石牛溪南北排水沟及万佛洞顶部排水沟的修筑对平台上的水体具有一定的引导作用。

但存在如下一些问题：

1）奉先寺顶排水沟的北出口位置选择不当，造成了破洞上方平台的积水；

2）平台上方的坡面径流直接流入平台顶部的松散层中，造成区段内岩体的长期缓慢渗水；

3）平台东边缘人工砌体施工缝过多且风化破坏比较严重。

关于平台防渗处理，前期主要采用铺设防渗混凝土+沥青+松散堆积层进行。本次调查发现：

1）防渗混凝土风化较弱，基本还能发挥作用，但是施工缝数量过多，且其中的沥青风化强烈，变成了良好的透水通道；

2）沥青已经完全失去防渗作用；

3）防渗混凝土同基岩边坡接触处密封效果较差；

4）第四系人工堆积层均匀性较差，透水性好。

平台上方裂隙曾经普遍采用水泥砂浆封堵，但同样存在如下问题：

1）裂隙封堵采用的水泥砂浆普遍抗风化性能较差，且厚度较小；

2）一般只在裂隙浅层进行封堵，而该范围温度变化、干湿变化均较强烈，砂浆容易风化脱落。

针对上述情况，可以考虑采取如下方案进行治理。

1. 地表水体拦截与疏导

地表水体的拦截与疏导是治理的关键。

（1）奉先寺北侧排水沟

对于奉先寺北侧排水沟的不连续性，可以考虑采用如下两种方案进行处理。

方案一：顺地形将排水沟延伸至石牛溪，顺石牛溪向下将水体排出坡体。

方案二：在奉先寺顶北侧排水沟结束前，顺裂隙J59设置一根排水管道，就地将奉先寺顶的坡面水排向下部的观赏平台。

第一种方案很好地保持了排水设施的连续性，施工难度较小。但是却加大了石牛溪的排水量。第二种方案虽然相对较复杂，但是却降低了平台上方整体的排水负担。

建议采用第二种方案。

裂隙J59曾经采用过水泥砂浆封堵，但目前已经起壳开裂。为了利用该裂隙设置排水通道，首先对该裂隙进行新的防渗处理。

其次，设置排水管道，连接奉先寺顶的排水沟和裂隙J59。最后，顺裂隙J59将水体导入下部奉先寺参观平台，通过平台排水系统将水体引向排出区外。

排水管道可以采用混凝土排水管或者是经过防腐处理的铸铁管。排水管道通过设置支座和定制的管箍顺裂隙固定于基岩上。

（2）平台上方山体坡面径流拦截

关于平台上方山体坡面径流的治理问题，可以采用沿坡脚修建截（排）水沟的方案。

截水沟的修建尽量顺坡就势，在石牛溪以南截水沟与奉先寺顶排水沟连接，并向北排向石牛溪。在石牛溪以北平台，部分水体向南导入石牛溪，其余坡面水通过坡脚排水沟排入万佛洞顶排水通道，导出石窟范围以外。

在石牛溪以北，截（排）水沟主要沿坡脚修筑。在排水沟内侧，必须和坡体紧密接触且避免沿排水沟壁形成积水坑，在排水沟靠近山体的外侧，砌体须稍高于沟顶，以利于截水。

裂隙J1和裂隙J12为区内两条走向为东西向的主要构造裂隙，局部形成天然冲沟，属于汇水和渗水通道。因此沿这两条裂隙开凿修建排水沟，并对这两条裂隙内的树根、泥质充填等清理后进行灌浆处理，在裂隙上再修建东西向的排水沟。这样一方面可以实现对两条裂隙的防渗封堵，另一方面还可以利用这两条裂隙冲沟迅速将水体导出坡体，减少坡面积水的下渗。

另外，在第四段的北部有一条山沟（裂隙J25附近），岩体比较破碎，裂隙交错，山沟附近地形平坦，有利于地表水体入渗。该冲沟位于两个大型石窟莲花洞和老龙洞之间，特别是与老龙洞具有很好的水力联系。拟顺山沟修建一条近似东西向的排水沟，其目的是迅速导出平坦低洼处的积水。

在石牛溪以南，截（排）水沟主要位于第四系松散堆积层中。为了防止降雨期间山坡土体向下冲刷堵塞截（排）水沟，或者诱发土坡失稳破坏截（排）水沟的情况，在排水沟西侧顺沟修建挡土墙。该挡土墙在石牛溪南滑坡范围内，应予以加强，以同时起到滑坡治理的作用。需要注意的是，在发挥支护作用的同时，要避免挡土墙阻滞坡面径流和壤中流向下汇入截水沟，导致局部地表水入渗量加大的情况。解决办法主要是：一方面挡土墙的排水孔必须加密，另一方面是挡土墙后背填料应具有良好的渗透性。

另外，第五段南部（石牛溪以南），第四纪堆积层相对较薄，为一天然冲沟，具有汇水作用。因此，需要沿该冲沟修建一条东西向排水沟，以加速地表水体的流动，降低入渗量。

（3）平台东端混凝土防渗层人工砌体处理

平台顶东端的混凝土防渗层人工砌体，是为了防止平台及上部山体表面径流沿陡崖向下直接冲刷陡壁上的龛窟。但前期修筑的人工砌体风化严重，特别是施工缝附近渗水严重。后续多次进行外表面水泥砂浆涂抹维修，但效果并不明显。另外，整个人工砌体的高度太小，第四纪堆积物普遍高于砌体顶部，导致平台上部积水漫过砌体而直接冲刷崖壁。因此，本次治理将平台顶部东端的防渗层人工砌体予以清除，重新采用灰岩岩块砌筑。

施工缝（伸缩缝）的设置应尽量避开坡下龛窟分布较密的地段。砌体高度结合后进行平台防渗层综合布置，确保不出现水体漫坡现象。

## 2. 平台防渗处理

平台上方山体坡面径流防治工程实施后，平台岩体渗水的补给源将主要为平台范围内的降水。

现有的平台防渗混凝土受风化的破坏较少，还具有一定的防渗作用。如果将混凝土全部剔除掉，难度较大且没有必要。因此保留大部分防渗混凝土，仅将其表面的沥青全部清除。

对防渗混凝土之间的施工缝予以清理，然后人工将其凿毛，填筑干性水泥砂浆。

根据现场的调查分析，一些土木工程中常用的防渗措施在龙门石窟均存在比较明显的风化问题。混凝土防渗层在没有保护的情况下，破坏严重。因此，决定在前期防渗混凝土层上再布设一组防渗综合体，该防渗体主要由如下几层组成：耕植土、级配砂、土工织物、粉土和膨润土混合防渗层、土工布、夯实灰土垫层（图3.68）。下面对各层的作用予以简述。

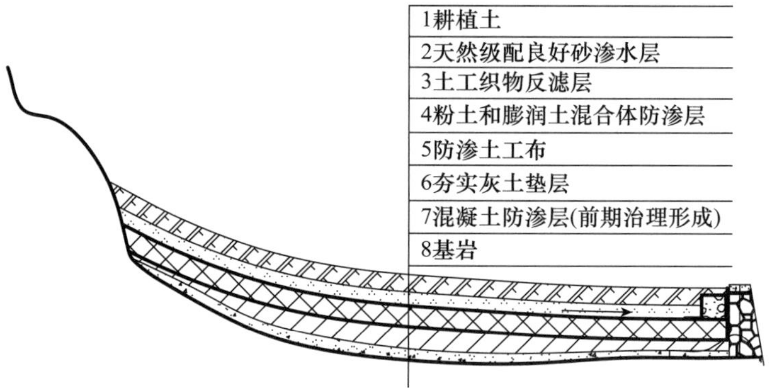


图3.68　平台上综合防渗层结构图

表层耕植土的主要作用是促进植物生长，提高表层土壤的持水性，减缓降雨对下部土体的冲刷作用。同时，植物生长可以恢复原有自然景观，同周围环境保持协调。

天然级配良好的细中砂主要作用是排水，提供一个水平向的排水通道。由于下方有防渗层，经平台表土层入渗的降雨可以迅速向东和向南北方向水平导出。另外利用砂土的毛细上升高度小的特点，防止地表蒸发引起下部防渗土层干裂而部分失去防渗作用。

在天然级配砂与下部粉土膨润土混合防渗层之间设置一层土工织物，作为反滤层。因为上部砂层与下部粉土膨润土混合层之间颗粒级配不连续，容易导致下层土颗粒随水体流动，堵塞上部砂层。

另外，在新建砌体的后面用土工织物包裹砂卵石层构成一集中排水通道，其目的同样是起反滤作用。

土工织物下部为由粉土与膨润土混合构成的防渗主体。粉土取自平台上部现有的松散堆积层，经过筛分去掉砾石、树根、杂草等，然后将该粉土掺入一定比例的膨润土，夯实回填构成一透水性很低的防渗层。这样，可以充分利用现有材料，避免大量外运土方。而且，完全采用天然地质材料构成的防渗层不存在风化问题，即使出现局部破坏现象，修补难度也小。

在混合防渗体下部，铺设一层防渗土工布。防渗土工布基本不透水，用于防止少量通过上部混合防渗体下渗的水体，而上部混合防渗体对下部土工布具有保护作用，防止土工布的老化。

在土工布下部，采用灰土进行夯实回填，对局部地形进行调整，保证防渗综合体整体外倾。

上述综合防渗层具有很高的水平渗透系数，而垂直渗透系数极低。既能保证积水顺水平层迅速排出平台，又能保证防渗层的垂直防渗。

以粉土和膨润土混合层作为防渗层的主体，基本上不存在老化、风化等问题。下部土工布和前期形成的混凝土防渗层在上部土体的保护下，能极大地提高使用寿命。

但是，上述治理措施需要定期检查维护，主要是避免生长迅速的构树根系等对下部结构造成破坏。

### 3. 平台上方坡体裂隙防渗治理

石窟内部的渗水一部分是来自平台上方垂直入渗的近程水，另外还有一部分来自山体构造裂隙的远程水。因此有必要对平台上方一定范围内的裂隙进行治理。

关于裂隙渗水治理，工程中比较常用的方法是表面防渗和裂隙防渗。

表面防渗目前常采用挂网后表面喷射水泥砂浆的方法。采用该方法治理的优点是整体性较好，能将表面所有的裂隙进行封堵。但针对本工程，该方法有如下一些不足：

1）喷射混凝土仅仅是表面防护，砂浆厚度有限，容易风化；

2）下部发育的植物根系极易重新生长而破坏防护表层，治理效果的长期性较差；

3）现存的坡体并不是一个平整的坡面，在卸荷裂隙和层面裂隙的影响下，坡面起伏较大，工程量很大；

4）喷射混凝土对自然景观破坏较大，形成了一个同周围景观不协调的人工构筑物。

考虑上述原因，本次治理改为以裂隙内部注浆为主，以达到长期治理的目的。

裂隙注浆主要针对大的卸荷裂隙和构造裂隙，特别是以走向为东西向的构造裂隙作为重点。由于平台山体裂隙与下部龛窟距离较远，裂隙注浆压力对龛窟没有影响。

平台山坡上大的构造裂隙中生长着大量的树木，特别是石牛溪以北。注浆前对上述裂隙中的树根、泥质充填等进行彻底地清理尤为重要。

沿山坡裂隙还发育有岩溶通道，首先清除杂物，并对表面的岩溶堆积物等进行清理，然后采用混凝土对其进行浇筑封填。由于岩溶通道一般沿裂隙发育，在裂隙附近可以预埋注浆管，待混凝土凝固后再进行注浆。

## （四）滑坡和危岩体的治理

工程区范围内分布的两个滑坡和一个危岩体规模均不是很大。

对于惠简洞顶部发育的小型滑坡，基本无加固的必要，可以直接将其清理掉。在清理过程中，必须注意将上部的松动岩块也一并清理掉，一直清理到露出相对稳定的基岩山体。

惠简洞南危岩体可以采用锚杆进行加固，对上部张开的裂隙进行灌浆封堵防渗。但是，采用锚固措施工作量比较大。而且危岩体自身裂隙发育，具有良好的渗水和储水功能，会形成入渗通道。另外，在坡脚布置截（排）水沟也将进一步对危岩体的稳定性造成影响。因此，建议将此危岩体予以清除。

石牛溪南滑坡相对来说规模较大，上部植物较发育。清理掉之后对局部景观有一定影响，以采用挡土墙加固为宜。

## （五）各段治理措施小结

如前所述，根据现场调查将本区域分为六段。由于各段有自身的工程地质特点，下面对各段治理措施进行补充说明。

### 1. 第一段

该段是石牛溪北平台积水的出口，利用前期形成的排水沟，将截（排）水沟和平台上排水暗沟的水体导出。除了对平台上方山体揭露的主要裂隙进行灌浆封堵外，需要沿裂隙J1修筑一条东西向的排水沟。

该段的另外一个重点工程是对万佛洞顶部顺层面裂隙掉块的部位进行处理。由于前期治理措施基本已经失去作用，需要重新进行处理。本设计推荐采用高分子卷材防水层进行治理。

剔除残余的旧充填材料，直至基岩面。然后按相关规范铺设防水层，再在其上铺设20—30mm厚的灰岩岩板作为防水层的保护层。采用灰岩岩板可以与周围的环境相协调。岩板采用水灰比为1：3的水泥砂浆粘贴。为了防止防水层风化，在防水层上部布置一层混凝土架空保温层。

### 2. 第二段

第二段为惠简洞滑坡和危岩体分布范围。如前所述，对滑坡体和危岩体予以清除。在清理掉滑坡和危岩体之后，对边坡进行整理。注意应避免出现局部的积水坑，尽量保持边坡平直。在局部可能因掉块形成凹陷的地方，采用锚杆等对其予以加固。形成坡面后，应该马上对揭露的裂隙进行注浆处理，防止出现树木沿裂隙大量生长的现象。

### 3. 第三段

该段因岩体顺层面裂隙掉块，平台上的裸露岩体形成阶梯状，有利于积水。应对边坡进行局部削坡整理或者采用毛石混凝土对积水坑进行填堵，消除积水。

该段的另外一个问题，就是沿主要的构造裂隙J12、J18、J19、J20、J21、J22及J25有大量的树木生长。裂隙灌浆过程中，对裂隙中发育的树根清理难度很大。

另外，沿构造裂隙J12修建一条东西向的排水沟。在该段南部，排水方向为自北向南，朝石牛溪的排水沟流动。该排水沟与南北向的排水沟在空间布置上稍作重叠，以保证排水系统的连续性。

### 4. 第四段

第四段的主要特点是岩溶发育，排水沟在施工时可能会揭露较多的岩溶，为了避免岩溶部位的排水设施出现破坏，必须对岩溶洞穴采用灌浆、混凝土填埋或者预制板跨越等方式进行处理。

另外，石牛溪南北的截（排）水沟均向石牛溪溶蚀洞穴K1汇聚，由于水量较大，需要进行引导。决定布置一种现浇钢筋混凝土结构，实现水体的集聚和有序排放（图3.69）。

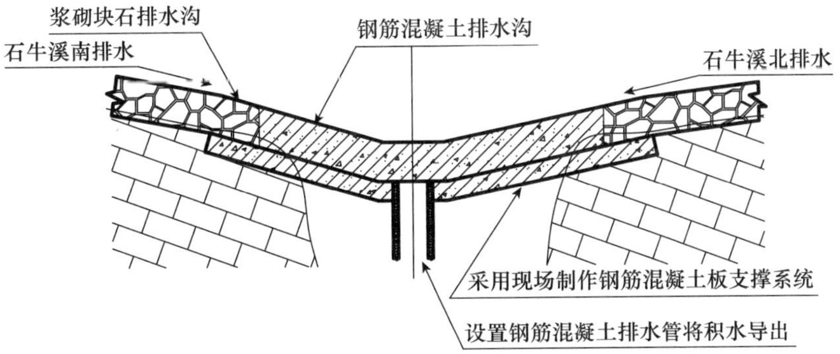


图3.69　石牛溪南北排水沟汇聚处处理方案

石牛溪北平台上部分积水通过该段南部排出，由于汇水面积较小，设置一根小型排水管即可。排水管伸入砂卵石排水暗道，下部（下为岩溶洞穴）布置一根垂直排水管。

### 5. 第五段

第五段的石牛溪南滑坡地段，采用挡土墙进行加固。在该段南天然冲沟处设置排水沟。

排水沟同平台之间的松散层，应全部予以清除，结合地形对平台进行整理。由于该处平台上地形比较复杂，需要对局部岩体进行人工修整，以利于在平台上铺设综合防渗层。

整个石牛溪南平台的积水均向北排出，排出口布置于现有排水沟的上部，顺层面裂隙将积水排出。

6. 第六段

该段的裸露基岩由北向南逐渐增高，南端为奉先寺排水沟终端，同时该处也是平台上方截（排）水沟的起始段。顺裂隙J59布设一根排水管，将来源于奉先寺的水体导出。排水管的安设、排水沟的连接，在详细设计时进行专门设计。

在裂隙J48以南、截（排）水沟以东的平台范围内，第四纪堆积物松散、层薄，其下部的岩体裂隙发育，分布有破洞、唐字洞、魏字洞等渗水比较严重的石窟。因此有必要对该范围内平台上的松散堆积物、树木、杂草进行清理，对揭露的裂隙进行灌浆处理。

## 二、奉先寺北—万佛洞段保护工程补充设计

2006年8月—2007年2月，奉先寺北—万佛洞段保护工程项目各实施单位，在完成地形测绘、工程地质、水文地质勘察、石窟保存状况调查、渗水病害调查后，形成了保护工程设计方案，并上报国家文物局审核。国家文物局于2008年1月下发《关于龙门石窟奉先寺北—万佛洞段保护工程设计方案的批复》（文物保函〔2008〕4号）文件，批复该方案。项目实施单位在国家文物局批复意见的指导下，对方案进行了修改完善，2010年8月完成《龙门石窟奉先寺北—万佛洞段保护工程方案补充设计》。

国家文物局的批复意见如下：

国家文物局《关于龙门石窟奉先寺北—万佛洞段保护工程设计方案的批复》（文物保函〔2008〕4号）方案批复意见：

一、原则同意所报方案和你局意见

二、对该方案提出以下意见：

（一）补充窟顶平台及斜坡岩体的裂隙分布图，以及包括截水沟与排水沟布置、连接在内的排水系统整体布局图。

（二）进一步完善排水沟的相关设计。如奉先寺北侧排水沟，不宜与工作区排水沟相通，可另设排水管道沿J59裂隙向下部排泄；排水沟穿越不同岩体，需保证岩体的稳定性，以避免因岩体错位造成排水沟断裂；完善排水沟断面的计算、坡度设置等；做好排水沟与岩体结合部位的防渗处理。

（三）补充裂隙灌浆工作的监测方案和堵漏措施，确保不对周边石雕造成污损。

（四）需考虑树木根系生长对平台防渗处理结构层可能造成的破坏，并补充相关预案。

（五）构筑挡土墙时，不得开挖或扰动坡脚，以免引起坡体的不稳定。

针对批复中的五条专家意见，分别补充设计说明。

1. 第一条意见的解决方案

补充了窟顶平台裂隙分布图和窟顶平台排水系统整体布局图。

2. 第二条专家意见的解决方案

完善相关设计。

（1）奉先寺北侧排水管道设计

1）J59裂隙灌浆。

在奉先寺顶排水沟北端，顺裂隙J59设置一根排水管道，就地将奉先寺的积水排向下部的观赏平台。

裂隙J59曾经采用过水泥砂浆封堵，但目前已经起壳。为了利用该裂隙设置排水通道，首先对该裂隙采用水硬性石灰灌浆的方案重新做防渗处理。

2）排水管道选择。

排水管道可选用钢筋混凝土管和经过防腐处理的铸铁管。考虑长久时效性等因素选用经过镀锌防腐处理的铸铁管。为防止杂草、树叶及碎石等进入管道造成堵塞，管口进口处需要在内部铺设适宜大小的铁丝网。

（2）排水沟设计

平台上方坡面截（排）水系统的布设。

由于坡面地形西高、东低，降雨向东汇集后，沿崖壁面形成坡面径流排泄，沿途遇到构造及卸荷裂隙即发生垂直向入渗。因此，修建截（排）水沟控制降雨沿西山坡面向崖壁面及洞窟区域的径流汇集入渗，成为控制水害的一个重要措施。

截（排）水沟修建时，截（排）水沟的沟底坡度宜顺坡就势、依据地形特征设置。在开凿范围内必然会揭露众多裂隙，裂隙会形成向下导水的通道，进而形成洞窟渗水的补给来源，所以排水沟开挖好后，首先进行清理，并在沟底进行裂隙灌浆封堵，然后进行排水沟的砌筑。

根据计算，截（排）水沟的有效断面尺寸为内侧底宽0.4m，高0.6m，沟底及两壁厚0.2m。沟底、两壁采用浆砌块石，砌筑砂浆采用M7.5，排水沟内壁两侧和底部采用15mm厚的M10水泥砂浆抹面。排水沟每隔10m设置一条伸缩缝，缝宽20mm，沥青填缝，缝两侧浆砌块石找平。

### 3. 第三条专家意见的解决方案

见下裂隙灌浆施工技术要求。

1）裂隙灌浆前进行封堵密闭性检测。主要检测裂隙封堵材料的密封性及与之交切裂隙的连通性，防止裂隙灌浆时跑浆，裂隙封堵固化24小时后，对裂隙封堵的密实性进行检测。

检测程序为：将其他灌浆管封堵，预留一个灌浆管压力吹风或压水，如果有漏气或漏水的地方，人工重新封堵。

2）注浆过程中派遣专人巡视，便于及时发现问题，及时处理。

3）裂隙灌浆施工注意事项：

裂隙灌浆采用压力灌浆。灌浆压力根据裂隙灌注情况，控制在0.5—3MPa。根据裂隙宽度进行调整，裂隙宽的压力和水灰比取小值。

浆液制备完毕后，首先从最下面的灌浆孔开始灌浆。灌浆时控制好灌浆压力和灌浆量，从低压力起，逐渐加压，直至灌满为止。然后用塞子封堵灌浆管。

4）灌浆过程中如发现冒浆、漏浆时，应视具体情况采用嵌缝、表面封堵、加浓浆液、限量、降低压力和间歇注浆等方法处理。

5）灌浆过程中出现漏浆较为严重现象时，停止加压注浆，对漏浆部位进行封堵后再进行施工。

### 4. 第四条专家意见的解决方案

补充防止树木类植物根系对平台防渗处理结构层产生破坏的预案：

1）平台裂隙之间生长的植物根系要处理干净，然后对裂隙采用水硬性石灰灌浆加固。

2）在土工布下部，采用灰土进行夯实回填，对局部地形进行调整，保证防渗综合体整体外倾。同时保证裂隙中处理不干净的植物根系不对防渗层造成破坏。

3）为防止和避免平台上后期生长的树木根系对平台防渗处理结构层的破坏，需每年定期派遣专人进行巡视和定期的检查维护。对于根系发达的树木类植物予以清除，保留根系较短的杂草类植物。定期检查维护每年至少进行两次，分别宜于春夏和秋冬交季时进行维护施工。

### 5. 第五条专家意见的解决方案

在施工技术要求里明确，构筑挡土墙应分段挑槽开挖，由两侧向中央施工，避免扰动坡体。

# 第四节　工程施工

## 一、施工管理

奉先寺北—万佛洞段保护工程具体施工部位主要根据现场渗水病害的分布情况及场地的施工条件所确定。施工内容包括渗水治理及危岩体加固两部分，涉及洞窟周边危岩体的治理、坡顶平台及窟内裂隙防渗、排导水设施的修建等工程。施工有可能涉及、危害石窟的整体稳定性、石窟内外壁面文物及游客的安全等。

工程主要处理措施有：

1）采用环氧树脂黏结和锚杆加固威胁洞窟周边的危岩体；

2）采用截流和铺设防渗层的方式阻止地表水渗入山体，对于渗水裂隙进行灌浆处理，阻断渗水通道，治理渗水病害。

龙门石窟世界文化遗产园区管理委员会委托河南省机电设备国际招标有限公司，代理龙门石窟奉先寺北—万佛洞段保护工程施工建设项目。招标公告于2011年9月5日至9月9日在“中国采购与招标网”发布，开标会议于9月27日举行。在投标截止日期前，有辽宁有色基础工程有限公司、河南省龙源古建园林技术开发公司、重庆市大足县（今大足区）盛煌建筑工程有限公司三家单位递交了投标文件。依据《中华人民共和国政府采购法》及招标文件要求，完成了开标工作，最终由重庆市大足县盛煌建筑工程有限公司中标。

奉先寺北—万佛洞段保护工程于2011年10月8日签订施工合同，10月15日完成施工测量放线，施工人员、机械设备进场等准备工作，10月30日工程正式开工。由于渗漏水治理工程的特殊性及综合考虑游客正常游览等方面的因素，工程施工断续进行，故而直至2014年5月20日全部完工。工程合同工期120天，实际施工工期170天。

## （一）工程实施严格的技术管理及质量控制

在施工过程中，全体管理人员严格执行国家和地方各级政府部门颁发的各项规范、规程和标准，严格执行本单位制定的各项技术和质量管理制度，严格执行岗位责任制，树立牢固的质量意识。

加强技术基础管理工作，认真执行图纸会审、方案措施编制、技术变更、技术处理、竣工资料、计量等技术基础工作管理制度。

开工前，施工管理人员和质检员认真熟悉图纸，领会设计意图，做好技术交底。施工中严格遵照设计、规范和规程中的有关规定。

各分项工程施工前，工程技术负责人或施工员应向作业工人、班组进行细致的技术交底。施工管理中，管理人员做到高标准、严要求、勤指导、勤检查，及时发现质量问题，及时整改。

放线后，施工员进行认真的自检，然后由专职质检工程师对轴线及标高等进行复查，合格后方能进行施工。施工过程中，施工员接受专职质检工程师、业主及现场监理的检查，并做好验收记录，同意后方能进行下道工序施工。

## （二）组织保证措施

1）建立以技术负责人为领导，项目经理直接控制，质检员为基层检查的多级组织保证体系，形成一个从项目经理到班组的管理组织网络。

2）建立健全可靠的技术、质量保证和监督体系，按有关要求配备工程管理人员，认真贯彻落实各项管理制度、法规和责任制。

3）推行全面质量管理，以项目经理部为核心，成立全面质量管理领导小组，负责领导该工程的全面质量管理工作。

4）施工材料检测。在整个工程中，对灌浆所用原材料进行抽检和试验，其中超细水泥、偏高岭土、硅粉、氢氧化钠等均为合格产品，材料的安全性满足文物保护区的施工要求。锚杆及抗滑桩所用钢筋、水泥、砂石等骨料经检验，全部合格，可以保证加固措施成型之后的安全性。

5）安全管理。由于本工程为景区文物保护工程，游客较多，安全工作是一项重中之重的工作。对进入施工现场的工作人员进行入场安全教育，学习本工程操作规程和有关安全制度，对特种工作人员按时发放劳保用品，场内进出口和危险区挂宣传画、安全标志或用语，工作必须戴安全帽，不许穿拖鞋、高跟鞋等施工作业，不许自上而下抛物。施工期间每天进行安全交底，把安全责任落实到人，每周举行一次安全例会。本项目设置专职安全员1人，负责施工安全工作，并根据国家规定和文物保护法规等结合本工程的实际情况，制定关于教育、检查、交底、活动等各项制度，并严格执行。严格执行相关操作规范的同时，在现场采取相应的安全防护措施，如安全防护栏、安全标志等，整个施工过程中，未发生安全事故及火灾事故，无一人伤亡。通过上述安全措施，本项目工程施工期间没有发生一起安全事故，完成了预期的安全目标。

6）文明施工。文物景区内施工，文明施工管理是整个施工管理的重要组成部分，组建文明施工的管理机构，建立完善的奖惩制度。在施工现场实行部分时段封闭的方法进行施工，在进行灌浆、施工垃圾转运、岩壁表面水泥浆液清洗等内容的施工时，对施工区域进行封闭，最大限度地保障游客的安全。景点封闭时间压缩到最短，尽量减少施工对游客安全的影响。在施工入口及周边区域修建宣传栏并书写宣传标语，并实行“门前责任三包”制度，采用先进的施工设备，降低噪声，对施工人员进行文明施工教育等措施。一方面加快工程进度，确保质量，另一方面做好文明施工。采用各种文明施工措施与游客保持良好的关系，尽量做到不影响游客的正常参观。

7）工程自检。工程于2014年5月20日完工，于2014年5月28日进行了自检，自检评定工程外观质量良好，工程总体质量合格。

## 二、工程实施内容

本次工程的施工区域为奉先寺北—万佛洞，施工内容围绕洞窟渗水治理及周边危岩、滑坡等安全隐患的治理展开。具体施工内容包括下面几个部分。

### （一）奉先寺北—万佛洞段窟内裂隙防渗工程

奉先寺北—万佛洞段清理裂隙的石窟主要包括万佛洞和双窑洞两个洞窟。清理窟内裂隙时，人工用竹签或铁丝掏出裂隙内的黏土、微生物以及钙质沉淀，用喷壶或高压水把裂隙内清洗干净。然后用水硬性石灰进行封闭，并在表面采用黏土进行二次封堵（图3.70、图3.71）。

具体施工内容见表3.6。

图3.70　封堵洞内裂隙

图3.71　封堵洞内裂隙

**表3.6　奉先寺北—万佛洞段窟内裂隙防渗工程施工内容**

| 分项工程名称 | 完工与否 | 完成工程量 | 备注 |
|---|---|---|---|
| 万佛洞窟内裂隙清理 | 是 | 191条 | |
| 万佛洞窟内裂隙清洗 | 是 | 191条 | |
| 万佛洞窟内裂隙封闭 | 是 | 191条 | 水硬性石灰封闭，黏土二次封堵 |
| 双窑洞窟内裂隙清理 | 是 | 79条 | |
| 双窑洞窟内裂隙清洗 | 是 | 79条 | |
| 双窑洞窟内裂隙封闭 | 是 | 79条 | 水硬性石灰封闭，黏土二次封堵 |
| 万佛洞及双窑洞文物遮护 | 是 | 270$m^2$ | 根据施工位置需要搭设脚手架 |
| 万佛洞与双窑洞搭设脚手架 | 是 | 290$m^2$ | |
| 万佛洞与双窑洞脚手架拆除 | 是 | 290$m^2$ | |
| 二次搬运 | 是 | 16t | 包括施工材料及机械 |

图3.72　边坡加固

## （二）奉先寺北—万佛洞段坡顶格构梁工程

万佛洞顶部存在不稳定土质边坡，边坡失稳之后会对万佛洞周边游客及文物的安全产生影响，为了加强边坡的整体稳定性，采用格构梁的方式进行加固。格构梁混凝土为C30，锚杆灌浆材料为M30的水泥砂浆，共使用8根锚杆（图3.72）。

具体施工内容见表3.7。

表3.7　奉先寺北—万佛洞段坡顶格构梁工程施工内容

| 分项工程名称 | 完工与否 | 完成工程量 | 备注 |
|---|---|---|---|
| 奉先寺北—万佛洞段坡顶格构梁坡面清理 | 是 | 90.62$m^2$ | 清理内容包括杂草、蒿草、灌木及小树等 |
| 奉先寺北—万佛洞段坡顶格构梁基槽开挖 | 是 | 12.2$m^3$ | 纵梁累计长度24m，横梁累计长度16.5m，基槽宽度30cm，深度30cm，开挖土体过筛将黏土回填 |
| 奉先寺北—万佛洞段坡顶格构梁锚杆钻孔 | 是 | 8个 | 与格构梁交叉处钻孔，孔径60mm，孔深6.2—6.5m，累计长度53.5m |
| 奉先寺北—万佛洞段坡顶格构梁锚杆支架 | 是 | 8个 | 锚固段3m |
| 奉先寺北—万佛洞段坡顶格构梁锚杆灌浆 | 是 | 8个 | 灌浆之前分两次压水，累计灌浆量为15.48$m^3$ |
| 奉先寺北—万佛洞段坡顶格构梁布筋 | 是 | 672.3kg | 纵筋为直径22mm的HRB335，箍筋为直径8mm的HPB235 |
| 奉先寺北—万佛洞段坡顶格构梁模板 | 是 | 22$m^2$ | |
| 奉先寺北—万佛洞段坡顶格构梁浇筑 | 是 | 12.2$m^3$ | |
| 奉先寺北—万佛洞段坡顶格构梁脚手架搭建 | 是 | 189$m^2$ | |
| 奉先寺北—万佛洞段坡顶格构梁脚手架拆除 | 是 | 189$m^2$ | |
| 二次搬运 | 是 | 80t | 包括施工材料及施工机械 |

## （三）奉先寺北—万佛洞段坡顶平台防渗工程

洞窟顶部平台微裂隙是地表径流的良好通道，坡顶平台的防渗处理有助于加强洞窟渗水的整体治理效果。坡顶平台的防渗处理主要包括平台顶部土层覆盖物及植被的清理、表面混凝土找平、平台表面铺设土工布及土工布表面土体回填几项内容（图3.73—图3.76）。

图3.73　平台防渗处理

图3.74　平台防渗处理

图3.75　平台防渗处理

图3.76　平台防渗处理

具体施工内容见表3.8。

**表3.8　奉先寺北—万佛洞段坡顶平台防渗工程施工内容**

| 分项工程名称 | 完工与否 | 完成工程量 | 备注 |
|---|---|---|---|
| 奉先寺北—万佛洞段坡顶挡土墙 | 是 | $3.2m^3$ | 挡土墙长15.8m，宽0.4m，高0.5m |
| 奉先寺北—万佛洞段坡顶平台清理 | 是 | $1133.6m^2$ | 清理内容包括覆盖土层及植被 |
| 奉先寺北—万佛洞段坡顶平台树木砍伐 | 是 | 456株 | |
| 奉先寺北—万佛洞段坡顶平台土石方开挖 | 是 | $2947.4m^3$ | 过筛后粉质黏土回填待用 |
| 奉先寺北—万佛洞段坡顶平台混凝土伸缩缝清理 | 是 | $0.6m^3$ | 清理35条，宽度20mm，深度100mm，总长度300.25m |
| 奉先寺北—万佛洞段坡顶平台混凝土伸缩缝灌注沥青 | 是 | $0.7m^3$ | |
| 奉先寺北—万佛洞段坡顶平台土工膜铺设 | 是 | $1133.6m^2$ | |
| 奉先寺北—万佛洞段坡顶平台土石方过筛 | 是 | $69.1m^3$ | 过筛后粉质黏土回填待用 |
| 奉先寺北—万佛洞段坡顶平台土工膜表面回填 | 是 | $340.1m^3$ | 土工布表面粉质黏土回填 |
| 奉先寺北—万佛洞段坡顶平台土工膜表面含砾黏土回填 | 是 | $2947.4m^3$ | 粉质黏土表面回填含砾黏土 |
| 奉先寺北—万佛洞段坡顶排水沟砌筑 | 是 | 215m | M7.5的水泥砂浆和片石砌筑排水沟，排水沟从两侧向石牛溪形成3°—5°的坡度 |
| 奉先寺北—万佛洞段坡顶防护 | 是 | $268m^3$ | 将开挖土石方装袋，垂直崖壁面顺序堆码在平台外沿 |
| 二次搬运 | 是 | 286t | 包括施工材料及施工机械 |

## （四）奉先寺北—万佛洞段坡顶危岩体加固工程

坡顶危岩体是奉先寺北—万佛洞段的安全隐患，危岩体失稳后直接对洞窟的稳定性及洞窟内文物的安全造成影响，同时也会威胁到下方游客的安全。针对该段的危岩体采用锚杆加固的方法进行治理，布置20根锚杆，锚固钻孔直径60mm，锚杆长度6—7m，锚固段长度30mm，锚杆安装完后对锚头进行做旧处理（图3.77）。

图3.77　危岩体加固

具体施工内容见表3.9。

**表3.9　奉先寺北—万佛洞段危岩体加固工程施工内容**

| 分项工程名称 | 完工与否 | 完成工程量 | 备注 |
| --- | --- | --- | --- |
| 奉先寺北—万佛洞段坡顶危岩体搭设脚手架 | 是 | 630m$^2$ | 根据实际施工位置的需要搭设脚手架 |
| 奉先寺北—万佛洞段坡顶危岩体脚手架拆除 | 是 | 630m$^2$ | |
| 奉先寺北—万佛洞段坡顶危岩体加固钻孔 | 是 | 20个 | 孔径60mm，锚固段30mm，累计长度123.7m，钢筋累计质量417.2kg |
| 奉先寺北—万佛洞段坡顶危岩体加固锚杆支架 | 是 | 20个 | |
| 奉先寺北—万佛洞段坡顶危岩体加固锚杆灌浆 | 是 | 20个 | 累计长度123.7m，累计灌浆量39.1m$^3$ |
| 奉先寺北—万佛洞段坡顶危岩体加固锚头做旧 | 是 | 20个 | |
| 二次搬运 | 是 | 126t | 包括施工材料与施工机械 |

## （五）奉先寺北—万佛洞段坡顶裂隙灌浆工程

针对位于坡顶浅表层的裂隙，用竹签或铁丝掏出裂隙内的黏土、植物根系等杂物，将清理出的垃圾装袋转移。用喷壶或高压水将裂隙内清洗干净，清洗过程中应注意对文物的保护。裂隙清洗干净后，用水硬性石灰对裂隙进行封堵，沿裂隙以20cm间距布置灌浆孔，孔深25cm，预埋高压管后对裂隙进行压水和灌浆处理。对于内部的隐藏裂隙，采用打深孔灌浆的方法进行封堵处理（图3.78、图3.79）。

具体施工内容见表3.10。

图3.78　裂隙清理灌浆

图3.79　裂隙清理灌浆

**表3.10　奉先寺北—万佛洞段坡顶裂隙灌浆工程施工内容**

| 分项工程名称 | 完工与否 | 完成工程量 | 备注 |
|---|---|---|---|
| 奉先寺北—万佛洞段坡顶裂隙清理 | 是 | 260条 | 累计长度475.7m |
| 奉先寺北—万佛洞段坡顶裂隙清洗 | 是 | 260条 | |
| 奉先寺北—万佛洞段坡顶裂隙封闭 | 是 | 260条 | 水硬性石灰按规定配合比封堵 |
| 奉先寺北—万佛洞段裂隙灌浆孔 | 是 | 1197个 | 沿裂隙间距20cm，孔深25cm |
| 奉先寺北—万佛洞段裂隙灌浆孔压水 | 是 | 1197个 | 分两次压水，累计压水量分别为18.53$m^3$、20.58$m^3$ |
| 奉先寺北—万佛洞段裂隙灌浆孔灌浆 | 是 | 1197个 | 累计灌浆量19.4$m^3$ |
| 奉先寺北—万佛洞段裂隙表面做旧 | 是 | 1465.7m | 裂隙共260条 |
| 奉先寺北—万佛洞段平台灌浆孔钻孔 | 是 | 20个 | 孔径50mm，累计长度66.6m |
| 奉先寺北—万佛洞段平台灌浆孔压水 | 是 | 20个 | 分三次压水，累计压水量分别为147.2$m^3$、147$m^3$、136$m^3$ |
| 奉先寺北—万佛洞段平台灌浆孔灌浆 | 是 | 20个 | 累计灌浆量149.3$m^3$ |
| 万佛洞北侧排水沟及上部崖壁灌浆孔钻孔 | 是 | 24个 | 孔径50mm，累计长度68.8m |
| 万佛洞北侧排水沟及上部崖壁灌浆孔压水 | 是 | 24个 | 分三次压水，累计压水量分别为168.4$m^3$、173.4$m^3$、161.9$m^3$ |
| 万佛洞北侧排水沟及上部崖壁灌浆孔灌浆 | 是 | 24个 | 累计灌浆量175.6$m^3$ |
| 莲花洞顶灌浆孔钻孔 | 是 | 49个 | 孔径50mm，累计长度400m |
| 莲花洞顶灌浆孔压水 | 是 | 49个 | 分三次压水，累计压水量分别为313.3$m^3$、325.5$m^3$、304.5$m^3$ |
| 莲花洞顶灌浆孔灌浆 | 是 | 49个 | 累计灌浆量330.7$m^3$ |
| 万佛洞北侧排水沟裂隙清理 | 是 | 1条 | 裂隙长21.6m |
| 万佛洞北侧排水沟裂隙清洗 | 是 | 1条 | |

续表

| 分项工程名称 | 完工与否 | 完成工程量 | 备注 |
|---|---|---|---|
| 万佛洞北侧排水沟裂隙封闭 | 是 | 1条 | 水硬性石灰按规定配合比封堵 |
| 二次搬运 | 是 | 35t | 包括施工材料与施工机械 |
| 万佛洞顶平台灌浆孔（后补）钻孔 | 是 | 64个 | 孔径50mm，孔深3—4.7m，累计长度237.5m，现在洞顶前、中、后三个部分各打一排灌浆孔，然后根据压水情况，逐渐加密 |
| 万佛洞顶平台灌浆孔（后补）压水 | 是 | 64个 | 分三次压水，累计压水量分别为449m³、461.7m³、433.1m³ |
| 万佛洞顶平台灌浆孔（后补）灌浆 | 是 | 64个 | 累计灌浆量470.7m³ |
| 万佛洞顶平台灌浆孔（后补）封口、做旧 | 是 | 64个 | |
| 灌浆时万佛洞窟内文物遮蔽 | 是 | 64m² | |
| 二次搬运 | 是 | 165t | 包括施工材料与施工机械（2013年6—12月施工期间） |
| 万佛洞顶部铺设土工布 | 是 | 50m² | 洞顶清理干净后表面铺设2cm水泥砂浆（1m³），初凝后表面刷三层防水涂料（45m²），涂料风干后表面铺设土工布，土工布对接处涂防水涂料，土工布表面回填粉质黏土 |
| 万佛洞顶部东南侧刷防水涂料 | 是 | 9.6m² | |

## 三、工程验收

在2011—2016年间，龙门石窟相继实施了擂鼓台水害治理工程、奉先寺北—万佛洞段保护工程、潜溪寺渗水治理工程三项以洞窟渗漏水治理为主，危岩体加固为辅的石窟保护工程，并称为“龙门石窟东西山渗漏水治理工程”。

擂鼓台水害治理工程、奉先寺北—万佛洞段保护工程合并招标，同期开工。潜溪寺工程2012年招标，2013年开工，陆续到2016年全部结束。三项工程都是在主体工程完工后，又经历了较长时期的观察，经过了多次补充施工的过程，因此，三个项目在2016年9月，才进行最终的项目验收。

2016年9月28—29日，洛阳市文物局在龙门石窟研究院组织召开“龙门石窟东西山渗水治理工程”竣工验收会，参与会议的有验收专家、设计单位、施工单位、监理单位及业主单位的相关人员。验收专家考察了工程现场，听取了施工单位、勘察单位、设计单位、监理单位的汇报，查阅了竣工资料，经质询讨论形成以下验收意见：

一、潜溪寺、万佛洞至奉先寺北段、擂鼓台渗水病害治理保护工程符合设计方案的要求，工程管理规范，竣工资料齐全完整，渗水病害治理效果显著，工程质量优良，同意通过验收。

二、治理工程重视施工勘察和信息化施工，专家团队全程参与及研究工作贯穿保护工程全过程的模式具有推广价值。

三、治理工程在灌浆材料上取得的研发成果应以推广，同时建议深化研究。

四、建议加强对工程的后期监测工作，系统整理施工资料和治理工程成果。

## 四、工程效果评估和认识

回顾龙门石窟的石窟保护工程，第一阶段，是以1971—1974年奉先寺的抢救性保护工程为代表，运用现代锚杆加固、化学灌浆等工程手段，成功实施了奉先寺九尊造像的保护修复。第二阶段，是1987—1992年“五年综合治理”，五年间以危岩加固为主，有计划地实施了东、西两山包括岩体和重要洞窟的保护，工程还涉及窟檐、游览栈道等保护设施的建设。

2011—2016年实施的“龙门石窟东西山渗漏水治理工程”，应该是以洞窟渗漏水治理为主开展的第三阶段石窟保护工程。

2010年国家文物局在四川峨眉召开“世界文化遗产大型石窟寺保护‘十二五’规划”座谈会，计划将敦煌莫高窟、云冈石窟、龙门石窟、大足石刻、乐山大佛五处世界遗产石窟寺列入专项保护规划。专项规划的指导思想和目标是初步建立以预防性保护为主的世界遗产地大型石窟的综合保护体系，建立五大石窟监测系统；实现规划、实施、监管、评估和反馈的循环机制；威胁石窟安全的主要病害得到有效治理；保护基础设施和技术水平得到提高；完成五大石窟寺安全防范设施建设；实现旅游、社会发展与遗产保护和谐共处，全面提升五大石窟寺的保护、研究、管理和利用水平。重点任务则包括：加强基础工作，建立石窟寺监测预警系统，石窟寺突出的水患问题得到有效治理等。

正是基于这样的大背景，加之龙门石窟洞窟渗漏水治理的紧迫现实，龙门石窟开始计划实施一批渗漏水专项治理工程。随之，将“擂鼓台水害治理工程”“奉先寺北—万佛洞段保护工程”“潜溪寺渗水治理工程”整合为“龙门石窟东西山渗漏水治理工程”作为龙门石窟渗漏水治理的首批实施项目。

“奉先寺北—万佛洞段保护工程”等渗漏水治理工程是龙门石窟在多年石窟保护

工程的经验积累基础上，对渗漏水治理的重新梳理和认识，相比以往的工程有了新的视角，新的技术手段。本书回顾总结“龙门石窟东西山渗漏水治理工程”的一些特点，作为认识、评估工程的参考。

## （一）保护工程效果评估

图3.80—图3.84给出了奉先寺北—万佛洞段主要洞窟治理前后的保存状态对比图。

a）治理前　　b）治理后

图3.80　万佛洞治理前后对比图

a）治理前　　b）治理后

图3.81　莲花洞治理前后对比图

a）治理前

b）治理后

图3.82　双窑洞治理前后对比图

a）治理前

b）治理后

图3.83　老龙洞治理前后对比图

## （二）几点认识

现将本项目的工程经验总结如下：

1）奉先寺至万佛洞段的平台地貌作为一个相对独立的水文地质单元，整体进行洞窟渗漏水治理，是合理可行的。奉先寺北—万佛洞段南北长约150m，集中了700余个洞

a）治理前　　b）治理后

图3.84　惠简洞治理前后对比图

窟，中、大型洞窟密集，洞窟与洞窟之间距离较近，地质条件相似，病害成因有相关性。因此，将这一区段作为一个整体统一考虑，整体布局截水、导水、堵水措施是合理且可行的思路。既可以解决区域多个洞窟的问题，又可兼顾到一个洞窟的措施对其他洞窟可能产生的不利影响。

2）抓住主要矛盾，解决制约整个区域渗漏水的关键点。该区段的平台体，聚集了洞窟上方山体的大部分降水，其中一部分进入洞窟，形成洞窟的渗漏水病害。因此，平台是这一区域洞窟渗漏的主要因素，如何使平台内的水快速有序地排泄，尽量减少其下渗，成为治理洞窟渗水的关键。工程中的治理措施主要集中在平台防渗、有效排水和裂隙封堵方面，从治理效果来看，洞窟渗漏量大幅减少，说明这一思路是有效的。

3）前期调研充分，细化勘察设计。工程的前期调研内容全面、翔实，尤其在裂隙调查方面做了大量工作，区域内调查裂隙124条，分别记录了裂隙类型、倾角、倾向和隙宽，并绘制成图表，进行统计分析，为工程设计奠定了基础。历史保护工程的状况调查，包括了材料性能、施工工艺的检测分析，也包括工程成败得失的客观总结，注重成功经验在后期设计中的应用。在设计中考虑到区段内由南至北地质条件有所差异，将一百余米的区段划分成六个小的区段，有针对性地分段设计治理措施，做到了设计精准。

4）崖壁裂隙封堵治理，未列入工程范围。在对奉先寺至万佛洞段进行勘察时，认为工程区范围内不存在大的构造形迹，对石窟渗水影响最为明显的就是各种切割平台岩体的裂隙，主要可以分为构造裂隙、卸荷裂隙和层面裂隙。因此在工程设计时以平台防渗和平台上方坡体裂隙防渗为主，崖壁裂隙没有作为主要的治理方面考虑。但是，在降雨时必然有部分雨水通过崖壁裂隙入渗洞窟，存在加剧洞窟渗漏水量的可能。在工程实施当中，虽然对此问题有所认识，因工程内容、工期等原因，没有能完全进行弥补，应当是工程的一个缺失。

5）注意灌浆的工艺方法，避免跑浆、漏浆，污染文物。在文物区施工，尤其是裂隙灌浆，一定要特别注意灌浆的工艺、方法，稍有不慎，就可能对文物造成不利影响，比如跑浆、漏浆，就会直接污损文物。工程设计时认为，注浆的主要对象是平台上的山体裂隙，且与下部龛窟距离较远，裂隙注浆压力一般对龛窟没有影响。设计批复的专家意见仍对此提出了专门的要求，增加了监测方案和堵漏措施，确保不对周边石雕造成污损。在补充设计上，针对性地增加了裂隙灌浆施工技术要求。虽然在本项目施工过程中，没有发生洞窟内部的跑浆、漏浆情况，但是在洞窟外部的崖壁，莲花洞外壁，发现有部分的白色盐分析出，疑似与灌浆和灌浆材料有关，应当引起重视。

“奉先寺北—万佛洞段保护工程”是龙门石窟在基本上完成了以岩体、洞窟稳定为主的抢救性保护工程以后，开展的以渗漏水治理为主的保护工程，具有一定的探索性和研究性。本项目所进行的区域水文地质单元划定、精细化勘察设计等对今后的工作都具有重要的意义，工程中表现的欠缺部分也必将为以后的保护项目提供经验。

总之，洞窟渗漏水治理的难度极高，客观上存在技术和经验等方面的难度，且存在反复性，因此洞窟渗漏水的治理仍将是长期而艰巨的任务。

## 第五节　项目相关保护研究

奉先寺北—万佛洞段保护工程是以渗漏水治理为主的保护工程。在该区段保护工程实施的同时，也进行了其他与水害治理有关的保护研究。该区段除了渗漏水病害，还存在小型窟龛的坍塌破坏。以683窟为例，在修复小型残破洞窟方面做了一些研究性的尝试。另外，渗漏水严重的洞窟，往往会在洞窟壁面凝聚碳酸钙沉淀物，覆盖雕刻品。为此，在莲花洞进行了清除沉淀物的试验，取得了较好的效果。

### 一、小型坍塌窟龛的修复

龙门石窟的雕刻造像多以洞窟或窟龛的形式存在，从保护的角度看，窟龛对于雕刻品起到了很好的保护作用。即使露天的摩崖雕刻品，在建造时也采取了一定的遮挡措施，比如依山势形成自然遮掩，或者加装石构防雨窟檐等。但是，在龙门石窟，受岩体裂隙切割、环境震动以及人为毁坏的影响，雕刻品及洞窟坍塌、缺失现象较为普遍，窟龛的不完整使本来受庇护于洞窟内的雕刻品直接受到雨水的冲刷和阳光的暴晒，加剧了风化等病害的发展。在不改变石窟原貌的前提下，对坍塌、缺失窟龛进行适当修补和复原，可使雕刻品免受日晒雨淋的侵蚀，进而起到积极的保护作用。

### （一）窟龛坍塌对雕刻品的影响

窟龛的坍塌、缺损使得雕刻品直接暴露在外，受雨水冲淋、阳光暴晒，诱发或加剧文物各种病害的发生发展。

1）雨水冲蚀：对于露天雕刻品，降雨的危害表现在雨滴的溅蚀和地表坡面径流的冲刷磨蚀作用。同时，壁面上的渗水中含有大量泥土、盐分，在水分蒸发后黏附在雕刻品或洞窟壁面上，破坏了文物原有面貌，降低了美学欣赏价值。

2）温度骤变：阳光的照射导致岩体温度快速升高，红外照相机对龙门岩体温度的观测，2004年6月21日下午3时，气温为38℃，西山露天石刻表面温度值在40℃以上，东山向阳面岩石表面温度在50℃以上，其中擂鼓台中洞外力士表面最高温度达56.5℃。如遇降雨，岩石温度骤间发生剧变，导致岩石发生物理风化，表现为风化、开裂、脱落等病害。

3）微生物生长：雨水的存在为各类微生物的繁衍创造了条件，微生物生命活动产生的各种有机酸和有机碱，能加速矿物元素的溶解，或在石雕表面形成一种有机金属化合物包膜，从而造成岩石的蜕化和病变。地衣、苔藓、藻类等孢子植物所产生的地衣酸等有机酸的络合作用，是加速矿物蜕变的一个重要因素。研究表明，微生物对岩石矿物的总分解能力远远超过所有动植物具有的总分解能力。生物作用带来的常见病变有：植物滋生、裂隙、侵蚀、结壳、生物绿锈等。

### （二）修复目的和原则

在龙门石窟，为保护雕刻造像免受日晒雨淋，石窟的修造者直接在雕刻造像上方凿刻凹槽、镶嵌石板的做法和遗迹并不鲜见。现代的保护施工中，龙门石窟20世纪90年代在宾阳三洞、摩崖三佛上部仿造前人的做法修建的水泥预制雨篷，也对洞窟造像起到了很好的保护效果。

目前在龙门石窟西山中段至南段区域，有大量的小型窟龛坍塌。对于小型窟龛如果采取适当的复建和修补措施，既不改变窟龛原貌，又能保护雕刻品，应当是一种积极的保护尝试。但是，窟龛和雕刻品是一个有机的整体，窟龛修复的目的在于重建洞窟的结构，恢复窟龛对雕刻品的保护作用，而非凭空臆想，再造一个完好的窟龛。因此在实际操作中，其一，窟龛的修复以体现保护目的为前提。其二，做到最小干预，体量上满足保护需要即可，可小于原有形制，不必恢复整个窟龛，不允许对文物造成新的破坏和影响。其三，注意与周边环境的融合，保持外观的整体协调性，同时，近观则要求具有可辨识性。其四，修复的可逆性，即不需要时可拆除或不影响采取其他的保护修复措施。最后，要求做好完备的文字、图片档案记录，包括修复前现状、修复过程和修复效果等。

## （三）龙门石窟683窟的修复

基于以上的目的和原则，对龙门石窟683号小型洞窟已坍塌的窟顶尝试进行了保护性修复。

### 1. 683窟保存现状及价值评估

683窟为唐代开凿的洞窟，位于龙门石窟西山老龙洞区域的崖壁上部。洞窟宽89cm，进深70cm，洞门宽78cm，厚23cm。三壁设坛，坛高14cm，西壁深13cm，侧壁深7cm。造一佛、二弟子、二菩萨像。主佛通高70cm、高肉髻、波状发纹、着通肩袈裟，施降魔印，结跏趺坐于束腰圆座上。二弟子立于束腰圆台上；北壁菩萨头残，左手执净瓶，右手侧举，立于束腰圆台上；南壁菩萨头局部残，佩项圈、腕钏，斜披络腋，下身着裙，左手托物于胸前，右手执巾于体侧，立束腰圆台上。整组雕刻品比例匀称、躯体丰满、面相圆润、隆胸细腰、典雅端丽。洞窟造像保存较为完整，尤其是主佛和二弟子像头部保存完整、容貌清晰，甚为罕有，堪称龙门石窟同等大小、类型，保存至今为数不多的精品之作。

### 2. 683窟病害调查

本次调查发现683窟存在8种病害，描述如下：

1）石窟围岩崩塌：窟顶及石窟南北两侧围岩已经严重崩塌。窟顶崩塌围岩南北宽275cm，高195cm，厚度26cm。南侧崩塌围岩南北宽95cm，高45cm，厚度26cm。北侧崩塌围岩南北宽106cm，高78cm，厚度22cm。围岩崩塌总面积约3.5m$^2$，残存的窟顶深度仅为12cm。

2）裂隙：洞窟内主要发育有一条同壁面平行的卸荷裂隙和七条近水平方向的层面裂隙。卸荷裂隙距壁面深度为27cm，张开度为0.1mm。七条层面裂隙均贯穿整个洞窟，裂隙表面被泥土填充均已闭合。

3）凝浆覆盖物：洞窟正壁和其上的三尊雕像（除主佛面部、右手前臂、右腿及坛中上部以外）均被沉积的凝浆覆盖。覆盖物为土黄色，较坚硬，厚度0.1—0.2mm，面积约0.85$m^2$。

4）生物：窟内除北壁菩萨及正壁主佛外，其余各处均有苔藓、藻类和霉菌生长痕迹。颜色由灰至黑，部分已经起翘，质地较软、易于清除，面积约1.82$m^2$。

5）空鼓：主佛左手有一处空鼓，面积约9$cm^2$。

6）块状脱落：主佛左手（20$cm^2$）、右手（12$cm^2$）、南壁菩萨头顶发髻部（15$cm^2$）、左脸部（30$cm^2$）、南侧弟子左肩部（10$cm^2$）都存在不同程度的块状脱落。北壁菩萨整个头部均脱落。

7）层状剥落：南壁菩萨身体内侧发育有大面积的层状剥落区，面积约为105$cm^2$。

8）溶蚀：由于长期受到雨水侵蚀，洞窟及雕像溶蚀较为严重，两弟子面部及衣着纹路虽然较为清晰，但由于受到溶蚀，表面强度较差，有风化的趋势。

由上面的病害描述可以知道，一千多年的岁月侵蚀已使该洞窟遭受了严重的破坏。该洞窟所处区域崖壁陡峭（倾角约为90°），在重力的作用下，极易产生卸荷裂隙，进而使围岩崩塌。目前该洞窟中、上部围岩崩塌严重。由于围岩崩塌，石窟失去了保护屏障，长期以来，崖顶雨水沿壁面下泄至洞内，致使洞窟和雕像被沉积的凝浆所覆盖，并且生长有苔藓、藻类和霉菌等多种生物。这些生物死亡后形成一层黑色的薄层，覆盖在雕刻品的表面，直接影响了石窟艺术价值的展示。同时，雨水又会对石窟雕刻品造成溶蚀，降低表面强度。另外，窟顶坍塌致使太阳光线直接射入洞内，加速雕像风化。因此，需必要的措施，修复窟顶，有效地保护该洞窟和洞内精美的雕像。

### 3. 窟顶修复预期

对于该洞窟采取的最重要的修复措施是考虑将窟顶复原，即采用同类型的石材，通过锚固黏合的办法，依照现有窟龛的形制，复制一部分窟顶，阻断雨水顺流而下的冲淋作用，遮挡阳光对洞窟的直接照射，保护雕像。

### 4. 修复工艺及过程

材料和工具：石材（自然崩落的山体原石，数块）、环氧树脂胶泥、聚酰胺、丙酮、大力士胶、12mm螺纹钢等；切割机、钻机（16mm钻杆）等。

修复工艺：修复工艺分7个步骤，描述如下：

1）清扫。将石窟围岩及石材清扫干净。

2）选石。选取大小、颜色合适的石材，摆放在要修补的位置上，通过比较选出最为合适的石料，内侧面用切割机切割成需要的形状，以适合石窟围岩为宜。

3）钻孔。由于石窟围岩崩塌面陡峭，要补的石块黏结时没有依托，不容易黏牢。

因此，必须要钻孔锚固，才能保证修补窟檐的稳定性。用钻机在石窟围岩和选好的石块相应的位置上打孔，孔的数量和深度根据石块大小、重量来确定。钻孔时应注意不要将石块穿透，以免影响外观效果。

4）锚固。根据钻孔深度截取锚杆（12mm螺纹钢），将锚杆插入钻孔内，初步固定好石块，将石块调整至最佳位置后，取出锚杆，在孔内填入预制好的环氧树脂胶泥，再插入锚杆固定好石块。本次修复一共锚固石块4块。这些石块按石窟顶部形制，修成券形。

5）填缝与黏结。石块与石窟围岩之间以及石块与石块之间较宽的缝隙用碎石填补，用环氧树脂胶泥黏结。对于没有支撑点支撑的填补碎石，先用大力士胶粘住，固定以后，再填入环氧树脂胶泥黏结。

6）灌浆加固。对于细小的缝隙和没有填补的部分，最后灌入环氧树脂胶，将整个窟檐黏结为一体，增加窟檐的牢固性和稳定性。注意在灌浆前，要将所有缝隙都用环氧树脂胶泥封好，预留出灌浆孔进行灌浆。

7）修滴水檐。在窟顶易有回流水的部位用环氧树脂胶泥做滴水檐，防止雨水沿窟顶回流入洞内，降低窟顶的防水效果，本次修补的窟顶按照这种做法，一共在两处位置做了滴水檐，经模拟试验，效果良好。

图3.85为683窟的修复过程记录。

### （四）修复效果评估

本次窟龛修复，采用的是自然崩落的山体原石，色泽同石窟岩体大体接近。修复的窟顶尽量同周围的崖壁岩体协调一致，尽可能地减少人工附加的痕迹，比较自然。修补后的窟顶深约35cm，比原有残存窟顶增加了24cm，增加幅度不大，外观看来仍然是一个坍塌的窟顶，没有改变大的原貌。但是可以有效阻止雨水对雕像的冲刷溶蚀，避免苔藓等生物的繁殖生长带来的破坏，如图3.85所示。复原的窟顶有良好的防雨、防水和遮挡阳光的功能，能够起到保护洞窟内雕刻品的作用，达到了预期的修复目的。

### （五）修复工艺在1089号窟上的应用

利用上述修复的理念和方法，可对露天碑刻等类似的雕刻品做适当的防水处理。

1089号窟的“唐故岐州刺史陇西李府君香城述”碑位于龙门石窟西山中段破窑上方的崖壁上，是一方露天碑刻，原碑上方有檐，现已崩塌，仅存残迹。如遇降雨，坡面径流直接冲刷碑体，加装碑檐则能改善碑刻的保存状况。

a）683窟窟顶修复前　b）683窟窟顶修复中—1

c）683窟窟顶修复中—2　d）683窟窟顶修复后

图3.85　683窟窟顶修复前后的比较

做法是选取两块与碑刻周围岩石质地相同、色泽接近的自然石块。将其加工成石板，对接在一起，用7根12mm螺纹钢锚固在碑刻上方，石板之间以及石板与壁面间的空隙用环氧树脂胶泥填实黏牢。做成的碑檐厚度约5cm，深约20cm，宽度略宽于下方的碑刻。碑檐的边缘保持自然石的原貌，使之能同周边地貌融为一体，视觉上比较理想，保护效果较好。

修复前后的对比见图3.86所示。

## （六）问题与讨论

在龙门石窟的两千余个窟龛中，窟龛残损的数量众多，特别是小型窟龛。上述两例只是窟龛修复的尝试性工作，如进行大规模的修复活动，尚有一些技术问题不可回避。

1）窟龛修复的体量问题。为了保持文物景观原貌，窟龛修复的体量需要尽可能地小，但实际上降雨的情况是复杂的，受雨量、风力等影响，水流并不是缓慢平稳的。过小的窟龛体量，难以起到阻隔水流的作用，更难以起到遮挡阳光的作用。在这一对

a）加装碑檐前　　　　b）加装碑檐后

图3.86　1089号窟碑加装碑檐前后的对比

矛盾中需要根据实际情况寻求较为理想的平衡点。

2）窟龛修复的材质问题。修复的材质选择一般来讲，希望选用与原文物材质相同或相近的材质。龙门石窟的窟龛修复，采用了龙门山原有的石材，石材的质地与原窟龛相近，色泽较为协调。其缺点一是重量太大，二是难以造型，尤其对于整个窟龛近乎完全毁坏的，选用石材修复，有一定的困难。

另加，选用石材修复坍塌的窟龛，还必须考虑基岩的稳定性问题。因为必须用锚杆锚固石块，所以先要了解被锚固处基岩的性质。如果基岩已经破碎或强度较差，强行锚固就会对基岩产生较大的破坏，也会直接影响锚固后的稳定性，因此不适合用石块锚固修复。针对这样的情况，可以考虑改用其他轻型材料。683窟和1089窟均处于巨厚层灰岩岩体上，岩层厚度为1—3m，完整性和力学强度都很好，根据实验，其抗压强度为10.62—13.99kPa，抗拉强度为0.29—0.32kPa。而被锚固石块体量较小，一般不超过20cm × 10cm × 5cm，相对基岩来讲重量也较轻，一般小于3kg。在这种情况下，不仅能够保证锚固的稳定性，对基岩产生的影响也较小。

3）黏结材料的老化问题。黏结材料的稳定性和耐老化也是应当关注的问题，在石材的黏结加固中，环氧树脂是经常采用的黏结剂，但其耐紫外线的性能较差。此次修复的石块间的黏结主要使用了环氧树脂胶泥，对于胶泥未填充到的部位，灌入环氧树脂浆液，一是起到强化黏结效果的作用，二是防止新修窟檐漏水。环氧树脂浆液在内部，不直接暴露，耐老化性较强。直接暴露在外部的胶泥，由于加入了填料（石粉和石英砂），增强了耐水性、耐紫外线和耐老化性。20世纪70年代初，龙门石窟就用环氧树脂胶泥进行过裂隙表面封堵。现在已经过去了30多年，效果依然很好，可见环氧树脂胶泥具有良好的耐水性、耐紫外线性和耐老化性，能够满足黏结的需要。

### （七）结论

1）通过对龙门石窟683号洞窟坍塌窟顶的保护性修复，选用石材在坍塌洞窟恢复小体量窟顶的修复方法，对石窟外观的改变不大，又可以解决雕刻品直接受到日晒雨淋的问题。

2）黏结材料采用环氧树脂胶泥，具有良好的耐水性、耐紫外线性和耐老化性，能满足黏结的需要。

3）试验表明，选用石材在坍塌洞窟恢复小体量窟顶的修复方法，值得推广应用于其他露天摩崖石刻的保护中。

## 二、石窟雕刻品覆盖溶蚀物的清除

龙门石窟位于寒武系碳酸盐岩层中，溶蚀病害除直接破坏石窟艺术雕刻品外，还在石窟雕刻品表面产生碳酸钙沉淀物，覆盖雕刻品，使石窟艺术品丧失其原有的价值。岩石的矿物组构是导致岩溶的主要内在因素，雨水的渗入是岩溶的外在诱因。

溶蚀病害根据其作用机理可分为溶蚀和沉淀堆积物覆盖两类。

溶蚀作用在洞窟岩石中形成大小不同的溶洞、溶沟或溶孔。龙门石窟立壁岩体中除个别大的溶洞外，一般溶洞直径为20—50cm，多呈椭圆状，沿裂隙展布。溶沟一般宽2—5cm，溶孔直径一般为0.6—5cm。这些溶蚀病害造成了立壁岩体的空架结构，降低了岩体的强度，破坏了洞窟立壁和雕刻品的完整性。

由溶蚀作用形成的沉淀堆积物覆盖石窟立壁雕刻品，其覆盖率一般为10%—30%。岩溶堆积物的产生与岩层产状有关，龙门西山的地层向北倾斜，洞窟开挖截断了层面裂隙，导致洞窟的南壁和窟顶岩溶堆积病害特别严重。

岩溶堆积物从颜色上可分为褐黄色、灰白色、灰绿色和灰色四类。褐黄色的堆积物多为早期溶蚀作用形成，经风化后，质地较疏松，常呈颗粒状或粉末状堆积，在岩壁上的附着力较弱。灰白色的岩溶堆积物的形成时期晚于褐黄色的堆积物，质地较坚硬，在岩壁上的附着力较强。灰绿色的岩溶堆积物多出现在渗水裂隙的下方，绿色物质为苔藓类物质，堆积物表面在雨季常可见潮湿带，在潮湿带内常有苔藓、霉菌等生长。灰色的岩溶堆积物表面常呈网状、石钟乳状结构，质地坚硬，其表面常残留有苔藓、霉菌等生物的残骸。

因裂隙通道变化，早期的岩溶堆积物表面常覆盖有近期的堆积物，这些岩溶堆积物覆盖石窟艺术品，使其丧失了原有的文化内涵。

### 1. 莲花洞岩溶堆积物现状调查

莲花洞窟顶厚度较薄，仅为5m。洞顶地表地势平坦，植被发育，降雨形成的地表径流迟缓，很容易沿与洞顶地表相连通的卸荷裂隙流入洞内。而下渗的雨水，碰到岩体中层面时则可以沿层面倾斜方向自南向北渗入洞内。沿卸荷裂隙直接渗入而导致的洞内渗水点或渗水线大都位于洞顶，渗水时间延滞较短。沿层面经过自南向北的渗透之后，在洞壁上的渗水点或渗水线主要分布于洞窟的南壁，在雨后延续一定时间不会很快消失。

可溶性的岩体和错综复杂的渗漏通道是导致莲花洞溶蚀病害产生的主要原因。

溶蚀物的形成同渗水裂隙密不可分，裂隙的渗流区域也是溶蚀物的主要覆盖区。根据现场调查，莲花洞内分布裂隙14条，可见渗水点40个，溶蚀物覆盖面积30%。

### 2. 覆盖溶蚀物的清除试验

本次清除试验在莲花洞选择了两个代表性小龛。南壁小龛位于11号裂隙，在南壁的渗流区域，北壁小龛位于6号裂隙，在北壁的渗流区域。

通过对莲花洞的凝浆覆盖物的研究，沉淀物的沉积厚度最厚可达5cm。其成分单一，质地疏松，孔隙明显，存在机械清除的可能性。

先在没有雕刻品的壁面上，试行清除溶蚀物。首先采用适度点击方法，以分裂溶蚀物板块，再以木质或竹质等硬度较低的工具，采用机械清除的方法，逐次去除，达到预期目的。然后，再在莲花洞南北两壁各选择一处溶蚀物覆盖的雕刻品，进行清除。清除效果较好（图3.87、图3.88）。

图3.87　南壁小龛清除效果

图3.88　北壁小龛清除效果

### 3. 试验结果及相关问题的讨论

南壁清除后，呈现在我们面前的是一方形帷幕龛，造一佛、二菩萨像。北壁则是一方形塔龛，龛内造一座覆钵式塔。

南壁方形帷幕龛，高20cm，宽23cm，深3cm，造一佛、二菩萨像。主佛通高18cm，高肉髻，面相清瘦方圆，着褒衣博带式袈裟、僧祇支，左手下垂，右手置于胸前，结跏趺坐（露右足）于方座上，座前衣纹呈两层。胁侍菩萨像戴冠，面部不清晰，披巾身前交叉后绕臂下垂，双手合十胸前，立于龛底。

北壁方形塔龛，龛高59cm，宽30cm，深3cm。龛内造一覆钵式塔，高43cm，塔身宽29cm。上承漫圆形的覆钵丘，角饰山花蕉叶。塔刹高10cm，刹座为二层方形，山字形刹尖，三角形三宝镖。塔身正中刻外方内圆龛，造结跏趺坐佛一尊，通高18cm，高肉髻，面及腹部以下残，着双领下垂式袈裟、僧祇支，衣角遮过腹前搭左臂上，左手残，右手置于胸前，施说法印。龛外两侧造二菩萨，左侧像戴冠，面部侧向主佛，披巾身前呈“×”形交叉，双手合十胸前，足部以下残失。右侧像戴高冠，脸部侧向主佛，雕刻精细逼真，足部以下残失，其余均同左胁侍菩萨像。塔下原有造塔记，已被盗凿。今据水野清一、长广敏雄所著《龙门石窟的研究》补之：“建义元年十一月／廿三日比丘尼道慧／石浮图一区愿一切／法界有刑之伴口／勉苦患又原己身／涅洹贫乏苦恼／众生一时成佛。”

通过这次溶蚀物清除和清除后雕刻品的分析，有如下收获：

1）南壁小龛的完整和洞窟内其他龛像的被毁坏，两者鲜明的对比和反差说明，溶蚀物病害在石窟遭受大规模人为破坏之前已经开始，换言之，这种病害可能在洞窟开凿后不久即已发生。溶蚀物病害客观上保持了雕刻品的完整，丰富了龙门石窟的内涵，同时为我们了解这种病害发生的时间提供了佐证。

2）北壁佛塔的完整再现，补充并纠正了以前对覆钵式塔的一些认识。以前学术界同仁认为，这种塔形窟和塔形龛在北齐响堂山石窟中出现，并迅速波及其他地区，对隋代石窟造像影响颇大，以宝山灵泉寺石窟最为典型。而这次清除溶蚀物后呈现出的建义元年佛塔（528年），再联系第726龛佛塔和第1034窟南壁佛塔，表明覆钵式塔最迟在北魏晚期龙门石窟中就已经出现，并形成了一定的雕造模式，最终在东魏北齐时期形成规模营造，出现塔形窟和塔形龛。

总之，随着溶蚀物清除工作的逐步进行，相信会有更多、更精美的石窟雕刻品再现人间，也会为石窟研究和保护提供更多更直接的资料。

# 第四章　擂鼓台水害治理工程

## 第一节　工 程 概 况

### 一、工 程 简 介

#### （一）区域概况

擂鼓台位于龙门东山万佛沟南侧的山腰上，整体为一个东南—西北斜向延伸至伊河的山嘴（图4.1）。擂鼓台位处龙门石窟最南端，北端突出至伊河，南端为以圆砾和黄土为主的阶地堆积物形成的山坡。其名不见于清代以前的文献记载，关百益1935年出版的《伊阙石刻图表·石窟表》中记录了关于擂鼓台之名，“俗传武则天时曾在此处置擂鼓之司，因此擂鼓名”。20世纪初日本学者所摄照片显示，当时擂鼓台窟前岩体表面有覆土形成的斜坡，坡外有一平台，其前下方有南高北低的坡路，坡路下即伊河河谷。其后，历次人为活动逐渐改变了照片所示地貌，特别是80年代在窟前斜坡外平台上修建了南、北、西墙，构成一座院落，仍沿袭旧名，称其为“擂鼓台”。2008年，窟前遗址发掘，清理后的地貌呈现自西向东而上的四级阶地：底层为高程148m的伊河河谷，其上约12m凿山而筑的旧洛汝公路形成一级阶地，二级阶地为清理出的唐宋时期的窟前道路，高于一级阶地4—8m，其上3—4m的窟外平台为三级阶地（图4.2）。

擂鼓台区域以并列开凿的北、中、南三洞为主体。在人民美术出版社1994年版的《龙门石窟窟龛编号图册》中，擂鼓台南洞编号2050窟，中洞2055窟，北洞2094窟。擂鼓台三洞窟，是先在自然山体凿出竖直外崖壁面后，再向内开凿而成。洞窟朝向西北，外崖壁北端略折向东，窟外崖壁面雕凿有大量的小型窟龛，集中分布于北洞以北区域，共计89个窟龛（图4.3、图4.4）。窟外平台以中洞为界，南端经人工修筑，立面平整；北端保持自然风貌，不甚规则。

擂鼓台区域石窟所在岩体为中寒武统碳酸盐岩体，岩性为石膏化微—细晶灰岩，岩体上覆盖第四纪土层。擂鼓台石质因含有泥质条带夹层，抗风化能力弱，造成保存

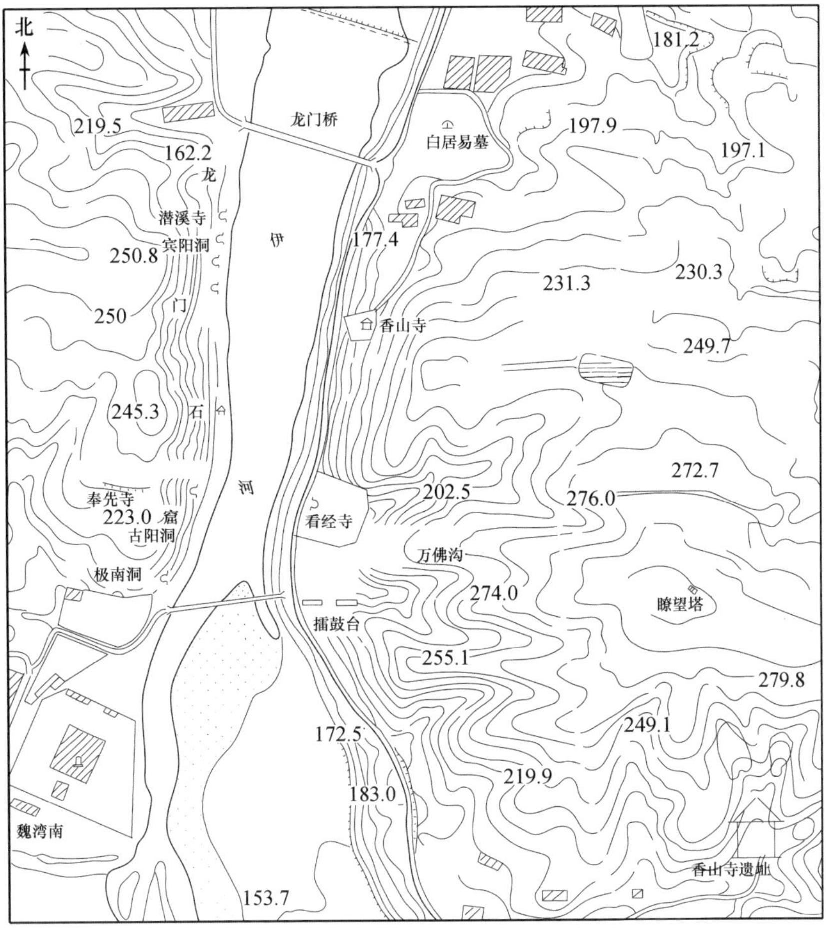


图4.1　擂鼓台位置图

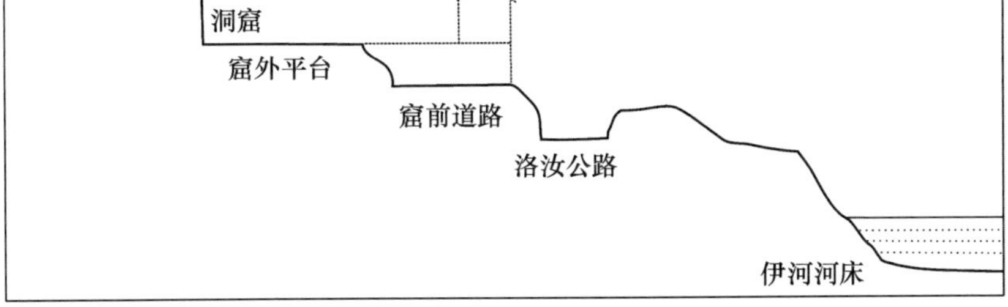


图4.2　擂鼓台地貌示意图

H4
5-2
6-4
6-3
6-1
5-6
6-14
6-13
6-10
5-14
5-13
6-15
6-26
6-6
5-32
6-18
6-35
6-32
6-31
6-30
6-23
7-3
7-2
7-1
6-36
6-35
6-34
8-1
8-2
0
400厘米

图4.3　擂鼓台区域总立面图

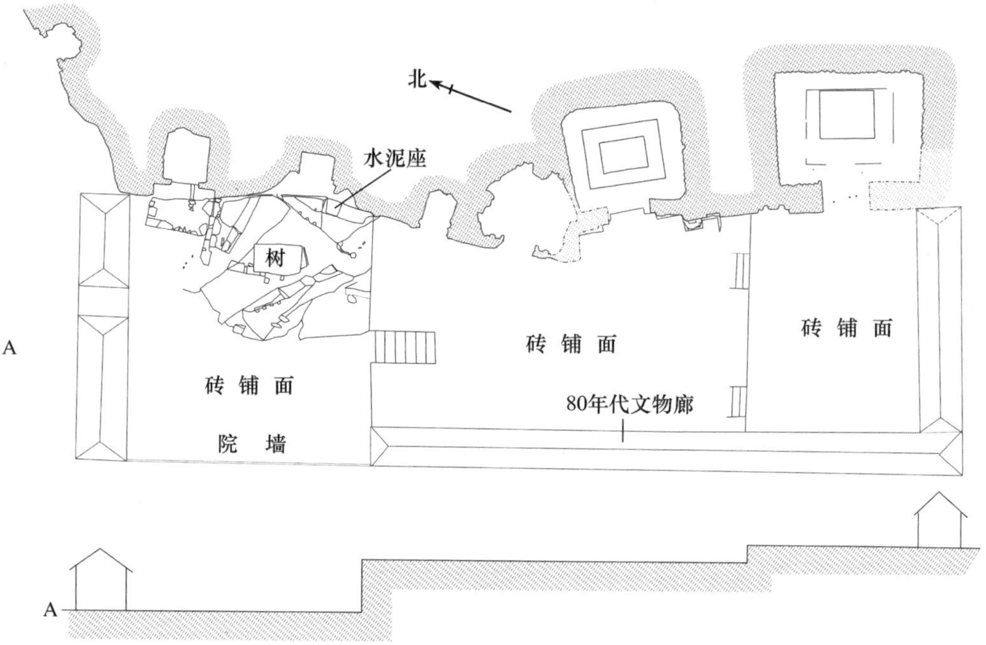


图4.4　擂鼓台区域总平面图

状况较差，尤以外壁面的露天雕刻风化最为严重。北东向的部庄断裂形成的一条大裂隙斜穿擂鼓台三大洞窟，卸荷裂隙、构造裂隙和层面裂隙交错分布，形成裂隙网络。除造成岩体分离脱落外，洞窟也因此有明显的渗漏水现象，加剧了危岩崩塌和雕刻风化病害。

## （二）擂鼓台水害治理工程概况

擂鼓台为东山石窟区开凿较早、规模较大的一组洞窟，由北、中、南三洞及窟外崖面多个小龛构成相对独立的区域。区域南北长50m，治理范围约1500m$^2$。该区域受地形与地质条件控制，渗水量大，渗水形成的病害严重。20世纪90年代，在龙门石窟的综合治理工程项目中，曾经对该区域石窟进行过渗水治理工作，对石窟保护起了一定的积极作用。但随着时间推移，石窟内部渗水又不断加剧，亟待采取治理措施。

2008年11月龙门石窟研究院与中国地质大学（武汉）、中国文化遗产研究院合作进行地质勘察和保护工程设计。2009年4月，完成《洛阳龙门石窟擂鼓台渗水治理工程勘察报告》。勘察报告中包含擂鼓台区域的地质调查、区域裂隙调查、擂鼓台主要洞窟病害现状调查、擂鼓台风化现状分析、擂鼓台渗水成因分析、擂鼓台区岩土土体稳定性分析等内容，并对擂鼓台区域渗水治理设计方案提出建议。

2009年12月完成保护方案的设计工作，提交《洛阳龙门石窟擂鼓台水害治理工程设计》。工程设计内容包括擂鼓台顶部水害治理工程和危岩体与滑坡治理工程，水害治理工程又包括裂隙灌浆工程、平台防渗工程、截（排）水沟工程、南窟窟顶特殊防渗工程等。

2010年1月龙门石窟研究院上报“洛阳龙门石窟擂鼓台水害治理工程设计”的请示，同年8月得到国家文物局批复（文物保函〔2010〕896号）。原则同意该工程方案，并提出尚需修改和完善的七条意见：灌浆材料的前期试验和评估；明确灌浆时对周围石刻可能产生的不利影响；截水墙的高度避免对石窟景观造成不利影响；补充南窟顶特殊治水防渗工程设计；进一步细化危岩体保护措施；补充对考古发掘平台的保护措施；统筹考虑南窟窟顶治水防渗和屋顶重砌工程与下阶段开展的南窟结构抢险加固工作的衔接等。

龙门石窟研究院与中国文化遗产研究院按照国家文物局的专家意见与建议，分别就七项意见进行补充与修订。2010年9月完成《龙门石窟擂鼓台水害治理工程补充设计》。

龙门石窟研究院于2011年9月对项目进行公开招标，重庆市大足县盛煌建筑工程有限公司（文物保护工程施工一级资质单位）中标项目施工。河南东方文物建筑监理有限责任公司（文物保护工程甲级监理单位）负责项目监理。龙门石窟研究院石窟保护中心李心坚为项目负责人。

2011年10月15日，龙门石窟研究院组织项目专家，勘察设计单位、施工单位、监理单位召开项目技术交底会，项目专家黄克忠先生、勘察设计施工监理单位方云、王金华、刘祥友、高中明以及龙门石窟研究院李随森、陈建平、高东亮等参加会议。会议就工程的设计原则、设计意图、施工难点、要点以及施工中容易出现的问题等进行了全面的技术交底，其后，各方结合设计方案、国家文物局批复意见和现场考察情况对施工的有关问题进行了现场答疑和充分的沟通。

“龙门石窟擂鼓台水害治理工程”于2011年10月15日开工实施。2012年7月，除裂隙灌浆外，其他平台防渗、排水沟、挡水墙、危岩体加固等工程基本完工。工程因灌浆材料问题暂停，有待灌浆材料另作专项课题研究。通过一年的渗漏水观察，对渗漏原因进行了深入的分析研究，制订出了针对性的防渗漏灌浆处理方案，于2013年6—9月擂鼓台三洞渗漏水治理工程继续进行。之后，陆续多次实施补充灌浆作业，直至2014年5月工程全面结束，断续施工近4年。之后进行了为期两年的治理效果观测与验证，于2016年9月通过专家组验收。

该项工程完成的主要内容包括：擂鼓台顶部水害治理、裂隙灌浆、平台防渗、截（排）水沟修筑、南窟窟顶专项防渗、危岩体治理、南侧滑坡体治理等。工程共完成裂隙灌浆钻孔200余个，裂隙封闭钻孔1000余个，裂隙灌浆100余吨，防渗层铺设面积约为854m$^2$，修砌截（排）水沟挡水墙约180m，以危岩体崩塌为主治理危岩体9处，修建抗滑桩4个等工作。

擂鼓台三洞渗漏水治理工程实施过程中，建设方、施工方、设计方等相关单位通力合作，对工程实施过程中发现的问题及时沟通，随时组织专家召开会议协商讨论，共召开专家会议5次以上，尽可能以最优方案解决问题。尽管因研发合适的灌浆材料影响了施工进度，但灌浆加固效果得到了保障。工程在施工过程中，运用新的封缝技术，既保障了封缝效果，又避免环境对工程施工造成的影响。

工程完工以来，经过连续观测，区域内各洞窟渗漏水病害、危岩体和滑坡病害均得到了有效治理，工程效果显著。

擂鼓台水害治理工程的同期，国家文物局2012年（文物保函〔2012〕309号）批准实施遗址保护展示博物馆建设工程。因此，针对擂鼓台三洞窟前唐代建筑遗址实施了遗址保护工程，2012年6月开工，2013年4月结束。工程主要内容包括擂鼓台三洞窟前排水、遗址坡面防渗、遗址地面保护、唐代台阶及宋代石墙保护等。

## 二、工程区域重点洞窟及其病害调查

### （一）擂鼓台南洞

进深790cm，宽788cm，高600cm。整个洞窟略成方形，窟顶为覆斗形，开凿于武则天时期（690—704年）。窟内中央高坛上置头戴宝冠的结跏趺坐佛像，束腰座部雕四身踏地鬼的天王像。

洞窟内四壁无主像，但四壁及窟顶雕满了结跏趺坐于莲座上的小型坐佛。这些小型坐佛横向成排、上下交错对应，现存有765尊。小型坐像高30—40cm，头戴宝冠，身佩璎珞、项饰和臂钏，施禅定印、降魔印或转法轮印，兼有佛和菩萨的特征。这种造像和布局在全国石窟中罕见（图4.5）。

洞窟内的地面中央砌有方坛。坛，梵语“曼陀罗”，是佛教名词，实际上就是筑起一个方坛、土坛。密教修行时，为防止“魔众”入侵，在修法处划一圆圈或建一方坛，有时还在上面画佛、菩萨等，而划有圆形或方形的修法地方就是坛场或称为曼陀罗。

擂鼓台南洞前半部洞窟坍塌，后经人工修补，现状为青砖起拱，并部分充填砌石成形。洞窟的渗水大部来源于窟顶人工砌体与山体的衔接部位，该处山体裂隙发育，同时人工砌体与山体之间连接不好，开裂严重，构成良好渗水通道，导致在窟顶出现大量渗水。主要病害表现为裂隙、渗水、缺失、烟熏、风化（图4.6、图4.7）。

a）北壁

b）南壁

c）东壁

d）西壁

e）顶壁

f）外壁

图4.5　擂鼓台南洞

### 1. 裂隙

南洞可见裂隙标记为JS1—JS18，分述如下。

JS1：分布于北、南、西、顶部，卸荷裂隙。自南墙佛像中间穿越莲花台中央至人工砌砖拱墙，随拱向北、向下延伸至西壁，该裂隙是一条重要的贯穿裂隙。

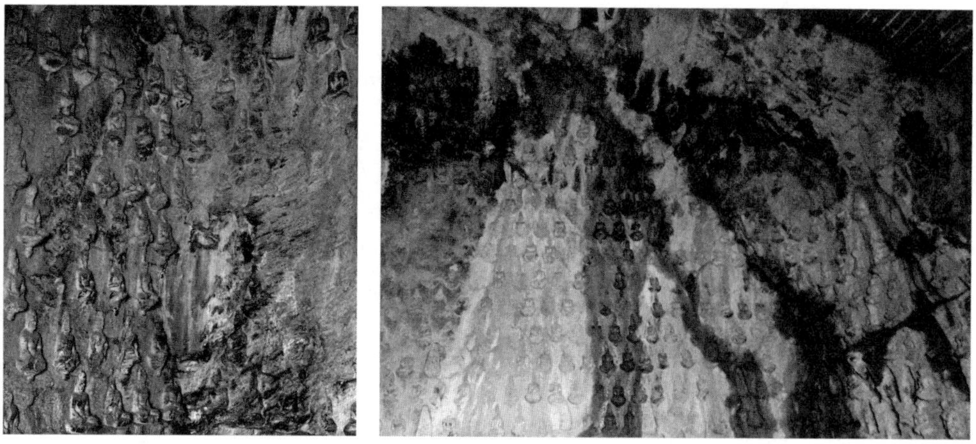

a）擂鼓台南洞壁面及雕刻缺损　　b）擂鼓台南洞裂隙渗漏水

图4.6　擂鼓台南洞病害

JS2：分布于北、东、南、顶部，卸荷裂隙。裂隙从地面处（底端距南壁90cm）起，向北斜上与窟顶相交，顶端距南壁260cm。裂隙在东壁张开度为10—20cm；裂隙贯穿洞顶，隙宽0.1—0.5cm，整体已被人工修补，材料为水泥及其他材料，修补宽度为3—5cm；在南壁隙宽1—2cm，有水泥充填，充填宽度8—15cm；该裂隙是一条重要的贯穿裂隙。

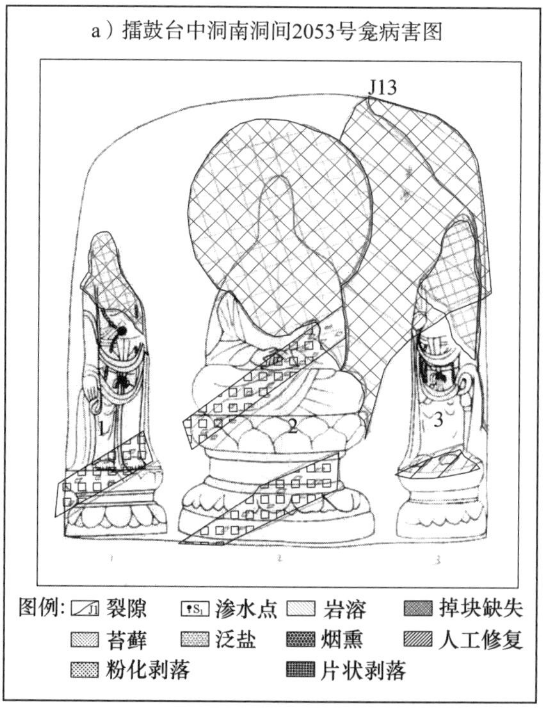


图4.7　擂鼓台南洞病害图

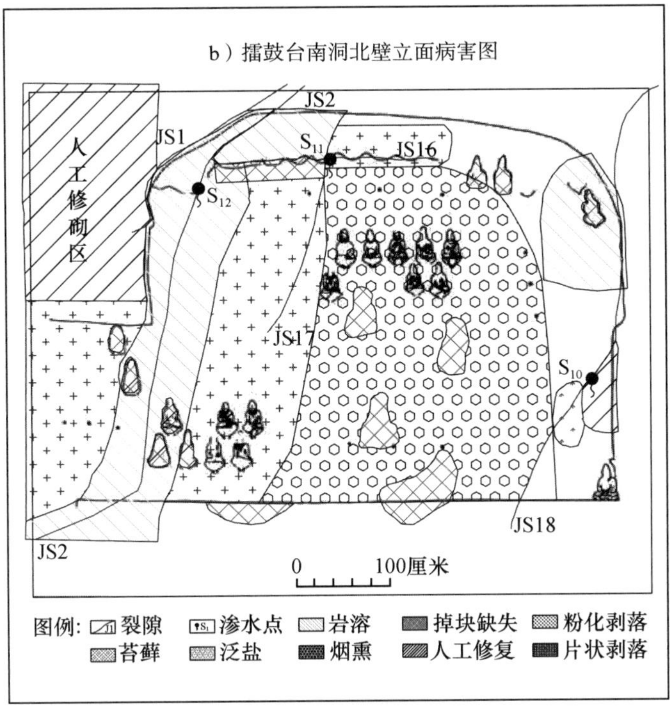


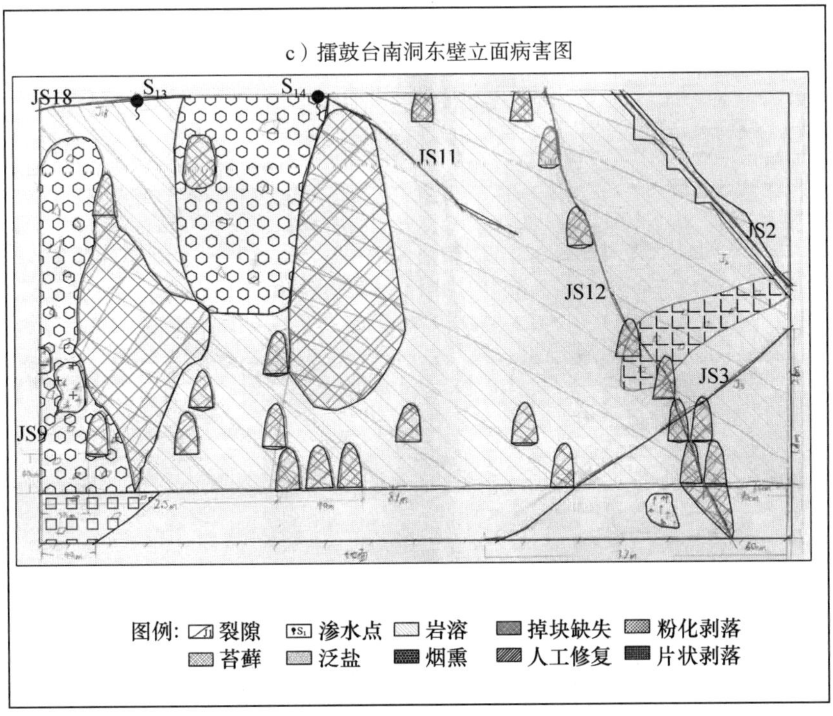


图4.7　擂鼓台南洞病害图（续图）

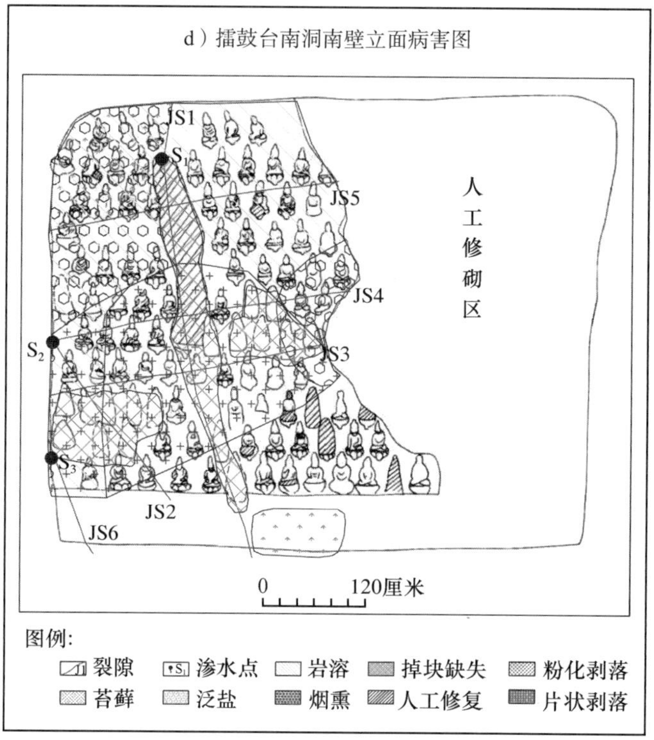


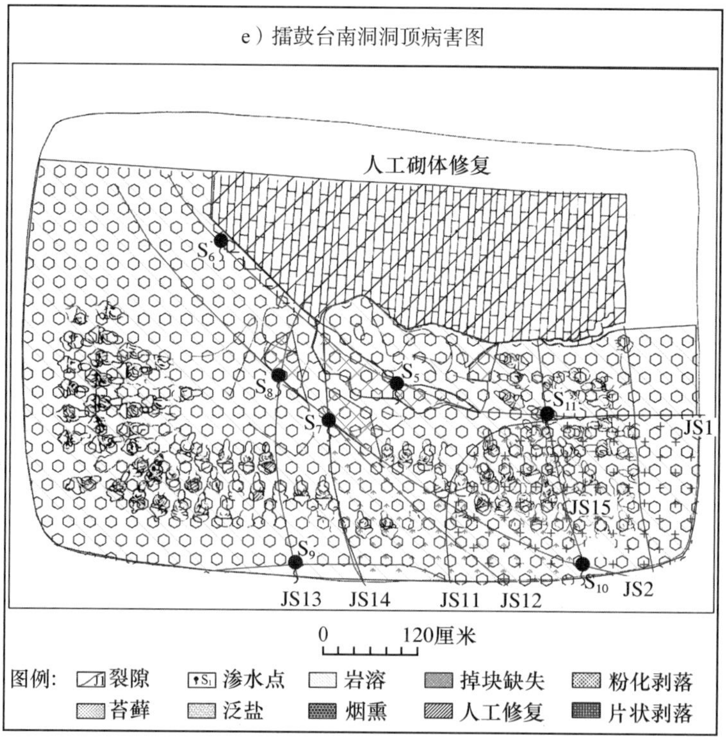


图4.7　擂鼓台南洞病害图（续图）

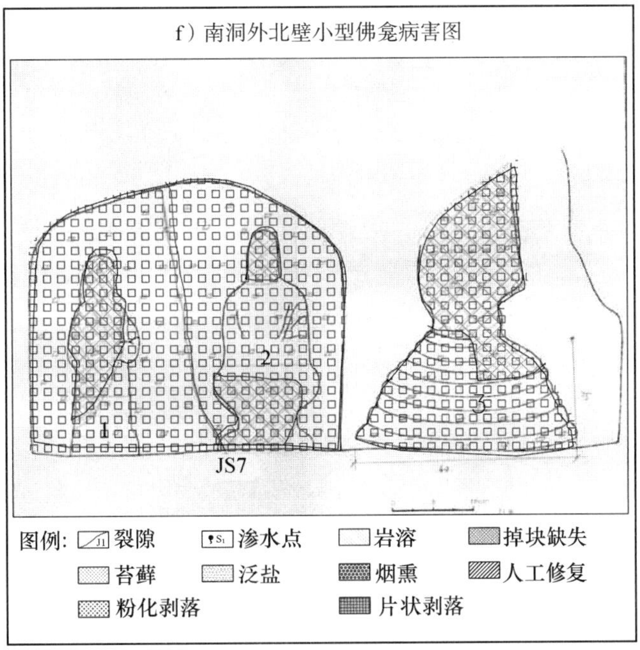


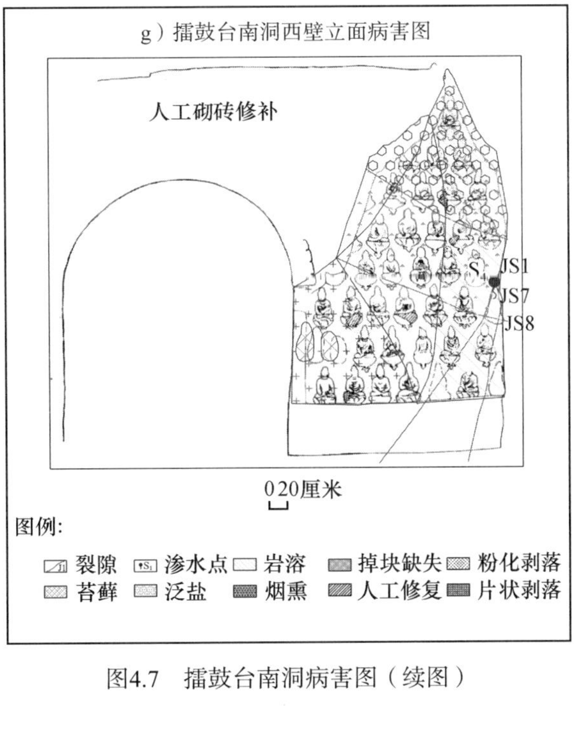


图4.7　擂鼓台南洞病害图（续图）

JS3：分布于南、顶壁，浅表性裂隙，顺层理发育。东侧自东壁延伸至东南墙角，离地面1.7m，西侧与人工砌砖相交，此处离地面2.5m。裂隙较闭合，无充填。

JS4：位于南壁，在JS3的上部，几乎与JS3平行，浅表性裂隙J，自东壁延伸而来，从东南角处离地面2m至西侧与人工砌砖相交，此处离地面3m；上下亦有呈条带状细小裂隙，最大隙宽为1cm，无充填。

JS5：位于南壁，自东壁延伸至东南角，沿几乎平行于JS3、JS4方向横穿南壁至西侧与人工砌砖相交，此处离地面3.8m；周围亦有平行分布的细小的裂隙，最大隙宽为1cm。

JS6：位于南壁，卸荷裂隙。自离东壁30cm的地面左上至东南墙角距地1.5m消失。

JS7：位于西壁，卸荷裂隙。距北壁0.5m的地面向上延伸至距地面1.5m的西壁墙角，底部裂隙张开度较大，隙宽1—2cm，上部较闭合，无充填。

JS8：位于西壁，层面裂隙。南距洞门0.4m、距地2m，右下延伸至北壁。隙宽0.1—0.2cm，有充填，充填物呈白色。

JS9：位于西壁，层面裂隙。平行于JS8，隙宽0.1cm，有充填物，充填物为白色砂粒状颗粒。

JS10：位于顶部，层面裂隙。裂隙的隙宽0.1—0.2cm，周围并伴有细小裂隙。

JS11：分布于东、顶部，自东壁中央向北上延伸3.5m消失，离东墙1.3m；顶部隙宽0.2—0.3cm；东壁裂隙张开度0.1—0.5cm。

JS12：分布于东、顶壁，卸荷裂隙。从地面起（距南壁50cm）向北斜上至窟顶（距南壁260cm）延伸至莲花台东边缘，于JS2相交处湮灭；在东壁裂隙张开度5—10cm；洞顶隙宽0.1—0.2cm。

JS13：位于顶壁，卸荷裂隙。平行于北壁切莲花台北侧，长度约3.5m，起点在莲花台北侧延伸至东壁上侧湮灭，隙宽0.1—0.2cm。

JS14：位于顶壁，卸荷裂隙。几乎平行于JS13，在JS13向南1m处。起点在莲花台中央至东壁顶处湮灭，隙宽0.1—0.2cm。

JS15：位于顶壁，层面裂隙。几乎平行于南壁，并距南壁1.7m，东与JS2相交，西至砖墙，隙宽0.1—0.2cm。

JS16：位于北壁，层面裂隙。近水平发育一条裂隙，目前已经修补过，与裂隙JS17、JS1相交。

JS17：位于北壁，卸荷裂隙。与裂隙JS16垂直相交。

JS18：分布于北、东壁，卸荷裂隙。从北壁沿东壁与窟顶交汇处向南发育，裂隙张开度0.1—0.5cm。

### 2. 各壁面主要病害概述

（1）北壁

佛像整体缺失严重，约占北壁总佛的30%，其余皆有部分缺失，单个佛像缺失占整佛的20%—30%。

JS16与JS17交汇处有一处渗水点，JS16与JS2交汇处有一处渗水点，JS18距地面1.8m处有一处渗水点；JS2与砌墙相交处有一条带状溶蚀，为坑窝状，呈灰黄色，面积0.3m×4m。北壁JS18上方处有溶蚀现象，为坑窝状，呈灰黑色，面积0.5m×0.5m。

北壁受裂隙JS2渗水影响，裂隙附近岩体表面出现大面积的风化剥落区：一个位于靠近门一侧，JS2西侧，梯形区域面积3m×4m，剥落厚度0.1—0.2cm，呈灰白色；另一个位于裂隙JS2东侧，形成一个至底到窟顶的带状风化剥落区。在靠近窟顶，受裂隙JS16影响，顺裂隙发育一条带状风化剥落区域，厚0.1cm，灰白色。

J18上方距地面1.5m处有苔藓发育，范围0.5m×0.6m，呈灰绿色。

北壁东侧均有烟熏污染，右上侧尤为严重，呈黑色，范围3m×4m。

北壁沿J18距地面1.3m有人工水泥修补，范围0.3m×0.7m，向上有人工水泥充填；J1、J2均有人工水泥充填；北壁西侧有人工砖砌支护，呈拱形，为灰黑色。

（2）东壁

有五处区域掉块：1）东壁北侧，距北壁40cm、距地面90cm处，呈竖直方向，上窄、中宽、下窄，最宽为140cm，高度为200cm的大面积岩体缺失；2）沿JS12裂隙带，有9处佛像缺失，该裂隙在东壁南侧有一处宽60cm，高50cm，深10—15cm的三角状岩体缺失；3）东壁中部，从距地面180cm处起，宽度约80cm的范围内至窟顶，大面积佛像缺失；4）东壁北侧至中部，距地面高约60cm至距地面高约220cm的范围内有9处佛像整体缺失；5）东壁北侧，距离地面高约400cm、距北壁160cm处，宽度30cm，高度80cm的岩体缺失。

JS18裂隙与窟顶的交汇处、JS11裂隙与窟顶的交汇处两处渗水；岩溶区主要发育于距北壁250cm，一直至南壁，从地面约140cm起至窟顶，呈梯形状，上窄下宽，整个区域呈灰黄色，岩溶厚度约1cm。

风化剥落面有两处：从东壁、北壁交汇处起（距地面70cm），斜向南延伸100cm范围内，有大面积岩壁风化剥落，剥落厚度1—3cm；沿JS3裂隙以上至南壁，宽80cm范围内，有大面积岩壁风化剥落，呈片状，厚度为1—2cm。

从北壁起，下边界距地面140cm至窟顶，宽约50cm范围内出现烟熏污染，表面呈黑色。从距地面200cm、距北壁140cm处起直至窟顶，宽度为120cm的范围内出现烟熏污染，呈黑色。

（3）南壁

南壁小佛有20%都整体缺失，剩下的有30%脸部整体缺失，其余小佛脸部都有超过一半的缺失，大部分面部都缺失，还有部分小佛身体上亦有缺失；距地面0.5m以上，沿裂隙JS1向上有条带状掉块，宽度30—40cm，长度4m，厚度10—20cm，缺失严重；裂隙开口处由于溶蚀而变大，后期的人工修补裂隙导致其周围大块岩体缺失；沿JS2由于人工修补裂隙导致一个条带缺失，长度1.5m，宽0.1m。

在JS1上方离地面4m处有一处渗水点S1，渗水现象明显；在JS2与东壁相交处有一处渗水点S2，较明显；在JS6与东壁相交处有一处渗水点S3；从地面自东壁向西1m范围向上延伸3m的长方形溶蚀以及南壁上半部分大片溶蚀，呈灰白色，上部颜色较白，呈沟槽状溶蚀现象。

南壁高度3m以下，除右下角0.5m$^2$外为大片风化比较严重的区域，表面形成与层面平行的多条裂纹，并有剥落现象。整体呈灰黄色，面积3m × 2.5m，厚度0.1—0.2cm，表层多为片状剥落，岩石纹理发达，表面裂隙较多。

在JS5左上方有一处长0.5m，宽0.5m的苔藓，呈灰绿色。自地面离东壁2.3m向上35cm，长60cm范围内有一处苔藓，鲜活，呈绿色。

南壁JS4从左上方直至顶壁，面积1.5m × 2.5m，呈灰黑色，属于烟熏区；在JS4西侧上下各有长0.6m，宽0.5m的烟熏区，面积1.2m × 0.5m，呈黑色。

南壁JS1、JS2、JS6裂隙有人工水泥充填，南壁西侧有自西壁2.5m向上为拱形人工砌砖和砌石，地面2.5m以下是砌石，砌石长0.9m，宽0.65m，厚约为0.2m，以上是灰黑色砌砖。

（4）西壁

壁面小佛都有不同程度的缺失。

在裂隙JS1上离地面1.8m处有一处渗水点S4。自下部砌石距北壁1m处形成长方形溶蚀区域，顶部至拱形修砌墙，面积0.8m × 0.5m，下部呈灰白色，上部呈灰黑色，为沟槽状。

自砌石以上北壁1m处以南洞至洞门上方延伸至JS8，此区域面积1.5m × 1.5m，厚度0.1cm，呈灰白色，片状剥落。

JS8右上方长有苔藓，不是很明显，顶部较严重，呈灰绿色，下部呈灰色。

西壁烟熏区在JS9右上方，呈灰黑色，面积1m$^2$。

西壁除右下角佛像外，其余西壁全为后期人工修补，主要是下部砌石0.5m以上，包括窟洞门口，窟洞门口洞门为人工砌砖，风化后部分颜色为灰白色，顶部砌砖年代较久，为黑色，砖缝呈灰白色。

顶部整体被烟熏污染。除溶蚀区域呈灰白色外，其余呈黑色斑块状。

（5）窟顶

莲花台中央有一楔形体掉块，长约1.5m，宽0.6m，厚0.3m；莲花台南侧有长

0.6m，宽0.6m，厚约0.2m长方体掉块；莲花台东侧有长0.4m，宽0.4m，厚0.1m的方形掉块；莲花台北有楔形掉块长0.6m，宽约0.3m，厚0.4m。整体小佛都缺失占总体的20%，其余各佛都有部分缺失。

窟顶大量渗水，可辨的渗水点有莲花台中央，JS1与砖墙北壁相交离地面4m处，JS2、JS12、JS14在顶部交汇处，JS13与JS2交汇处，JS11与JS13交汇处等；顶壁均有溶蚀现象，除西侧人工砌砖拱墙外颜色均为灰白色，呈坑窝状，面积达8m×2.5m。

顶壁东南侧JS1的东侧有风化剥落现象，面积1.5m×3m，表面呈灰黑色，周围有起壳现象，厚度0.1cm。

莲花台东侧0.5m有一小片区域有苔藓，面积0.5m×0.2m，呈灰绿色；莲花台南侧1m有一小片区域有苔藓，面积0.5m×1m，呈灰黑色。

窟顶沿JS1、JS2、JS12裂隙均有人工水泥充填，宽度0.1—0.2cm；西侧整体为人工砌砖，拱形支护，呈灰黑色，砖体与南壁北侧相同。

（6）窟外

窟外大部为人工砌体。

2053号龛（中洞、南洞间的大龛）有多处掉块，发育溶蚀病害，岩溶区左边界为从J13裂隙向北斜下，经2号佛头部光环右侧，最后至2号佛佛座水平一线，右边界为龛边缘。岩溶被灰白色岩溶覆盖，厚度0.1—0.3cm。

擂鼓台南洞北侧外壁小龛部分缺失，窟外北侧小型石龛出现岩壁剥落现象，局部较严重。

## （二）擂鼓台中洞

进深770cm，宽630cm，高578cm。开凿于武则天时期（690—704年）。洞窟呈马蹄形平面，穹隆形窟顶，因窟内四壁密刻的一万五千尊小坐佛而得名“大万五佛像龛”。

洞窟正壁主尊为善跏趺坐的弥勒佛，是武则天时期崇信弥勒信仰、盛行弥勒造像的又一典型洞窟。弥勒佛身着通肩式袈裟，双足踏莲花，背后映出佛光，头像早年被盗，现收藏于美国旧金山亚洲艺术博物馆。弥勒佛的背光是有弧角的长方形，两肩以下是横竖条格，头以上是尖拱式，下部两侧上端伸出摩羯鱼首并口衔莲花，莲花中端坐化生童子。擂鼓台中洞的佛像背光是龙门石窟中较为精美的一例。

北菩萨是唐代颇有代表性的作品。菩萨拈花而微扬的左手与轻松下垂的右臂，左偏的丰盈面庞与右斜的身躯，塑造了一位极具生活气息的唐代贵妇形象。

洞窟正壁和南北壁下部，共有25尊浮雕罗汉像，呈逆时针排序。这些罗汉像，像高0.8m，身着袈裟，穿云头履，形象逼真，表现了不同年龄、不同身份、不同经历的人生内涵。其雕刻题材是根据北魏昙曜所译的《付法藏因缘传》所雕刻，每尊罗汉像旁还雕刻有名字和简历，铭文上有武周新字。在唐代和以前的石窟造型中，类似擂鼓台中洞的罗汉像较为罕见。

在洞窟前壁，还刻有《佛说阿弥陀经》《金刚般若波罗蜜经》《六门陀罗尼经》《般若波罗蜜多心经》《佛顶尊胜陀罗尼经》，这些石刻佛经对校勘历代木刻藏经也有着重要的价值，为刻经最多的一窟。

窟顶为高浮雕的莲花藻井，周围刻有化佛、童子、宝塔、舍利鸟、宝幢，以及琵琶、长鼓、钹、筝、笛等浮雕。窟顶藻井是龙门仅见的一处。

洞窟壁面刻有“上方一切诸佛”“南方一切诸佛”“北方一切诸佛”等字样。而“东方一切诸佛”的代表是弥勒佛，正端坐于洞窟自然方位的东壁。洞窟的整个场面象征着十方一切诸佛即一万五千佛，寓意着佛无处不在。根据佛经记载，“一万五千佛”都是与礼佛、忏悔活动相关，表明擂鼓台中洞是一个进行礼佛、忏悔、灭罪修行的洞窟。

擂鼓台中洞洞顶呈穹隆形，并有装饰华丽的莲花藻井，造像是一佛、二菩萨，主佛为双膝下垂而坐的弥勒佛，壁基有二十五尊高浮雕罗汉群像，从南壁西起到北壁西止。罗汉群像构成一个半环形装饰带，罗汉群像身旁都刻有一段从《付法藏因缘传》里摘录的经文，介绍该罗汉的身世及特点。所刊经文中多杂以武周新字，这是武周时期所经营的洞窟（图4.8）。

中洞的渗水及其他自然破坏主要由两条裂隙JM1和JM2造成，JM1近直立发育，向上直接切向地表，和地表发育的J12连通（或为一条裂隙），导致渗水快，渗水量大。而JM2贯穿性好，裂隙缓倾切向深部山体，导致裂隙渗水周期相对较长，治理难度更大（图4.9、图4.10）。

1. 裂隙

中洞各壁面可见裂隙标记为JM1—JM16。

JM1：分布于北、南、顶壁，层面裂隙。从南壁中部西斜上至窟西壁、南壁交汇处，直至窟顶，并向北壁贯穿。在南壁裂隙张开度0.1—0.5cm，北壁隙宽0.2—0.5cm。该裂隙是中窟主要的一条控制性贯穿裂隙。

JM2：分布于北、东、南、顶壁，卸荷裂隙。从南壁中部起，向西东斜上，再向东斜上至窟东壁，并延伸至北壁。北壁该裂隙的隙宽0.5—3cm，在东壁裂隙张开度10—15cm，南壁该裂隙张开度0.1—0.5cm，窟顶张开度0.5—5cm。该裂隙是中窟另外一条控制性裂隙。

a）南壁

b）北壁

c）东壁

d）西壁

e）顶壁

f）外壁

图4.8　擂鼓台中洞

JM3：分布于南、顶壁，层面裂隙。由南壁东侧延伸至窟顶东侧，并向北延伸，最终在窟顶东侧中部消失。裂隙张开度0.5—2cm。

JM4：南壁，为层面裂隙。从南壁与东壁相交处向西斜上，最终与JM1相交。裂隙张开度0.1—0.5cm。

a）擂鼓台中洞裂隙渗水　　b）擂鼓台中洞烟熏病害

图4.9　擂鼓台中洞病害

a）擂鼓台中洞东立面病害图

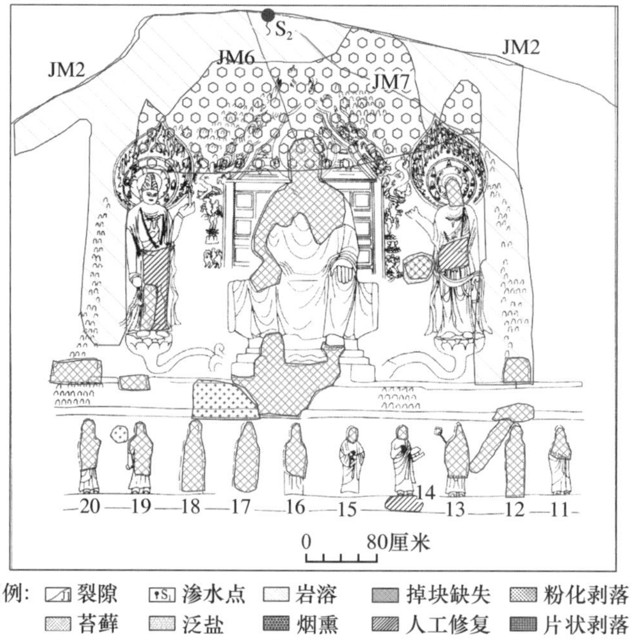


图4.10　擂鼓台中洞病害图

b）擂鼓台中洞北立面病害图

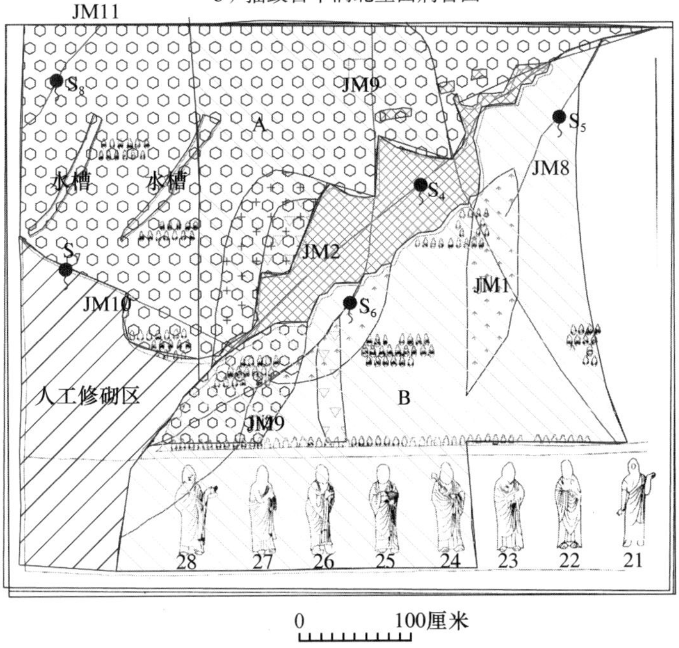


图例: 裂隙 渗水点 岩溶 掉块缺失 粉化剥落
苔藓 泛盐 烟熏 人工修复 片状剥落

c）擂鼓台中洞南立面病害图

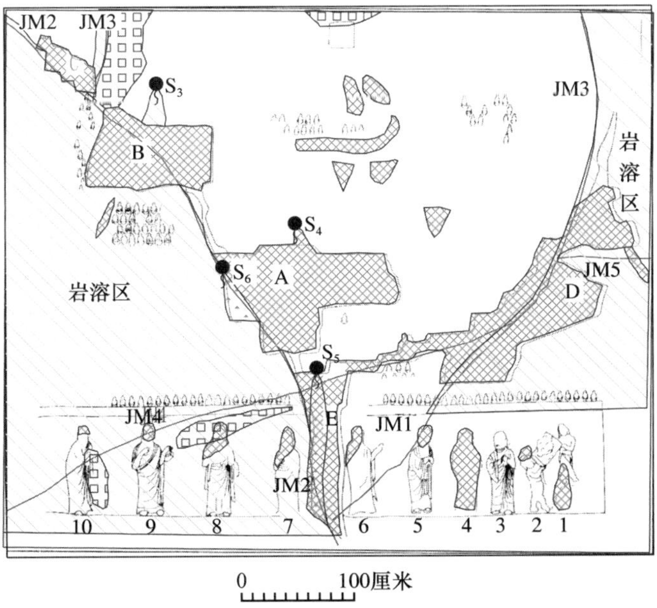


图例: 裂隙 渗水点 岩溶 掉块缺失 粉化剥落
苔藓 泛盐 烟熏 人工修复 片状剥落

图4.10 擂鼓台中洞病害图（续图）

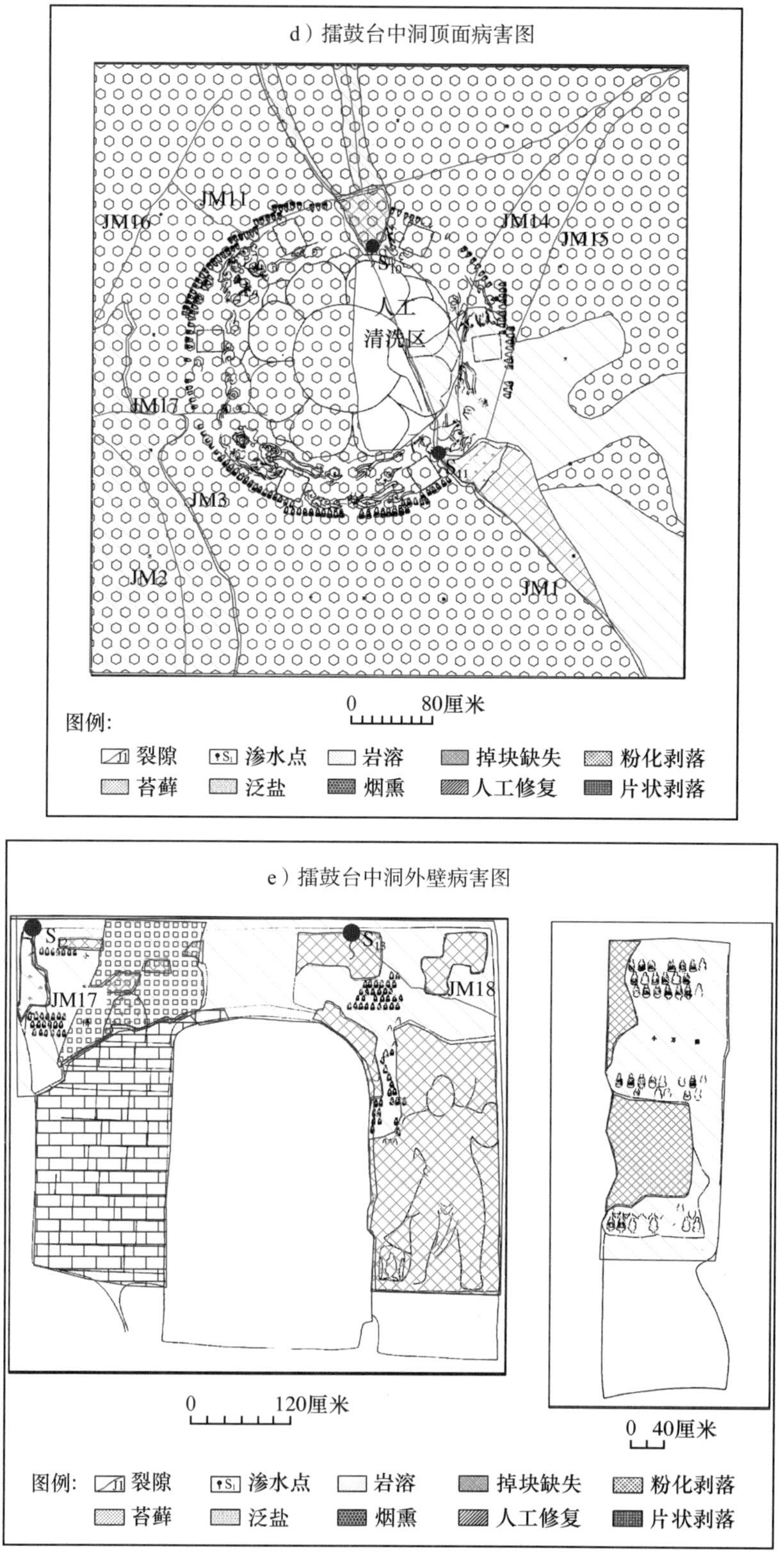


图4.10　擂鼓台中洞病害图（续图）

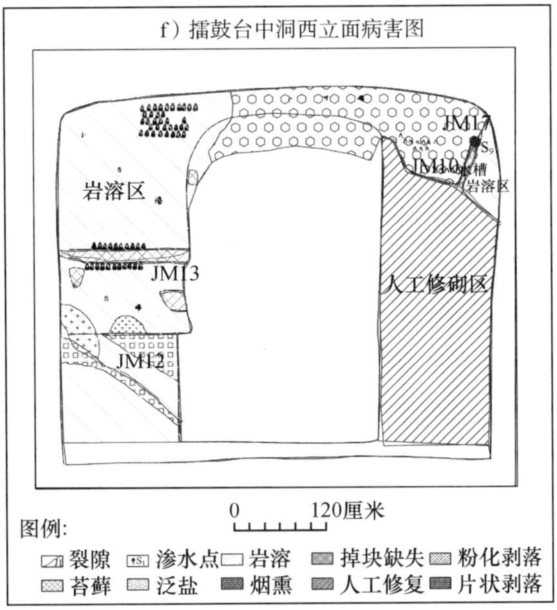


图4.10　擂鼓台中洞病害图（续图）

JM5：南壁，层面裂隙。从南壁与JM1相交点起，近水平向西延伸至西壁南侧岩块缺失凹槽处，直至西壁南甬道。裂隙张开度0.1—0.5cm。

JM6：东壁，构造裂隙。由大佛顶部斜向上延伸至与JM2相交处。

JM7：东壁，构造裂隙。东壁大佛南侧中佛顶部延伸至大佛顶部与JM2的相交处向上延伸，隙宽5—10cm。

JM8：北壁，卸荷裂隙。竖直向上50cm以45°向东壁延伸至与JM2相交处湮灭。裂隙宽为0.1—0.2cm，较闭合，锯齿状，总长为2.5m。

JM9：分布于北、顶壁，卸荷裂隙。从离西墙地面1.1m处开始延伸，后竖直向上延伸直至窟顶。北壁隙宽0.1—0.5cm。窟顶裂隙张开度0.5—2cm。

JM10：分布于北、西壁，卸荷裂隙。从离地面2.5m的西北墙角斜右下延伸至JM2处湮灭。长度约2m，隙宽0.1—1cm。

JM11：分布于北、顶壁，卸荷裂隙。从西北墙角离地面3m斜右上延伸至窟顶，向莲花座北侧延伸，并在莲花座东北侧向下延伸至东壁。隙宽为0.5—3m。

JM12：西壁，层面裂隙。裂隙从西壁南甬道处（距地面32cm）向南斜上至西壁、南壁交汇处（距地面170cm），裂隙为一组平行发育的两条裂隙，宽约7cm。

JM13：西壁，整体比较闭合。

JM14：顶壁，构造裂隙。由西壁、北壁交汇处发育至窟顶，经莲花座西侧与JM1相交并合。裂隙张开度0.5—1cm。

JM15：顶壁，构造裂隙。由西壁、北壁交汇处发育至窟顶西侧，并造成莲花座南侧的岩体缺失。裂隙张开度0.1—0.5cm。

JM16：顶壁，卸荷裂隙。窟顶东侧与JM2、JM11相交，最终消失于北壁上方三处方形掉块处。裂隙张开度0.1—0.5cm。

### 2. 各壁面主要病害概述

（1）北壁

裂隙JM2中部两侧出现条带状缺失，面积较大，宽约0.4m，长3m，厚0.1m；下层八个罗汉像头部均有缺失；沿裂隙周围有零星缺失；全部小佛均有不同程度的缺失。

本壁有五处渗水点，分别分布于JM11下部、JM10上部、JM9拐弯处、JM2中部、JM8中部；渗水影响区域形成溶蚀病害。

在裂隙JM2上部的区域，有风化剥落现象，面积约1m × 0.5m，深度0.1—0.2cm。

北壁在裂隙JM10和JM2上方交汇处有大片烟熏污染，呈灰黑色，面积约为2m × 5m；在北壁西侧JM10左下方有人工砌石修补，砌石长0.3—0.5m，厚0.2—0.3m，宽0.2—0.3m，修补面积2m × 2m，表面水泥覆盖，砌石之间空隙较大。

（2）东壁

主佛头部、胸部、右臂、脚部均缺失，座台与下部平台均部分缺失，面积0.4m × 0.5m，厚度0.3m；南侧中佛头部缺失，北部中佛腿部局部缺失；下部平台罗汉像大部分缺失。

东壁渗水主要发生在JM2、JM6、JM7，呈条带状渗水，范围0.2m × 0.6m，其中JM2、JM6交汇处渗水现象剧烈，范围0.3m × 0.3m。溶蚀主要有：沿JM2有呈条带状的溶蚀，范围0.3m × 2m；沿JM6，JM7均有条带状溶蚀；大佛南侧中佛腹部及以下被溶蚀，面积0.2m × 0.8m。

大佛底座下平台北侧有局部风化剥落，呈灰白色，范围0.2m × 0.3m，厚度0.1cm；南侧腹部以北20cm处有剥落及起壳，呈灰黑色，范围0.2m × 0.2m，厚度0.1cm；在底座下有片状剥落起壳空鼓等风化。

东壁三佛顶部1m以上有烟熏污染，延伸至顶壁，面积2m$^2$，呈黑色，局部有苔藓发育。在主佛左肩、右肩有水泥人工修补，南、北侧腹部以下有水泥修补；JM2裂隙有水泥充填。东壁南侧中佛以北10cm处有人为字迹污染。

（3）南壁

多处大面积岩壁缺失；下层罗汉像部分缺失；整个壁面小佛因裂隙、风化、人为破坏等作用产生整体缺失。

南壁有多处渗水点，受渗水影响产生白色或黄色岩溶覆盖物；JM1、JM2裂隙以下，至地面，岩溶大面积覆盖，呈灰白色，厚度0.1—0.5cm。

（4）西壁

西壁南侧有四处掉块：西壁南入口处，距地面170cm，掉块高25cm，宽20cm，深度3—5cm，呈梯形状；西壁南侧壁面中部，距地面235cm，掉块长175cm，宽20cm，深度5—10cm，呈长方形状；西壁入口南，距地面340cm，掉块高10cm，宽35cm，深度3—5cm，呈梯形状；西壁南侧距地面190cm，距入口南140cm，因JM13发育形成高20cm，宽25cm，深度2—3cm的掉块；西壁北侧有两处掉块。

西壁南侧由于JM1裂隙的发育，致使岩体破碎，形成渗水点，致使西壁南侧缺失，凹槽上部左侧直至窟顶，大面积被岩溶物覆盖，宽度最大达130cm，右侧边界距南甬道30cm。导水槽向南斜下，长70，宽8cm，深度为5—7cm；水槽北侧至西壁、北壁交汇处，呈三角状岩溶病害，高70cm，下部最宽为50cm。在西壁北侧顶部导水槽上方，有渗水点出露，致使导水槽北侧下方被岩溶物覆盖；岩溶发育从窟檐至距地面135cm处，大面积被灰白色岩溶物覆盖，厚度0.5cm左右；位于JM12裂隙发育处，高30cm，长40—50cm的范围内，岩体表面剥落，厚度约0.5cm。

西壁窟顶以下，从西壁、北壁交汇处，向南延伸至西壁南甬道一线为烟熏区，长330cm，高80cm，呈黑色。

西壁北侧大部分属于人工修补区，修补材料为砌石，并加水泥抹面，水泥厚度约为1cm。

（5）窟顶

有两处掉块：在莲花座西南侧，有一块三角锥状的岩体缺失，深度最大为70cm，平均40cm，窟顶面三边长分别为20cm、15cm、70cm，岩体缺失处岩溶发育，且有墨绿色青苔出露，并有渗水点渗水；在莲花座北侧，有一块三角锥状的岩体缺失，深度最大为30cm，窟顶面三边长分别为60cm、70cm、70cm，岩体缺失处岩溶发育。窟顶莲花座西南侧有大面积灰白色岩溶覆盖物，厚度0.5—1cm；窟顶莲花座东南侧JM3以下有大面积灰白色岩溶覆盖物，厚度0.5—1cm；在窟顶莲花座北侧JM1、JM9有小面积灰白色岩溶覆盖物，厚度0.5—1cm。

莲花座西南侧岩体掉块处，致使大面积墨绿色青苔附着，厚度为1—2cm。

窟顶整体为灰黑色，属于烟熏区，莲花座西侧曾被人工清洗，颜色较浅，呈灰白色，东侧则为灰黑色。

（6）窟外

窟外北侧有五处掉块：1）洞外北壁的北上角，高70cm，宽20—30cm，深度8—

10cm，呈“B”字形状；2）位于窟顶基岩下方约10cm处，右边界距北甬道70cm，高80cm，宽5—20cm，深度8—10cm，呈方形状；3）位于窟顶基岩下方约40cm处，右边界距北甬道40cm，高10—15cm，宽20—30cm，深度8—10cm，呈方形状；4）位于窟顶基岩下方约30cm处，右边界与北甬道平齐，高10—15cm，宽20—30cm，深度8—10cm，呈方形状；5）位于窟檐上方洞匾北侧约50cm处，高40cm，宽20—30cm，深度8—10cm，呈方形状。窟外南侧有三处掉块：1）距窟檐约50cm，宽110cm，高40cm，深度5—8cm，呈长方形；2）位于窟檐右上方，距窟檐20cm、距南甬道120cm，有两块方形的岩壁缺失相连，右上方的高40cm，宽40cm，左下方的高40cm，长20—30cm，深度均为5—8cm；3）从窟檐水平一线向下至外壁南侧佛像脚部，大面积岩块缺失，宽度为150cm，高约350cm。

外壁北侧除人工石块修复区外，其余被岩溶覆盖，呈灰白色，厚度为0.5cm左右。

剥落主要发育于洞外顶部基岩下方至窟檐，宽约120cm，高100cm，呈梯形状，剥落厚度约1—2cm，呈灰黑色，剥落表面有少量起壳现象，呈蜂窝状。

苔藓主要位于洞外壁北侧顶部北上角，附着于掉块一处，厚度约0.5cm，呈黑色，干燥。

窟外部分为人工砌体。

### （三）擂鼓台北洞

擂鼓台北洞平面为马蹄形，穹隆形窟顶，进深540cm，宽490cm，高400cm。三壁三坛造像，本尊为头戴宝冠的结跏趺坐佛像。三壁菩萨现存16身，神态不一坐于带茎莲花座上。前壁南侧雕一身八臂观音像，北侧雕一身四臂观音像，应为龙门石窟密教题材。

洞窟三壁设坛，造像为三壁三尊式。这三尊佛像应为法身佛毗卢遮那佛（释迦牟尼显示佛法真理的形象）、报身佛卢舍那佛（释迦牟尼功德圆满的形象）和应身佛释迦牟尼佛（化身人间解除苦难的形象）。

正壁主尊为毗卢遮那佛，头戴宝冠，身上装饰有繁复的项圈，臂部饰有臂钏。毗卢遮那，梵语，是“日”的别称，消除黑暗遍照光明的意思。毗卢遮那佛就是大日如来，是密教主要供奉的对象。以大日如来为主尊，擂鼓台北洞不仅是龙门石窟中仅有的一例，而且在中原北方地区石窟中也很少见。

三佛之外的壁面还雕有小型菩萨像，现存17尊。这些菩萨都佩戴项圈，肩披帔帛，游戏坐于圆形仰莲上。

洞窟前壁两侧各有一大龛，龛内雕造等身的四臂十一面观音菩萨（高1.90m）和八臂观音菩萨（高1.83m），形象生动传神。

洞窟外有一风尘仆仆的西域僧人浮雕。

洞窟外斜上方有一尊八臂观音菩萨像，通高0.56m。多臂观音像是观世音的变化身，属于密教所尊崇的偶像（图4.11）。

a）南壁　b）北壁

c）东壁　d）顶壁

图4.11　擂鼓台北洞

相对其他两个洞窟，北洞病害最为严重，总特点是窟内JN1裂隙将该窟分为上、下两个部分，上部岩体表面泛盐严重，岩体疏松破坏，同时发生大量的岩体掉块现象。而该裂隙以下，岩体风化相对较弱。JN1为一条控制性导水裂隙，同时截断了渗水向下渗流，使石窟内部出现显著的差异性风化（图4.12、图4.13）。

a）擂鼓台北洞风化病害　　b）擂鼓台北洞裂隙渗水

图4.12　擂鼓台北洞病害

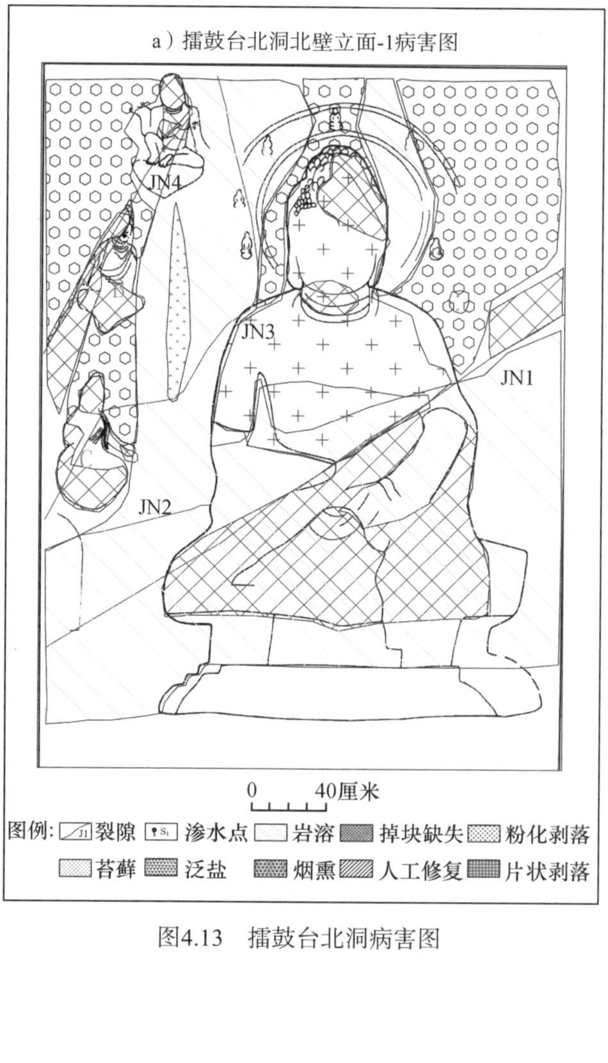


图4.13　擂鼓台北洞病害图

b）擂鼓台北洞北壁立面-2病害图

c）擂鼓台北洞外立面病害图

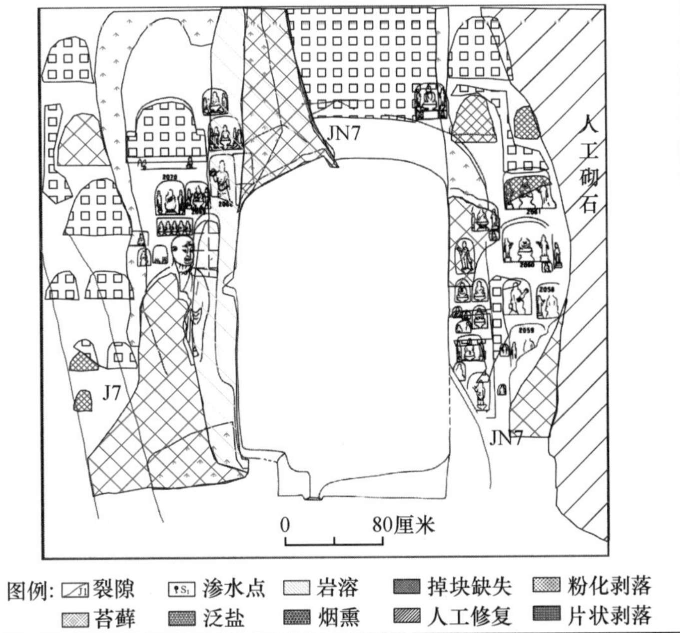


图4.13　擂鼓台北洞病害图（续图）

d）擂鼓台北洞东壁立面病害图

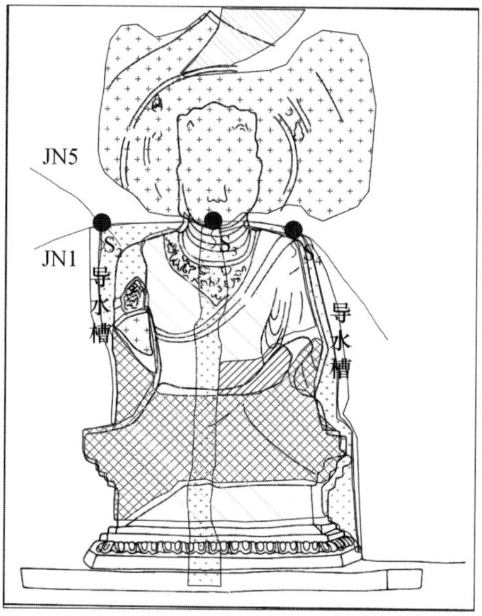


e）擂鼓台北洞窟顶病害图

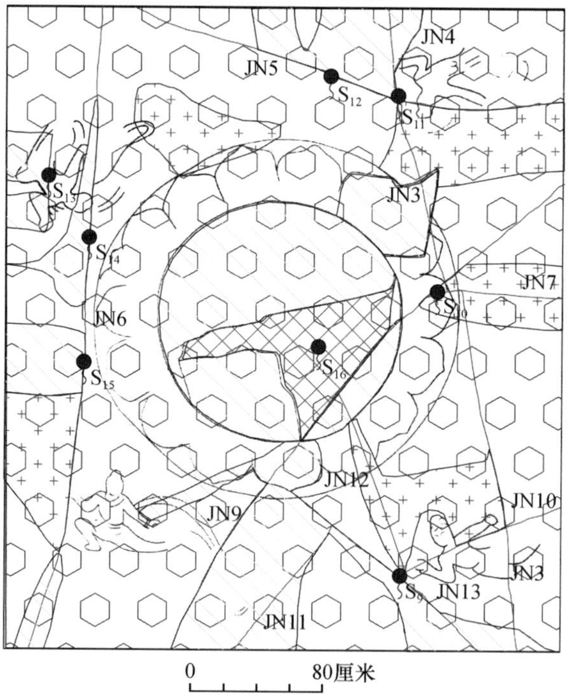


图4.13　擂鼓台北洞病害图（续图）

f）擂鼓台北洞南壁立面-1病害图

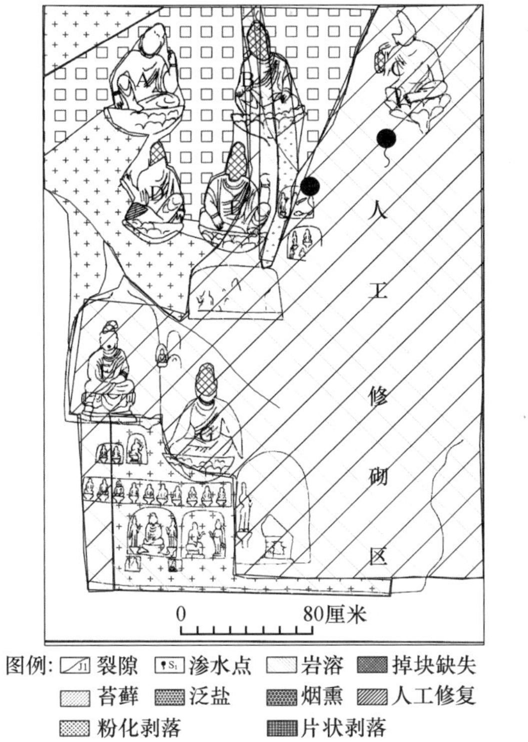


g）擂鼓台北洞南壁立面-2病害图

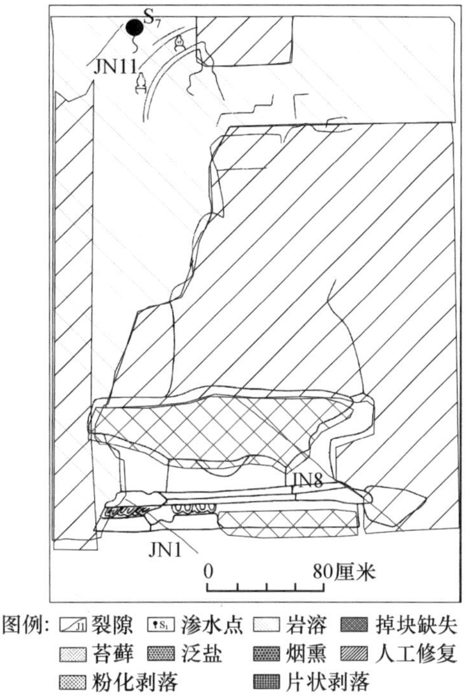


h）擂鼓台北洞西壁立面病害图

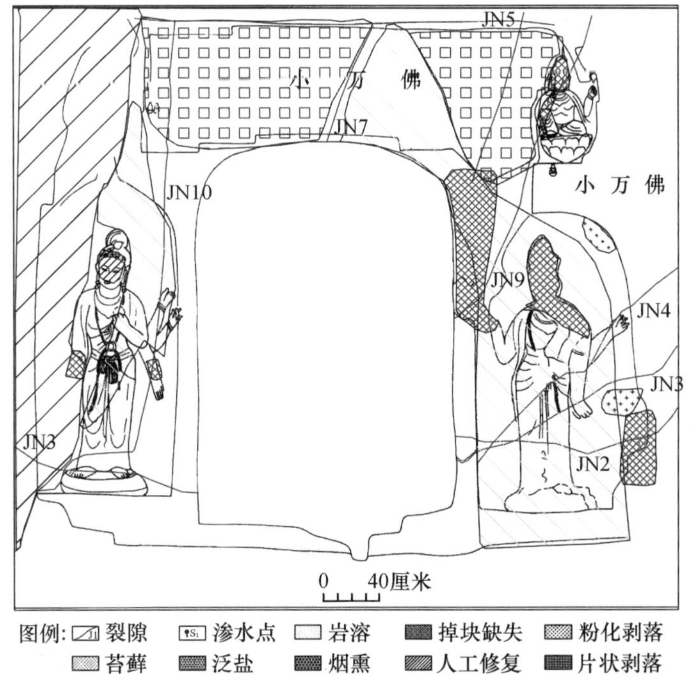


图4.13　擂鼓台北洞病害图（续图）

1. 裂隙

裂隙是造成北洞渗漏，进而形成溶蚀、风化、缺损和生物病害的主要原因，北洞的主要裂隙编号为JN1—JN13，分述如下。

JN1：分布于北、东、南、西壁面，构造裂隙。从西壁北甬道地面起，向北斜向上延伸，至北壁西侧，后经北壁主佛继续向东斜上延伸，经东壁至南壁。裂隙张开度0.1—10cm。由下往上，裂隙逐渐扩大。隙间有岩溶物充填，且有人工水泥修复。

JN2：分布于北、西壁，构造裂隙。裂隙从西壁北甬道距地面50cm处，向北斜上，经西壁与北壁交汇，最后至北壁佛像右臂处消失。裂隙张开度0.1—3cm，由下往上，裂隙逐渐扩大。隙间有岩溶物充填，且有人工水泥修复。

JN3：分布于北、西、顶壁，卸荷裂隙。从西壁北甬道距地面70cm处起，向北斜向上延伸至大佛右肩上方（距地面高约245cm），最后垂直向上延伸至窟顶。裂隙张开度0.1—1cm。隙间有松散岩溶物充填，且有人工水泥修复。在顶壁中部与JN9相交，产生错动。

JN4：分布于北、西壁，卸荷裂隙。从西壁（距地面高约90cm）起，与JN2相交并向北斜向上延伸，经西壁北侧佛像至头顶正中处，再斜向上延伸，在窟顶西北侧与JN3相交。裂隙张开度0.1—0.5cm。隙间有松散岩溶物充填，且有人工水泥修复。

JN5：分布于北、东、西、顶壁，构造裂隙。从东壁主佛右肩起，向北延伸再向北斜上至窟顶，与JN3相交，垂直于西壁。隙间有溶蚀现象，局部有苔藓生长，以及烟熏现象。裂隙张开度0.1—0.5cm。隙间有岩溶物充填。

JN6：分布于南、顶壁，卸荷裂隙。从南壁向上延伸至顶壁，穿过顶壁至北壁与JN5相交后尖灭，隙宽1—2cm，中间有水泥充填，有溶蚀现象及渗水现象，局部有苔藓生长。

JN7：分布于西、北、顶壁，构造裂隙。从西壁窟檐中部起，向北斜向上延伸至窟顶，然后经窟顶部的莲花座，最后至北壁。裂隙张开度1—3cm。隙间有松散岩溶物充填，且有人工水泥修复。

JN8：仅限于南壁，构造裂隙。从底部斜向上至南壁佛像佛座。

JN9：分布于南、西、顶壁，构造裂隙。从西壁北甬道缺失处（距地面高约190cm）起，向北斜向上延伸至西壁向上至窟顶。裂隙张开度0.1—0.5cm。隙间有松散岩溶物充填。

JN10：分布于南、顶壁，卸荷裂隙。由西壁南侧延伸至顶壁，分别与JN3、JN12、JN13相交，与JN13相交处尖灭。隙宽0.1—0.2cm。

JN11：分布于南、顶壁，卸荷裂隙。由南壁延伸至顶壁，于JN13相交处尖灭，有溶蚀及渗水现象，隙宽0.1—0.3cm。

JN12：仅限于顶部，卸荷裂隙。JN12，起始于顶壁莲花中心与JN9相交处，向南壁延伸，在与JN10、JN13相交处尖灭，隙宽0.2—1cm。

JN13：仅限于顶部，卸荷裂隙。由莲花外围最南端向南壁右侧延伸至人工砌墙处终止，有溶蚀及渗水现象，隙宽0.1—0.2cm。

2. 各壁面主要病害概述

（1）北壁

裂隙JN1、JN3、JN4、JN5影响北壁，岩体缺失与掉块略为严重，大佛右臂及腹部、佛座西侧部分，均因裂隙JN1发育而缺失掉块；大佛左臂及佛台前段东侧部分掉块；大佛头部东侧，下颌均顺层理缺失；北壁多处小佛造像有缺失。

JN3与JN4裂隙交汇处，形成渗水点，渗水致使岩壁表面溶蚀，溶蚀覆盖面整体呈灰黄色，厚度0.3—2cm。

在渗水、盐等作用，并受岩石成分及层理等因素影响下，大佛头部、胸部及佛左肩上部风化剥落，表层大面积剥落，剥落面呈灰黑色，剥落厚度0.1—0.5cm。

渗水区域多处苔藓发育。

大佛头部右侧、大佛头部上方等处为烟熏所覆盖，JN5裂隙处以上，直至窟顶，大面积岩壁均为黑色。

（2）东壁

主佛左、右臂及右腿及佛台下部有缺失。

在佛台右侧JN1与JN5交汇处有渗水现象，在佛像颈部最低点，JN1裂隙导致渗水现象出现，JN1与佛像左侧导水槽交汇处有渗水现象；由于JN1渗水，佛像由颈部向下至底座，有溶蚀现象出现，整体呈灰黄色，佛台及底部缺失处未见明显溶蚀现象。

佛台右臂有风化剥落现象，表面呈灰白色，范围23cm×40cm，剥落最大范围5cm×6cm，剥落深度1cm，表面局部潮湿有苔藓发育，范围10cm×10cm；在佛像右臂后侧有大块剥落现象，范围30×50cm，剥落区呈灰白色，表面呈坑窝状，剥落厚度0.1—0.3cm。在佛像左臂处有起壳现象，范围18cm×5cm，起壳厚度0.1—0.2cm，高度0.2mm。在佛像头部有风化剥落现象，剥落范围最大25cm×5cm，左脸部有泛盐现象，额部及眼部有条带状泛盐现象，呈灰黑色。佛像右臂残存处生长有苔藓，范围30cm×18cm，呈深褐色，局部有剥落现象；S3渗水，导致佛像胸部有苔藓生长，呈条带状，上部较新鲜，呈墨绿色，下部干枯，呈黑色，并有起壳现象，范围

5cm × 30cm。

（3）南壁

南壁小佛均有不同程度缺失现象。

在JN6裂隙上部有渗水现象，呈条带状，延伸至中、下部，范围20cm × 100cm；在JN9沿裂隙有渗水现象，呈带状，范围10cm × 200cm；在JN11裂隙下部有条带状渗水，范围10cm × 50cm；在距地面2.7m处有渗水现象，延伸至顶部。由于JN1、JN6渗水，在东南壁裂隙周围局部有溶蚀现象，呈条带状，范围20cm × 250cm，呈灰黄色，坑窝状；由于JN11渗水，在南壁佛像右侧产生较大面积的条带状溶蚀，呈灰黄色，坑窝状；在JN1、JN10局部也有溶蚀现象，呈坑窝状；在距地面2.7m处有溶蚀现象延伸至顶部。

在佛龛下左上侧有风化剥落现象，表面呈灰白色，范围20cm × 30cm，剥落深度1cm，有局部泛盐现象。

南壁大部均为人工砌石修补，砌石长30—40cm，宽度20—30cm，高度15—20cm，砌石间有水泥砂浆黏结。

（4）西壁

西壁岩体因裂隙JN9发育而掉块；西壁佛像及左壁缺失；因裂隙JN2、JN3、JN9发育而有岩体缺失。

上起窟顶（距北甬道约80cm），下至西壁门檐上，高约140cm，有呈三角状的岩溶覆盖物，整体为灰黄色，厚度约0.1—0.5cm。

在西壁北侧佛像头顶右侧，有高约35cm，宽约15cm的风化剥落面，剥落面厚度约0.1cm。

上起西壁窟顶有烟熏区域，向下呈三角状分布。

窟顶人工修复有两块：从西壁南侧佛像右侧近垂直向上至窟顶，修复材料为砌石，石块长度20—30cm，高度15—20cm，宽度为20—30cm，砌石间有水泥填补连接；佛像面部有人工修补，修复材料为石灰、沙石混合而成。

（5）窟顶

在莲花台西南部有楔形体掉块，面积0.2—0.5m × 0.5m，深度0.3m；在莲花座西北侧缺失一莲花瓣，范围0.3—0.4m，深度0.1m；西壁上南侧佛像缺失双手；西壁南侧佛像手中部，因裂隙JN10而缺失。

窟顶渗水点相对集中：JN10与JN3裂隙交汇，形成渗水点，渗水点在西壁南侧与窟顶交汇处，距西壁南甬道水平距离为50cm；由于JN7延伸至窟顶，在西壁中部，与窟顶交汇处，有渗水点出露，距西壁南甬道水平距离为110cm；JN3、JN4、JN5交汇处有一渗水点；沿JN5距渗水点S11 80cm处有一渗水点；顶壁东北角飞天佛像腿部腹部发育渗水点S13。在顶壁莲花座中心及周围有大面积溶蚀现象，呈灰黄色，坑窝状；顶部东侧有两处溶蚀现象，呈条带状，面积分别为0.3m×0.5m（北），0.2m×0.6m（南）；顶部南壁沿JN9发育条带状溶蚀，范围0.1m×1m。另外，西壁佛像右侧岩溶覆盖物，上边界距地面325cm，下至地面，宽度10—50cm，右侧边界经佛像头部、左肩至腰部、大腿（右），最后至地面。岩溶覆盖面呈灰黄色，厚度为0.1—0.5cm，呈沟槽状。

沿JN12发育条带状剥落，呈灰黑色，范围0.1m×2m，厚度1—2cm；莲花台东侧有小面积剥落，面积0.2m×0.3m，厚度1—2cm，呈灰黑色；在顶壁JN6处有条带状剥落，延伸至东壁佛像头部，范围0.3m×1m，厚度1—2cm；在JN5与JN9交汇处有剥落现象，范围0.6m×1.0m，剥落厚度0.5m，呈灰黑色；沿JN7至莲花座内圈有风化剥落，范围0.3m×1m，厚度0.5cm，呈灰黑色。在莲花座周围也有起壳现象，莲花座北部至北壁有大片起壳现象，范围1m×1.5m，起伏厚度0.2—0.3cm。

窟顶烟熏污染主要集中于西部窟檐上部，左起窟檐上方右至西壁窟檐中部上方110cm，烟熏面呈灰黑色。

（6）窟外

有2处区域掉块：窟檐上方，在JN1作用下，致使一块楔形体岩块缺失，高度130—150cm，宽度最大为60cm，深度10—15cm，上宽下窄；窟外壁北侧光头大佛身体左侧，从肩部到脚部均缺失。窟外壁北侧的大、小佛龛共计30多处，均可见小佛像不同程度地缺失，轻则局部缺失，严重则整体缺失，缺失较为严重。

北洞外壁北侧，从JN7裂隙与窟顶基岩交汇处起，向下至北洞门槛水平一线，呈条带状溶蚀现象，宽20—30cm。

距北甬道约70cm，距地面240cm的小龛中，5尊佛像中的中间3尊，均显现佛像岩体风化剥落现象，剥落厚度为0.1cm，剥落面为黑色。

另外，在窟门门槛处，岩体出现开裂，应属于人为损坏。

### （四）窟前遗址

经国家文物局批复同意，龙门石窟研究院与北京大学考古文博学院联合组成考古队，于 2008年3—9月开展了擂鼓台三洞窟前遗址的考古发掘，总发掘面积300余$m^2$，取得了重要的阶段性发掘成果。

此次发掘成果主要有：

#### 1. 地层堆积

擂鼓台三洞窟前地面堆积达4m深，自上而下共划分为七个堆积层，从20世纪80—

90年代至宋、唐时期。整个地层堆积依山势和地形，呈东高西低、南高北低的斜坡状（图4.14）。

图4.14　擂鼓台三洞发掘前

2. 遗迹遗物

（1）遗迹

发现20世纪30—40年代水泥台阶1处、大石条垒砌的规模较大的唐代窟前踏道2处、窟前殿堂包石台基及石砌护坡、面积较大的宋代造像题记6处、房基1处和唐宋时期窟前道路等遗迹。其中，窟前石砌踏道规格较高，保存较为完整。擂鼓台中洞、南洞窟前殿堂包石台基规模较大，南洞以南区域崖壁石砌护坡已揭露17m长，并继续向南延伸，压于晚期堆积之下。因工作及时间关系，本次没有继续向南发掘。擂鼓台南洞踏道以南发现的一处建筑基址，有柱础石和青砖铺面，因大半尚压于南侧未清理的晚期堆积之下，其性质和功能还有待于以后发掘工作中进行深入研究，但据其附近出土较多带“官”字款、“供内二十日”“供内三十日”等款的板瓦，初步推测其为官府性质的房屋或亭、台建筑（图4.15）。

（2）遗物

本次发掘共出土石刻造像、建筑构件（瓦当、板瓦、筒瓦、大型螭首）、铜钱、瓷器、陶器等编号文物1700余件，以石造像残块为大宗，其中完整佛头10余件、唐代经幢1件、等身菩萨残像2尊、圆雕狮子1尊、四龙环绕的石灯座1件。还有绿琉璃瓦件、骰子、围棋子、铜镜、箭镞等。特别是出土的一尊菩萨头像，圆雕，保存完整，发髻蓝色，色彩鲜艳，可能为青金石颜料，非常珍贵。有的像上还残留有红色、绿色、蓝色彩绘颜料。出土的绿釉琉璃残脊饰及瓦非常重要，瓦当以兽面纹圆瓦当为主，有高浮雕、浅浮雕之分，另有少量莲花纹、卷云纹瓦当。

图4.15　擂鼓台遗址发掘

3. 发掘价值

此次发掘，既是新中国成立以来龙门石窟第一次大规模窟前遗址考古发掘，也是国内从学术角度进行的第一次石窟窟前遗址考古清理。其地层堆积之深、包含物之复杂、出土遗物数量之多、窟前踏道规模之大都超出发掘前的预想。其重要价值主要有：

1）出土的中洞和南洞窟前踏道，成为保留了唐—北宋早期木构建筑殿前石砌踏道的珍贵资料，为研究当时寺院建筑乃至都城大型建筑前的石砌台阶样式及建造方法提供了实物资料，并为研究唐代龙门石窟窟前通道的演变提供了资料。

2）三洞石踏道前唐代路面的发现，对研究唐宋时期擂鼓台三洞窟前道路、唐宋时期洛阳城经龙门伊阙关与南方地区道路交通的使用情况有重要价值。

3）通过发掘，下部地层中大量砖瓦等建筑垃圾的两次堆积，夹杂有白灰、铁钉、木炭等包含物，结合窟外崖面残存梁孔和地面保留的柱础槽等遗迹可判断窟前木构建筑至少有过二次修建及焚毁，对廓清三洞窟前建筑的营造、延续和毁坏情况有着重要意义。同时，也认识到在唐宋时期，擂鼓台区形成了一处前殿后窟的寺院，并有人员长期在此活动。

4）发现的经幢、大量残碑块、多处宋代题刻（其中有多个寺院名称）对研究唐代佛经的翻译和流传、唐宋时期龙门石窟周边寺院的兴废、龙门石窟周边环境以及东山区的寺院与擂鼓台三洞的关系等问题有重要价值。从出土碑铭资料可以知道，至少唐末—北宋时期，这一区域被称为香山寺看经院，即以擂鼓台中洞为核心的擂鼓台三洞区形成的寺院，是东山南端唐代始建的香山寺的一处别院，隶属于香山寺。

5）在擂鼓台北洞前方北侧，发现的叠压于唐代路面之下的青砖铺面、砖铺面之下用细长鹅卵石垂直摆砌、形似散水的多处石子面（往西区域为新中国成立以后修建往南的公路时所破坏，形成公路从中穿过、遗址区西侧为断崖的状况，断崖下方为公路，断崖高4m左右）以及出土的云纹瓦当、细绳纹板瓦、五铢钱、铜镜等，对研究东汉伊阙关、魏晋至唐初时期擂鼓台区域交通以及建筑设施等有重要价值。

为展示窟前建筑遗址和发掘成果，向游客传播石窟寺的空间关系和龙门石窟丰厚的文化内涵，经国家文物局批准，2012—2013年龙门石窟研究院对遗址进行了保护性展示，建设了擂鼓台三洞窟前建筑遗址保护展示中心，原址保护陈列遗址和出土物，给游客以身临其境的历史感，丰富游客参观内容，并拉长龙门石窟参观链条，进一步弘扬优秀传统文化。

# 第二节　项目前期研究

## 一、地质调查

### （一）地层岩性

#### 1. 地层分布

在擂鼓台区域出露的地层有寒武系的灰岩及第四系的松散堆积层。

全新统（$Q_4$）

人工堆积物（$Q_4^{ml}$），主要分布于擂鼓台前，属于文化堆积层。该层主要由松散的砖瓦砾及人工砌块等组成，掺杂岩溶洞穴堆积物。本次考古工作主要在该层进行，目前已经大部分清理。

冲积物（$Q_4^{al}$），位于现代河流河床部位，有卵砾石、砂组成。对石窟影响较小。

上更新统（$Q_3$）

冲积物（$Q_3^{al}$），主要分布在伊河二级阶地上，高程约170m，主要由圆砾组成，中间充填粉土。砾石含量约为70%，构成土体的主体成分。粉土为灰黄色，稍湿。该层土结构比较密实，局部为弱胶结状。比较完整的剖面为擂鼓台南公路切坡处，其余大部已经被破坏，在擂鼓台处仅局部残留。

残坡积物（$Q_3^{el+dl}$），分布于170m以上的斜坡上，岩性为淡黄色、浅黄色含碎块石粉土，碎石的成分主要为灰岩，棱角分明，发育铁锈斑。该层土体天然状况下自身稳定性较好，但遇水容易软化。

寒武系中统徐庄组（$\epsilon_{2x}$），厚度54.6m，在东山分布于万佛沟至擂鼓台一带，按岩性分为三段。

$\epsilon_{2x}^1$为中厚层—厚层泥质条带灰岩，泥晶结构；

$\epsilon_{2x}^2$为强白云石化含鲕粒微晶灰岩夹生物碎屑灰岩和泥质角砾状灰岩；

$\epsilon_{2x}^3$为条带状粉晶—中晶白云岩与白云石化鲕状灰岩互层。

擂鼓台南洞、中洞、北洞均位于徐庄组第二段（$\epsilon_{2x}^2$）。

寒武系下统（$\epsilon_1$）分布于石窟保护区南部，分馒头组（$\epsilon_{1m}$）和毛庄组（$\epsilon_{1mz}$）

毛庄组（$\epsilon_{1mz}$）为浅黄色含白云母砂质页岩、泥灰岩互层，夹豆状灰岩，厚度125m。

馒头组（$\epsilon_{1m}$）为紫红色页岩夹砂质页岩及薄层泥岩、泥灰岩，未见底。

### 2. 土体工程性质

与工程密切相关残坡积物（$Q_3^{el+dl}$）主要分布在平台上方的山坡上。土体在天然状况下稳定性较好，但遇水容易受到破坏，形成小型的山体浅层滑坡，并大量堆积于平台之上。

通过现场测试和室内试验，得到该残坡积物的物理性质指标（表4.1）。由土体的颗粒分析可知，砾石的含量（粒径＞2mm）占土体总质量的13.2%，砂粒的含量（2mm＞粒径＞0.075mm）为6.9%，而粉粒的含量（0.075mm＞粒径＞0.005mm）约为74%，黏粒的含量（粒径＜0.005mm）占6.3%。因此，平台上土体主要成分为粉土，其次为砾石，黏粒和砂粒的成分含量较低，土体的级配较差。正是这种高含量的粉粒构成了土体的骨架，形成结构性很好的黄土状粉土。这种结构的土体，在干燥条件下工程性质较好，而在降雨情况下极易软化，导致滑坡的形成。

表4.1 平台上残坡积物的物理性质指标

| 含水量/% | 天然重度/（kN/m³） | 颗粒比重 | 干重度/（kN/m³） | 孔隙比 | 孔隙率/% | 饱和度/% | 液限/% | 塑限/% | 塑性指数 | 液性指数 |
|---|---|---|---|---|---|---|---|---|---|---|
| 7.2 | 17 | 2.71 | 15.86 | 0.71 | 41.48 | 27.52 | 29.9 | 20.8 | 9.1 | ＜0 |

残坡积物进行重塑饱水后的固结快剪试验，用于模拟土体在遇水完全丧失结构性后的强度指标：黏聚力$c$为2.7kPa、内摩擦角$\varphi$约为24.6°。原状土体在天然饱水的情况下仍然具有一定的黏聚力，根据两个土体滑坡的稳定性反分析和龙门石窟区域资料，遇水后土体的黏聚力$c$取10kPa，内摩擦角$\varphi$取25°，以此作为边坡稳定性计算设计参数。

另外据中国地质大学（武汉）《龙门石窟保护修复工程地质调查研究报告》（2002年），该层土体的渗透性为$7.67\times10^{-5}$cm/s。而部分地段以碎石为主，渗透性远大于一般区域。

### 3. 寒武系灰岩微观和宏观性质分析

据中国地质大学（武汉）《龙门石窟保护修复工程地质调查研究报告》（2002年）龙门石窟寒武系的灰岩和白云岩的干单轴抗压强度为153.30—167.05MPa，饱和抗压强度为73.7—144MPa，属于坚硬岩，饱和吸水率多小于1%。岩石均存在不同程度的软化性，软化系数为0.609—0.852。

从岩石溶蚀试验结果可知，灰岩的比溶解度大于白云岩，同时溶蚀性的差异还同岩石的结构密切相关。

擂鼓台样品的XRD测试结果表明（表4.2），擂鼓台主要石窟分布区的岩石矿物成分主要为方解石，含量达到88%—98%，并在测试样品中发现微量黏土矿物。

表4.2 X射线矿物分析结果表

| 样号 | 取样位置 | 石英 | 方解石 | 白云石 |
|---|---|---|---|---|
| 1 | 北洞北壁 | 2 | 98 | |
| 2 | 石窟外崖壁 | 2 | 88 | 10 |

擂鼓台区域的岩体属于$\epsilon_2$的鲕粒灰岩，容易发生溶蚀现象。在擂鼓台段，岩石中含有条带状或者条块状泥质条带，泥质条带（块）发生溶蚀作用的能力相对要弱，因此出现比较明显的差异分化。

## （二）擂鼓台水文地质条件

擂鼓台区域主要的含水层、透水层为寒武系中统（$\epsilon_2$）的一套灰岩地层。据前期钻孔注水实验表明，该层岩体的透水性较好，渗透系数为$1.67\times10^{-6}$—$8.28\times10^{-3}$cm/s。

从钻孔实验结果看，透水性指标差异很大，总体属于中等—弱透水层。实际该层灰岩岩石本身透水性均非常弱（或者不透水），地下水主要通过岩体中发育的溶洞和裂隙构成的渗水网络运移。因此岩体渗透性受岩溶及裂隙的发育情况影响较大。渗透系数大者达$8.28\times10^{-3}$cm/s，为强透水性岩层；小者为$9.12\times10^{-5}$cm/s，为弱透水性岩层（图4.16）。

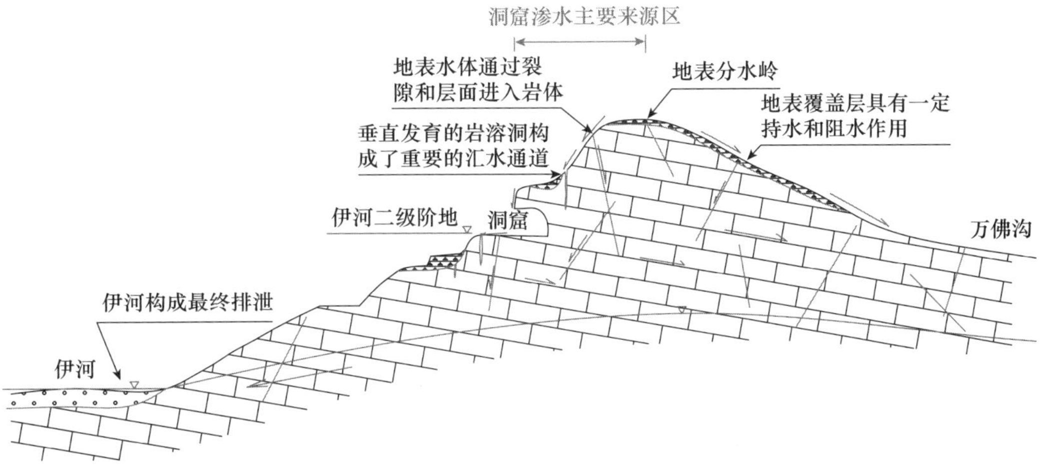


图4.16　擂鼓台水文地质条件示意图

底部寒武系下统的馒头组紫红色页岩及毛庄组泥灰岩和砂质页岩，透水性弱，构成区内下部的相对隔水层。

擂鼓台水文地质条件具有如下一些特点（图4.17）：

图4.17　擂鼓台渗水控制网示意图

1）擂鼓台位置较高，属于伊河二级阶地，饱和地下水位埋深大，因此饱和地下水对石窟基本没有影响，影响石窟的主要是非饱和裂隙渗水。

2）降雨（雪）是石窟内渗水的主要来源，对于石窟而言，地表降水对其影响的范围为东山地表天然分水岭与石窟前平台之间的范围。分水岭东北侧地表水体主要向北渗流进入万佛沟，并顺万佛沟最终向伊河排泄，对擂鼓台石窟群影响不大。伊河是整个龙门石窟保护区的排泄区。

3）非饱和渗流主要通过岩体构造裂隙、卸荷裂隙、层面裂隙渗流，上述渗水裂隙均出现溶蚀现象。由于擂鼓台石窟前地表属于伊河二级阶地，地质历史上属于地表水排泄口，地下水活动强烈，导致溶蚀相对发育。在平台上方见多处顺裂隙展布的垂直岩溶通道，构成了主要的汇水途径。

4）两到三条重要的层面裂隙也对山体内渗水起着控制性作用。沿这些层面出现明显的溶蚀的现象，局部出现切层发育的垂直岩溶通道，将这些层面贯穿起来，缩短了渗流途径，大大加速了向石窟内渗水。

## 二、擂鼓台区域裂隙调查

### （一）裂隙分布现场调查

裂隙发育是导致石窟渗水的主要原因，擂鼓台区域发育的裂隙可以分为构造裂隙、卸荷裂隙和层面裂隙。本次研究对擂鼓台范围内裸露基岩中发育的裂隙进行了测绘调查和编号。

表4.3为擂鼓台区域裂隙调查统计结果表。

**表4.3　擂鼓台三洞区域裂隙统计表**

| 编号 | 产状（°） | 成因 | 裂隙描述 | 备注 |
|---|---|---|---|---|
| J1 | 291∠88 | 构造裂隙 | 洞窟前平台上一条主要构造裂隙，该裂隙在石窟前均有发育，并在擂鼓台北洞洞口西侧约1.6m处，向北延伸至与北侧岩壁的卸荷裂隙（J20）相连，向南延伸至大五万洞前坡脚。裂隙面近垂直，裂隙面起伏，不光滑，张开度不均，在南端为5—10cm，中部3—5cm，北端20—40cm。裂隙大部分有溶蚀现象，充填有松散岩溶堆积物和块石，局部中空无充填，北侧裂隙内有树木发育，同层面裂隙J4相交处发育有垂直岩溶 | 洞窟前平台上主要为向下排水裂隙 |

续表

| 编号 | 产状（°） | 成因 | 裂隙描述 | 备注 |
|---|---|---|---|---|
| J2 | 210∠84 | 构造裂隙 | 发育自擂鼓台北洞西南约5m处的陡坎顶部，与J1相交，裂隙面近垂直，裂隙面起伏，不光滑，张开度为5—30cm，裂面有溶蚀形成的孔洞，充填物主要为钙质胶结的岩溶堆积物，局部见粒径1—5cm的砾状河流相冲积物 | |
| J3 | 225∠82 | 构造裂隙 | 发育自擂鼓台北洞口北约10m处向山坡延伸，与J1相交，裂隙面近垂直，裂隙面起伏，不光滑，张开度为8—25cm，沿裂面岩溶水平发育，有三个溶蚀形成的水平溶洞，溶洞内有少量草木发育，充填物主要为松散的岩溶堆积物 | |
| J4 | 352∠31 | 层面裂隙 | 擂鼓台北洞北侧山坡沿层面发育，裂隙面平直，张开度5—10cm，局部溶蚀后张开度有所扩大。层面主要由层间软弱物质构成，沿层面岩溶发育，与J3相交处有溶蚀形成的3个垂直溶洞，大的宽90cm，高120cm，小的宽80cm，高40cm，溶洞内有草木发育，裂隙的上部形成掉块区，岩体掉块，被第四系的残坡积物覆盖，植被发育 | 渗水控制性层面 |
| J5 | 150∠67 | 构造裂隙 | 发育自擂鼓台北洞北侧山坡向下延伸，与J1、J4相交，裂隙面起伏，不光滑，张开度上部为5—10cm，松散的岩溶堆积物充填，与J1相交处岩溶发育强烈，该裂隙在山壁段已被人工水泥修补 | |
| J6 | 220∠53 | 构造裂隙 | 发育自擂鼓台北洞北侧山坡顶部向下延伸，裂隙面起伏，不光滑，张开度2—5cm，有少许泥质胶结岩溶堆积物充填，沿裂面岩体掉块，裂隙面出露，有溶蚀现象，有灰黑色苔藓痕迹，该裂隙与J5及层面共同切割形成一松动岩体，高2.3m，宽1.5m | |
| J7 | 152∠70 | 构造裂隙带 | 该裂隙带发育于擂鼓台北洞北侧山壁，在60cm的宽度内发育2—3条平行的构造裂隙，形成一构造裂隙带，向下延伸过洞前平地，与J1相交，裂隙面平直，不光滑，张开度1—2cm，无充填，裂面局部岩溶发育，该裂隙在山壁段已被人工水泥修补 | |
| J8 | 351∠31 | 层面裂隙 | 北洞前陡坎上，裂隙面平直，张开度5—20cm，松散岩溶堆积物充填，沿裂面岩溶发育，与其他裂隙共同切割形成平缓的掉块区，岩体掉块 | |

续表

| 编号 | 产状（°） | 成因 | 裂隙描述 | 备注 |
|---|---|---|---|---|
| J9 | 213∠52 | 构造裂隙 | 大五万洞前，平直，松散岩溶堆积物充填，张开度5—10cm，裂隙面掉块形成一个约4m的陡坎，裂隙面上多处发育10—20cm长的溶蚀槽，与J10相交处岩体层理发育，形成一个2m × 0.8m的破碎带，岩体呈碎片状破碎。与J1相交处形成一个0.4m × 0.4m的溶洞 | |
| J10 | 222∠73 | 构造裂隙 | 大五万洞前，裂隙面起伏，裂隙北端闭合，南端展开度5cm，裂面有溶蚀现象，松散土石充填，主要为棱角状灰岩，与J11相交处形成2m × 1.6m的岩溶发育区，有岩溶形成的松散土石堆积，可见少量有一定磨圆的粒径5—8cm的黑色岩浆岩卵石等河流相堆积物，卵石裂隙面掉块形成一个约4m的陡坎，裂隙面有10—20cm长的溶蚀槽，与J10相交处岩体层理发育，形成一个2m × 0.8m的破碎带，岩体呈碎片状破碎。与J1相交处形成一个0.4m × 0.4m的溶洞 | |
| J11 | 112∠74 | 构造裂隙 | 自大五万洞前向南延伸，在南洞北侧向山顶延伸，起伏较大，张开度15—20cm，岩壁段已被人工水泥充填，但已开裂，在平地段由于地表渗水而岩溶发育强烈，有松散岩溶堆积物充填 | |
| J12 | 115∠70 | 构造裂隙 | 位于中洞与南洞之间的岩壁上，起伏较大，下部张开已被人工砖砌修补，与J11在中洞南壁相交，切割形成一掉块区。上部自陡坎顶端开始，起伏较大，上部张开度1—5cm，被泥质胶结的岩溶堆积物充填，向下延伸约6m处形成一大片岩溶发育的破碎带，沿裂面溶蚀作用强烈，岩体破碎，杂草丛生，充填松散溶蚀堆积物，张开度20—30cm | 掉块6256该裂隙切割中洞洞顶岩体 |
| J13 | | 卸荷裂隙带 | 位于中洞与南洞之间的岩壁上发育3—4条平行裂隙，平直，不光滑，裂面近直立，上部闭合，张开1—5cm，延伸不长，无充填，下端灭尖 | 走向北东 |
| J14 | 212∠81 | 构造裂隙 | 自南洞前西北向洞内延伸，从洞北壁延伸入洞内，在洞顶形成掉块，裂面近直立，平直，在洞外张开度1—2cm，松散岩溶堆积物充填，洞内张开度5—10cm，在洞顶受卸荷作用而张开度有所变大，沿裂面岩溶发育 | |
| J15 | 228∠56 | 构造裂隙 | 自南洞前西北延伸至洞外南壁，平直，不光滑，沿裂面岩溶发育，有许多直径1—2cm的溶蚀沟槽，岩体破碎，形成地表积水洼地，充填物为河相沉积的松散土石混合物 | |

续表

| 编号 | 产状（°） | 成因 | 裂隙描述 | 备注 |
| --- | --- | --- | --- | --- |
| J16 |  | 构造裂隙 | 自南洞前西北延伸至洞内南壁；在洞内张开度3—5cm，已被人工石灰修补，在洞外岩块破碎，裂面出露，沿裂面岩溶发育，有许多溶蚀沟槽，充填物为河流相沉积的松散土石混合物 |  |
| J17 | 76∠81 | 构造裂隙 | 发育在擂鼓台三洞之上的陡坎岩壁上，自山顶向下延伸，在陡坎下被第四系的残坡积物覆盖而不可见，起伏较大，上部裂面形成掉块且岩溶发育，下端闭合，无充填，与J18、J19切割形成一块1.5m×1.5m的危岩体 | 另一产状279∠83 |
| J18 | 151∠72 | 构造裂隙 | 发育在擂鼓台三洞之上的陡坎岩壁上，J17北侧，自山顶向下延伸，在陡坎下被第四系的残坡积物覆盖而不可见，起伏较大，上部裂面形成掉块且岩溶发育，被岩溶堆积物充填，下端闭合，无充填 | 另一产状142∠76 |
| J19 | 2∠34 | 层面裂隙 | 发育在擂鼓台三洞之上的北侧陡坎岩壁上，沿层面延伸，较平直，裂隙面为极薄层的泥质灰岩与页岩互层，厚度5—10cm，经层面错动而形成疏松破碎的岩体，成为一汇水通道，沿层面有明显的溶蚀现象，裂隙内草木发育 |  |
| J20 | 212∠69 | 层面裂隙 | 发育在擂鼓台三洞之上的北侧陡坎岩壁上，沿层面延伸，与J19平行，间距50cm，平直，不光滑，裂隙面为极薄层的泥质灰岩与页岩互层，厚度5—10cm，经层面错动而形成疏松破碎的岩体，成为一汇水通道，沿层面有明显的溶蚀现象，裂隙内有草木发育 |  |
| J21 | 120∠62 | 卸荷裂隙 | 发育在擂鼓台三洞之上的北侧陡坎岩壁上，近临空面侧，下部被第四系的残坡积物覆盖而不可见，平直，不光滑，张开度上宽下窄，1—5cm，有少许的碎块与岩屑不连续充填，局部有少量杂草发育 |  |
| J22 | 118∠67 | 卸荷裂隙 | 发育在擂鼓台三洞之上的北侧陡坎岩壁上，近临空面侧，下部被第四系的残坡积物覆盖而不可见，上部平直，下部平直，张开度上大下小，上部5—10cm，下部1—2cm，最大处岩溶形成约25cm，不光滑，充填物为松散的岩溶堆积物，沿裂面溶蚀发育 |  |
| J23 | 135∠81 | 构造裂隙 | 起伏较大，裂隙面不光滑，近直立，上部张开度大，15—30cm，有明显的溶蚀，被松散的溶蚀堆积物充填，裂隙有杂草生长，下部较平直，张开度较小，1—3cm，被泥质胶结的溶蚀堆积物不连续充填，局部有杂草 | 该裂隙为自山顶的垂直向汇水通道 |

续表

| 编号 | 产状（°） | 成因 | 裂隙描述 | 备注 |
|---|---|---|---|---|
| J24 | 222∠78 | 构造裂隙 | 起伏不大，裂隙面不光滑，近直立，上部张开度大，有明显的溶蚀现象，被松散的溶蚀堆积物充填，下部较平直，张开度较小，1—3cm，被泥质胶结的溶蚀堆积物不连续充填，局部有杂草 | 与J23形成一个三角形危岩体，高3m，下边宽2m |
| J25 | 114∠65 | 构造裂隙（有卸荷作用） | 发育于陡坎顶部，向下延伸不长，较平直，裂隙面闭合光滑，沿裂面有明显的溶蚀沟槽，充填物多为山顶的松散残坡积物，裂隙面上部因人工爆破而掉块出露 | |
| J26 | 195∠48 | 构造裂隙 | 发育于陡坎顶部，向下延伸不长，起伏，裂隙面光滑，溶蚀不明显，张开度2—5cm，溶蚀形成的灰岩碎屑不连续充填，裂隙面因掉块出露 | |
| J27 | 220∠59 | 构造裂隙 | 发育自陡坎顶部向下延伸至北洞顶部，上部裂隙面因掉块出露，下部被第四系残坡积物覆盖，起伏，裂隙面光滑，沿裂面有垂直岩溶发育，张开度20—50cm，被松散的残坡积物充填 | |
| J28 | 191∠70 | 构造裂隙 | 发育自陡坎顶部向下延伸，局部产状为256∠82，起伏，裂隙面光滑，溶蚀不明显，张开度1—2cm，溶蚀形成的灰岩碎屑与山顶残坡积物不连续充填 | |
| J29 | 217∠60 | 构造裂隙 | 发育于南洞上方陡坎顶部，起伏，不光滑，裂面西侧岩体因岩溶作用强烈，岩体破碎，形成松散破碎的第四系残坡积物 | |
| J30 | 109∠74 | 构造裂隙 | 发育于南洞上方陡坎北部，向南延伸，中部被松散堆积体覆盖，下部出露于南洞顶部岩体中，起伏，不光滑，张开度2—10cm，被溶蚀形成的灰岩碎屑与山顶残坡积物充填，下部张开度20—30cm，被残坡积松散堆积体充填，裂面发育溶蚀沟槽，该裂隙上部左右平行发育4—5构造裂隙，延伸均不长 | |
| J31 | 278∠87 | 构造裂隙 | 发育于南洞上方陡坎，起伏不大，上部张开度4—10cm，被溶蚀形成的灰岩碎屑与山顶残坡积物充填，下部出露于南洞顶部砖砌结构附近，张开度20—30cm，被残坡积松散堆积体充填，沿裂面岩溶发育，裂隙有小树发育 | |
| J32 | 209∠56 | 构造裂隙 | 发育在南洞上方岩壁南侧，平直，溶蚀不明显，张开度1—2cm，被溶蚀形成的灰岩碎屑与山顶残坡积物不连续充填，上部裂隙面因掉块出露，有灰黑色苔痕 | |

续表

| 编号 | 产状（°） | 成因 | 裂隙描述 | 备注 |
|---|---|---|---|---|
| J33 | 355∠25 | 构造裂隙 | 发育在南洞上方岩壁南侧，起伏，不光滑，溶蚀不明显，张开度2—5cm，山顶残坡积物不连续充填，裂隙面有杂草生长。J32、J33与层面切割形成一危岩体，宽2m，高1.5m，厚0.8m，下部已掉块。该危岩体对南洞顶部的砖结构有威胁 | |
| J34 | 147∠61 | 构造裂隙 | 发育在南洞上方岩壁南侧，平直，不光滑，上部垂直岩溶发育，被松散残坡积物充填，下部闭合，无充填，裂隙面有杂草生长 | |
| J35 | | 构造裂隙 | 近直立发育，走向近60°，张开度约5mm，向下连通裂隙J12，在上部有第四纪覆盖并有植物生长 | |

## （二）裂隙发育规律统计分析

在擂鼓台地表主要的渗水裂隙有如下几条：构造裂隙J1、层面裂隙J4、构造裂隙J5、构造裂隙J11、构造裂隙J12等。

### 1. 构造裂隙J1

构造裂隙J1是窟前平台上发育的一条主要贯穿裂隙，产状为291°∠88°。该裂隙在北部切向山体，在一定程度上截断了层面裂隙J4。由于窟前平台属于伊河二级阶地，地下水动力作用强烈，导致该裂隙岩溶发育，并促使裂隙加宽。通过该裂隙将窟前一些主要裂隙贯穿起来，同时石窟内部积水主要向该裂隙排泄，形成窟前平台积水的主要排水通道（图4.18）。

图4.18 构造裂隙J1在石窟前发育现状

### 2. 层面裂隙J4

层面裂隙J4是一条主要的层面裂隙，产状352°∠31°。在北段延伸至地面，在南端向上延伸至北洞与中洞上方的一个小型平台。整个裂隙由于溶蚀导致裂隙张开度好，在北洞以北的一个小型洞窟上方，与多条裂隙相交处形成了一个垂直溶洞，构成了该处的主要排水通道（图4.19）。

图4.19　层面裂隙J4

减少层面裂隙J4中的水量，充分利用其排水功能是控制中洞与北洞渗水的关键，同时可以减少层面裂隙下方发育的小型石窟的风化速度。

图4.20　构造裂隙J5

3. 构造裂隙J5

构造裂隙J5产状为150°∠67°，该裂隙向上切割层面裂隙J4，向下连通构造裂隙J1，并与层面裂隙J4相交处发育一个垂直溶洞，构成了天然的排水通道，起着将裂隙渗水向山体外排泄的功能（图4.20）。

该裂隙与J1相交处，岩溶非常发育，两条裂隙在此均有明显的溶蚀加宽效应。

裂隙下部由于溶蚀作用张开度非常好，导水功能明显，上部虽然曾经进行了一定封堵，目前已经基本失效。

该裂隙与构造裂隙J6、层面裂隙J4，相互切割在层面上形成了一个危岩体。

4. 构造裂隙J11

构造裂隙J11产状为112°∠74°，该裂隙为区域性构造裂隙J32的分支裂隙。J11与J32近平行发育。该裂隙在崖壁上与J12相交，形成岩体掉块，在南洞顶部形成岩体与人工砖砌体顶部的边界线。

该裂隙在擂鼓台顶部构成石窟天然岩体的边缘，在岩体外部为人工青砖砌体形成的砖砌体。在砖砌体与山体之间采用水泥砂浆连接，但是目前砂浆已经起壳开裂，完全丧失阻水作用（图4.21、图4.22）。

擂鼓台南洞目前主要的渗水主要来自该裂隙。

5. 构造裂隙J12

构造裂隙J12是一条重要的构造裂隙，总体产状为115°∠70°。该裂隙近直立发育，整体呈波状起伏，倾向常出现倒转。该裂隙向下进入中洞顶部，并切割中洞南壁，构成了中洞的主要渗水来源。向上发育至地表，构成平台1、平台2南部边缘。沿裂隙岩溶发育，在平台1上部形成几个垂直溶洞，其中充填松散堆积物，并有植物生长（图4.23）。

图4.21　J11与擂鼓台南洞

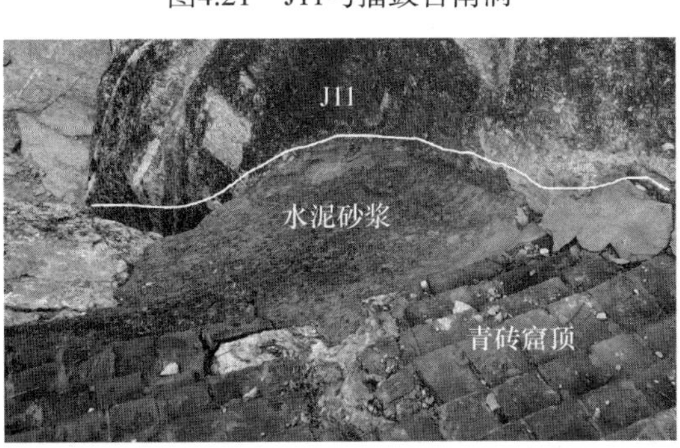


图4.22　裂隙J11与擂鼓台南窟顶部结合部位

图4.23　构造裂隙J12

构造裂隙J12与层面裂隙J4围成的三角形区域下方正是擂鼓台主要石窟分布区域，擂鼓台北洞和中洞均位于该三角形区域下方。因此，这两条裂隙是擂鼓台治水的控制性裂隙。特别是对于中洞，控制该裂隙的渗水是减少中洞水量的关键所在（图4.24）。

图4.24　构造裂隙J12与层面裂隙J4

总的来说，层面裂隙J4、构造裂隙J12控制着北洞和中洞的渗水，而构造裂隙J11与窟顶砖砌体之间的开裂是南洞渗水的主要的来源。

## 三、擂鼓台风化现状分析

采用施密特锤对岩石表面强度进行原位无损测试（表4.4），用于评价风化对岩石强度的影响。测试结果表明：

**表4.4　施密特锤岩体表面强度测试结果表**

| 序号 | 位置 | 描述 | 强度/MPa |
|---|---|---|---|
| 1 | 擂鼓台北铁栏杆起始处 | 岩体表面发黑，风化时间较长 | 41.3 |
| 2 | 擂鼓台北甬道向北1m处 | 岩体表面沿层面有片状剥落，岩体表面呈灰白色，层间有泥质条带，呈肉红色 | 40.9 |
| 3 | 擂鼓台北约2.5m处中型佛龛 | 岩体表面风化起壳约0.3cm，有白色方解石晶体，佛像因风化而缺失，表面呈黑色 | 35.3 |
| 4 | 北洞北壁佛左手东侧约50cm处 | 表面有岩溶覆盖，灰白色，层厚0.2cm | 41.8 |
| 5 | 中洞外南壁下部长方形岩壁缺失 | 该处由于裂隙发育而掉块，裂隙因岩溶而产生风化起壳现象，且有条带状墨绿色、黑色苔藓出露，干枯。岩溶覆盖物厚度为0.5—1cm | 29.9 |
| 6 | 中洞南侧靠近东侧地面 | 岩体表面为灰黑色 | 49.6 |

续表

| 序号 | 位置 | 描述 | 强度/MPa |
|---|---|---|---|
| 7 | 南窟内部地面 | 风化较弱 | 47.2 |
| 8 | 南洞南甬道内侧地面处 | 岩体表面为灰黑色 | 50.1 |
| 9 | 南洞北壁偏东 | 岩体表面呈灰黄色，为岩溶覆盖，厚度为0.1—0.3cm | 44.8 |
| 10 | 北洞北侧栏杆起始南1m处 | 岩体受风化，表面为黑色干枯苔藓所附着，岩体颜色为灰白，层间时有黄色条带状泥质充填 | 35.6 |
| 11 | 北洞南甬道外偏南1m处 | 岩体表面为灰白色，略见条带状黑色苔藓 | 41.7 |
| 12 | 北洞南甬道外偏南2m处 | 岩体表面为黑色，受风化起壳影响，岩石强度降低明显 | 25.9 |
| 13 | 上点南25cm下60cm | 人工开凿，岩石强度较高 | 37.5 |
| 14 | 公路边 | 人工开凿，岩体表面为灰黑色 | 36.9 |
| 15 | 公路边 | 人工开凿，岩体表面为灰黑色 | 44.4 |
| 16 | 北洞栏杆起始偏北8m处 | 岩体呈灰白色，层间有黄色泥质条带 | 49.2 |

1）擂鼓台区岩体表面强度相对于龙门石窟其他区域而言，并不是很高。这是因为岩石中含有大量的泥质条带，这类泥质条带自身表面强度相对较弱，同时容易出现差异风化，进一步降低了测试结果；

2）表面强度与岩石的风化程度基本一一对应。在阳光暴晒部位、裂隙渗水附近的岩体表面风化程度较高，表面强度也较低。

太阳暴晒是擂鼓台区域岩体风化的一大关键因素。擂鼓台位于东山，属于太阳西晒的位置，在夏季温度很高。据前期研究表明，岩壁温度可以达到70℃。同时岩石为泥质条带灰岩，岩石自身的热力学性质有所差异，加剧了岩石遭受温度变化的破坏作用。

渗水是导致擂鼓台区域风化严重的最为主要的原因。如前所述，擂鼓台地区灰岩的溶蚀作用较强烈，渗水促成了酸性气体$SO_2$、二氧化碳等与岩石表面发生反应。密集分布的层理面构成了岩体表面的吸水、储水场所，更是导致这种溶蚀效应加剧。

擂鼓台属于太阳西晒的位置，岩体表面温度高，蒸发强烈。裂隙水在蒸发过程中带出大量的可溶盐，这类可溶盐在岩体表面、层理微缝隙中富集，可溶盐结晶形成晶体挤压作用力，导致岩体表面松散、砂化。这种现象在龙门石窟西山相对较弱，而擂鼓台地区特别明显。

可溶盐特别容易在没有水体冲刷部位发育。

图4.25　北洞北崖壁小型石龛风化现状

在擂鼓台北洞以北的崖壁上开凿了大量小型石龛，目前这些石龛大部基本已经风化。图4.25为一个典型小型石龛的风化现状。该小型石龛由一大两小三个佛像组成，在石龛内部见两条裂隙发育，从现状看，裂隙存在析水现象，石窟内部泛盐严重。历史上对主佛进行过表面修补，但目前修补部分已经起壳脱落，表面风化起壳厚度为1—5mm不等，局部（如主佛莲花座）出现风化开裂掉块。从图4.25的局部照片可以看出，岩体表面已经出现类似砂岩的风化现象。

三个大窟中，擂鼓台北洞是风化较严重的一个窟，窟内裂隙JN1以上尤为严重（图4.26）。北洞北壁的主佛，在JN1裂隙以上出现非常典型的顺层理差异风化，特别是佛像头部出现顺层理的参差不齐风化。风化相对较弱的地方聚集次生盐，岩石表层结壳开裂，开裂厚度为2—5mm不等，同时在造像表面大量泛盐（图4.27）。

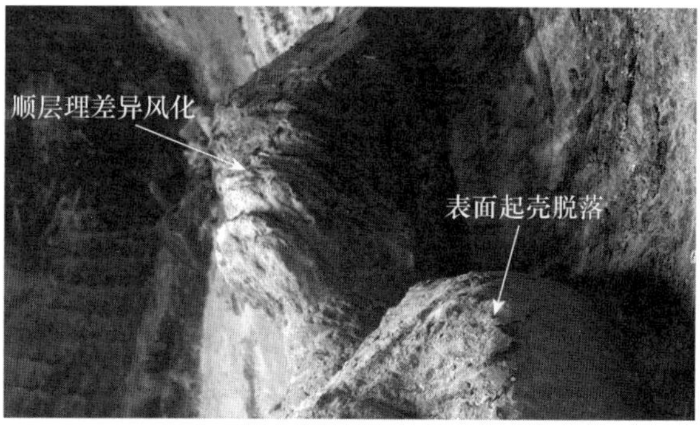


图4.26　北洞北壁主佛JN1上部风化现状

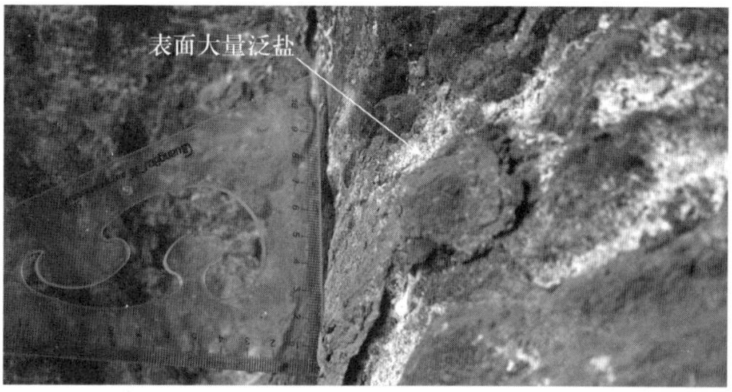


图4.27　北洞北壁主佛局部

采取北洞以北外崖壁小型石龛中的掉块以及北洞北壁主佛的表面松散风化物（通过刷子采取表面的灰白色风化物）进行XRD测试（图4.28、图4.29），测试结果均表明有大量的次生盐的发育，同时残留大量的相对难以风化的黏土矿物（表4.5）。

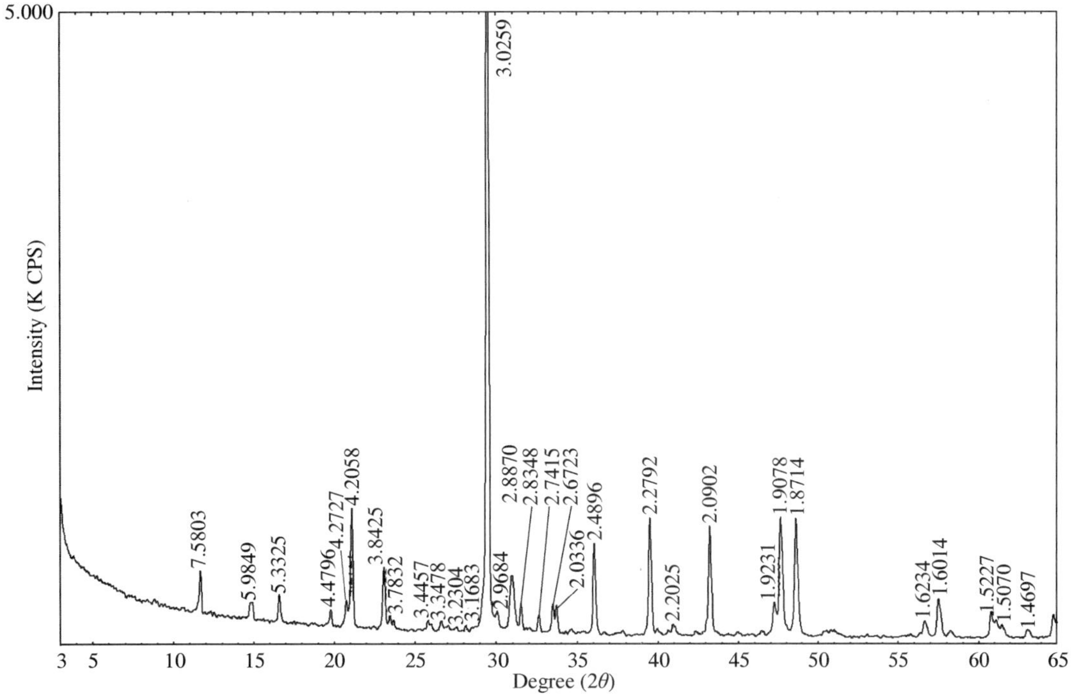


图4.28　擂鼓台北崖壁小型石窟风化物XRD测试结果

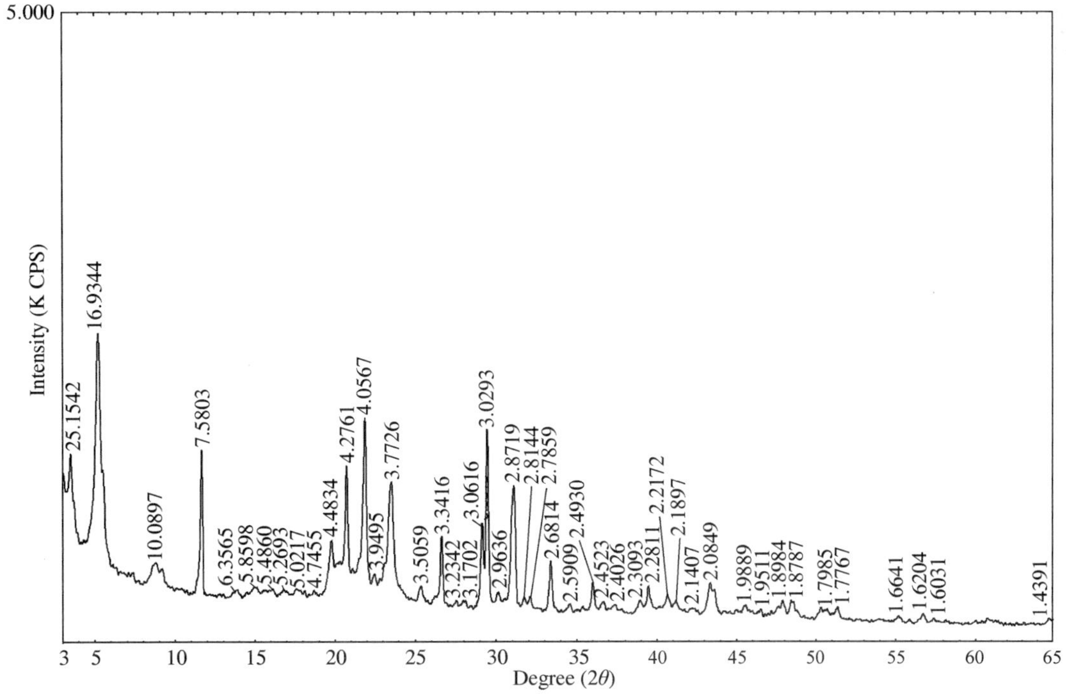


图4.29　擂鼓台北洞表面风化产物XRD测试结果

表4.5　风化产物XRD测试结果表

| 采样位置 | 石英 | 石膏 | 泄利盐 | 白云岩 | 方解石 | 蒙脱石 | 伊利石 | 累托石 |
|---|---|---|---|---|---|---|---|---|
| 北洞外崖壁 | 2 | 5 | 15 | 5 | 73 | | | |
| 北洞北壁主佛 | 5 | 15 | | | 15 | 45 | 5 | 15 |

测试结果发现大量硫酸根（石膏、泻利盐等），表明空气污染在石窟破坏过程中作用显著。空气污染来源为工矿企业的废气、汽车尾气等。龙门石窟没有封闭前，擂鼓台前的公路是一个交通要道，局部污染严重。

石膏、泻利盐等在结晶及相态转化过程中，形成晶体挤压力，导致岩体松散破坏。

总的说来，条带状灰岩是导致擂鼓台局部风化相对强烈的内因，裂隙发育、渗水严重、太阳长期暴晒、蒸发量大等是控制风化的外在环境条件。而人类活动，特别是近几十年的空气污染是加速岩体风化的重要原因。

## 四、擂鼓台渗水成因分析

### （一）擂鼓台渗水特征及分区

正如前面所述，擂鼓台区域为一个相对独立的水文地质单元，地下水以非饱和裂隙流为主。窟前陡壁至地表分水岭之间属于石窟渗水的补给区。地层倾向正北，因此受地形及地层展布控制，该补给区的地下水总体来说是顺山坡向下以及向万佛沟流动。

在南洞与北洞之间的上方山体存在一个次一级的分水岭（分区2与分区3的界线），分水岭两侧水体分别流向中洞和南洞（图4.30）。另外，在北洞及其以北的小型石窟群上方分别存在两个相对平缓的松散堆积平台（平台1和平台2），两个平台具有一定的滞水作用，加剧地表水体向下渗水的量。同时，平台1也有一定将水体导向万佛沟的作用。

结合微地形及裂隙发育、层面发育，将擂鼓台渗水的补给区分为三个区域（图4.31、图4.32）：

区域1：平台1及上方山体，对应的石窟主要是擂鼓台北部的小型石龛群，目前这些石龛大部已被破坏。该区域由东向西可以进一步分为三个小区：山顶分水岭至基岩陡坎为1—1区，基岩陡坎为1—2区，平台1为1—3区。山顶分水岭至基岩陡坎间的1—1区离石窟较远，对下面石龛群的影响不大。裸露基岩陡坎（1—2区）坡度大且无大的贯穿性裂隙，因此对石窟渗水也影响不大。直接影响下方小型石龛的是平台1的区域（1—3区），该区域地形平缓，并发育有松散的堆积体，当地表水体进入该平台后，

图4.30　擂鼓台区域微观地貌与裂隙分布图

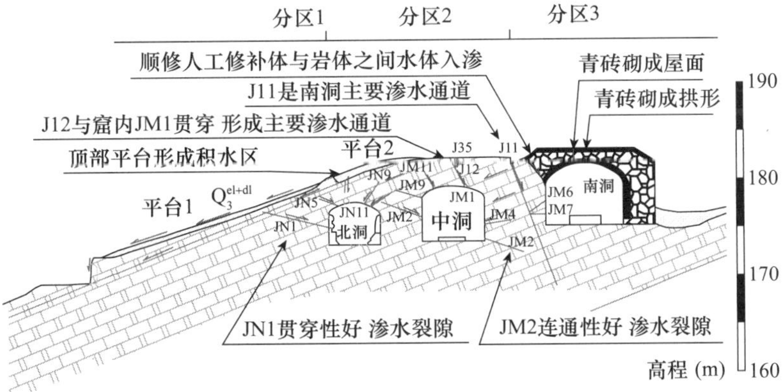


图4.31　擂鼓台研究区纵剖面示意图

流速减缓，并顺坡向北、向西流动。在该区域，层面J4是一个控制性裂隙，部分水体进入山体后将顺层面J4向北流动。另外，多条裂隙切割层面J4，构成层间联系通道，如在J3、J5、J6与层面J4切割处，就发育有垂直渗水通道，垂直岩溶发育，加速了裂隙水的下渗。

区域2：位于区域1的南侧，为北洞与中洞上方次级分水岭之间的区域，对应的石窟为擂鼓台北洞和中洞两个重要的洞窟以及一些小型石窟。该区域整体地形比较平缓，裂隙数量较多，联系复杂，属于本次渗水治理的重点区域。同样，该区域也可进

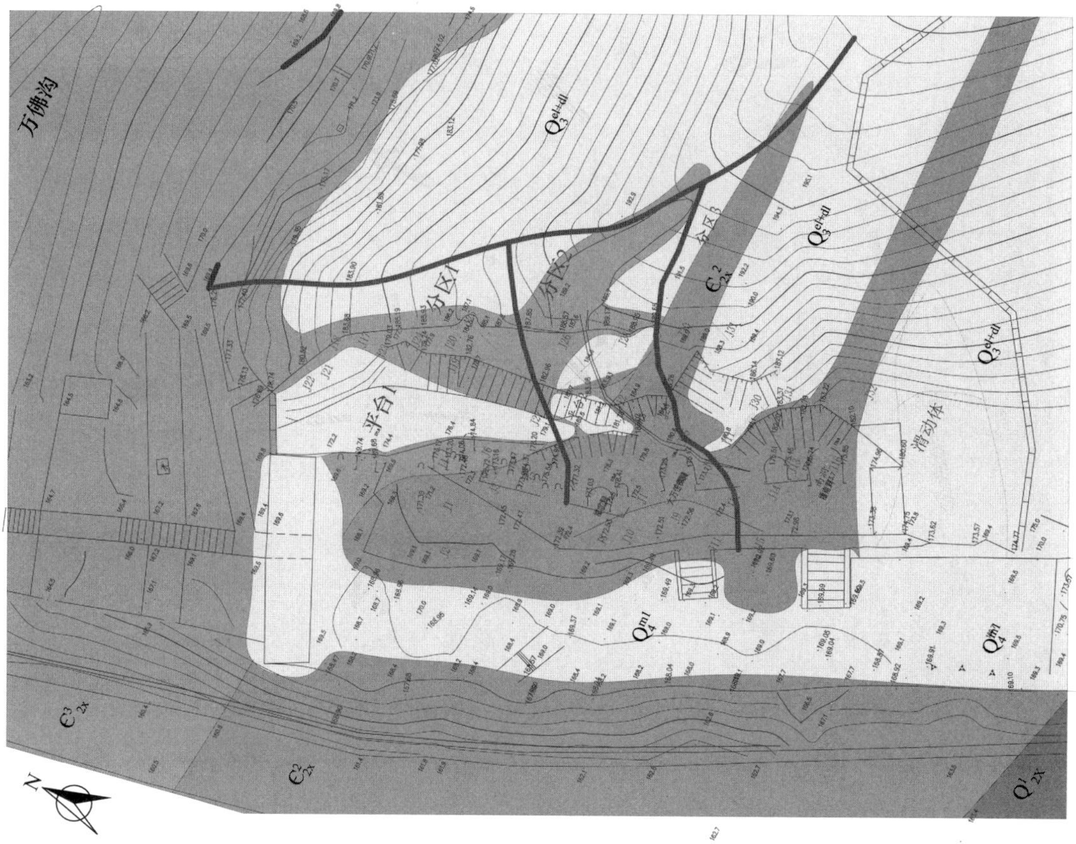


图4.32　擂鼓台区域渗水分区平面图

一步分为三个次级区域：山顶分水岭至裸露基岩（2-1区）、裸露基岩（2-2区）、平台2（2-3区）。相对于分区1而言，该处裸露基岩总体坡度平缓，并发育多处负地形，有利于地表水体入渗。下方平台2规模较小，但相对独立，没有将水体向北导出石窟区的功能，最终积水不是向下渗水山体就是流向下方陡壁。该小型平台正好有两个凹槽，分别位于北洞与中洞上方。两个凹槽分别将水体导向北洞与中洞的窟门，形成破坏。

另外需要注意的是，在山顶，人为挖掘形成的一个局部凹槽，该凹槽有利于地表水体的淤积与下渗，对石窟造成一定的影响。

区域3：为山顶分水岭以西，区域2以南的范围，下方对应的石窟为擂鼓台南洞。该区域地形整体以一定的坡度下倾至南洞顶，在洞顶基岩与修补区之间，岩体陡直。该区域大部为松散堆积层所覆盖，覆盖层下的裂隙展布总体不是很清楚。在擂鼓台以南为一冲沟，是天然的排水通道。

分区之间有如下关系：分区1与分区3的地表水体与分区2的石窟渗水关系不大，但分区2的水体渗流对分区1和分区3有一定影响。

## （二）各分区渗水成因分析

### 1. 分区1

分区1分布的主要是一些小型石窟，目前这些石窟风化非常严重，部分已经完全被破坏。这些石窟受到的破坏，渗水是一个重要原因。

降雨后，雨水在陡直岩壁上难以停留，即使是在陡直岩壁上有所入渗，由于距离小型石窟较远，陡直岩壁区的入渗将进入岩体深部，对于下方小型石窟影响不大。雨水沿陡直崖壁迅速流向下方平台1，造成大量水体在平台1滞留。滞留的水体通过裂隙向小型石窟区渗流，导致石窟内渗水。如果雨量较多，部分水体将通过表面径流及壤中流在小型石窟群外崖面形成挂流，对小型石窟造成破坏（图4.33、图4.34）。

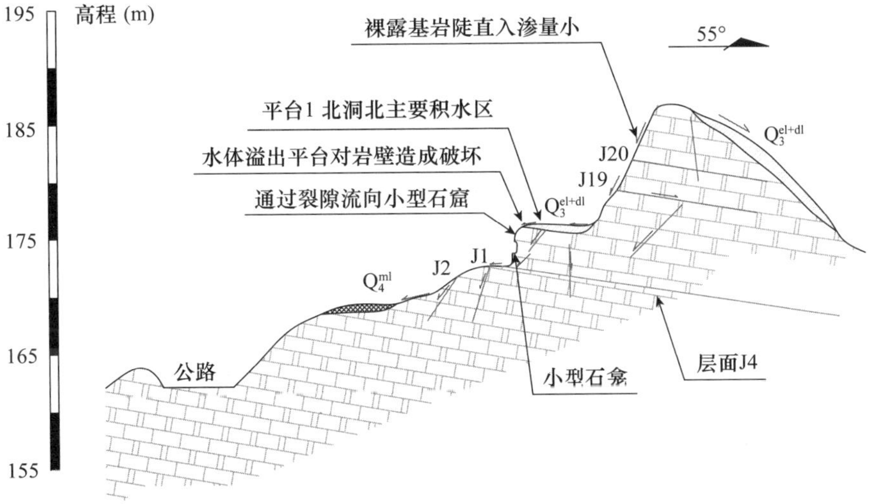


图4.33　分区1剖面及渗水示意图

图4.34　分区1局部地形与地表水体流动

因此，对于该区域的渗水治理工程，建议遵循如下一些原则：首先，控制进入平台1内的水体，在水体进入平台前将水体截住，顺坡将其向北导出石窟区外；其次，减少平台上土体的入渗能力，避免滞留在平台上水体下渗进入岩体；最后，将石窟外崖壁的表面径流截断，做到地表水体的有序流动。

2. 分区2

在分区2分布有擂鼓台最为重要的两个石窟，擂鼓台北洞与擂鼓台中洞。两个石窟的渗水均非常严重，特别以擂鼓台北洞为甚。

擂鼓台北洞正好位于平台2正下方，该平台是一个积水平台，导致水体长期滞留。从裂隙发育上看，两条重要的裂隙——构造裂隙J12和层面裂隙J4，构成了该区域的主要渗水通道。这两条裂隙张开度较好，且岩溶相对发育，见多处垂直岩溶通道顺这两条裂隙发育。另外，擂鼓台北洞上方山体相对较薄，特别是与上方的J4距离很小，窟内发育的JN1裂隙既贯穿了J12号裂隙，又切到了层面裂隙J4（图4.35、图4.36）。

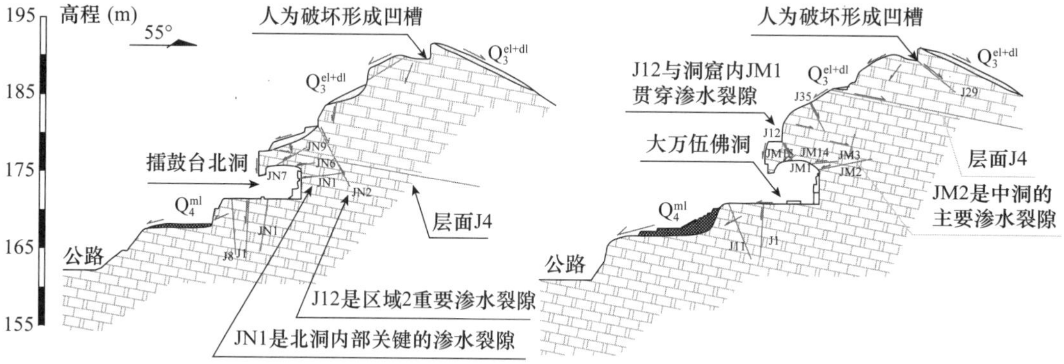


图4.35　分区2剖面及渗水示意图

图4.36　2号平台附近渗水分析

总的说来，平台2的局部特殊地形、两条贯穿裂隙J12与J4的发育及窟内裂隙JN1共同导致北洞渗水相对较为严重，风化最为强烈。

从局部微地形上看，中洞上方属于一个局部的小型分水岭，地表水体分别流向北洞和南洞。另外，在擂鼓台南洞区域，山体并不连续，这样就减少了分水岭南坡水体入渗对中窟的影响。而分水岭北坡的水体是顺着层面向北流动。因此，中洞的渗水相对来说较轻。

影响中洞渗水的裂隙通道主要是裂隙J12，该裂隙与石窟直接连通，形成了石窟内的渗水裂隙JM1，另外山体上的裂隙J35直接和裂隙J12在中洞窟顶交切，也加剧了石窟内裂隙JM1的渗水。同时，在石窟内部的裂隙JM2以缓倾的角度连续切割贯穿山体内部的层面和构造裂隙，也是一条比较严重的渗水裂隙。

因此，受地形控制，中洞渗水相对较弱，影响中洞渗水的除了大量发育的层面裂隙外，构造裂隙J12、J35是关键。

根据上述分析，对于分区2的治理应该做好两个方面的工作：

一是平台2的处理，首先要避免地下、地表水的滞留，减少入渗；其次，截断水体在石窟外崖壁形成的面流；最后，将地表水体合理地排出该区域。

二是窟顶裂隙的防渗和引流，由于分区2裂隙众多，这些裂隙将地表水体大量引入山体。建议采用裂隙灌浆进行处理，对局部大的岩溶通道予以填堵；其次，顺裂隙、顺地形修建地表排水通道，将地表水迅速导出石窟区。

另外对于窟顶人工破坏形成的凹地形，建议回填后将局部水体往东北导出石窟区域。

### 3. 分区3

分区3主要涉及的石窟为擂鼓台南洞。从地形上看，该处是一个相对独立的地表水径流系统。另外，受区域性构造裂隙的影响，南洞以南区域山体大部缺失，这样就不存在大量水体通过层面裂隙由南往北汇入该窟。进入石窟的水体主要是由窟顶人工砌体与山体之间的连接部位、靠近修补体附近的大量卸荷裂隙和构造裂隙造成的（图4.37）。

另外，南洞顶部人工修补体采用青砖作为屋顶，并不是常规的瓦，因此其导水性较差，渗透性较好，这样就加剧了窟内修补体的风化速度，最终将导致窟内砖砌拱形窟顶的失稳坍塌。

因此，对于南洞，治理工作主要应该包括如下一些内容：首先，减少地表水体流向南洞的量，建议在窟顶山体的适当位置设置截水沟；其次，处理好人工砌体与山体

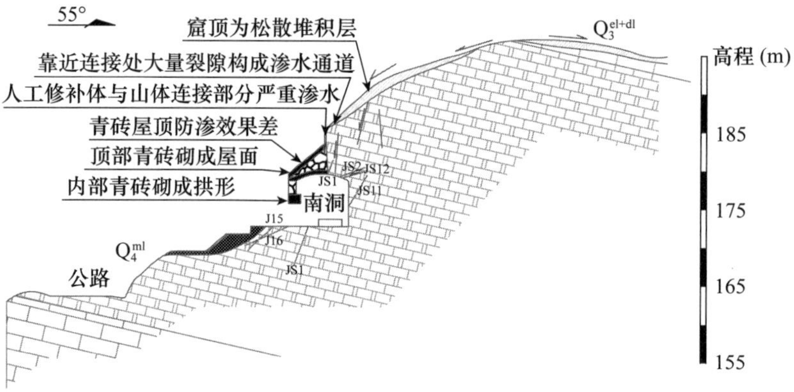


图4.37　分区3剖面及渗水示意图

之间的连接部位，特别是附近的裂隙，建议采用灌浆处理；最后，从防渗的角度建议将砖砌屋顶换成瓦，将屋顶荷载通过梁和椽子传至山体及四周墙体，减少作用在内部砖拱的荷载，延长内部砖拱使用寿命。

4. 结论

首先，根据擂鼓台局部地形、地层、裂隙等因素，可以将研究区分为3个分区；分区1分布的石窟主要为一些小型石龛，分区2分布北洞和中洞，分区3为南洞。分区1与分区3相对独立，分区2属于裂隙复杂、地下水流动相对复杂的区域。

对于分区1，建议主要通过截断进入平台1的水体、减少平台水体入渗、有序引导水体流出石窟区等原则进行治理。

分区2的治理，应该首先处理好平台2，要避免地下、地表水的滞留，减少入渗；其次，截断水体向石窟外壁面排泄形成的挂流；最后，将水体合理地排出该区域。对窟顶裂隙建议采用裂隙灌浆措施进行处理，局部大的岩溶通道予以填堵。顺裂隙、顺地形修建排水通道，将地表水迅速导出石窟区。

对于分区3，建议首先在窟顶山坡的适当位置处设置截水沟来减少进入南洞的水体；其次，对人工砌体与山体之间的连接部位附近的裂隙，建议采用灌浆处理；最后，从防渗角度建议将砖砌屋顶换成瓦顶。

总的说来，对于擂鼓台区域石窟的防渗工作，在减少入渗量方面，主要可以通过截断来源、减少入渗和合理引导等措施进行。待石窟渗水明显减缓后，建议对石窟内部进行裂隙灌浆处理。

## （三）擂鼓台渗水治理方案建议

根据前述分析，将整个擂鼓台地区分为3个分区：分区1、分区2、分区3。下面的治理措施主要针对这三个分区进行。主要分为如下一些治理措施：

**措施1：**窟崖表面径流截断处理。分区1和分区2范围内，崖壁表面径流比较严重。这种表面径流在雨季时对石窟表面造成污染，部分渗流通过石窟外崖壁上的裂隙将水体渗入到石窟内部，加剧了石窟内部的渗水。形成表面径流的原因为平台1与平台2中的水体富集，并顺坡向西渗流而成。因此对于这类表面径流必须予以截断，截断措施主要是通过在窟崖上部采用灰岩修筑一座高度略大于现第四纪松散层的灰岩砌体，并对砌体进行防渗处理。在平台1范围内的砌体后设置一条排水暗沟，将该平台上富集的水体排向北部的万佛沟。对于平台2现有地形稍作休整，做成外高内低，将地表水体导向平台2上设置的排水暗沟。

**措施2：**平台防渗处理。两个平台的地形平缓，因此雨季为地表水体的蓄积提供了空间，导致雨水入渗进入山体。而平台下方石窟分布密集，加剧了石窟内部的渗水。由于现有地形不能过大改动，因此，只有通过平台防渗工程来截断入渗。在文物保护中，措施是否合理需要考虑工程的持久性。在考虑防渗工程时，建议采用黏土作为防渗主体，中夹防渗土工布。黏土自身不存在风化问题，只要控制地表不要有树木生长，基本能保持黏土不出现过大开裂。对于地表树木可以通过巡视清除。在黏土层中间布置一层防水土工布。防水土工布在黏土层的保护作用下，抗风化能力得以加强。即使是在使用一定年限后，土工布出现老化，也可以通过采用新的土工布或者更好的材料予以替换。

**措施3：**截（排）水沟。截水、排水沟的设置是加快擂鼓台地表水体流速，减少地表水体入渗的一个重要的措施。

在分区1，地表裸露岩体区域地形陡直，而下方平台1地形非常平缓，这就造成了在裸露山体部分地表水体迅速下流，进入下方平台1情况。有必要在平台1与上方陡直崖壁之间设置一个截水沟，将上方山体倾泻下来的水体汇集于截水沟中，通过截水沟迅速将水体排向北部的万佛沟，减少地表水体在平台1上的汇集量和持续时间。

在分区2，裂隙J12构成了天然的良好入渗通道，顺该裂隙岩溶发育强烈。同时该区域地形复杂，局部负地形发育，地表覆盖层薄。因此，顺裂隙J12和天然的地表水汇水区修建一条近东西向的排水沟，将显著减少地表水体的入渗量。排水沟顺裂隙修建，而这些裂隙本身就形成了地表的排水通道，加速了地表水体的排泄，同时顺裂隙修建的排水沟还有防止地表水体入渗的功能。另外，平台上方的排水沟将水体有目的地引向平台1上方的截水沟，减少了区域2范围内的排水压力，保护了该区域内的两个重要石窟：擂鼓台北洞和中洞。

在分区3，擂鼓台南洞的治水措施主要就是顺上部山体修建一个排水沟，将地表水体向南引向南部的冲沟，减少流向石窟窟顶的水量。另外顺冲沟修建一条东西向的排水沟，减少地表水体向岩体入渗，增强其稳定性。这两条排水沟连成一个体系。

**措施4：**地表裂隙灌浆。裂隙灌浆是防渗工程的另一个重点。石窟内部渗水的来源就是大量分布于山体内的层面裂隙、卸荷裂隙、构造裂隙和风化裂隙。由于山体大部被第四纪覆盖，因此这类裂隙将远多于地面调查所得。这类裂隙灌浆主要分为两类：大型裂隙与小型裂隙。所谓大型裂隙基本就是山体中的贯穿性裂隙，小型裂隙指局部的风化裂隙、卸荷裂隙等。对于大型裂隙，采用水泥砂浆进行压力灌浆，个别裂隙岩溶发育，如层面J4、构造裂隙J11、J12等，对形成岩溶洞穴的部位，可采用素混凝土进行填堵，然后进行灌浆处理。对于小型裂隙，采用水泥浆进行灌注。

在分区1，主要裂隙灌浆的范围为平台1范围内的裂隙。在平台1防渗工程实施时，先将平台上方的松散堆积层全部清除，然后对所有裂隙进行灌浆处理。

在分区2，包括平台2，防渗工程能否发挥作用，关键看该区域裂隙的灌浆效果。对于顺裂隙修建的排水沟，首先进行裂隙灌浆处理，这些裂隙必须采用压力灌浆。

对于分区3，大部为第四纪覆盖，裂隙灌浆主要针对南洞上方截水沟与窟顶之间的山体。先将该范围内的松散堆积体予以清除，然后对所有裂隙进行灌浆处理。

**措施5：**南窟窟顶防渗处理。南窟渗水关键在于窟顶人工砌体与山体之间的结合部位。一个原因是该处岩体受构造和卸荷作用影响岩体比较破碎；另一个原因是该处人工青砖砌体屋顶与山体之间的连接并不构成一个整体。因此，对于结合部位的岩体首先要加强灌浆处理和裂隙封堵，另外重新修缮整个屋顶。屋顶与山体之间必须连接成一体，主要通过将人工屋顶伸入岩体人工开凿的缝来实现。屋顶重砌采用导水功能良好的瓦作为屋面材料，代替现有的青砖。

**措施6：**窟内灌浆处理。待上述工程发挥作用后，裂隙渗水量显著减少，雨季水体呈渗出状态而非连续流出状态时，对于各渗水点采用具有修补功能的材料进行压力灌浆进行防漏处理。

总之，擂鼓台治理应该以治理石窟渗水的补给区为主，减少进入山体的水量。治理措施应该结合地形、地质条件、地表水渗流途径综合考虑，应该尽量少对周边环境改变，并对环境条件予以协调。

## 五、擂鼓台区域岩土体稳定性分析

在擂鼓台区域内，主要有两类岩土体稳定性问题。一类是裂隙切割形成危岩体，另一类是堆积体滑动形成滑坡。在擂鼓台区域，主要以危岩体崩塌为主，滑坡主要为南洞南侧冲沟堆积体滑动、南洞顶部岩体表面薄层松散体雨季溜滑。

关于危岩体，在石窟区共发现有9处，分别编号为危岩体1—9。

## （一）滑坡与危岩体稳定性评价标准

当危岩体滑移稳定性系数$K$=1时，危岩体处于极限平衡状态。在石质文物保护工程实践中，$K$值等于1或稍大于1，并不能说明岩体处于稳定状态。工程上$K$值必须满足一个最起码的安全需要，称为容许安全系数，用$K_f$表示。对于石质文物岩体加固的容许安全系数，目前尚无明确规定。由于文物的重要性，建议分析石质文物岩体的稳定性时，取$K_f$=1.3作为容许安全系数，并按下述标准进行稳定性分析：

$K$<1.0　　不稳定

1.0≤$K$≤1.3　　欠稳定

$K$>1.3　　稳定

对于抗倾覆演算，按国家规范，当稳定性大于1.6评价为稳定，按如下标准进行抗倾覆稳定性分析：

$K$<1.0　　不稳定

1.0≤$K$≤1.6　　欠稳定

$K$>1.6　　稳定

## （二）擂鼓台南滑坡稳定性分析

### 1. 擂鼓台南滑坡简述

擂鼓台南侧天然堆积了相对较厚的第四纪堆积物，因为该处属于伊河二级阶地，土体形成时代早，在自然状态下具有一定的稳定性。在擂鼓台南洞的南侧发育一条天然冲沟，由于人类活动，如南洞修补，围墙建设等，改变了天然的地表水排泄系统和土体应力状态，增大了雨季冲沟内土体饱水的速度和深度，诱发了局部土体的滑动。

另外，擂鼓台的考古发掘工作，挖掉了坡前平台处的堆积体，而该堆积体具有保护边坡前缘，增强稳定性的作用。目前暴露出来的是一块石砌墙体，在冲沟前缘起着支撑作用，极有可能导致雨季局部出现新的滑塌，危及房屋及佛像的安全。

### 2. 滑坡稳定性分析

该滑坡的稳定性分析采用前述的推力计算法进行，滑坡的几何尺寸见图4.38。根据滑坡体的几何尺寸特点进行条块剖分，共分为14个条块。其中12、13、14条块为考古

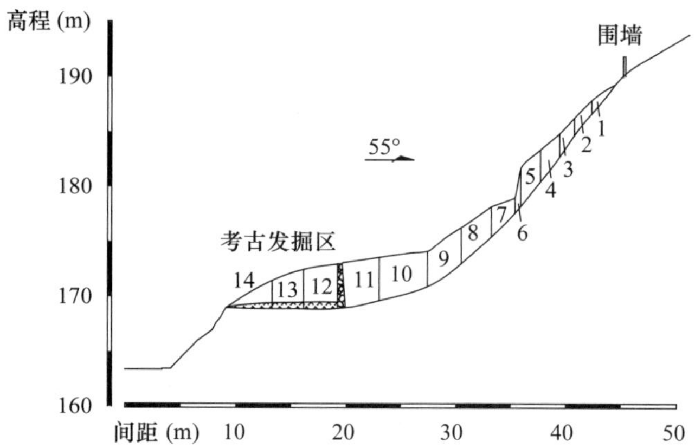


图4.38　滑坡稳定性计算剖面图

发掘挖掉的部分，在计算现状时，不考虑该三个条块的作用。

滑坡稳定性按如下荷载组合的6种工况进行计算：

1）考古发掘前，无地下水；

2）考古发掘前，地下水充满坡体1/3高度；

3）考古发掘后，无地下水；

4）考古发掘后，地下水充满坡体1/3高度；

5）考古发掘后，地下水充满坡体1/3高度+地震；

6）考古发掘后，地下水充满坡体1/2高度。

滑坡土体为$Q_3$的残坡积物，中间充填为粉土，天然状态下具有较高的强度，而遇水后强度降低明显。由于滑坡位置正属于一条冲沟，因此，雨季必然存在泡水的情况。滑坡在枯水季节无地下水（现状）的情况下，土体的强度参数取：黏聚力$c$=30kPa，内摩擦角$\varphi$=21°。在饱水情况下取黏聚力$c$=12kPa，内摩擦角$\varphi$=16°。

根据无雨季滑坡体地下水资料，关于地下水的分布简单地取基岩面上滑体高度的1/3和1/2。

按上述6种情况进行滑坡稳定性计算的结果见表4.6。

**表4.6　擂鼓台南冲沟滑坡稳定性计算结果表**

| 荷载组合 | 1 | 2 | 3 | 4 | 5 | 6 |
|---|---|---|---|---|---|---|
| 稳定性 | 3.456 | 1.663 | 2.22 | 1.106 | 1.05 | 1.103 |

计算结果表明：

1）天然状态下具有极高的稳定性，而在雨季其稳定性降低一半还要多（工况1与工况2比较）。

2）考古发掘区域正属于滑坡前缘抗滑段，挖除这一部分土体对于滑坡的稳定性破坏比较严重。从计算结果可以看出，天然状态下，稳定性降低了36%（工况1与工况3比较），而在雨季，稳定性降低了33%（工况2与工况4比较）。因此考古发掘对于滑坡体整体稳定性影响严重。

3）目前滑坡体雨季基本处于一种极限状态，不能满足稳定性需要。上述计算结果是针对滑坡的整体稳定性而言，针对局部而言，稳定性可能远小于上述计算值，主要有两个关键部位：南洞屋顶滑坡滑动后形成的陡坎、考古发掘后在前缘形成的陡坎。

4）工况4的剩余下滑力分布可以看出（图4.39），条块4、5、6是剩余下滑力急剧增加的部位，即该局域稳定性很低。该部位正位于南洞屋顶上部，和宏观破坏现象相符合。

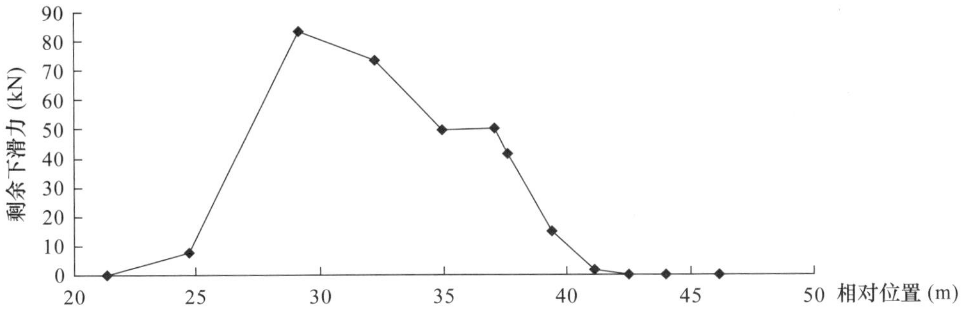


图4.39　擂鼓台南滑坡剩余下滑力分布图（工况4）

## （三）危岩体稳定性评价

擂鼓台地区，受区域构造作用影响严重，岩体相对比较破碎，发育多处危岩体。据本次调查发现，对擂鼓台有影响的危岩体至少有9处。

另外，北洞洞窟门槛岩体出现开裂（图4.40），但不存在掉落危险，建议进行黏结即可，不再对稳定性进行评价。

图4.40　北洞窟门门槛岩体开裂现状

在这9处危岩体中，2号危岩体已经下部悬空，岩体自身非常破碎，岩体所处的位置高、势能大，掉落后冲击力强。该处没有任何文物分布，没有必要进行加固处理，建议直接清除，以绝后患（图4.41）。

a）2号危岩体

b）4号危岩体

c）5号危岩体

图4.41　危岩体2、4、5简图

4号危岩体破坏形式以渐次掉块崩塌为主，目前没有整体稳定性的问题。但4—1小型岩块有开裂脱落的危险，建议进行局部黏结或者锚固即可（图4.41）。

5号危岩体处，有一条构造裂隙切割一小型石龛顶部，在该处与层面裂隙相交形成5号危岩体。目前5—1小型岩体有风化掉落的可能。但是该5号危岩体整体体积很小，建议直接采用化学黏结加小型锚杆进行处理即可（图4.41）。

6号危岩体位于北洞门的南边，该处属于应力相对集中的地方，而北洞和南洞外的岩体发生过坍塌，应力向该局域进一步集中，导致岩体破坏。历史上进行过灌浆修补，从目前形态看，裂隙并未进一步发展（图4.42）。

a）6号危岩体　　b）9号危岩体

图4.42　6、9号危岩体

9号危岩体位于南洞顶的南侧，岩体风化破碎，稳定性差，体积较小，且没有文物分布，建议直接予以清除（图4.42）。

除了上述的2、4、5、6、9号危岩体外，对于其余的1、3、7、8号危岩体进行稳定性分析。

### 1. 1号危岩体

1号危岩体位于平台上方的末端，前缘临空。危岩体由两条层面裂隙控制，层面裂隙间岩体破碎，其主要是因为上部岩体顺层面卸荷错动，带动下部岩体张拉开裂并形成危岩体，有崩塌的危险（图4.43）。

根据现场调查的结果，将危岩体模型进行简化：危岩体的滑动面简化为下缓上陡的形态；计算时考虑的荷载有自重、裂隙充水、顶部岩体附加荷载及地震动荷载；危岩体以外的顶部岩体对危岩体有一个加荷的作用，但计算相对困难，这里按自重一半进行考虑。在计算地下水的静水压力时，按如下方式简化处理：上下段之间转折点以上，设裂隙水压，在中段按静水压力计算，下段末端静水压力为0，中间按线性分布考虑。

采用前述的双滑动面的方法进行评价。稳定性计算中，采用如下荷载组合工况进行：

1）无地下水；

2）无地下水+地震；

3）地下水充满危岩体1/2高度；

图4.43　1号危岩体及计算简图

4）地下水充满危岩体1/2高度+地震；

5）地下水充满危岩体。

根据现场调查及相关资料，本次稳定性计算采用表4.7中的参数进行。

**表4.7　稳定性计算参数**

| 下段高度$h_1$（m） | 上段高度$h_2$（m） | 下段倾角$\alpha_1$（°） | 上段倾角$\alpha_1$（°） |
|---|---|---|---|
| 0.97 | 2.6 | 41 | 69 |
| 岩体重度（$kN/m^3$） | 滑面黏聚力$c$（kPa） | 滑面内摩擦角$\varphi$（°） | 计算剖面岩体面积（$m^2$） |
| 25 | 30 | 37 | 4.2 |

根据上述参数，可以得到5种荷载组合工况下岩体的整体稳定性系数，结果见表4.8。

**表4.8　1号危岩体稳定性计算结果表**

| 荷载组合 | 1 | 2 | 3 | 4 | 5 |
|---|---|---|---|---|---|
| 稳定性 | 1.21 | 1.18 | 1.19 | 1.16 | 1.02 |

从计算结果可以看出，危岩体的整体稳定性较低，目前处于欠稳定状态，工况5的情况下处于极限平衡状态。该危岩体上下没有文物，但破坏的结果会危及游人的安全。建议采用锚杆进行支护，中间裂隙采用灌浆保护。

## 2. 3号危岩体

3号危岩体位于1号平台正上方，由裂隙J23、J24与层面相互切割构成一危岩体（图4.44）。该危岩体位置高，其下为石窟分布区，破坏后将对保护设施、游人及文物造成危害。

图4.44　3号危岩体及计算简图

计算时采用垂直于J24的法向剖面为计算剖面，层面在该方向构成滑动面，属于危险性高的剖面。该危岩体有两种破坏的可能性，一种是滑移破坏，一种是倾覆破坏。

**滑移破坏**

滑移破坏采用双段折线法。J24构成上部滑面，层面构成下部滑动面。稳定性计算中，采用上述5种荷载组合工况进行。

由于这两个面均比较平直光滑，且基本没有黏结作用，强度较低，因此滑面黏聚力取21kPa，内摩擦角取26°。其余参数见表4.9。

**表4.9　稳定性计算参数**

| 下段高度$h_1$（m） | 上段高度$h_2$（m） | 下段倾角$\alpha_1$（°） | 上段倾角$\alpha_1$（°） |
|---|---|---|---|
| 0.033 | 2.51 | 5 | 78 |
| 岩体重度（$kN/m^3$） | 滑面黏聚力$c$（kPa） | 滑面内摩擦角$\varphi$（°） | 计算剖面岩体面积（$m^2$） |
| 25 | 21 | 26 | 2.45 |

根据上述参数，可以得到5种荷载组合工况下岩体的整体稳定性系数，结果见表4.10。

**表4.10　3号危岩体稳定性计算结果表**

| 荷载组合 | 1 | 2 | 3 | 4 | 5 |
|---|---|---|---|---|---|
| 稳定性 | 1.10 | 1.08 | 1.06 | 1.04 | 0.91 |

**倾覆破坏**

倾覆稳定性计算采用下面公式进行：

$$K_q=\frac{W\times b}{E_a h_a}$$

式中，$W$为岩体自重；$b$为形心与倾覆点距离（力臂）；$E_a$、$h_a$为水压力大小及距离倾覆点距离（力臂）。

由：$E_a=\gamma_w\times h_w^2/2$　$h_a=h_w/3$

上式为

$$K_q=\frac{W\times b}{\gamma_w\times h_w^3/6}$$

当没有地下水时，$E_a$等于0，这倾覆计算稳定性无穷大。

下面计算1/3裂隙充水高度、1/2裂隙充水高度及2/3裂隙充水高度的倾覆稳定性。

1/3裂隙充水时：
$$K_q=\frac{W\times b}{\gamma_w\times h_w^3/6}=\frac{2.45\times 25\times 0.23}{10\times(2.51/3)^3/6}\approx 14.43$$

1/2裂隙充水时：
$$K_q=\frac{W\times b}{\gamma_w\times h_w^3/6}=\frac{2.45\times 25\times 0.23}{10\times(2.51/2)^3/6}\approx 4.28$$

2/3裂隙充水时：
$$K_q=\frac{W\times b}{\gamma_w\times h_w^3/6}=\frac{2.45\times 25\times 0.23}{10\times(2.51\times 2/3)^3/6}\approx 1.80$$

按国家规范，抗倾覆验算时，稳定性系数必须大于1.6才能评价为安全，而裂隙有一半充水时，稳定性就低于该值，因此可以判断出该危岩体抗倾覆演算结果为不稳定。

因此，3号危岩体属于不稳定危岩体，最可能的破坏方式是雨季发生倾覆破坏。

### 3. 7号危岩体

7号危岩体位于中窟窟檐顶部，该处岩体处于悬空状态，历史上曾经发生过多次崩塌，在窟檐中部形成两个明显的渗水凹槽（图4.45）。同时渗水也加速了裂隙强度的损失和下部文物的风化。该危岩体可以分为两个小型块体，7—1和7—2，其中7—1相对更为危险，下面对7—1进行稳定性分析。

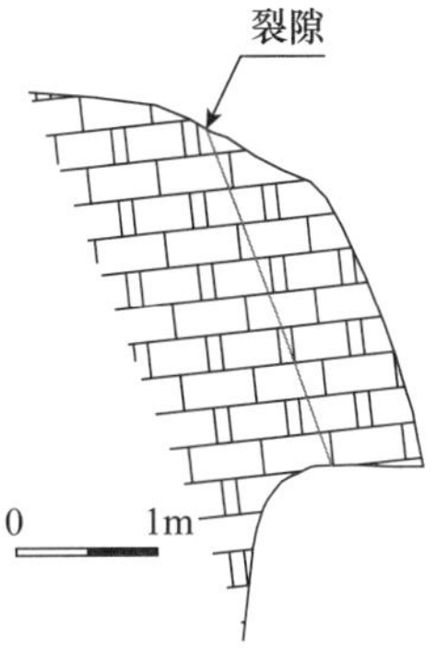


图4.45　7号危岩体及计算简图

滑移破坏采用单滑面法。稳定性计算中，采用上述5种荷载组合工况进行。

目前黏结较好，但滑面平直，滑面黏聚力取40kPa，内摩擦角取25°。其余参数见表4.11。

**表4.11　稳定性计算参数**

| 高度$h$（m） | 裂隙面倾角$\beta$（°） | 岩体重度（kN/m$^3$） |
|---|---|---|
| 2.3 | 69 | 25 |
| 滑面黏聚力$c$（kPa） | 滑面内摩擦角$\varphi$（°） | 计算剖面岩体面积（m$^2$） |
| 40 | 25 | 1.5 |

根据上述参数，可以得到5种荷载组合工况下岩体的整体稳定性系数，结果见表4.12。

**表4.12　7号危岩体稳定性计算结果表**

| 荷载组合 | 1 | 2 | 3 | 4 | 5 |
|---|---|---|---|---|---|
| 稳定性 | 1.49 | 1.39 | 1.39 | 1.3 | 1.11 |

计算结果表明，岩体目前基本处于稳定状态，在工况5的情况下处于欠稳定状态。但岩体顺裂隙进一步风化，将会导致裂隙的黏聚力丧失，且加速裂隙的充水，促使岩体破坏。

因此建议控制窟顶渗水，对裂隙进行灌浆加固，同时可以考虑布置小型锚杆增强其稳定性。

### 4. 8号危岩体

8号危岩体位于中洞与南洞之间，由于该处贯穿性裂隙非常发育，J11、J12在此相交，岩体破碎、风化严重。该处主要裂隙均在历史上进行过灌浆处理。该危岩体同样可以分为数个小型块体，其中以8—1更为危险，下面对8—1进行稳定性分析（图4.46）。

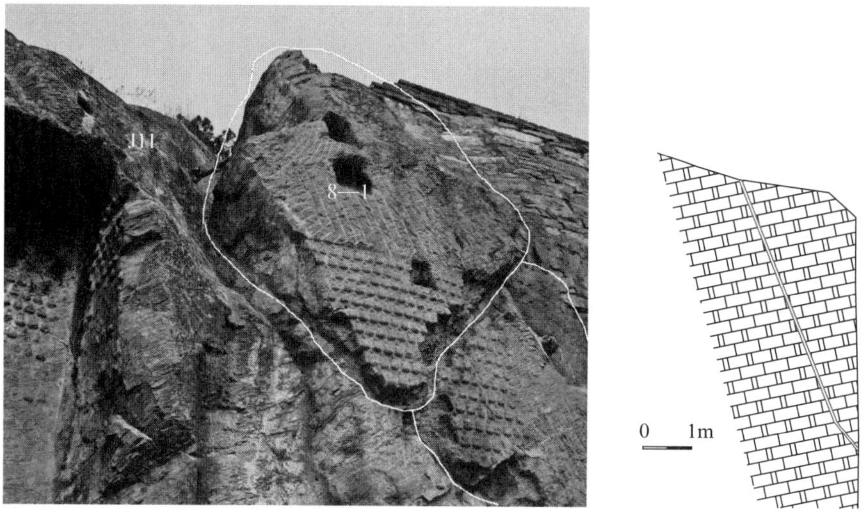


图4.46　8号危岩体及计算简图

滑移破坏采用单滑面法。稳定性计算中，采用上述5种荷载组合工况进行。

目前黏结较好，但滑面平直，滑面黏聚力取50kPa，内摩擦角取28°。其余参数见表4.13。

**表4.13　稳定性计算参数**

| 高度$h$（m） | 裂隙面倾角$\beta$（°） | 岩体重度（$kN/m^3$） |
|---|---|---|
| 5.3 | 68 | 25 |
| 滑面黏聚力$c$（kPa） | 滑面内摩擦角$\varphi$（°） | 计算剖面岩体面积（$m^2$） |
| 50 | 28 | 6.5 |

根据上述参数，可以得到5种荷载组合工况下岩体的整体稳定性系数，结果见表4.14。

**表4.14　8号危岩体稳定性计算结果表**

| 荷载组合 | 1 | 2 | 3 | 4 | 5 |
|---|---|---|---|---|---|
| 稳定性 | 1.22 | 1.12 | 1.09 | 1.00 | 0.689 |

计算结果表明，岩体目前基本处于欠稳定状态，在工况3、工况4的情况下处于极限平衡状态。但如果裂隙充水，岩体将会崩塌，因此建议对该岩体进行灌浆、锚杆加固。

### （四）建议

擂鼓台南滑坡在地表水冲刷和前缘考古发掘的共同作用下，目前局部失稳，并在雨季有可能发生整体破坏。因此，建议在南洞屋顶下方滑坡体中部（条块方法计算时的条块7的部位），设置岩石锚杆挡土墙，阻止上部土体下滑，减少下部的下滑作用力。同时滑坡前缘，考古平台处设置重力式挡土墙以防止出现局部失稳情况。滑坡的滑动与土体浸水后强度损失有密切关系。因此，建议顺天然冲沟布置一条排水沟，加速水体的排水，减少水体滞留入渗。排水沟与擂鼓台南洞防渗治理的截水沟连通。

2号危岩体、9号危岩体相对破碎，位置较高，稳定性差。但清除后对景观及文物没有影响，建议直接清除。

4号危岩体整体处于稳定状态。在减少上部渗水工程完成后，岩体稳定性自然有所改善。但目前出现一个小型的开裂岩体（4—1），建议采用黏结或者锚杆进行加固。

5号危岩体体积较小，靠近文物，不建议采用锚固措施。建议直接采用顺层面进行注射黏结剂以防止脱落。

6号危岩体历史上进行过灌浆处理，目前未发现再次错动的痕迹。该处应力集中，不建议频繁加固，应加强监测巡视。

其他1号、3号、7号、8号危岩体，建议采用锚杆与裂隙灌浆进行加固。表4.15为擂鼓台石窟区滑坡与危岩体评价结论与治理建议。

**表4.15　擂鼓台石窟区滑坡与危岩体评价及建议表**

| 危岩体/滑坡 | 位置 | 稳定性评价 | 治理建议 |
| --- | --- | --- | --- |
| 擂鼓台南滑坡 | 南窟南冲沟 | 局部失稳<br>雨季有整体<br>失稳可能 | 在中部设置挡土墙<br>顺冲沟设排水沟<br>前缘回填或者砌挡土墙 |
| 1号危岩体 | 1号平台末端 | 欠稳定状态 | 锚杆与灌浆加固 |
| 2号危岩体 | 1号平台上方陡坎 | 极限状态 | 清除 |
| 3号危岩体 | 1号平台上方陡坎 | 欠稳定状态，雨季有滑移失稳破坏可能 | 锚杆与灌浆加固 |
| 4号危岩体 | 1号平台下方陡坎 | 局部岩体破坏 | 局部锚杆加固处理 |
| 5号危岩体 | 北窟北小型石窟 | 有风化掉块可能 | 黏结加固 |
| 6号危岩体 | 北窟门南边 | 未见再次错动 | 监测 |
| 7号危岩体 | 中窟窟檐顶部 | 基本稳定 | 裂隙灌浆 |
| 8号危岩体 | 中窟与南窟之间 | 欠稳定状态 | 锚杆与灌浆加固 |
| 9号危岩体 | 南窟顶部 | 极限状态 | 清除 |

## 六、研究结论与设计建议

1）擂鼓台地区特殊的地层条件、地形条件、环境条件决定该区域渗水相对比较严重，渗水造成的危害非常明显，应该迅速启动该石窟区的渗水防治工程。

2）从水文地质条件看，影响石窟的主要是非饱和裂隙渗水，非饱和渗流主要通过构造裂隙、卸荷裂隙、层面裂隙发生渗流，上述渗水裂隙均出现溶蚀现象。

3）对石窟区非饱和渗流起到控制作用的裂隙有：层面裂隙J4、构造裂隙J1、J5、J11、J12等。层面裂隙J4、构造裂隙J12控制着北洞和中洞的渗水，而构造裂隙J11与窟顶砖砌体之间的开裂是南洞渗水的主要来源。

4）结合微地形及裂隙发育、层面发育，将擂鼓台渗水的补给区分为三个区域：区域1，平台1及上方山体，下方对应的石窟主要是一些小型石窟；区域2，位于区域1南侧，南洞与中洞次级防水岭之间的区域，下方对应的石窟为擂鼓台北洞和擂鼓台中洞两个重要的洞窟及一些小型石窟；区域3，为山顶分水岭以西，区域2以东的范围，下方对应的石窟为擂鼓台南洞。

5）防渗工程应该结合裂隙的发育、局部地形，在石窟外表面通过排水、截水、堵水、裂隙灌浆及缓坡地带设置防渗层进行治理。治理工程要与周边环境协调一致。分区1建议主要通过截断进入平台1的水体、减少平台水体入渗、有序引导水体流出石窟区等原则进行治理。分区2应该首先处理好平台2的防渗和截流工作，然后对裂隙进行灌浆处理，地表顺裂隙修建截水排水沟。对于分区3，建议首先，在窟顶山体的适当位置设置截水沟来减少进入南洞的水体；其次，处理好人工砌体与山体之间的连接部位，特别是结合部位的山体裂隙，建议采用灌浆处理；最后，从防渗角度建议将砖砌屋顶换成瓦顶，同时将屋顶荷载传至山体和垂直墙体，减少作用在石窟内部砖拱的荷载，延长使用寿命。

6）石窟外治水工程完成后，在截断大部进入石窟内部的渗水基础上，对石窟内部裂隙进行灌浆封堵处理。

7）对于研究区的危岩体采用清除、局部加固的方式进行处理。而南窟冲沟滑坡体建议采用岩石锚杆挡土墙进行支护。

## 第三节　项目设计

综合考虑擂鼓台石窟区目前的保存现状，保护工程的主要内容是擂鼓台区域的治水防渗工程。设计原则：

尽可能减少干预，采用的保护措施，应以延续现状，缓解损伤为主要目标；

在保护文物主体的同时，应注重对文物赋存的自然和人文环境的保护；

按照保护要求使用保护技术，独特的传统工艺技术必须保留，所有的新材料和新工艺都必须经过前期试验和研究，证明是最有效的，对文物古迹是无害的，才可以使用；

以不损害、干扰、破坏石窟原状为根本原则：

不破坏、不损伤、不干扰石窟的历史信息，保持石窟环境及石窟历史演化状态的真实性和完整性，尽可能弱化实施措施对石窟及环境的干扰和影响。

由于石窟渗水问题是一个复杂的课题，治理措施在空间上要保持整体性，同时要考虑后续治理，为后续治理提供条件，即保持治理时间上整体性。治理措施最好是选取使用时间较长、使用经验较丰富或研究程度较高的方法。在设计时尽量考虑治理措施的可维修性，这样即使前期治理作用降低，也可以通过不断维修延续治理工程的使用时间。

# 一、擂鼓台水害治理工程设计

工程设计内容：包括擂鼓台顶部水害治理工程和危岩体与滑坡治理工程，水害治理工程又包括裂隙灌浆工程、平台防渗工程、截（排）水沟工程、南窟窟顶特殊防渗工程等。

## （一）擂鼓台顶部水害治理工程设计

### 1. 擂鼓台顶部渗水特征分区及渗水成因分析

结合微地形及裂隙发育、层面发育、渗水流向，将擂鼓台渗水的补给区分为三个区域（图4.47）：

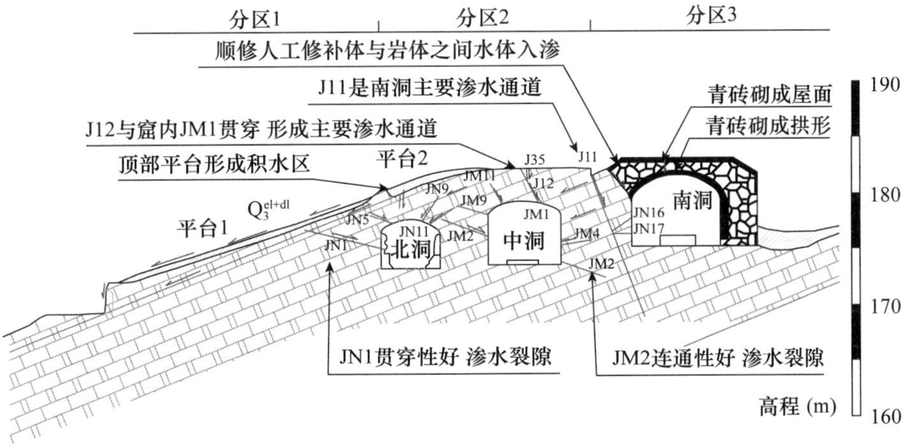


图4.47　擂鼓台研究区纵剖面示意图

区域1：平台1及上方山体，下方的对应的石窟主要是一些小型石窟。该区域由东向西可以进一步分为三个小区：山顶分水岭至基岩陡坎（1—1区）、基岩陡坎（1—2区）、平台1（1—3区）。直接影响下方小型石龛的是平台1（1—3区），该区域地形平缓，并发育有松散的堆积体，当地表水体进入该平台后，流速减缓，并顺坡向北、向西流动。在该区域，层面J4是一个控制性裂隙，有多条裂隙切割层面，构成层间联系通道，如在J3、J5、J6与层面J4切割处，就发育有垂直渗水通道，垂直岩溶发育，加速了裂隙水的下渗。

区域2：位于区域1的南侧，南洞与中洞次级防水岭之间的区域。下方对应的石窟为擂鼓台北洞和擂鼓台中洞两个重要的洞窟及一些小型石窟。该区域整体地形比较平缓，裂隙数量较多，联系复杂，是本次渗水治理的重点区域。同样，该区域也可进一步分为三个次级区域：山顶分水岭至裸露基岩陡坎（2—1）、裸露基岩（2—2）、平台2（2—3）。总的说来，上方发育2号平台这种局部特殊的地形、两个贯穿裂隙J12与J4发育及内部裂隙JN1共同导致北洞渗水相对比较严重，风化最为强烈。受地形控制，中洞渗水相对较弱，影响中洞渗水的除了大量发育的层面裂隙外，构造裂隙J12、J35是关键。另外需要注意的是，在山顶，人为的破坏形成了一个局部凹槽，该凹槽有利于地表水体的淤积与下渗。

区域3：为山顶分水岭以西，区域2以东的范围，下方对应的石窟为擂鼓台南洞。在擂鼓台以南为一条冲沟，是天然的排水通道。进入南洞的水体主要是由窟顶人工砌体与山体之间的连接部位、靠近修补体附近的大量卸荷裂隙和构造裂隙造成的。另外南洞顶部人工修补体采用青砖作为屋顶，而不是常规的瓦，其导水性较差，渗透性较好，这就加剧了窟内的渗水。

总的说来，对于擂鼓台区域石窟防渗工作，从减少入渗量方面，主要可以通过截断来源、减少入渗、合理引导等措施进行。待石窟渗水明显减缓后，建议对石窟内部进行裂隙灌浆处理。

### 2. 地表裂隙清理及灌浆工程

裂隙灌浆是防渗工程的重点。石窟内部渗水来源于石窟顶部分布的大量层面裂隙、卸荷裂隙、构造裂隙和风化裂隙。

裂隙清理及灌浆工程范围：

在分区1，主要裂隙灌浆的范围为平台1范围内的裂隙。在平台1防渗工程实施时，先将平台上方的松散堆积层全部清除，然后对所有裂隙进行灌浆处理。

在分区2，包括平台2，防渗工程能否发挥作用，关键看该区域裂隙的灌浆效果。

对于顺裂隙修建的排水沟，首先进行裂隙灌浆处理，这些裂隙必须采用压力灌浆。

在分区3，大部为第四纪覆盖，裂隙灌浆主要针对南洞上方截水沟与窟顶之间的山体。先将该范围内的松散堆积体予以清除，然后对所有裂隙进行灌浆处理。

（1）裂隙清理

为使后续注浆取得较好的注浆质量和黏结强度，裂隙的清理、冲洗，是一项必不可少的工作。裂隙清理主要是将裂隙内充填的土及小石块清除，以免堵塞裂隙通道，影响浆液的灌注。裂隙冲洗是通过水流将裂隙中所充填的松散填充物或小裂隙中无法进行手工清理的泥质填充物带出，以便于浆液流进裂隙并与裂隙面胶结坚固，起到有效的防渗和加固作用。

大裂隙清理后应保证基本无泥质充填物，小裂隙采用小型工具尽量将充填物带出或推移至一定的深度。裂隙冲洗应注意控制压力，防止危岩体受力失稳或使表面小破碎体冲击掉落，且冲洗时间不宜过长，以免过多带走危岩体间的胶结物，降低危岩体的胶结强度。

（2）灌浆材料的选择

1）普通硅酸盐水泥。

拟选用大裂隙的灌浆材料。硅酸盐水泥标号选择42.5号，浆液加入适量的速凝剂。

2）特殊注射清浆（Injection Suspension）。

小于10mm微裂隙的灌浆材料，拟选用超细耐硫酸盐水泥，其优越性在于低碱，抗硫酸盐，流动性极佳，不分层，可以进入到微裂隙中，可以在潮湿的基面施工，硬化后防水、耐水侵蚀，抗风化和冰冻。

（3）施工工艺

1）现场注浆试验：在现场地表裂隙清理的过程中，可同时进行注浆试验。分别挑选几条有代表性的贯通大裂隙和微裂隙进行灌浆。通过试验确定灌浆压力等灌浆工艺参数，以确保隐蔽工程的可靠性。

2）大裂隙注浆（＞10mm）：将注浆管预埋至注浆深度后，采用速凝水泥（力顿堵漏王）将裂隙周边封闭一段，向裂隙中填充骨料（碎石等）后，封闭裂隙，使裂隙内部形成一个封闭的注浆空间，注浆材料选用42.5普通硅酸盐水泥，注浆设备选用手动注浆泵，浆液内加入适量速凝剂，注浆饱满后采用速凝水泥（力顿堵漏王）或注浆液进行封口，并在外露水泥面初凝前嵌入与周围岩石成分相近的碎石块，和相应的表面做旧处理措施。

3）微裂隙注浆（＜10mm）：采用速凝水泥（力顿堵漏王）勾缝时，以间隔0.2m左右预埋注浆麦管，在注浆时自下而上，其注射材料为超细水泥的特殊注射清浆

（Injection Suspension），其固体颗粒分散性高、沉淀分离性小且流动性较强，因此可根据情况选用小型注浆设备（选用注射针筒），原则上注浆压力控制在0.1MPa左右，浆液注至饱满为止，初凝后进行封口处理，并采取相应的做旧处理措施。

（4）注浆施工工序

前期注浆试验→钻孔（大裂隙不采用，较小裂隙视情况）→预埋注浆管→裂隙口封堵→骨料填充（较小裂隙不采用）→注浆→封口（或下一段）→表面做旧处理。

（5）技术措施

大裂隙灌浆采用低压注浆的方法，从内至外，从下至上依次灌注，灌浆前，首先用混凝土或水泥砂浆封堵裂隙的外缘口，隙宽较大处采用砌筑封堵。灌注时，为提高灌浆质量，拟采用两次灌浆的方法，首次灌注掺加速凝剂的浆材，选用浆材的水灰比为0.7∶1，使细小裂隙首先得到充填、黏结，防止二次灌注时跑浆。二次灌注选用浆材的水灰比为0.5∶1，砂灰比为1∶1，使宽大的裂隙得以充填。对隙宽大于20cm的裂隙，灌注同时可投放适量的碎石充填，以增加砂浆灌注强度，减少灌注量。灌注结束后，上口和外缘口采取封护处理，表面进行做旧。

微裂隙灌浆步骤为：首先，配制成勾缝砂浆封堵裂缝，预留灌浆孔，间距0.2m，插入麦管。然后，注射特殊注射清浆，饱和为止，顺序从下到上，留1—2排气孔。12—24小时后封堵灌浆孔，表面做旧。

（6）特殊情况处理

1）注浆管堵塞。

预防措施：各条裂隙均应预埋一条以上注浆管。

处理措施：尽快进行疏通，及早恢复注浆。如不能在短时间内疏通，应立即换至第二注浆管继续进行注浆。

2）冒浆。

处理措施：采用速凝水泥（力顿堵漏王）对冒浆处进行封堵，冒浆情况严重时可在浆液中掺入适量速凝剂（水玻璃等）解决，速凝剂最大不宜超过3%。

3）大量漏失。

处理措施：可注入稠度较大的砂浆或其他充填物堵住漏浆处，必要时掺入一定量的速凝剂（水玻璃等）处理，速凝剂最大不宜超过3%。

### 3. 平台防渗工程

两个平台的地形平缓，平台下方石窟分布密集。由于现有地形不能过大改动，拟采用铺设膨润土防水毯进行地表防渗的工程技术手段。

平台工程区防水毯的铺设施工程序为：基层处理及验收→防水毯铺设→素土覆盖压实（在压实边坡处用1：3水泥砂浆垫层上砌片石压实）

（1）基层施工

首先在工程区石窟顶，清理掉山顶平台的堆积物以及植物根系，对裂隙进行灌浆或砌筑封护，使局部基面相对平整。表面做10mm厚C15混凝土层，以此作为膨润土防水毯铺设的基层。

（2）防水毯铺设

1）找平层混凝土终凝后即可铺设防水毯，铺设时，防水毯面层的无纺布一侧应对着遇水面，纵横接缝搭接长度不小于150mm，相邻端头接缝错开间距不小于300mm。

2）防水毯与找平层的固定用射钉（钢钉，钉长25mm）沿防水毯的纵横向接缝均匀布置，钉子固定间距的要求，即搭接缝处钉子固定间距为300mm，一般处为500mm。对于穿透的地方，要用膨润土防水浆封填。

3）膨润土防水毯采用人工铺设。铺设时，可根据现场实际情况，将防水毯裁成小块铺设，顺山势铺设防水毯，尽量减少接缝。另外，铺设防水毯时需选择晴天进行，以确保防水毯不受水浸影响。

（3）防水毯表面回填

1）防水毯铺设完成后，表面应及时回填压实，以防下雨时被水浸泡，影响其使用功能。

2）防水毯表面为回填素土压实，回填土厚度不小于300mm。用于回填的土方应严格检查，不得含有尖石、大石块等杂物，以免对防水毯造成破坏。

3）在施工区周边，防水毯表面采用30mm厚、1：3的水泥砂浆，其上砌225mm厚片石压实。

### 4. 截水沟、排水沟工程

（1）窟崖表面径流截断治理工程

在分区1和分区2范围内，崖壁表面径流比较严重。这种表面径流在雨季时对石窟表面造成污染，部分渗流通过洞窟外崖壁上的裂隙将水体渗入到石窟内部，加剧石窟内部的渗水，因此对于这类表面径流必须予以截断，截断措施主要是通过在窟崖上部采用灰岩修筑一座高度略大于现第四纪松散层高度、小于30cm的砌体。在平台1的砌体后设置一排水暗沟，把该平台上富集的水体向北导至万佛沟。对于平台2，将现有地形稍作休整，做成外高内低，将地表水体导向平台1上设置的排水暗沟。

（2）排水沟工程

截水、排水沟的设置是加速擂鼓台地表渗流，减少地表水体入渗的一个重要的措施。

在分区1，地表裸露岩体区域地形陡直，而下方平台1地形非常平缓。在平台1与上方陡直崖壁之间设置一个截水沟，将上方山体倾泻下来的水体汇集于截水沟中，然后通过截水沟迅速将水体向北排至万佛沟，减少地表水体在平台1上的汇集量和持续时间。

在分区2，裂隙J12构成了天然的良好的入渗通道，顺该裂隙和天然的地表水汇水区修建一条近东西向的排水沟，将显著减少地表水体的入渗量。对排水沟沟底部进行防渗处理，可以有效防止地表水体的入渗。另外，平台2的排水沟将水体有目的地引向平台1的截水沟，减少了区域2范围内的渗水，保护了该区域内的两个重要石窟：擂鼓台北洞和中洞。

在分区3，擂鼓台南洞的治水措施，主要是在上部山体修建一个排水沟，将地表水体向南引向冲沟，减少流向石窟窟顶的水体量。另外顺冲沟修建一条东西向的排水沟，减少地表水体向岩体入渗，增强其稳定性。

5. 南窟窟顶专项防渗工程

南窟渗水的关键在于窟顶人工砌体与山体之间的结合部位，因此对于结合部位的岩体首先要加强灌浆处理。另外重新修缮整个屋顶，屋顶与山体之间必须连接成一体，主要通过将人工屋顶伸入岩体人工开凿的缝来实现。屋顶重砌采用导水功能良好的瓦作为屋面材料，代替现有的青砖。

## （二）危岩体治理工程

在擂鼓台文物分布区域内，主要有两类岩土体稳定性问题。一类是裂隙切割形成危岩体，另一类是堆积体滑动形成滑坡。在擂鼓台区域，主要以危岩体崩塌为主，经现场调查共发现9处危岩体，这些危岩体的失稳将危及文物本体及游人的安全，急需进行治理。

1. 危岩体加固措施

（1）破碎危岩体黏结加固

擂鼓台发育的几处危岩体由于水的溶蚀以及自然营力的作用，本身已出现破碎现象。在危岩体锚杆加固前需先对岩体采取黏结、灌浆等前期加固工程措施来提高危岩体的整体性，为锚杆支护施工提供基础，同时能截断水流，阻止水对危岩的进一步风化溶蚀，控制危岩体断裂面的扩大延伸。

1）裂隙清理。

为使后续注浆取得较好的注浆质量和黏结强度，裂隙的清理、冲洗是一项必不可少的工作。

2）灌浆黏结加固材料的选择。

灌浆黏结加固材料选用硅酸盐水泥标号42.5号，浆液加入适量的速凝剂。

（2）锚杆支护

锚杆支护是用钢筋作为加筋件，依靠岩体与锚固体之间的摩擦力，使危岩体与岩体结成整体的岩土工程加固技术。

1）材料要求。

钢筋：拟采用Ⅱ级热轧螺纹钢筋（20MnSi），表面涂防锈涂料，设计俯角10°，隔1m置定位器。

锚固砂浆：选用525#普通硅酸盐水泥，砂灰比取1∶1，水灰比取0.5∶1，填料选用＜2mm的砂粒。为防止跑浆可适当加入硅酸钠以提高其黏稠度和固化时间。

2）施工工艺。

钻机成孔至设计深度后，采用高压风进行清孔，清孔后置入已制作好的锚杆。锚杆主拉筋每间隔1m加焊“十”字形支架。注浆采用反向压浆以确保灌浆饱满，使锚杆的水泥砂浆保护层既均匀又有足够的厚度。注浆管从孔底开始注浆，且预留0.1m的沉渣段。

外锚头拉筋长80mm，螺杆丝扣采用车床车制，规格为M39，丝扣长200mm，备帽采用M39、厚40mm的六角螺母，垫板采用20mm厚钢板。锚头选用自然锁定，不另外施加预应力，锁定后埋入岩壁内，做旧处理。所有铁件，在安装前均进行防锈预处理。

## 2. 危岩体的治理

表4.16给出了擂鼓台石窟区危岩体的稳定性评价和治理措施。

**表4.16 擂鼓台石窟区危岩体评价及治理措施表**

| 危岩体 | 位置 | 稳定性评价 | 治理措施 |
|---|---|---|---|
| 1号危岩体 | 1号平台末端 | 欠稳定状态 | 锚杆与灌浆加固 |
| 2号危岩体 | 1号平台上方陡坎 | 极限状态 | 清除 |
| 3号危岩体 | 1号平台上方陡坎 | 雨季有倾覆破坏可能 | 锚杆加固 |
| 4号危岩体 | 1号平台下方陡坎 | 局部岩体破坏 | 局部灌浆加固处理 |

续表

| 危岩体 | 位置 | 稳定性评价 | 治理措施 |
|---|---|---|---|
| 5号危岩体 | 北窟北小型石窟 | 有风化掉块可能 | 黏结加固 |
| 6号危岩体 | 北窟门南边 | 未见再次错动 | 灌浆及监测 |
| 7号危岩体 | 中窟窟檐顶部 | 基本稳定 | 锚杆和裂隙灌浆 |
| 8号危岩体 | 中窟与南窟之间 | 欠稳定状态 | 锚杆与灌浆加固 |
| 9号危岩体 | 南窟顶部 | 极限状态 | 清除 |

## 二、擂鼓台水害治理工程补充设计

2010年8月国家文物局下发《关于洛阳龙门石窟擂鼓台水害治理工程设计方案的批复》（文物保函〔2010〕896号），龙门石窟研究院组织相关设计人员根据批复意见进行了方案修改，完成了《龙门石窟擂鼓台水害治理工程补充设计》，主要内容如下。

### 1. 专家意见及设计说明1

针对专家意见“使用硅酸盐水泥作为灌浆材料和水玻璃速凝剂需慎重，应充分考虑两种材料中盐和碱性钠盐成分对窟体的腐蚀作用。应在论证其对遗产本体影响的基础上，开展局部前期试验，并对试验效果进行评估”。

补充设计说明：

据中国地质大学（武汉）《龙门石窟保护修复工程地质调查研究报告》（2002）龙门石窟寒武系的灰岩和白云岩的干单轴抗压强度为153.30—167.05MPa，饱和抗压强度为73.7—144.0MPa，属于坚硬岩，饱和吸水率多小于1%，岩石均存在不同程度的软化性，软化系数为0.609—0.852。据《擂鼓台工程勘察报告》实验结果得知，擂鼓台区域的岩体属于$€_2$的鲕粒灰岩，容易发生溶蚀现象。因此，裂隙灌浆材料应选择与灰岩岩性相似的无机材料。经对比选择，洞窟内裂隙封堵和灌浆选用水硬性石灰灌浆及封口材料。

（1）灌浆材料选择

1）水硬性石灰。

①裂隙注浆料（窟顶大裂隙初期灌浆材料）。

浆液配比为水：灰=0.4—0.5，骨料配方为：

| | |
|---|---|
| NHL2（Hessler） | 35.2% |
| 石灰岩粉（粗）0.5—0.7mm | 12% |

续表

| | |
|---|---|
| 石灰岩粉（细）0.2—0.5mm | 35% |
| 石灰岩粉（极细）<0.1mm | 16% |
| 丙烯酸可再分散乳胶粉 | 1% |
| 纤维素醚 | 0.2% |
| 减水剂 | 0.3% |
| 消泡剂 | 0.3% |

② 洞窟内裂隙灌浆及封口材料。

浆液配比为水：灰=0.4—0.5，封口黏结剂配方为：

| | |
|---|---|
| NHL2（Hessler） | 49.3% |
| 石灰岩粉（极细）<0.1mm | 49% |
| 丙烯酸可再分散乳胶粉 | 1% |
| 触变润滑剂 | 0.2% |
| 木质纤维素 | 0.5% |

注浆料为：

| | |
|---|---|
| NHL2 | 49.2% |
| 石灰岩粉（<0.1mm） | 49% |
| 纤维素醚 | 0.2% |
| 减水剂 | 0.3% |
| 消泡剂 | 0.3% |

2）普通硅酸盐水泥。

拟选用大裂隙的灌浆材料，硅酸盐水泥标号选42.5号，浆液加入适量的速凝剂。

3）特殊注射清浆（Injection Suspension）。

小于10mm微裂隙的灌浆材料，拟选用超细耐硫酸盐水泥，其优越性在于低碱，抗硫酸盐，流动性极佳，不分层，可以进入到微裂隙中，可以在潮湿的基面施工，硬化后防水、耐水的侵蚀，抗风化和冰冻。

（2）注浆施工工序

前期注浆试验→洞窟内裂隙封堵→钻孔（大裂隙不采用，较小裂隙视情况）→裂隙清理→预埋注浆管→裂隙口封堵→水硬性石灰注浆材料注浆（大裂隙注浆前期裂隙底的填充）→骨料填充（较小裂隙不采用）→注浆→封口（或下一段）→表面做旧处理。

（3）洞窟内裂隙灌浆工艺

1）清理裂隙。

根据裂隙形态与宽度，可采用竹签、试管刷、铜丝刷（或不锈钢刷）、管道疏通器等清除裂隙中的虫穴、泥垢等。

清理、打磨后的裂隙均需采用压缩空气吹净尘埃。

2）润湿裂隙口。

采用软毛笔（刷）蘸取去离子水对选定点的裂隙口进行润湿。

润湿既要充分到位，又不能积聚成膜。

对于黏结点附近的洞窟内雕刻品覆盖区，润湿时须用毛巾或脱脂棉铺覆保护。

3）封口、预埋注浆管。

首先在合适部位插入合适大小、长短的注浆管。

然后在将要封口处，先用已调配好的封口材料在裂隙口用力刮（或勾抹）一层，用以增加黏结系数，扩展有效黏结面。

再用自制竹签等将已调配好的黏结剂尽可能深地填入缝隙，填满填实，尽可能不使黏结剂溢出缝隙边缘。

4）检查注浆管是否堵住。

5）注浆。

根据裂隙的大小选择合适的注射器或其他注浆设备。

在注浆时应轻柔、缓慢，且应至少有两人：一人注浆，一人拿着毛巾随时准备封堵漏浆处。

6）清洁。

采用棉签、脱脂棉及去离子水将挂在洞窟内石刻表面的黏结剂清理干净。务必对接触过黏结剂的石刻表面、裂隙边缘进行认真清洗，否则易留下白色斑块。

7）质量检验。

养护24小时后，检查裂隙是否灌得饱满。可用手指轻敲注浆岩片，看是否有空谷，若有即为不饱满。如果不饱满，要进行再次注浆。

8）封口。

检查合格后养护48小时，轻轻地拔掉注浆管，用封口黏结材料将注浆管处封堵住。

### 2. 专家意见及设计说明2

针对专家意见“补充保护措施，明确大裂隙注浆的深度及其确定依据，具体说明微裂隙注浆的压力控制方式，防止灌浆时泥浆渗入窟内或对周围石刻产生不利影响”。

补充设计说明：

1）大裂隙注浆深度的确定。为使注浆取得较好的注浆质量和黏结强度，裂隙的清凿，是一项必不可少的工作。裂隙清凿主要是将裂隙内的充填土及其他杂物等清除，以免堵塞裂隙通道，影响浆液的灌注。裂隙清凿处理是通过人工用錾子，先将所能看见的裂隙，凿开呈“鸦雀口”状态，同时将裂隙中的充填物，尽可能清除，接着用压缩空气从高至低依次反复吹尽裂隙中的浮尘，以便于浆液流进裂隙并与裂隙面胶结坚固，起到有效的防渗和加固作用。

2）微裂隙注浆工艺。裂隙灌浆采用低压注浆的方法，从内至外，从低至高依次灌注。灌浆前，首先用水硬石灰砂浆封闭裂隙；灌注时，为提高灌浆质量，拟采取实时调配灌浆配方，控制灌浆量、压力，还需分多次灌注等方法。

3）为防止灌浆时浆液渗入窟内或对周围石刻产生不利影响，增加对窟内裂隙采用水硬性石灰进行裂隙灌浆的措施，具体材料配比及施工工艺见专家意见1中的解决方案。

### 3. 专家意见及设计说明3

针对专家意见或建议“截水墙的高度不宜超过300mm，避免对石窟景观造成不利影响”。

补充设计说明：

分区1和分区2范围内，崖壁表面径流比较严重，因此对于这类表面径流必须予以截断，截断措施主要是通过在窟崖上部采用灰岩修筑一座高度略大于现第四纪松散层高度、小于30cm的砌体。在平台1的砌体后设置一条排水暗沟，把该平台上富集的水体排向北部的万佛沟。对于平台2，将现有地形稍作休整，做成外高内低，将地表水体导向平台1上设置的排水暗沟。

### 4. 专家意见及设计说明4

针对专家意见“补充对考古发掘平台的保护措施。补充合理的方案和设计图，确保平台的排水设施既不破坏窟体又不影响洞窟立面”。

补充设计说明：

考古平台的保护需在征得考古部门同意的基础上进行，并且需考古部门参与保护方案的设计工作。本项目的主要工作为窟顶渗水治理工程，对于考古发掘平台的保护，考虑在下阶段进行专项设计。

## 三、擂鼓台建筑遗址保护展示——排水防渗治理工程设计

经国家文物局批准，2012—2013年龙门石窟研究院建设了擂鼓台三洞窟前建筑遗址保护展示馆，原址保护陈列遗址和出土物。

在擂鼓台三洞的窟前平行崖壁走向修建的建筑遗址保护展示馆，主要面临如下问题：擂鼓台山体渗水受展示馆的阻隔，可能反灌进入三个洞窟，对洞窟的保护造成威胁；擂鼓台南窟的窟前松散堆积层，其稳定性在历史上一直存在问题，据考古发现，该处于宋代修建了一挡墙阻拦该松散层，目前堆积土体具有一定的胶结作用，具有一定的稳定性，但如果长期浸水，必然导致其稳定性降低；三窟窟前与展馆之间积水可能对新建展馆造成影响，积水极有可能向展馆内的遗址展示区渗流，造成展馆内部出现渗水、返潮、霉菌生长等病害。

1. 设计方案

首先，设计主要考虑在新建遗址博物馆周围修建排水沟，将地表积水导出场地；其次，在擂鼓台三窟与展馆之间进行钻孔灌浆，对地下裂隙进行封堵；最后，对三窟窟前平台进行防渗处理，基岩出露段进行裂隙灌浆，第四纪堆积区采用复合防渗土工布进行防渗处理。

2. 排水系统

场地地形不规整，在中窟与南窟之间现有一个东西向陡坎（后简称陡坎），根据地形，比较合理的办法是将陡坎以北的地表水向北引出遗址区，而陡坎以南向南排出。另外，在擂鼓台西北，存在较大面积的松散堆积层平台，同样需要排水，因此在此平台上布置相对独立的排水沟，而在擂鼓台西南，排水沟会被宋代挡墙隔断。在擂鼓台南部，考古发掘出一个灰岩平台遗迹，该平台需要后期展示，在此遗迹西侧应布置一道集水排水沟。因此，根据地形条件，将地表排水系统分为如下4段：

排水沟G1：位于陡坎以北，展馆的东侧和北侧，总长约34m。该段排水沟将地表水往北、再往西导出遗址区。

排水沟G2：位于陡坎以南，展馆的东侧，总长约20m。该段排水沟将地表水往南疏导。在南侧末端，通过暗埋一根不锈钢管将水体导向宋墙下的排水沟G3。

排水沟G3：位于展馆南侧，宋墙西侧，总长约13m。汇聚局部地表水及排水沟G2的来水，并导出遗址区。

排水沟G4：位于擂鼓台南部遗迹的西侧，长度为2.7m。局部地势低，通过该排水沟汇水后利用地下暗埋不锈钢管将其导向排水沟G2。

3. 地表防渗处理

地表防渗分两大区域，一类是擂鼓台南侧原冲沟内，主要为松散堆积层，一类为南洞以北的裸露基岩区。对于松散层堆积区，地表水体入渗将对宋墙及遗址造成破坏。主要通过在缓坡地带铺设复合防渗土工布（两布一膜）来减少地表水体入渗。对于裸露基岩段进行裂隙灌浆防渗处理。

在松散土堆积区，由于松散层的厚度较大，需要挖方降低标高。但挖方不利于已有挡土墙的稳定性，因此，在已有挡土墙前采用灰岩条石修建矮墙，矮墙内填方，并进行绿化，矮墙外采用混凝土硬化，并铺设灰岩岩板。

裸露基岩段的裂隙灌浆主要对清理出来的裂隙按如下工序进行处理：

1）裂隙清理。清除裂隙内的土体和钙质沉淀，对部分地段可以加宽裂隙，并借助高压水或气进行清理；

2）灌浆孔布设。灌浆孔顺裂隙按20cm左右间距布设，对于张开度好的裂隙，可以适当加宽至50cm间距。采用风钻成孔，并埋设灌浆管；

3）采用M15砂浆顺裂隙封口，待砂浆硬化后，可进一步利用灌浆管对裂隙进行吹风、喷水予以清理；

4）采用超细水泥，水灰比控制在2：1—1：1进行压力灌浆，裂隙张开度好的采用低水灰比，反之采用高水灰比；

5）灌浆管拔除，对灌浆孔予以封堵，并对裂隙予以做旧。

4. 裸露宋墙段处理

在南窟的南侧，原冲沟段的宋墙裸露，前期采用抗滑桩对其后土体进行了阻拦，因此宋墙目前承担荷载较小。但该段高差仍然过大，且历史上宋墙出现过坍塌，坍塌后墙顶堆积的松散土体高度大于1.5m，长期裸露将会不断出现坍塌破坏。因此对该段采用以下措施处理：

1）对松散堆积体陡坎予以削坡，形成稳定的缓坡，并降低宋墙上的土压力；

2）对错位、严重破损的宋墙块石予以归位、局部替换；

3）坍塌部位采用与古代墙体类似尺寸的灰岩块石进行补砌，砌筑高度与裸露残存宋墙的整体高度一致；

4）在补砌后的宋墙顶部浇筑一个混凝土梁（梁L1），压于宋墙之上。在该混凝土梁上设置三根锚杆，长度为3m，倾角15°，钢筋采用16mm，直径100mm钻孔；

5）在削坡形成的地表转折处，暗埋一个尺寸与梁L1相同的梁L2，并在其上布置安全防护栏杆，栏杆做法与龙门石窟整体要求一致。

这样，可以显著提高宋墙的整体性和稳定性。

### 5. 展馆东墙外侧帷幕灌浆

顺展馆东墙，紧邻排水沟布置一排灌浆钻孔，通过压力灌浆，在遗址东侧形成一排防渗帷幕。灌浆孔间距为1m，孔深按孔底低于下部遗址区地表为准，一般约为3.5m。灌浆采用超细水泥，水灰比控制在1∶1左右，部分可以加大至2∶1。

灌浆孔施工工序如下：

1）孔位测定，按1m间距布置，总共为42孔。施工时采用跳打方式进行，即先按2m一个孔施工，待压浆完成后，再回头内插施工钻孔，最终形成1m孔间距；

2）钻孔完成后，采用高压水、气对钻孔进行清洗；

3）埋设压水管，进行压水试验，对压水试验数据进行详细记录，对水压下降明显的孔位，注意观察周围有无出水现象，并进行详细记录；

4）灌浆。灌浆时浆液可以采用先稀后稠方式进行，即压浆开始时可控制水灰比为2∶1，压浆末期控制在1∶1，对灌浆压力变化过程、灌浆量等进行记录；

5）灌浆孔的孔口封填，并进行做旧处理。可在孔口用圆柱状灰岩填塞。

### 6. 注意事项

1）本次设计使用底图为现场人工草测，除明显标志外，其余可根据实际情况进行调整；

2）展馆南北平地处理未作设计，应属于展馆设计内容。如原设计没有此部分，地面处理可以采用混凝土硬化后铺设灰岩岩板。南部考古发掘后残留陡坎可按1∶1放坡，对坡面进行绿化处理，并在坡脚铺设300mm×300mm的灰岩条石；

3）展馆南出口上行至南窟以南的平台（抗滑桩顶部）台阶，应与展馆原设计协调处理。

4）本工程使用水泥，无论是灌浆、砂浆及混凝土使用，均按质量比掺入10%偏高岭土，以降低水泥的泛碱，提高耐久性。

5）展馆东侧的钻孔灌浆应先于排水沟施工。如本次受工期限制无法施工，可先建排水沟，但后期钻孔施工要避免对排水沟造成破损。

## 第四节　工程施工

“擂鼓台水害治理工程”与“奉先寺至万佛洞段保护工程”两项工程的中标单位

是一家公司。因此，两个项目在施工管理方面的内容相同，这里不再重复叙述。

# 一、擂鼓台水害治理工程实施主要内容

## （一）擂鼓台洞顶平台防渗处理工程

洞顶平台防渗处理包括：平台杂草清理、树木砍伐、土石方开挖、过筛、铺设土工膜及土工膜表面回填、平台边缘砌筑挡墙、坡顶平台裂隙清理及浇筑等内容。

擂鼓台洞顶共布置4块防渗平台，1号平台位于北洞洞顶以北，沿顶部边缘布置，南北向长约22m，最宽处约4.9m；2号平台位于北洞顶部，沿北洞顶部边缘布置，南北向长约7.4m，最宽处约4m；3号平台位于2号平台东侧，南北向长约8.2m，最宽处约4.7m；4号平台位于3号平台东侧，南北向长约11.4m，最宽处约4.7m（图4.48）。具体施工内容见表4.17。

a）平台覆盖层揭露　b）平台裂隙清理　c）平台裂隙灌浆　d）平台铺设防渗

图4.48　平台防渗处理工程

**表4.17　擂鼓台洞顶平台防渗处理工程施工内容**

| 分项工程名称 | 完工与否 | 完成工程量 | 备注 |
|---|---|---|---|
| 擂鼓台坡顶平台1清理整治 | 是 | 118.6m$^2$ | |
| 擂鼓台坡顶平台1树木砍伐 | 是 | 268株 | |
| 擂鼓台坡顶平台2清理整治 | 是 | 18.9m$^2$ | |
| 擂鼓台坡顶平台2树木砍伐 | 是 | 39株 | |
| 擂鼓台坡顶平台3清理整治 | 是 | 25.2m$^2$ | |
| 擂鼓台坡顶平台3树木砍伐 | 是 | 21株 | |
| 擂鼓台坡顶平台4清理整治 | 是 | 42.7m$^2$ | |
| 擂鼓台坡顶平台1土石方开挖 | 是 | 355.8m$^3$ | |
| 擂鼓台坡顶平台2土石方开挖 | 是 | 30.24m$^3$ | |
| 擂鼓台坡顶平台3土石方开挖 | 是 | 63.0m$^3$ | |
| 擂鼓台坡顶平台4土石方开挖 | 是 | 119.6m$^3$ | |
| 土石方装袋 | 是 | 591.34m$^3$ | 土工布表面回填用料 |
| 土石方过筛 | 是 | 69.1m$^3$ | 获取粉质黏土，用于找平、回填 |
| 擂鼓台坡顶平台1砌筑封护 | 是 | 4.1m$^3$ | 毛石、M7.5砂浆砌筑 |
| 擂鼓台坡顶平台1粉质黏土回填找平 | 是 | 59.3m$^3$ | |
| 擂鼓台坡顶平台1铺设土工布 | 是 | 118.6m$^2$ | |
| 擂鼓台坡顶平台1土工布表面回填 | 是 | 59.3m$^3$ | 粉质黏土回填 |
| 擂鼓台坡顶平台1土工布表面回填 | 是 | 249m$^3$ | 含砾粉质黏土回填，下部依次为粉质黏土及土工布 |
| 擂鼓台坡顶平台2粉质黏土回填找平 | 是 | 6m$^3$ | |
| 擂鼓台坡顶平台2铺设土工膜 | 是 | 18.9m$^2$ | |
| 擂鼓台坡顶平台2土工布表面回填 | 是 | 4m$^3$ | 粉质黏土回填 |
| 擂鼓台坡顶平台2土工布表面回填 | 是 | 13.2m$^3$ | 含砾粉质黏土回填，下部依次为粉质黏土及土工布 |
| 平台1裂隙J39清理 | 是 | 0.6m$^3$ | 清理裂隙内杂物及垃圾 |
| 平台1裂隙J39埋设导水管 | 是 | 12m | 直径90cm，PVC管 |
| 擂鼓台坡顶平台4浇筑防渗 | 是 | 14m$^3$ | C30抗渗混凝土 |
| 平台1裂隙J39浇筑 | 是 | 0.6m$^3$ | C30细石防水混凝土 |
| 二次搬运 | 是 | 65t | |

## （二）擂鼓台截排水沟工程

根据现场实际地质情况，为保证擂鼓台三洞顶部的水能及时排走，减少水害对洞窟的不利影响，在擂鼓台坡顶开挖截水沟一条。沟长为42m、宽为0.8m、深度为0.7m。在排水沟沟底浇筑10cm厚的C15混凝土防渗层，侧壁采用M7.5的水泥砂浆浆砌片石或浇筑C30细石防水混凝土，20cm厚，内壁抹20mm厚的M5水泥防水砂浆，排水沟内底部、两侧壁涂刷三道2mm厚的聚氨酯防水涂料（图4.49）。具体施工内容见表4.18。

a）截排水沟工程

b）截排水沟工程

图4.49　截排水沟工程

**表4.18　擂鼓台截排水沟工程施工内容**

| 分项工程名称 | 完工与否 | 完成工程量 | 备注 |
| --- | --- | --- | --- |
| 擂鼓台坡顶截排水沟开挖 | 是 | $23.52m^3$ | 长42m，宽0.8m，平均深度0.7m |
| 擂鼓台南洞南侧截排水沟开挖 | 是 | $38.4m^3$ | 长6.4m，宽1.0m，平均深度6.0m |
| 擂鼓台坡顶截排水沟裂隙灌浆孔 | 是 | 10个 | 孔径50mm，孔深5m |
| 擂鼓台坡顶截排水沟灌浆孔压水 | 是 | 10个 | 分两次压水，累计压水量分别为$1.88m^3$、$2.1m^3$ |
| 擂鼓台坡顶截排水沟灌浆孔灌浆 | 是 | 10个 | 累计灌浆量$2.06m^3$ |
| 擂鼓台南洞排水沟灌浆孔 | 是 | 61个 | 孔径50mm，孔深7m |
| 擂鼓台南洞南侧排水沟泄水孔 | 是 | 2个 | 孔径50mm，孔深7m |
| 擂鼓台南洞南侧排水沟灌浆孔压水 | 是 | 61个 | 分三次压水，累计压水量分别为$43.1m^3$、$63.4m^3$、$27.9m^3$ |
| 擂鼓台南洞南侧排水沟灌浆孔灌浆 | 是 | 61个 | 累计灌浆量$128.8m^3$ |

续表

| 分项工程名称 | 完工与否 | 完成工程量 | 备注 |
|---|---|---|---|
| 擂鼓台南洞南侧排水沟灌浆孔做旧 | 是 | 61个 | |
| 擂鼓台坡顶截排水沟沟底防渗 | 是 | 33.6m$^2$ | 10cm厚的C15混凝土防渗层，方量为3.4m$^3$ |
| 擂鼓台坡顶截排水沟沟壁砌筑 | 是 | 26m$^3$ | 长65m，M7.5的水泥砂浆浆砌片石，砌筑方量26m$^3$ |
| 擂鼓台坡顶截排水沟东壁浇筑 | 是 | 3.1m$^3$ | C30细石防水混凝土，浇筑长度19m，浇筑方量3.1m$^3$ |
| 二次搬运 | 是 | 145t | |

## （三）擂鼓台窟内裂隙防渗工程

擂鼓台三洞的渗水严重，为了有效治理洞窟的渗水病害，采用窟内外共同施工的方法增强防渗效果。针对窟内裂隙，人工用竹签或铁丝掏出裂隙内的黏土、微生物以及钙质沉淀，用喷壶或高压水将裂隙内清洗干净，最后用水硬性石灰进行封闭，并在表面采用黏土进行二次封堵。在洞窟顶部采用钻孔灌浆的方法阻止山体中的水顺裂隙流入洞窟内部。针对渗水较严重的南洞南侧壁，在南侧壁外侧铺设土工布并用浆砌片石封护，浆砌片石下部埋设格构梁作为基础（图4.50）。具体施工内容见表4.19。

a）南洞洞顶裂隙灌浆　　b）南洞窟外裂隙灌浆

图4.50　窟内裂隙防渗工程

**表4.19　擂鼓台窟内裂隙防渗工程施工内容**

| 分项工程名称 | 完工与否 | 完成工程量 | 备注 |
|---|---|---|---|
| 擂鼓台北洞窟内裂隙清理 | 是 | 13条 | |
| 擂鼓台北洞窟内裂隙清洗 | 是 | 13条 | |
| 擂鼓台北洞窟内裂隙封闭 | 是 | 13条 | 水硬性石灰封闭，黏土二次封堵 |

续表

| 分项工程名称 | 完工与否 | 完成工程量 | 备注 |
| --- | --- | --- | --- |
| 擂鼓台中洞窟内裂隙清理 | 是 | 16条 | |
| 擂鼓台中洞窟内裂隙清洗 | 是 | 16条 | |
| 擂鼓台中洞窟内裂隙封闭 | 是 | 16条 | 水硬性石灰封闭，黏土二次封堵 |
| 擂鼓台南洞窟内裂隙清理 | 是 | 18条 | |
| 擂鼓台南洞窟内裂隙清洗 | 是 | 18条 | |
| 擂鼓台南洞窟内裂隙封闭 | 是 | 18条 | 水硬性石灰封闭，黏土二次封堵 |
| 擂鼓台三洞洞顶水平钻孔 | 是 | 27个 | 孔径50mm，孔深6m |
| 擂鼓台三洞洞顶水平钻孔压水 | 是 | 27个 | 分三次压水，累计压水量分别为97.2$m^3$、107.2$m^3$、88.9$m^3$ |
| 擂鼓台三洞洞顶水平钻孔灌浆 | 是 | 70.4$m^3$ | 累计灌浆量70.4$m^3$ |
| 擂鼓台三洞洞顶水平钻孔表面做旧 | 是 | 27孔 | |
| 擂鼓台南洞窟内裂隙二次封堵 | 是 | 18条 | 压水试验之后根据渗水情况进行封堵 |
| 擂鼓台中洞窟内裂隙二次封堵 | 是 | 16条 | 压水试验之后根据渗水情况进行封堵 |
| 擂鼓台北洞窟内裂隙二次封堵 | 是 | 13条 | 压水试验之后根据渗水情况进行封堵 |
| 文物遮护 | 是 | 270$m^2$ | 防止裂隙内漏出浆液污染文物 |
| 擂鼓台窟外裂隙灌浆孔 | 是 | 99个 | 孔径50mm，孔深6m |
| 擂鼓台窟外裂隙灌浆孔压水 | 是 | 99个 | 分三次压水，累计压水量分别为78.2$m^3$、111.6$m^3$、51.2$m^3$ |
| 擂鼓台窟外裂隙灌浆孔灌浆 | 是 | 225.4$m^3$ | 累计灌浆量225.4$m^3$ |
| 擂鼓台窟外裂隙灌浆孔表面做旧 | 是 | 99个 | |
| 窟内裂隙表面做旧 | 是 | 47条 | |
| 擂鼓台南洞砌体南侧地基开挖 | 是 | 0.24$m^3$ | 长2m，宽20cm，深60cm |
| 擂鼓台南洞砌体南侧地基布筋与浇筑 | 是 | 钢筋24kg 混凝土0.20$m^3$ | |
| 擂鼓台南洞砌体复合土工膜铺设 | 是 | 40$m^2$ | |
| 擂鼓台南洞砌体复合土工膜浆砌片石封护 | 是 | 5.6$m^3$ | 长7m，平均宽度20cm，M7.5的水泥砂浆砌筑 |
| 二次搬运 | 是 | 46t | |

### （四）擂鼓台南洞南侧滑坡体治理工程

擂鼓台南洞南侧的滑坡体，在长时间渗流的作用下可能失稳，威胁游客及南洞文物的安全。先对滑坡体进行清理，砍伐掉其表面的树木及杂草，开挖部分土石方并进行转运，然后采用挡土墙+锚杆+抗滑桩的方式进行治理，并在挡土墙上部修建护坡措施以加强其治理效果（图4.51）。对于南洞南侧残留的宋代挡墙采用浆砌石的方法进行恢复、做旧。

a）南洞南侧滑坡体挡土墙施工

b）南洞南侧滑坡体挡土墙施工

c）南洞南侧滑坡体抗滑桩施工

d）南洞南侧滑坡体抗滑桩施工

图4.51　南洞南侧滑坡体治理工程

具体施工内容见表4.20。

**表4.20　擂鼓台南洞南侧滑坡体治理工程施工内容**

| 分项工程名称 | 完工与否 | 完成工程量 | 备注 |
| --- | --- | --- | --- |
| 擂鼓台南洞南侧滑坡体清理整治 | 是 | 142.4m$^2$ | 人工连根清除杂草、蒿草、灌木 |
| 树木砍伐 | 是 | 173株 | |
| 擂鼓台南洞南侧滑坡体土石方开挖 | 是 | 655.4m$^3$ | 开挖面积142.4m$^2$ |
| 土石方装袋 | 是 | 655.4m$^3$ | 装袋转运，回填待用 |
| 唐代挡墙地基开挖 | 是 | 2.73m$^3$ | 长6m，宽0.6m，深0.7m |

续表

| 分项工程名称 | 完工与否 | 完成工程量 | 备注 |
|---|---|---|---|
| 唐代挡墙地基布筋 | 是 | 85.8kg | 纵筋直径为22mm的HRB335，箍筋为直径8mm的HPB235 |
| 唐代挡墙地基浇筑 | 是 | $2.7m^3$ | |
| 唐代挡墙清理与编号 | 是 | 133块 | 清理93块，编号40块 |
| 唐代挡墙恢复堆排 | 是 | $9.3m^3$ | |
| 拆除唐代挡墙 | 是 | $9.3m^3$ | 甲方要求拆除重建 |
| 唐代挡墙二次堆排 | 是 | $9.3m^3$ | |
| 擂鼓台南洞南侧滑坡体抗滑挡土墙锚杆钻孔 | 是 | 7个 | 孔径60mm，锚固段3m，垫层外长度70mm，锚杆长度依次为6.5、6.8、6.9、6.5、6.8、6.9、6.5m |
| 擂鼓台南洞南侧滑坡体抗滑挡土墙锚杆支安 | 是 | 143kg | |
| 擂鼓台南洞南侧滑坡体抗滑挡土墙锚杆灌浆 | 是 | $13.1m^3$ | M30水泥砂浆 |
| 擂鼓台南洞南侧滑坡体抗滑挡土墙 | 是 | $44m^3$ | 长12m，高4m，下底宽1.2m，上宽0.8m；浆砌片石砌筑，M7.5浆；以梅花状布设泄水孔；顶部砌筑排水沟，深0.2m，宽0.3m |
| 擂鼓台南洞南侧滑坡体抗滑挡土墙上部护坡 | 是 | $156m^3$ | 护坡长12m，高2.0m，浆砌片石+M7.5水泥砂浆护坡 |
| 擂鼓台南洞南侧滑坡体抗滑挡土墙回填 | 是 | $12m^3$ | |
| 擂鼓南洞南侧平台抗滑桩桩孔开挖 | 是 | $56.5m^3$ | 桩孔数3个，深6m，孔径1m |
| 擂鼓南洞南侧平台抗滑桩布筋 | 是 | 1165kg | 纵筋直径为22mm的 HRB335，箍筋直径为6m的HPB235 |
| 擂鼓南洞南侧平台抗滑桩浇筑 | 是 | $55m^3$ | C30混凝土 |
| 二次搬运 | 是 | 132t | |

### （五）擂鼓台危岩体加固工程

擂鼓台周边危岩体的失稳会威胁游客及洞窟的安全，根据设计方案，结合现场情况，针对擂鼓台1号、2号、3号、9号危岩体，采用环氧树脂黏结+锚杆加固的方法进行治理。裂隙封堵时，先用钻机沿裂隙钻孔，钻孔平均间距为20cm，钻孔深度为30cm，然后预埋高压管，注入环氧树脂浆液。锚杆锚固段长度为3m，直径22mm，锚杆长度为6m，锚杆与水平线夹角为40°（图4.52）。治理过程中需根据实际需要搭建脚手架。

a）危岩体加固施工

b）危岩体加固施工

图4.52　危岩体加固工程

具体施工内容见表4.21。

**表4.21　擂鼓台危岩体加固工程施工内容**

| 分项工程名称 | 完工与否 | 完成工程量 | 备注 |
| --- | --- | --- | --- |
| 擂鼓台脚手架搭建 | 是 | 1251m$^2$ | |
| 擂鼓台脚手架拆除 | 是 | 1251m$^2$ | |
| 环氧树脂黏结危岩体 | 是 | 0.85m$^3$ | 环氧树脂，沿裂隙平均间距20cm，深度30cm |
| 擂鼓台危岩锚固钻孔 | 是 | 21个 | 孔深6m，孔径60mm，锚固段3m |
| 擂鼓台坡顶危岩锚固锚杆支安 | 是 | 21个 | |
| 擂鼓台坡顶危岩锚孔压水 | 是 | 21个 | 分两次压水，累计压水量分别为36.86m$^3$、42.06m$^3$ |
| 锚杆灌浆 | 是 | 21个 | 累计灌浆量40.7m$^3$ |
| 擂鼓台坡顶危岩锚固封锚 | 是 | 21个 | |
| 擂鼓台坡顶危岩体锚头做旧 | 是 | 21个 | |
| 二次搬运 | 是 | 86t | |

## （六）擂鼓台坡顶裂隙灌浆工程

擂鼓台坡顶裂隙为地表水入渗提供了良好的通道。随着地表径流的加大，流入石窟内部的水会逐渐增多，对灰岩质文物产生不可恢复的损坏作用。坡顶裂隙主要包括位于坡顶浅表层的裂隙和位于内部的隐藏裂隙。对于表层的裂隙用竹签或铁丝掏出裂隙内的黏土、植物根系等杂物，将清理出的垃圾装袋转移。用喷壶或高压水把裂隙内清洗干净，清洗过程中注意对文物的保护。裂隙清洗干净后用水硬性石灰对裂隙进行封堵，沿裂隙以20cm间距布置灌浆孔，孔深25cm，预埋高压管后对裂隙进行压水和灌浆处理。对于深部的隐藏裂隙，采用打深孔灌浆的方法进行封堵处理（图4.53）。

a）坡顶裂隙灌浆施工　　b）坡顶裂隙灌浆施工

图4.53　坡顶裂隙灌浆工程

具体施工内容见表4.22。

**表4.22　擂鼓台坡顶裂隙灌浆工程施工内容**

| 分项工程名称 | 完工与否 | 完成工程量 | 备注 |
|---|---|---|---|
| 擂鼓台坡顶裂隙清理 | 是 | 190条 | |
| 擂鼓台坡顶裂隙清洗 | 是 | 190条 | |
| 擂鼓台坡顶裂隙封闭 | 是 | 190条 | 水硬性石灰按规定配合比封堵 |
| 擂鼓台坡顶裂隙灌浆孔 | 是 | 948个 | 沿裂隙间距20cm，孔深25cm |
| 擂鼓台坡顶裂隙灌浆压水 | 是 | 948个 | 分两次压水，累计压水量分别为14.8$m^3$、16.5$m^3$ |
| 擂鼓台坡顶裂隙灌浆 | 是 | 948个 | 累计灌浆量16$m^3$ |
| 裂隙做旧 | 是 | 190条 | 累计长度440m |
| 二次搬运 | 是 | 156t | |
| 擂鼓台北洞洞顶封堵裂隙 | 是 | 61条 | 表面用水泥砂浆封堵，累计长度为127.1m，累计宽度为 452cm |
| 擂鼓台北洞洞顶封堵裂隙尺寸测量 | 是 | 61条 | |
| 擂鼓台中洞洞顶封堵裂隙 | 是 | 74条 | 表面用水泥砂浆封堵，累计长度为137.4m，累计宽度717cm |
| 擂鼓台中洞洞顶封堵裂隙尺寸测量 | 是 | 74条 | |
| 擂鼓台南洞洞顶封堵裂隙 | 是 | 89条 | 表面用水泥砂浆封堵，累计长度为215.9m，累计宽度951cm |
| 擂鼓台南洞洞顶封堵裂隙尺寸测量 | 是 | 89条 | |

续表

| 分项工程名称 | 完工与否 | 完成工程量 | 备注 |
| --- | --- | --- | --- |
| 擂鼓台北洞北侧崖壁封堵裂隙 | 是 | 5条 | 表面用水泥砂浆封堵，累计长度为23.9m，累计宽度73cm |
| 擂鼓台北洞北侧崖壁封堵裂隙尺寸测量 | 是 | 5条 | |
| 擂鼓台北洞顶部岩体裂隙灌浆孔钻孔 | 是 | 17个 | 直径50mm，深度5.6—11m |
| 擂鼓台北洞顶部岩体裂隙灌浆孔压水 | 是 | 17个 | 分三次压水，第一次累计压水量98.8m$^3$，第二、三次压水存在漏水，不做统计 |
| 擂鼓台北洞顶部岩体裂隙灌浆孔灌浆 | 是 | 17个 | 累计灌浆量101.2m$^3$ |
| 擂鼓台北洞顶部岩体裂隙灌浆孔封口、做旧 | 是 | 17个 | |
| 擂鼓台中洞顶部岩体裂隙灌浆孔钻孔 | 是 | 18个 | 直径50mm，深度6.5—9m |
| 擂鼓台中洞顶部岩体裂隙灌浆孔压水 | 是 | 18个 | 分三次压水，第一次累计压水量117.5m$^3$，第二、三次压水存在漏水，不做统计 |
| 擂鼓台中洞顶部岩体裂隙灌浆孔灌浆 | 是 | 18个 | 累计灌浆量120.3m$^3$ |
| 擂鼓台中洞顶部岩体裂隙灌浆孔封口、做旧 | 是 | 18个 | |
| 擂鼓台南洞顶部岩体裂隙灌浆孔钻孔 | 是 | 57个 | 直径50mm，深度5—9.5m |
| 擂鼓台南洞顶部岩体裂隙灌浆孔压水 | 是 | 57个 | 分三次压水，第一次累计压水量为342m$^3$，第二、三次压水存在漏水，不做统计 |
| 擂鼓台南洞顶部岩体裂隙灌浆孔灌浆 | 是 | 57个 | 累计灌浆量349.2m$^3$ |
| 擂鼓台南洞顶部岩体裂隙灌浆孔封口、做旧 | 是 | 57个 | |
| 擂鼓台南洞外侧石头墙体勾缝 | 是 | 57.4m$^2$ | |
| 擂鼓台南洞南侧排水沟砌筑 | 是 | 2m$^3$ | 毛石砌筑+M7.5水泥砂浆 |
| 擂鼓台南洞南侧排水沟刷防水涂料 | 是 | 40.6m$^2$ | |
| 擂鼓台南洞南侧排水沟南侧铺土工布 | 是 | 8.5m$^2$ | |
| 南侧毛石挡墙泄水孔 | 是 | 15个 | 孔径50mm，单个深度0.8m |
| 转运灌浆材料及灌浆机械 | 是 | 145t | |
| 擂鼓台南洞洞顶东南角岩体开槽降水 | 是 | 11个 | 孔径50mm，孔深12m，累计长度132m |
| 降水槽上部铺设土工布 | 是 | 3.74m$^2$ | |
| 土工布上部铺设3cm厚水泥砂浆 | 是 | 3.74m$^2$ | 表面覆盖黏土保护层 |
| 擂鼓台南洞上部水平排水孔施工 | 是 | 4个 | 水平向上倾斜15°，孔径50mm，累计长度33.9m |

## 二、擂鼓台遗址保护工程

擂鼓台建筑遗址保护工程是针对擂鼓台三洞窟前宋代建筑遗址实施的保护工程。工程主要内容如下（表4.23）。

**表4.23 遗址保护工程施工内容**

| 分项工程名称 | 完工与否 | 完成工程量 | 备注 |
| --- | --- | --- | --- |
| 清理平台裂隙 | 是 | 16条，总长78.5m，清理深度0.7—0.9m | 灰沙回填，全人工清理及回填 |
| 平台地面开挖清理土方 | 是 | 104m$^3$ | 全人工背土搬运 |
| 垒砌台阶 | 是 | 宽2.6m，高6级 | 材料：刷条纹条石、粗石、灰沙，材料转运全人工 |
| 钻孔 | 是 | 14个，进尺42m | 灌浆约3m$^3$ |
| 平台铺捣点石板 | 是 | 58.28m$^2$ | 灰砂、石板全人工搬运 |
| 光板石板 | 是 | 7.1m$^2$ | |
| 加工自然石板 | 是 | 105m$^2$ | 灰沙全人工搬运 |
| 铺设自然石板 | 是 | 74.51m$^2$ | 灰沙全人工搬运 |
| 修筑排水沟 | 是 | 51.2m$^2$ | |
| 前院填土 | 是 | 103m$^3$ | |
| 拆除砖墙、垒砌砖券 | 是 | 2 × 3m$^2$ | |
| 加工安装石栏杆 | 是 | 长5.2m | |
| 垒砌石墙 | 是 | 宽6m、高1m | 石块、灰沙全为人工搬运 |
| 混凝土浇筑平台地面 | 是 | 面积约41m$^2$ | |
| 黏结莲花座一个，制作石狮子像座一个 | 是 | | |
| 双面雕刻、制作、安装石柱子栏板 | 是 | 16m | |

擂鼓台三洞窟前排水工程，修筑排水设施；

遗址坡面防渗工程，清理平台裂隙，灰沙填实；平台地面开挖清理土方、断除山石；混凝土浇筑平台地面，铺设钢网，浇筑混凝土；钻孔、灌浆；

遗址地面保护工程，整理地面、地面上架设钢格栅，架设玻璃板；重砌宋墙一处，修补宋墙一处等。

# 三、工程验收

“擂鼓台水害治理工程”与“奉先寺至万佛洞段保护工程”两项工程是同时验收的，验收的相关内容见第四章，这里不作重复。

# 四、观察效果评估和认识

## （一）保护工程效果评估

图4.54—图4.56为擂鼓台三洞治理前后的效果对比。

a）治理前

b）治理后

图4.54　擂鼓台南洞治理前后对比图

a）治理前

b）治理后

图4.55　擂鼓台中洞治理前后对比图

a）治理前

b）治理后

图4.56　擂鼓台北洞治理前后对比图

## （二）几点认识

对擂鼓台水害治理工程的认识：

1）该区域渗水风化严重，急需开展治理工程。擂鼓台区域的渗漏水病害和风化病害在龙门石窟东、西两山中属于较严重区域。自龙门石窟开展保护工程以来，在东山没有开展过系统的治水项目，擂鼓台区域的地表排水设施简单，效果不理想，洞窟渗漏水量大，持续时间长。渗漏水又直接参与了该区域的雕刻品风化过程，加剧了劣化速度。因此，急需实施保护工程，控制水害，减缓风化。

2）擂鼓台水害治理是以擂鼓台为一个独立水文地质单元整体设计实施的保护工程。擂鼓台区域以擂鼓台北、中、南三洞为主体，加上窟外崖面共计89个窟龛构成相对独立的一个小区。水害来源于大气降水形成的地表径流，覆盖整个区域，山体内裂隙相互交错分布，形成网络通道，共同影响洞窟渗漏。统一设计地表排水、地面覆盖、封堵裂隙等治水措施，符合实际需求。

3）本次水害治理措施是有效的，为灌浆施工积累了经验。经过工程施工，洞窟渗漏水状况有很大程度的改观。在施工过程中，裂隙灌浆难度最大，往往要经历多次反复施工，才能取得稳定的效果。

4）擂鼓台水害治理工程与窟前遗址保护工程有机结合。擂鼓台窟前遗址的发掘是龙门石窟第一次大规模窟前遗址考古发掘，出土了唐—北宋早期木构建筑殿前石砌踏道这一珍贵资料，为研究唐代—宋代龙门石窟窟前通道的演变提供了实物资料，结合窟外崖面残存梁孔和地面保留的柱础槽等遗迹，认识到擂鼓台完整的前殿后窟的寺院样貌。为保护窟前遗址，进行了专门的稳定滑坡体、排水、灌浆防渗等措施设计，与洞窟防渗连为一体。

5）擂鼓台区域的整体保护需进一步深入。水害治理只是该区域保护工程的一部分，还应进行大量的风化防治等工作。擂鼓台区域除了渗水病害严重外，风化也非常严重。水害的治理为风化病害防治奠定了基础，但是受自然条件的制约，窟外雕刻品日晒雨淋，物理风化明显，擂鼓台区域应考虑修建窟檐雨篷等物理遮护设施。龙门石窟的实践证明，物理防护对风化防治有重要的作用。通过工程实施，目前洞窟内部的渗漏水大为减少，为洞窟内风化文物修复创造了条件，在技术条件成熟的基础上采取一定的修复措施，既可防止雕刻品的进一步风化，也可使雕刻品的保存、展示状态得以良好呈现。比如对严重烟熏污染的清理，已经在其他洞窟进行过多年的尝试，取得了较好的效果。

# 第五节　项目相关保护研究

## 一、洞窟雕刻品表面黑色油烟渍清洗

龙门石窟景区道路没有封闭前，擂鼓台前的公路是一个连通洛阳向南的交通要道，空气污染在石窟破坏过程中作用显著。部分洞窟在无人管理时期作为生活居住场所，生火烟熏，污损表面，进而在环境污染物的共同作用下破坏文物，使洞窟的窟壁和窟顶表面富集了大量的黑色油烟污渍。

### （一）龙门石窟黑色油烟渍的现状

龙门石窟的烟熏危害比较普遍，整个窟区有七十多个洞窟受到不同程度的油烟渍危害。其中西山有四十多个烟熏洞窟，所受烟熏危害程度不一。轻的只是在洞壁或造像表面附着一薄层黑渍，重的则形成黑色片状厚层或黑色硬壳附于岩壁表面。不同洞窟受到危害的部位亦有所差异，多数洞窟顶部受烟熏危害较重，四壁较轻，有些洞窟甬道上壁也受到不同程度的烟熏。东山则有三十多个烟熏洞窟，尤其是大、中型洞窟占比较大，烟熏程度十分严重，很多洞窟四壁及顶部完全被熏黑，而且油烟层较厚，多数形成黑色硬壳。这种污染严重影响了洞窟的美观，同时也为岩石进一步风化埋下了隐患。为此，龙门石窟研究院同西北大学文博学院合作进行了研究试验，对油烟渍的清洗取得了一定的效果。

## （二）样品的分析研究

龙门石窟奉先寺以北岩石属灰岩白云岩，结构细密，孔隙率低、机械强度高，油烟不易渗入，以附着在雕刻品表面为主，如双窑。奉先寺以南的部分洞窟和东山的洞窟岩石因含有泥质条带，石质较松软、孔隙率大，易渗入，而且距道路较近，大气中含尘量高，降落在雕刻品表面的灰尘黏附在油烟上，形成了由外及内的油烟层、过渡层和岩体的三分体，如擂鼓台中洞及路洞等。为了保证采集到的样品具有广泛的代表性，选择了四雁洞、双窑、路洞等代表性洞窟进行采样分析。

根据分析结果，可以将龙门石窟洞窟雕刻品表面油烟渍分成以下类型：

1）含有有机物的油烟渍。其主要成分包括石膏和有机酯。

2）不含有机物的油烟渍。这种油烟渍又可以分成以下两种类型：

① 单纯吸附在岩层表面的薄层烟黑。这种烟黑一般形成在未风化岩层表面。

② 形成黑色硬壳的油烟渍。这种油烟渍多数形成在风化岩层表面，风化层则为油烟渍及岩体间的过渡层，其主要成分为硫酸盐、碳酸盐及少量二氧化硅。

## （三）黑色油烟渍形成机理

龙门石窟大气中的$SO_2$、$NO_x$以及降尘是洞窟雕刻品表面油烟渍形成的重要因素之一，更确切地说，它们是洞窟雕刻品表面油烟渍的主要成分，即石膏形成的主要因素。

空气中的$SO_2$有极强的吸附作用，固体表面积越大，吸附的二氧化硫越多。二氧化硫一旦吸附在固体表面，就无法通过净化空气排除，因为它是不易挥发的。龙门石窟的岩体，无论石灰岩还是白云岩，表面都有微孔和裂隙，这极大地增大了岩石的表面积，从而增加了二氧化硫在岩石表面的吸附量。

另外龙门石窟大气降尘量很大，这些降尘对岩石有极强的吸附作用，它们通过范德华力、静电引力同岩石表面结合在一起。降尘由于具有很大的比表面积，对二氧化硫同样具有很强的吸附力，大量降沉在石刻表面沉积，使石刻表面二氧化硫吸附量迅速增加。二氧化硫在相对湿度较大，有颗粒物（如飘尘）存在时，可以发生催化氧化反应。在太阳紫外线照射下，并有氮氧化物存在时，可以发生光化学反应。以上两种反应产物都是三氧化硫。三氧化硫一旦生成，立即与水化合生成硫酸。硫酸和岩石表面的碳酸盐发生反应，释放出二氧化碳的同时生成硫酸盐。这是龙门石窟表面风化形成石膏的主要原因，也是石刻表面油烟渍的主要成分石膏形成的原因。上述转化过程是非常缓慢的。降尘在这一转化过程中不仅是提供了二氧化硫，而且部分降尘颗粒会夹杂在新生成的硫酸盐晶体的晶粒间，从而组成石刻表面油烟渍的一部分。这也是石刻表面油烟渍中二氧化硅成分的主要来源。

水是龙门石窟洞窟表面黑色油烟渍形成的重要因素，它是碳酸钙向石膏转化过程中不可缺少的条件。龙门石窟温湿度的变化非常明显，变化的速度比较快，幅度也比较大，为洞窟表面形成结露提供了条件，间接导致了洞窟表面污染物的形成。空气温湿度的变化是形成污染物表层不纯石膏的一个原因，形成的石膏晶体不纯，疏松多孔。

人为因素是龙门石窟洞窟雕刻品表面黑色油烟渍形成的主要原因。龙门石窟地处洛阳的南大门伊阙，这里自古就是洛阳的南北交通要道。开凿于两山崖壁上的石窟，历史上成了过往行人和逃亡难民的休息之所。直到20世纪60年代，还有人在洞窟中住宿。它们在洞窟中生火取暖、做饭。燃料燃烧一方面生成大量的二氧化硫气体，加剧了岩石表面向硫酸盐转化的速度；另一方面，没有完全燃烧的碳粒和有机质极易被吸附在风化产物硫酸盐的晶粒之间。在上述过程中，岩石表面风化形成硫酸盐是一个不间断的过程。烟熏是一个间断性的多次重复过程。烟熏和降尘不断在硫酸盐晶粒间吸附和填充，使石刻表面这层油烟渍不断加厚。

### （四）黑色油烟渍清洗方法研究

对文物上油烟渍的清洗，常规选择的清洗剂是氨水、环丁胺或环已胺，它们能有效溶解油烟渍，从而达到清洗的目的。从国内外发表的文章及实验工作来看，用碱性溶液清洗已被各家所采用。但是，龙门石窟石刻表面的油烟渍，绝大部分不含有有机物，且已钙化形成一层硬壳。常规用于清洗油烟的清洗剂，对于龙门石窟石刻表面的绝大部分油烟渍已不再适用。

龙门石窟洞窟雕刻品表面的油烟渍是由石膏和少量炭黑以及其他一些物质混合形成的，其中极少数含有有机物。要去除这层油烟渍，对于含有有机物的油性油烟，可以选择氨水做清洗剂；对于不含有有机物的厚层油烟，由于其组成成分是难溶解的无机物，则必须采用化学试剂，通过化学反应，使其生成易溶解的物质方能去除。选用络合剂，通过跟油烟渍的主要成分石膏发生络合反应，生成易溶于水的络合物，以达到清除它的目的；对于薄层烟熏，除用络合的方法外，还可以通过氧化的方法将其去除。

由于龙门石窟的油烟渍类型不同，烟熏层厚度及其具体成分相异，所适用的有效清洗方法也有所差异：

1）针对油性油烟：这类烟熏层含油量较高，呈墨黑色并泛油光。其主要成分为有机酯，选取了氨水、丙酮和NTA的氨溶液进行清洗。其中丙酮效果甚微，氨水及NTA的氨溶液清洗效果较好。

2）针对薄层油烟：其污染物为附于岩体表面的薄层碳粒。过氧化氢可有效去除炭黑，反应产物为水和二氧化碳，不破坏岩体，且效果令人满意。

3）针对厚层油烟：此种油烟类型最为特殊，截面厚、硬度大、黑度高。烟熏层致密、密度大处甚至聚集成大大小小的疙瘩。所附岩体表面多被风化，有不同程度的酥粉空鼓现象，富集含有不同结晶水的硫酸钙。为此，选取了钙离子的络合剂进行清洗实验，这些试剂有EDTA、（$NaPO_3$）$_6$、（$NH_4$）$_2SO_4$、NTA。在反复实验的基础上，认为NTA为干性厚层油烟的最佳清洗试剂。

4）对于厚层油烟渍，实践中还摸索出了NNC复合体系清洗法（4%的NTA、12%的氨水、30%的过氧乙酸混合，调节pH值到7）。

去除石刻表面油烟渍，优选浓度最为重要。试剂浓度过高，会清洗过度，使岩体发白，甚至伤害岩体；浓度过低，清洗不完全，且会使纸浆糊敷时间过长，不利于施工。

各种试剂的清洗最佳浓度，在反复实验基础上，总结如下：

| | |
|---|---|
| $H_2O_2$ | 10%—15% |
| $NH_3 \cdot H_2O$ | 10% |
| EDTA | 10% |
| NTA | 3.5%—4% |
| NNC | 4% |

5）最佳浓度涂刷时间讨论。

实验证明，涂刷时间过短，岩体所受清洗摩擦少，与试剂反应不充分，达不到预期效果。涂刷过多又会清洗过度，就会损伤岩体。

各种试剂涂刷时间建议如下：

| | |
|---|---|
| 10%$NH_3 \cdot H_2O$ | 15分钟左右 |
| 15%$H_2O_2$ | 30分钟左右 |
| 3.5%—4% NTA | 15—20分钟 |
| 4%NNC体系 | 10分钟左右 |

6）最佳浓度纸浆糊敷时间讨论。

① 油性油烟，可用氨水涂刷清洗，再用棉球擦拭干净，无须用纸浆糊敷法。

② 干性薄、厚层油烟，其主要为难溶的石膏，用络合法去除需较长反应时间，为省时省力，建议用纸浆糊敷法。

最佳浓度纸浆糊敷时间分别为：

| | |
|---|---|
| 15%$H_2O_2$ | 5—7小时 |
| 4%NNC | 5—7小时 |

7）优选清洗剂的清洗机理。

① 油性油烟渍的清洗。

试剂用10%的氨水溶液。

油性油烟渍的主要成分是酯类化合物。它能溶于氨水并能与氨水反应，从而达到清洗油烟的目的。

② 薄层油烟的清洗。

由前面的仪器分析可知，薄层油烟主要成分为石膏和碳粒，过氧化氢对碳粒有特殊的氧化能力，作为氧化剂它可与碳粒发生氧化还原反应。碳粒被氧化的产物为溶解度很小的二氧化碳，过氧化氢还原为弱电解质水。

③ 厚层油烟渍的清洗。

用络合剂夺取厚层油烟污物主相中的钙离子，软化溶解黑色硬壳，可达到清洗的目的。通过实验，选用了NTA络合剂作为厚层油烟渍的清洗剂。

NTA又名氮川三乙酸、氨三乙酸，它的分子式为$N(CH_2COOH)_3$，常温下为白色结晶粉末，几乎不溶于水（5℃时每100份水可溶解0.1338份NTA）和多数有机溶剂，溶于氨水，随氨水浓度增加其溶解度增大。同时，NTA也属于氨基酸型两性表面活性剂。

$N^+(CH_2COO^-)_3$离子，由于既有氧作配位原子，又有氮作配位原子，所以无论对亲氧的还是亲氮的金属离子，一般都能较好地络合，而且它有较高的电荷，并且有总数不少于三个的氨氮和羧氨两种配位原子，这就使它的络合能力非常普遍，几乎能与一切金属离子在溶液中形成络合物，并且形成的络合物有一个以上的螯环，因而稳定性较高。

NTA与大多数金属离子形成水溶性络合物尤其是和钙、镁离子形成稳定的络合物。金属离子与NTA离解的阴离子形成了络合物。

尽管在使用NTA去除厚层油烟时，溶液pH值越大，去除的效果越好，但是考虑到强碱的腐蚀作用，溶液的pH值也不能过大，一般采用的pH值在7左右。

在实验中，由于NTA溶解度小，加入了氨水溶液（增加溶解度和pH值），对黑色油烟渍做了清洗。另一种配方是上述溶液中加入过氧乙酸，调节pH值为7，使碳易被氧化，增加洗涤效果。

8）黑色油烟渍现场清洗试验。

在清洗剂选定以后，根据不同类型的油烟渍，采用不同的清洗方法，分别在路洞、双窑、四雁洞进行了现场清洗试验。

试验用品：

毛刷、喷水壶、烧杯、试剂瓶；

纸浆、棉球、保鲜膜；

15%的过氧化氢；

10%的氨水；

4%的NNC（4%的NTA、12.5%的氨水、30%的过氧乙酸混合，调节pH值到7）；

① 清洗工艺。

纸浆糊敷法。

实验中发现，用蘸取试剂涂刷法去除油烟反应过于缓慢，不符合实际操作要求，所以现场试验采用纸浆糊敷法。

② 具体操作。

首先，纸浆制作。

将定性滤纸切碎后，用去离子水浸泡，每24小时更换一次水，换水三次后，将纸捣成浆状即可使用。

将配置好的试剂倒入盛纸浆的烧杯中，搅拌均匀，至纸浆黏稠不流动为止。

其次，糊敷。

在事先选好的清洗点上均匀糊敷纸浆，厚度约0.5cm，用手将纸浆压平，使其紧贴岩壁面。为防止试剂挥发，在纸浆外面贴一层保鲜膜。

再次，揭取。

5—7小时以后，揭取保鲜膜及纸浆。

最后，冲洗。

用清水冲洗壁面多次，除去残余清洗剂和油烟渍，待表面自然干燥后，清洗工作完毕。

## 二、保护性窟檐（雨篷）的修建和思考

擂鼓台区域石窟的渗漏水病害和风化病害较其他区域相对更为严重，除了岩石本身的抗风化能力差和裂隙分布外，无遮挡的阳光暴晒是擂鼓台三洞外壁区域雕刻品风化的关键因素之一，修建窟檐是解决问题最直接、最有效的物理措施。龙门石窟修建了多种形式的窟檐，对保护洞窟和文物均起到了积极作用，擂鼓台三洞外壁修建窟檐，对于保护崖壁雕刻品，防止风化，应该能起到重要的作用。

龙门石窟是露天不可移动的文物遗存，其围岩坍塌、洞窟渗漏、风化等病害受自然环境的影响较大，在洞窟及其周边增设辅助的防护设施如窟檐（雨篷）等，可以有效减少环境的不良影响。有必要对龙门石窟历年修建的窟檐（雨篷）的形式、体量、功能和保护效果进行梳理，明确保护石窟文物和保护石窟景观的关系。

龙门石窟的保护历史，与其开凿史一样久远，从龙门石窟现今仍留存的大量类型多样的历史修复痕迹，证明古人在开窟造像的同时意识到对石窟寺建筑的保护问题，保护性的窟檐（雨篷）也是如此。随后历代出于使用或管理的需要，修建了类似窟门、窟檐的建筑，也在一定程度上起到了保护作用。

龙门石窟现存的窟檐或雨篷大致可分为三个时期：一是开窟造像时的遗存遗迹，比如开窟造像时就修造的木构或石构窟檐；二是后期历代的维修遗物，比如东山现存的唐代石板雨篷；三是20世纪50年代成立保护管理机构以来陆续修建的。在当代龙门石窟进行了多次大规模的保护维修工程，其中修造了潜溪寺木构窟檐、药方洞石构窟檐、宾阳三洞防水雨篷、摩崖三佛防水雨篷等保护性设施，为石窟的科学保护积累了经验。

## （一）当代龙门石窟保护性窟檐（雨篷）的类型和修建

当代龙门石窟修建的窟檐（雨篷），多是在1987—1992年龙门石窟综合治理工程时期，五年治理工程是龙门石窟有计划、系统性开展的涉及东、西两山的全面保护修缮工程，包括雕像、洞窟、岩体加固、游览栈道修建和洞窟渗漏水防治等内容。其中，以防止雨水冲淋洞窟岩体为目的的窟檐、雨篷的修建是工程的重要组成部分，并且实验性地采取了多种形式，修建了概括为三类的窟檐。

### 1. 仿古式窟檐

设计思路：兼具洞窟保护和景观需求，设计了仿古式窟檐。龙门石窟共设计修建了两处仿古式窟檐，一处是药方洞，仿古式石构窟檐，一处是潜溪寺，仿古式木构窟檐。

（1）药方洞窟檐

药方洞，开凿于北魏晚期，因窟门两侧刻有唐初共一百四十多个药方得名，是我国现存最早的石刻药方。

据记载，1958年曾修建有窟门。因影响洞窟通风，遮挡了光线和部分雕刻品，1987年将其拆除。现有窟檐为1987年中国文化遗产研究院设计，1989年完工。窟檐高6m，宽6m，进深3m。药方洞窟檐整体在结构上和造型上都力求简单质朴，体量与洞窟本身大小相当，对窟内光线、通风影响较小，仿古式风格与周围环境较为协调

（图4.57）。但是当时使用的水泥材料长期存在泛碱析盐现象，对洞窟及周边岩体风化有一定影响。

（2）潜溪寺窟檐

潜溪寺，位于龙门西山北端，唐高宗年间凿造。清代原建木结构窟檐，1980年前已拆除。现改建为仿唐木结构窟檐，中国文化遗产研究院设计，1991年完工。窟檐通高8m，宽15m，进深9m。潜溪寺窟檐造型精致、气势雄伟，成为龙门西山第一道风景（图4.58）。

通过长期观察，与清代窟檐相比，窟内通风和光线大为改观，窟内雨水持续聚集的潮湿状况得到改善。但是，洞窟内在夏季环境潮湿的时候仍时有凝结水现象出现，疑与窟檐影响洞窟湿度扩散有关。

图4.57　药方洞窟檐

图4.58　潜溪寺窟檐

## 2. 简易雨篷

设计思路：防止雨水冲淋洞窟崖体外壁面雕刻品为目的，结构简单，形式单一。

此类雨篷在龙门石窟较大的有宾阳三洞雨篷、摩崖三佛雨篷和千手千眼像龛雨篷等处。

（1）宾阳洞雨篷

宾阳洞包括南洞、中洞和北洞，始凿于北魏时期，其中仅中洞的开凿就花费了24年时间，其富丽堂皇的景象是龙门众多洞窟之冠。三洞周围开凿有大量中、小型洞窟。

1978年为保护洞窟雕刻，拆除了中洞砖券门洞，被其覆盖的重要雕刻品重见天日。

1990年洛阳市建筑设计研究院设计防雨雨篷，1991年完工。正壁雨篷总长40m，宽5m。宾阳洞雨篷结构简单，不影响洞窟通风及采光，且在很大程度上保护了崖壁洞窟免受雨水冲淋危害（图4.59）。但是，因雨篷与山体连接缝问题，有少量雨水会下渗，需及时维护处理。另外与景观的反差是其较大的缺陷。

图4.59　宾阳洞雨篷

（2）摩崖三佛雨篷

摩崖三佛龛凿于武周时期，所造三佛代表过去、现在、未来，系典型的三世佛题材，因临山摩崖造像且题材为三佛而称为摩崖三佛龛，高7.3m，宽16.8m。

摩崖三佛雨篷的修建与宾阳三洞雨篷为同一个时期，长12m，宽2m，能较好地保护雕刻品，解决雨水冲淋问题，但景观效果较差（图4.60）。

（3）千手千眼像龛雨篷

位于东山万佛沟东端，唐代雕刻。1991年在像龛上部修建防水雨篷一处，长2m，

图4.60　摩崖三佛雨篷

宽1m，造型与前两处一致。但雨篷本身体量过小，遮雨、防晒的效果不甚理想。

3. 防雨栈道

设计思路：区别于仿古式窟檐和简易雨篷，龙门石窟修建了满足参观游览、考察研究之需的栈道。其中一部分也考虑到了使其兼具防水雨篷的作用，典型的有火烧洞顶部栈道等。

火烧洞位于西山，奉先寺以南区域。该区域洞窟密集，地势陡峭，参观者难以靠近。栈道的修建一方面满足了参观的需要，另一方面使其兼具下层洞窟防雨水冲淋的功能，做到最大限度地减少石窟附属建筑物的添加（图4.61）。

图4.61　火烧洞防雨栈道

## （二）保护性窟檐的影响分析

龙门东西两山的崖壁上，大小洞窟密集，有些精美的雕刻纹饰、碑刻题记直接暴露在自然环境中，极易受到风、雨水、日照的影响，窟檐的修建对石窟的小环境会带来直接改变。

### 1. 窟檐的防护效果分析

龙门石窟出于对石窟保护的需要，修建了不同形式的窟檐或雨篷。对石窟防雨防风防晒等抵御自然不利因素的影响，起到了一定的作用。就龙门石窟的两处仿古式窟檐来讲，由于对洞窟及周边覆盖较完整，起到了很好的防雨防风防晒作用，遮护效果非常明显。简易雨篷和防雨栈道，由于其结构简单，相对体量不大，对地表径流和无风时的降雨有较好的遮挡作用，同时也能起到一定程度的防晒作用。

单就防护作用而言，仿古式窟檐的优势明显大于雨篷和防雨栈道。

### 2. 窟檐对洞窟微环境影响分析

同样因为结构的原因，仿古式窟檐相较于简易雨篷，对洞窟的影响则明显得多。虽然龙门石窟的两处仿古式窟檐都是敞开式的，结构上也尽力做到简单，但是，还是会对窟内环境产生一定的影响。

对比修建有窟檐的潜溪寺和没有窟檐的路洞、皇甫公窟的监测数据（皇甫公窟，窟高4.5m，宽7.25m，进深6.3m；路洞，窟高4.2m，宽4.2m，进深5.3m；潜溪寺，窟高9.3m，宽9.4m，进深6.7m），将三个洞窟内的温湿度和外界西山温湿度进行比较，洞窟温湿度最高值及最低值出现的时间，晚于外界大约1个小时。洞窟内温湿度变化幅度要小于洞窟外的温度变化幅度。降雨后的渗漏过程中，洞窟内渗水的存在加大了洞窟的湿度，造成洞窟湿度短时间内整体高于外界湿度，这在潜溪寺表现尤为明显。三个洞窟内的平均温度，路洞最高，潜溪寺最低；平均湿度潜溪寺最高，皇甫公窟最低。这些应同洞窟的基本状况相关，因为路洞和皇甫公窟因为洞窟规模较小，进深浅，洞窟敞开度大，所以受外界温湿度变化影响更大。潜溪寺洞外有木质窟檐，洞口敞开度小，不利于空气流通，因而窟内湿度最大，受外界影响比其他两个洞窟更小。潜溪寺凝结水现象尤为突出，应与窟檐有一定的关系。

对凝结水的研究表明：凝结水的分布范围距地表有一定的高度，在窟壁上因吸附凝结水而潮湿的岩石与干燥岩石的交界处形成一条明显的水线，水线是凝结水分布的边界。随着洞窟进深的增大，洞窟壁面的水线明显升高，洞窟尽头的水线高度最大。

潜溪寺内水线的最大高度可达6.5m。

潜溪寺洞窟即使在湿度小于70%、温差变化不大的情况下，在洞窟深处、雕像表面的拐弯和背风处，仍然常见凝结水的存在。这是由于窟檐的修建使洞窟内部的气流流动速度缓慢，不利于蒸发过程的进行。

根据凝结速率及观测的凝结水面积，算得2007年7月29日—9月5日的时间内潜溪寺凝结的水汽质量为345.369kg。

而雨篷则基本不会对洞窟微环境产生影响。

3. 窟檐的修建对岩体稳定性的影响分析

窟檐作为洞窟的附属性建筑，或多或少会增加窟龛岩体的负荷。龙门石窟的两处仿古式窟檐地基坐落于窟外地面，仅存在与山体相连的问题。而雨篷和防雨栈道则直接加载在崖体上，如果设计不当，对崖体的稳定性会产生直接影响。通过常年的观测和观察，龙门石窟的窟檐、雨篷和防雨栈道基本处于稳定状态。仅在宾阳洞南侧的雨篷，由于雨篷下层洞窟密集，且洞窟本身存在结构不完整的情况，稳定性相对较差，需要给予持续关注。

4. 窟檐景观效果分析

龙门石窟的窟檐和雨篷修建采取了多种形式，实际上也体现了对石窟保护和景观保护的审慎态度。

仿古式窟檐在设计上借鉴了窟龛营造时期建筑的特点，注意与石窟环境的协调融合，又兼顾了石窟保护的需求，满足保护与景观的双重要求。

简易雨篷则更多从保护角度考量，结构简单，开阔通畅，成本低廉，形式上与石窟景观协调度较差，但是并未改变石窟本体面貌，可以通过适当改造外观形式，使之尽量与石窟景观相协调。

防雨栈道本身以参观游览栈道的形式出现，对景观的影响较小。

### （三）保护性窟檐修建的建议和思考

从对龙门石窟几处重要的窟檐（雨篷）修建的几十年观察来看，其对于石窟的直接保护作用，即具备的防雨防风防晒效果，是毋庸置疑的，是区别于化学保护更为可靠和长久的物理保护手段。虽然会有这样那样的问题，仍然可以认为是一种积极的保护措施。只是要求在进行窟檐的修建中注意趋利避害，权衡得失，更好地发挥其保护作用。因此，应从以下几个方面深入地进行研究，探讨最理想的方式。

1. 窟檐的修建以满足保护需求为主

首先，认为窟檐（雨篷）是石窟外在可见的附加建筑，因此其体量考虑应满足实用性，即保护作用为第一要务，不可过大，也不宜过小。其次，样式上尽量与石窟所展现的时代特点相吻合，但应避免将其作为一种景观来修建，反而会喧宾夺主。最后，应注意避免窟檐的副作用。

2. 窟檐修建需尽量避免对洞窟微环境和岩体稳定性的影响

窟檐（雨篷）加载于石窟岩体之上，对石窟的负面影响可能难以避免，因此在窟檐的设计上应充分加以考量。特别是对洞窟微环境和岩体稳定性的影响，应在深入客观地监测分析研究的基础上，尽量避免对石窟造成保护性的破坏。

3. 窟檐修建应兼顾石窟保护和景观需求的协调统一

在龙门石窟窟檐（雨篷）修建之初，由于客观条件和认识程度的限制，在与石窟环境的协调上的考虑不够全面，造成了一些对窟檐修建上不必要的误解和争议。窟檐（雨篷）的修建完全可以做到保护作用和景观协调性的统一，作为石窟的附属建筑也应该做到与石窟文物环境更好地融合。

## （四）龙门石窟计划待建的窟檐项目

基于对窟檐修建的认识，并从龙门石窟保护的需要出发，认为在石窟的一些区段适当地修建窟檐或雨篷，是符合实际的做法，因此龙门石窟计划在一些区域修建适合的保护性窟檐。

1）莲花洞至唐字洞段，该区段崖壁陡峭，石窟密布，降雨径流沿壁面倾泻，直接冲刷石窟外壁面的雕像和摩崖碑刻，如能修建窟檐或雨篷，对崖壁雕刻品的保护效果将是显著的。

2）千手千眼龛至西方净土变龛段，该段两个重要的造像龛早先修建的雨篷体量较小，加之年久失修，亟待重新修整。另外，此段位于东山最东段，游人罕至，如能在此段修建一条长廊，可以将两处造像龛联系起来，一方面完善文物保护、安全保卫措施，另一方面可以为游客提供一处清幽的观赏和休憩场所。

3）擂鼓台三洞区域，该区域已进行过渗漏水治理保护工程，三个洞窟内的渗漏水基本得到了治理，但是外崖壁上的小型窟龛受雨水冲淋的问题仍未得到解决。如能在此处修建窟檐，该区域窟内和窟外的窟龛造像都能得到有效的保护。

4）看经寺区域，看经寺外崖面至今留存有窟檐遗迹，表明石窟修造后一定时期内应有窟檐存在，如在此处恢复窟檐，是有一定的依据可供参考的.当然最重要的还是可为看经寺窟外区域提供稳妥的保护。

## （五）结语

石窟寺修建窟檐（雨篷）的实践表明，虽然会对洞窟的微环境和石窟景观有一定的影响，但是窟檐（雨篷）确实起到了有效保护的积极作用。通过对石窟病害与环境的深入研究、科学合理的设计，可以平衡各方面的矛盾，最终达到延缓石窟病害发展，保护石窟文物的目的。

# 第五章　潜溪寺渗水治理工程

## 第一节　工 程 概 况

### 一、工 程 简 介

西山为龙门石窟主要窟龛所在地（图5.1）。西山石窟区地形陡峻，地形坡度一般

图5.1　潜溪寺位置

约40°—70°，局部在70°以上，为斜交坡，坡顶高程为230—260m，坡高约80—100m。西山的南段形成高大的陡壁，崖壁的最大高差达50m。在该段的崖壁上集中雕凿了奉先寺、古阳洞等大量的石窟。西山的中段地势较缓，未形成大的陡壁，石窟分布较少。北段陡壁高差约20m，分布了摩崖三佛、宾阳三洞、潜溪寺等大型石窟。潜溪寺是西山北端第一个大型石窟。

潜溪寺窟底高程为156.73m，其上部为坡度约40°的大斜坡，直至山顶，第四纪覆盖层极薄，一般不超过0.5m。

## 二、潜溪寺概况

潜溪寺位于龙门西山北端，编号20。关于潜溪寺洞窟的开凿年代，日本学者关野贞在《支那文化史迹》一书中定为唐太宗贞观十五年（641年）。嗣后，水野清一、长广敏雄在《龙门石窟的研究》一书中，对这一观点加以肯定和发挥。王去非《参观三处石窟笔记》，对此说提出异议："唐代初期贞观前后的造像，还保持着北朝末年的余风，我们常见的唐代风格是自显庆以后开始的，而纯熟的唐式又完成于仪凤与武则天之间。潜溪寺（原定为贞观）的年代可能是高宗早期的。"宫大中在《龙门石窟艺术》中引用上述说法，认同王去非观点。温玉成《中国石窟·龙门石窟·二》（文物出版社，1992年版）中的《龙门唐窟排年》认为："潜溪寺是初唐新创的第一个大洞，它的上限，晚于贞观末永徽初的宾阳北洞。"阎文儒、常青的《龙门石窟研究》（书目文献出版社，1996年版）："开窟时间，可能较南洞为晚，与宾阳北洞创造之时间，大致相同。"《洛阳市志·龙门石窟志》（中州古籍出版社，1996年版）："潜溪寺位于西山北端，又名斋祓堂。开凿于唐代高宗时期。"

潜溪寺在宾阳三洞之北，比宾阳三洞小，可分为前室与后室。现前室顶部已塌毁，壁面上分布了一些后代开凿的龛，像已不存。在门道下部，有一级较高的台阶。后室平面呈马蹄形，顶部为穹隆形，宽9.45m，高9.7m，深6.72m，穹隆顶，顶部正中浮雕一朵大莲花，现仅可看清楚正中的莲蓬与其周的一圈莲瓣。环四周地面凿出倒凹字形的矮基坛，在基坛上部的西壁凿出一主尊坐佛，在南、北两侧壁分布有二弟子、二菩萨、二天王。全部造像之面型较宾阳三洞又进一步，不完全为方圆形，而有柔和清秀之风。

主尊坐佛：正壁为阿弥陀坐佛，高7.8m，佛座高1.6m，结跏趺坐，施说法印。在肉髻与发髻表面雕出水涡纹。该佛面相浑圆宽额，微显胖，大眼、长眉弯曲，刻出眉脊，颈部饰有三道，宽肩，挺胸，细腰。衣纹雕刻写实感较强，露出右足。下坐一平面呈长方形的亚腰须弥座，上下各有三层叠褶，大衣下摆搭于座前上部。背部身光呈仰莲瓣状，尖部指向窟顶正中（与宾阳三洞主尊身光相似）。

弟子：左、右二弟子，高6.6m，身体直立，头身比例约为1：5.5。胸部平坦，腹部略鼓，宽肩略耸起。身着袈裟基本呈直筒状下垂至脚面上部，在双腿部略向内收。衣纹雕刻近乎阶梯状。从形制来看，处于宾阳南、北二洞的弟子之间。

菩萨：高7.6m，头身比例约为1：5，面部较胖，宽额，长眉，大眼，嘴角内陷，含笑意。颈部较高，圆肩，腰部较细，胸腹部鼓起，双小腿处向内收。形体丰满，已略显扭动状，与宾阳南洞夹侍菩萨相近。足下踏仰覆圆形莲台。身上饰有项圈腕钏，长璎珞在腹前穿一圆形饰物。上身袒裸，下身着裙，有裙腰。上身还着有袒右式的内衣。披巾自双肩部垂于身体两侧下部。总之，不如盛唐的生动、体态婀娜，但又比宾阳南洞的进步。

天王：立于左右壁近窟门处，高5.35m。衣饰同于宾阳北洞天王，足下踏伏卧之夜叉。二天王均不持武器。头顶束高发髻，面呈方形，眼圆睁，眉上扬，宽肩，下身较窄，胸腹部均较平坦，仅胯部向窟内侧挺起。双腿基本分开直立。身体的肌肉部分也表现不明显。双足下踏一小鬼，为四肢下爬状，面部侧向外。这种造型不似后来的天王身体肌肉发达，一腿弓起，一腿下撑，足下小鬼呈坐起或站立之姿等，应为一种唐代早期的形制。

潜溪寺在造型方面与宾阳南北洞有一些不同之处，如菩萨不是戴低花蔓冠而是在高髻前额上束一个半面花冠，为唐代造像之新形式。此外，天王挤入了佛、弟子和菩萨的行列，与宾阳南洞天王雕在门内左右侧者不同。

潜溪寺的题刻：西洛奇观、河洛神功、寿、伊洛会流、重修斋祓堂记、百代流芳等。

前庭西壁存小龛11个，窟门北侧圆拱龛高27cm，宽13cm，深3cm。造菩萨一身，通高25cm，头残，佩项圈、腕钏，斜披络腋，左手提瓶垂体侧，右手执麈尾外扬，立仰覆圆台上。龛下造像记为："清信佛弟|子裴葆秀|聖歷二年|□□□。"其余均空龛。

北壁存圆拱空龛14个。南壁存小龛7个，下层圆拱龛高270cm，宽153cm，深96cm。南壁存铭刻为："龍飛嘉靖壬寅歲上元日代巡趙君繼本恤刑劉君莊東以公暇日洛觀於龍門亮與僉憲翟君鎬實共斯游亮駐扎□□□□□□歲月|伊洛會流|左参政金華馮亮題副使安岳湯紹恩書|知府澤州鐘鑒刻石。"

龛两侧壁各存一线刻立佛，通高均160cm，桃形头光，内饰莲花，着双领下垂式袈裟、僧祇支，胸结带，施说法印，立仰莲台上。

# 三、潜溪寺渗水病害治理保护工程概况

由于潜溪寺的渗漏水、危岩体、凝浆、风化等病害种类多样，程度严重，加之洞窟本身的重要性，潜溪寺的保护，一直是龙门石窟保护历程中的重要内容。

据潜溪寺门前北侧的“重修斋祓堂记”碑记载，清乾隆年间，在洞窟前的原有窟檐位置建有封闭式房3间。

1971—1985年，在龙门石窟抢险性保护阶段，为了改善洞窟的坍塌、渗漏、潮湿状况，采取了拆除潜溪寺窟檐，加固洞门，窟内顶部裂隙清理加固，迦叶头像归位黏结，清理窟上部树木，封堵裂隙，修建排水沟等措施，洞窟得到了初步的保护。

1985—1986年，开展了潜溪寺裂隙调查，洞窟测绘等基础的科技保护工作。

1987—1992年，“龙门石窟五年综合治理工程”当中，为进一步减少洞窟渗漏，采取了拆除封闭式窟门、重建敞开式仿古木构窟檐，裂隙灌浆、封堵，窟顶清理，铺设钢筋网板水泥混凝土防渗层等措施，在一段时间内，治理效果明显（图5.2）。

图5.2 潜溪寺三个不同时期的外景

但经过十年左右潜溪寺裂隙渗水病害又重新产生，而且越来越严重。

2001年11月10日，联合国教科文组织驻北京办事处与国家文物局在龙门石窟奉先寺签订合同书，联合国教科文组织“龙门石窟保护修复工程”正式启动。本项目选定潜溪寺、路洞和皇甫公窟作为试验洞窟，进行龙门石窟保护试验研究。项目分为两个阶段：第一阶段（2001年11月—2005年3月），主要完成地形测绘和近景摄影测量、工程地质水文地质勘察、现场试验和环境监测，为龙门石窟保护修复工程设计提供科学依据和设计参数；第二阶段（2005年3月—2009年2月），主要完成潜溪寺的防渗工程设计和实施。根据潜溪寺的水文地质条件，将潜溪寺作为一个相对独立的水文地质单元进行治理的设计理念，探讨从水源治理上解决洞窟渗漏的治理技术、措施。

中国文化遗产研究院和中国地质大学（武汉）共同承担保护修复工程的基本设计。基本设计于2006年4月完成，10月由洛阳市文物局上报国家文物局，2006年11月通过了国家文物局的审批，2007年8月完成了本项目的施工设计方案。该方案包括了三个试验洞窟的修复治理，但由于经费和时间的限制，项目组决定仅对潜溪寺开展渗水治理和试验性清洗。

甘肃中铁地质灾害防治技术工程有限公司承担了该项施工任务。于2007年12月25日开始至2008年5月7日结束，历时132天。根据影响潜溪寺石窟渗水的区域的特点，采取了五个方面的治理措施：截水、排水沟和钻孔高压帷幕灌浆措施；窟顶坡体防渗排水措施；窟外崖壁区域岩体裂隙封堵措施；石窟南侧坡体裂隙灌浆、封堵措施；窟内裂隙封堵措施。由于其中的关键措施帷幕灌浆的效果没有达到设计理想，同时工程的工期和资金又有所限制，潜溪寺的防渗治理没有取得明显的效果，成为项目组专家和参与者共同的遗憾。

在总结潜溪寺以往渗漏水治理的经验教训后，2011年7月中国文化遗产研究院完成了潜溪寺渗漏水治理第二期工程的方案设计，8月上报国家文物局，重新启动了新一轮的治理工程。第二期工程是对前期渗水治理工程基础上的延续，认为将潜溪寺作为一个相对独立的水文地质单元，以疏导、截断裂隙水渗流为主要技术措施的设计理念仍然是准确的，应该坚持。只是要在更加细致的施工勘察的基础上，确定裂隙水的渗流模式，进行防渗层的精准设计。2012年国家文物局文物保函〔2012〕302号批复，原则同意《洛阳龙门石窟潜溪寺渗水治理工程设计》，并提出七点修改完善意见。2012年11月，经公开招标，重庆市大足县盛煌建筑工程有限公司（文物保护工程施工一级资质单位）中标工程施工，河南东方文物建筑监理有限责任公司（文物保护工程甲级监理单位）负责项目监理。龙门石窟研究院石窟保护中心范子龙为建设单位现场负责人。

2013年7月工程实施开始，工程之初，为了查明潜溪寺的地质结构和渗流通道，对窟顶原有混凝土防渗层进行了彻底地揭除，露出原岩。采用地震探测、高密度电法、地质雷达探测等多种物探技术和地质钻孔方法对石窟区岩体结构特征进行分析研究，完成了1：200的地形测绘和地质填图，并在窟顶设置勘察孔，进行压水试验，分析渗流途径。

2013年10月20日召开了潜溪寺设计方案修改专家论证会，提出了帷幕灌浆防渗治理的新思路。黄克忠、冯水滨、曲永新等专家考察了现场，听取了施工单位工程进展状况、发现的新问题，设计单位根据工程实际情况就变更设计进行了汇报，会议形成一致意见，同意在距洞窟后壁5—6m处布置缓倾的弧形防渗帷幕，采用钻孔灌浆实施。

工程施工中，灌浆材料在比选了有机、无机等多种材料后选用了龙门石窟研究院与中国地质大学（武汉）合作研发的新型无机灌浆材料，该材料与石窟岩体性能更接近，具有耐老化、抗酸碱、收缩率低、流动性好、经济环保等特点。

工程施工后潜溪寺顶部铺设柔性防护网，南侧截水暗沟混凝土覆盖施工，恢复生态环境。

最终实施的治理措施主要有：潜溪寺三维立体扫描与数值建模；潜溪寺顶部人工覆盖层揭除；潜溪寺现场钻探和钻孔注水试验；潜溪寺上部布置缓倾弧形防渗帷幕；潜溪寺南排水沟处理；潜溪寺顶部采用SNS柔性防护网加固上部裸露岩体；生态恢复工程等。

2015年7月，进行了第一次补充治理工作。

2016年3月，进行了第二次补充治理工作。

2016年9月29日，潜溪寺渗水治理工程通过专家验收。

潜溪寺渗漏水治理中，特别体现出施工期勘察的重要性，每一次技术路线上的变更都来自施工期勘察的全面深入和新的认识。根据窟顶钢筋混凝土覆盖层挖除后揭露的岩层破碎带，提出在保留原来的水文地质特征，不破坏原来的天然渗流体系的基础上，在潜溪寺上部布置缓倾的弧形防渗帷幕，截断地下水的垂直下渗，使地下水在帷幕上方流向北侧的断层破碎带。实施新型帷幕灌浆的技术路线，选用适合的新型防渗灌浆材料，是潜溪寺防渗工程取得成功的关键因素。

# 第二节 工程前期研究

## 一、工程地质水文地质补充勘察

### 1. 潜溪寺裂隙发育特征

潜溪寺岩体中发育有3组裂隙，分别为层面裂隙、构造裂隙和卸荷裂隙。表5.1给出了裂隙调查的记录。根据统计分析绘制了裂隙倾向玫瑰花图。由调查结果可知：

**表5.1 潜溪寺岩体裂隙调查表**

| 编号 | 倾向（°） | 倾角（°） | 备注 | 编号 | 倾向（°） | 倾角（°） | 备注 |
|---|---|---|---|---|---|---|---|
| J1 | 17 | 24 | 层面裂隙 | J6 | 6 | 31 | 层面裂隙 |
| J2 | 19 | 21 | 层面裂隙 | J7 | 348 | 25 | 层面裂隙 |
| J3 | 16 | 22 | 层面裂隙 | J8 | 10 | 27 | 层面裂隙，隙宽5cm |
| J4 | 1 | 34 | 层面裂隙 | J9 | 6 | 23 | 构造裂隙 |
| J5 | 18 | 32 | 层面裂隙 | J10 | 0 | 20 | 层面裂隙 |

续表

| 编号 | 倾向（°） | 倾角（°） | 备注 | 编号 | 倾向（°） | 倾角（°） | 备注 |
|---|---|---|---|---|---|---|---|
| J11 | 9 | 27 | 层面裂隙 | J28 | 136 | 77 | 构造裂隙 |
| J12 | 10 | 24 | 层面裂隙 | J29 | 321 | 77 | 构造裂隙，隙宽2—10cm，裂隙面平直，与J1相切 |
| J13 | 12 | 23 | 层面裂隙 | J30 | 193 | 60 | 构造裂隙 |
| J14 | 76 | 52 | 卸荷裂隙，隙宽5cm，渗水影响范围1.9m，中、下部密布青苔 | J31 | 4 | 28 | 层面裂隙 |
| J15 | 350 | 20 | 层面裂隙 | J32 | 14 | 30 | 层面裂隙 |
| J16 | 65 | 55 | 卸荷裂隙 | J33 | 357 | 26 | 层面裂隙 |
| J17 | 62 | 50 | 卸荷裂隙，倾角近直立，上部变缓 | J34 | 356 | 21 | 层面裂隙 |
| J18 | 68 | 48 | 卸荷裂隙，倾角近直立，上部变缓 | J35 | 340 | 29 | 层面裂隙 |
| J19 | 141 | 85 | 构造裂隙，闭合 | J36 | 5 | 21 | 层面裂隙，隙宽5cm |
| J20 | 168 | 62 | 构造裂隙，延伸长，裂隙面平直紧闭 | J37 | 354 | 20 | 层面裂隙 |
| J21 | 342 | 64 | 构造裂隙，裂隙面平直紧闭 | J38 | 3 | 21.5 | 层面裂隙 |
| J22 | 352 | 74 | 构造裂隙，裂隙面平直紧闭 | J39 | 210 | 73 | 构造裂隙 |
| J23 | 195 | 73 | 构造裂隙，隙宽达8—30cm，裂隙面平直 | J40 | 145 | 73 | 构造裂隙，下部较紧闭，中、上部用水泥修补 |
| J24 | 183 | 62 | 构造裂隙，裂隙面平直，张剪性，裂隙紧闭 | J41 | 322 | 84 | 构造裂隙，隙宽5—15cm，裂隙平直，充填碎石土 |
| J25 | 175 | 57 | 构造裂隙，裂隙面平直，张剪性，裂隙紧闭 | J42 | 78 | 86 | 构造裂隙，隙宽2—10cm，“S”状，沿裂隙溶蚀严重 |
| J26 | 181 | 55 | 构造裂隙 | J43 | 358 | 81 | 构造裂隙，裂隙面平直紧闭 |
| J27 | 135 | 80 | 构造裂隙 | J44 | 10 | 50 | 构造裂隙 |

（1）卸荷裂隙

倾向为60°—80°，倾角为50°—近直立。根据《龙门石窟水平钻孔勘查报告》，潜溪寺附近区域的0—15m范围之内有7条卸荷裂隙发育（图5.3）。在靠近崖壁面的2m范围内卸荷裂隙分布较密集，共3条，间距0.4—0.8m；2—10m范围内分布3条，间距

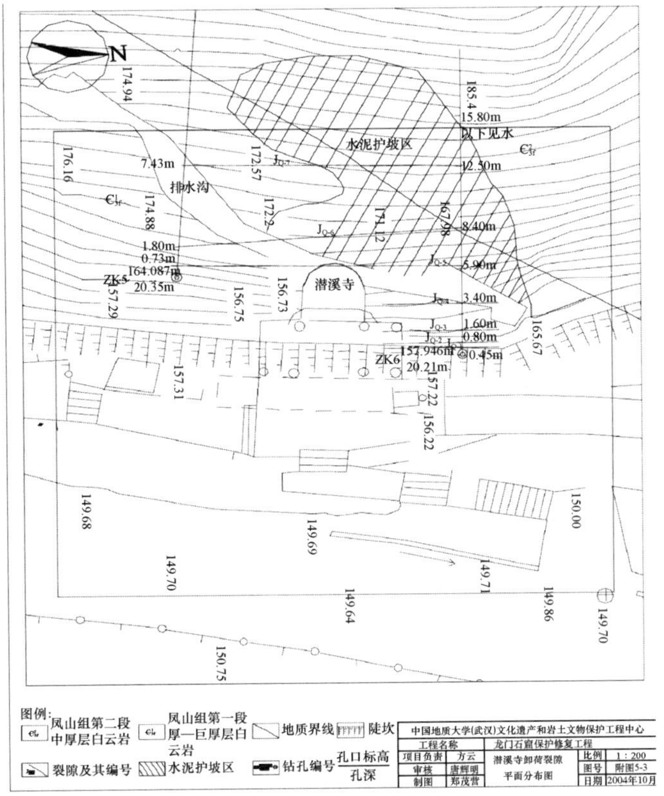


图5.3　潜溪寺卸荷裂隙平面分布图

1.8—2.5m；10—15m范围内分布1条，间距4.1m。卸荷裂隙多平行于崖面，连通性好，贯穿地表，隙宽较大，裂隙面曲折不平。潜溪寺的卸荷裂隙主要发育在窟顶正上方。由于窟顶岩层较薄，雨季大气降水沿卸荷裂隙大量灌入窟内，构成大气降水的主要通道。虽然崖顶在1990年曾部分用水泥修补，但多因开裂失效，遇雨仍大量渗水。卸荷裂隙中、下部密布青苔。

（2）层面裂隙

倾向为340°—10°，倾角为20°—30°。延伸规模较大。层面裂隙受风化溶蚀作用的影响，形成风化凹槽，凹槽深1—2cm，张开2—3cm。沿裂隙有溶槽，溶孔分布，在潜溪寺北侧4.9m处发育有一个溶洞，溶洞洞径0.8m，纵深0.55m。部分层面裂隙曾用水泥修补。

（3）构造裂隙

构造裂隙可按走向分为2组，以NWW向的一组为主，倾向200°；另一组走向为NE向，倾向140°。构造裂隙的倾角为50°—近直立。构造裂隙间距较大，且大多裂隙面平直紧闭，具张剪性。部分构造裂隙受溶蚀作用影响裂隙面张开2—30cm，在顶部形成漏

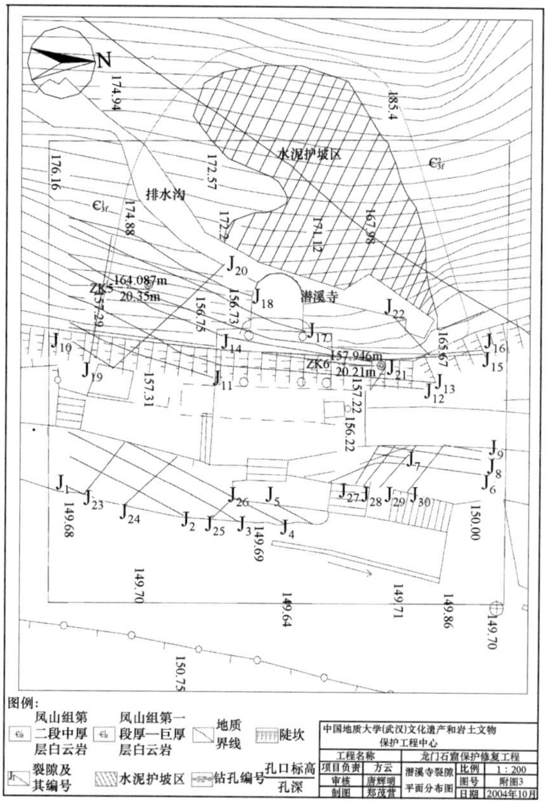


图5.4　潜溪寺裂隙平面分布图

斗状溶蚀，其中有碎石土充填。层面裂隙和构造裂隙的交汇处多有渗水现象。部分构造裂隙曾用水泥修补。

图5.4为潜溪寺裂隙分布平面图。图5.5为潜溪寺裂隙分布立面图。

## 2. 地层岩性特征

潜溪寺位于寒武系凤山组第1段，岩性为厚层、巨厚层极细—细晶白云岩、中厚层细晶白云岩夹薄层灰岩。单层厚度一般为80—180cm，岩体完整性好，洞窟中无层面裂隙密集带，岩层倾向340°—10°，倾角20°—30°。岩性坚硬、致密。

潜溪寺岩石的工程特性见表5.2—表5.6。

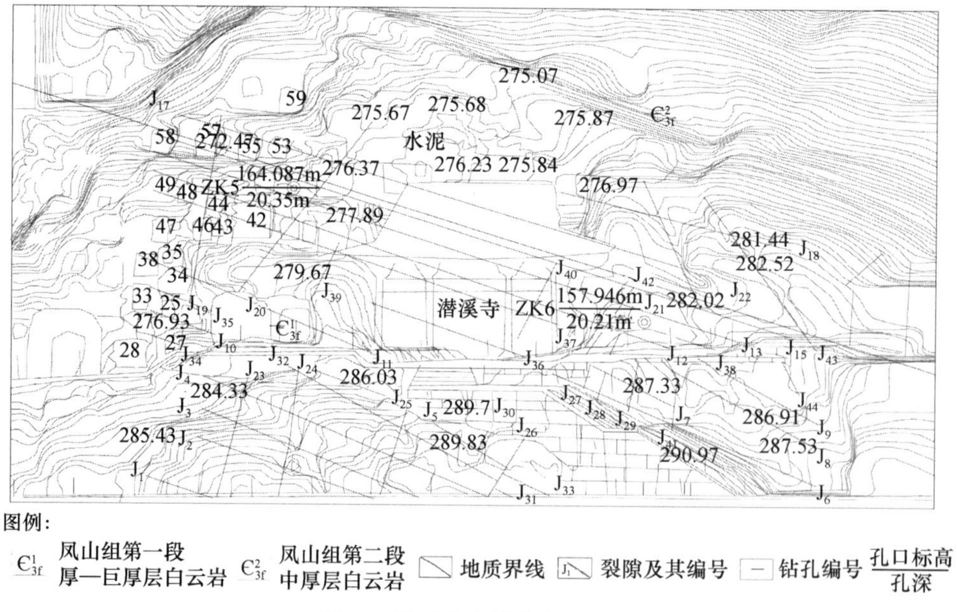


图5.5　潜溪寺裂隙分布立面图

表5.2　潜溪寺岩石化学成分分析结果

| 样品名称 | $SiO_2$ | $Al_2O_3$ | $TFe_2O_3$ | CaO | MgO | $Na_2O$ | $K_2O$ | $TiO_2$ | $P_2O_5$ | MnO | Loss | Pb/（μg/g） | Cr/（μg/g） |
|---|---|---|---|---|---|---|---|---|---|---|---|---|---|
| 潜溪寺白云岩 | 1.07 | 0.34 | 0.44 | 30.54 | 21.02 | 0.07 | 0.21 | 0.02 | 0.01 | 0.02 | 46.51 | 13.1 | 11.3 |

测试类别：X荧光化学成分定量分析　　计量单位：ω（B）/$10^{-2}$

表5.3　X衍射矿物成分分析结果

| 样品名称 | 方解石（%） | 白云石（%） | 石英（%） | 长石（%） | 伊利石（%） | 绿泥石（%） |
|---|---|---|---|---|---|---|
| 潜溪寺白云岩 | | 97 | | 3 | | |

表5.4　试样的密度、孔隙率和吸水率

| 岩性 | 干密度/（$g/cm^3$） | 天然密度/（$g/cm^3$） | 饱和密度/（$g/cm^3$） | 孔隙率/% | 天然吸水率/% | 饱和吸水率/% |
|---|---|---|---|---|---|---|
| 白云岩 | 2.708 | 2.714 | 2.731 | 0.842 | 0.222 | 0.849 |

表5.5　岩石的力学性质试验结果

| 岩性＼试验 | | 抗压 | | | 抗折 | | 抗拉 |
|---|---|---|---|---|---|---|---|
| | | 最大应力/MPa | 变形模量/GPa | 泊松比 | 强度/MPa | 变形模量/GPa | 最大应力/MPa |
| 白云岩 | 风干 | 96.237 | 30.788 | 0.145 | 10.138 | 0.067 | 9.708 |
| | 饱和 | 72.913 | 32.11 | 0.204 | 17.015 | 0.059 | 7.19 |

表5.6　岩石反复干湿条件下力学试验结果

| | 循环次数 | 抗压强度/MPa | 弹性模量/GPa | 变形模量/GPa | 泊松比 |
|---|---|---|---|---|---|
| 潜溪寺白云岩反复干湿抗压强度 | 5次 | 49.975 | 12.106 | 12.976 | 0.292 |
| | 10次 | 39.008 | 17.959 | 10.817 | 0.278 |
| | 20次 | 38.238 | 14.792 | 17.751 | 0.245 |

由表可知：潜溪寺岩石的化学成分主要是CaO和MgO，矿物成分以方解石、白云石为主，含量占90%以上。经扫描电镜分析表明，方解石呈菱面体解理，解理面疏散、溶蚀孔发育；白云石呈菱面体解理，解理面发育、新鲜，无溶蚀。潜溪寺的岩体主要是白云岩，强度较高，胶结能力强，抗风化能力及抗冻融性好，但水的作用对岩体强度影响较大且对岩溶发育有利，因此渗水病害是潜溪寺洞窟最主要的病害。

### 3. 水文地质条件

潜溪寺山顶分布的第四系中更新统（$Q_2$）残坡积层以含碎块石粉质黏土为主，渗透系数$2.59\times10^{-2}$—$1.3\times10^{-3}$cm/s，为强—中等透水性土层。由于其渗透性较好，有利于地表雨水的垂直下渗。

潜溪寺北侧分布的石炭系岩性以砂质页岩、黑色炭质灰岩为主，透水性较弱，可视为区内上部相对隔水层。

寒武系中、上统广泛分布于石窟区内，构成石窟区立壁岩层的主体。岩性以灰岩、白云岩为主。岩体中岩溶发育，为区内岩溶裂隙水的主要透水含水层。灰岩、白云岩的岩石致密，本身不透水，地下水主要通过岩体中发育的溶洞和裂隙构成的渗水网络运移，因此岩体渗透性受岩溶及裂隙的发育情况影响较大。渗透系数大者达$8.28 \times 10^{-3}$cm/s，为强透水性岩层；小者为$9.12 \times 10^{-5}$cm/s，为弱透水性岩层。

底部寒武系下统的馒头组紫红色页岩及毛庄组泥灰岩和砂质页岩，透水性弱，构成区内下部的相对隔水层。

据地面调查，潜溪寺北侧出露泉水禹王池。石窟区泉水是受区域含水层补给，伊河在龙门山处深切此岩溶含水层，成为岩溶水的集中排泄区。

泉水补水源较远，其补给区包括由西山向西延伸的大面积区域。这是造成区内泉水流量和水温稳定且水温高于当地平均气温的主要原因。

## 二、渗水病害机理分析

根据调查，潜溪寺共有渗水点18处，主要与卸荷的构造裂隙和层面裂隙有关。渗水点多位于层面裂隙和卸荷裂隙的交汇处。贯穿洞顶的层面裂隙，隙宽达2—3cm。层面裂隙和卸荷裂隙交汇，卸荷裂隙多贯穿洞顶。

潜溪寺洞窟两侧各有1条冲沟，使潜溪寺成为一个相对独立的水文地质单元。潜溪寺岩体由巨厚层白云岩单斜地层组成，区内无褶皱，在潜溪寺北侧发育1条小断层，沿断层出露禹王池泉。潜溪寺岩体中发育1组层面裂隙、2组构造裂隙和1组卸荷裂隙。层面裂隙总体向北倾，倾角21°—24°，有9条层面裂隙贯穿整个洞窟，造成洞窟南壁渗水。各种裂隙相互交切，构成潜溪寺岩体裂隙渗流网络。平面上渗流方向沿层面裂隙由南向北，沿构造裂隙由西向东；剖面上渗流方向沿层面裂隙由南向北，沿构造裂隙和卸荷裂隙由上往下。

禹王池泉的出露高程为152.04m，潜溪寺的窟底高程为156.73m，比地下水位高4m左右，潜溪寺不受地下水位波动的影响。

潜溪寺立壁岩体顶部的地形为延伸较长的自然斜坡。斜坡上植被茂盛，有利于大气降水的保存和入渗。补给水源远，渗流途径长，因此入渗窟内的暂时性渗水可以保持较长时间不干。窟顶第四系覆盖层较薄，一般不超过0.5m。卸荷裂隙的连通性好，所以降雨后洞顶渗水现象较严重。洞顶盖层岩体厚度为2—10m。

潜溪寺的渗水可分为近程水和远程水。近程水主要通过卸荷裂隙入渗，主要渗水点大都分布于卸荷裂隙附近，且表现为渗水时间短，水量大的特点。潜溪寺洞窟顶部盖层较薄，卸荷裂隙的连通性好，所以降雨后洞顶渗水现象较严重。远程水通过构造裂隙和层面裂隙发生渗流，水源来自西侧山体，水量不大，但可以保持较长时间不干。

20世纪90年代曾在潜溪寺内做过环氧树脂灌浆防渗处理，但现在环氧树脂充填体与原岩之间重新张裂，造成了新的渗水。潜溪寺顶部也曾做过水泥防渗铺盖，长期的日晒雨淋，已经使水泥盖层开裂失效。窟前建筑屋檐与崖壁脱开，沿崖壁造成雨水渗漏。

综上所述，潜溪寺的渗水病害防治，应重点做好顶层的防渗铺盖层，铺盖范围南北两侧以冲沟为界，东至窟檐，往西延伸直至树丛前沿，处理面积约500m$^2$。

## 三、潜溪寺专项调查

在潜溪寺保护工程研究实施过程中，一共做过三次现场专项调查：一是对潜溪寺顶部人工混凝土防护体现状进行调查；二是采用物探手段对潜溪寺顶部深部岩体进行测试；三是对南侧浅部截水沟的现状进行调查并做了渗水试验。

### （一）潜溪寺顶部人工防护层现状调查

20世纪90年代对潜溪寺进行抢险加固时，采用的工程措施为：首先对潜溪寺顶部松动岩体采用锚杆进行加固；其次清除表面松散堆积层，并采用低强度混凝土找平坡面，找平层具有一定强度后挂设钢筋网，做8cm厚的混凝土覆盖层；最后采用水泥砂浆对表面抹平。为了美化施工坡面，在覆盖体南侧表面镶嵌了一些灰岩块石，以促进表面松散土体的堆积及植物生长。

本项目对潜溪寺顶部早期人工防护层的现状进行了详细的调查。

下面为典型部位调查结果。

#### 1. 西北角

由于西北角位于整个防护体系的末端，防护层的厚度很小，甚至局部缺失。表面为水泥砂浆抹平层，其下为灰白色、青灰色混凝土，孔隙发育，混凝土含砾石约50%，直径1—5cm不等，混凝土层的力学强度较好。中间为一层钢筋网，网格尺寸为3cm×4cm，表面大部分生锈。其下为一层厚约12cm的水泥砂浆找平层，青灰色，强度较好，但孔隙非常发育，渗透性很好（图5.6）。

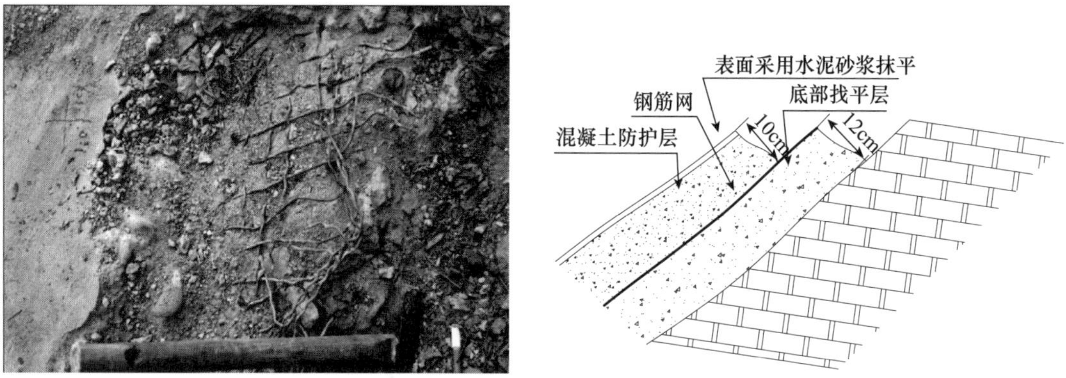


图5.6　西北角顶部防护层现状和结构图

## 2. 北边中部

表面镶嵌较多灰岩岩块，岩块间坡面大部分被松散堆积体覆盖，并有植物生长，干湿交替较弱。防护层表面为水泥砂浆抹平层，下面为厚8cm的青灰色混凝土防护层。其下为钢筋网，网格间距约为3cm × 3.5cm，锈斑较少。最下面为厚度约10cm的混凝土找平层，强度较高，但同样孔隙发育，渗透性较好。与西北角比较，该处表层砂浆抹平层完整性较好，钢筋网风化相对弱，表面镶嵌的岩块及松散覆盖层减弱了风化程度（图5.7）。

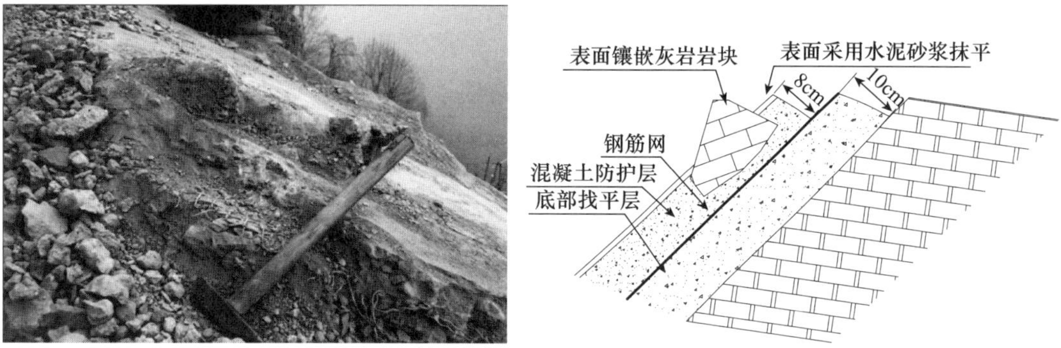


图5.7　北边中部防护层现状和结构图

## 3. 东北角

该部位局部地形陡直，表面水泥砂浆抹平，其下为约30cm厚的混凝土，卵砾石含量约为60%，直径1—5cm，强度较好。其下为钢筋网，网格间距2.5cm × 3.5cm，部分生锈。其下约为5cm厚的混凝土垫层与找平层，强度较低（图5.8）。

从东侧排水沟处开挖的截面可以看出（图5.9），钢筋网以下混凝土层较薄，约

图5.8　东北角防护层现状和结构示意图

图5.9　东侧排水沟处现状

8cm，下部钢筋网大部分已生锈。

从防渗性能上看，上述各结构层中，水泥砂浆抹平层大，孔隙最少，渗透性最小，但表层的厚度相对较小。下部各结构层透水性均高于表层。由此可知，表层的水泥砂浆抹平层发挥着重要作用，但其厚度较薄，仅数毫米厚。目前表层颜色呈灰白色，风化明显（图5.10）。

a）表面水泥砂浆抹平层　　b）上部混凝土主体　　c）下部找平层

图5.10　防渗结构层现状

## （二）回弹仪表面强度测试

采用瑞士生产的DIGI Schmidt 2000数显回弹仪对混凝土防护层的表面强度进行检测。测试结果见表5.7。

**表5.7　回弹仪测试剖面统计**

| 测线编号 | 起点高程/m | 测线长度/m | 测线编号 | 起点高程/m | 测线长度/m |
|---|---|---|---|---|---|
| 1 | 166.3 | 20 | 13 | 174.5 | 15 |
| 2 | 166.5 | 20 | 14 | 175.3 | 16 |
| 3 | 167.2 | 19 | 15 | 176 | 15 |
| 4 | 167.5 | 19 | 16 | 176.7 | 15 |
| 5 | 168.4 | 19 | 17 | 177.2 | 15 |
| 6 | 169 | 18 | 18 | 177.5 | 15 |
| 7 | 169.8 | 18 | 19 | 177.7 | 15 |
| 8 | 170.7 | 17 | 20 | 177.9 | 14 |
| 9 | 171.7 | 16 | 21 | 178.3 | 11 |
| 10 | 172.4 | 17 | 22 | 178.6 | 9 |
| 11 | 172.8 | 17 | 23 | 179 | 7 |
| 12 | 173.5 | 16 | 24 | 179.5 | 6 |

### 1. 工作量布置

采用回弹仪对防护体表面进行强度测试，从北往南顺排水沟间隔1m布置测线，共布置24条测线，总测试面积为369$m^2$。每一测线自下而上测试，每1$m^2$为一个测区，每一测区布置16个测试点进行测试（图5.11）。

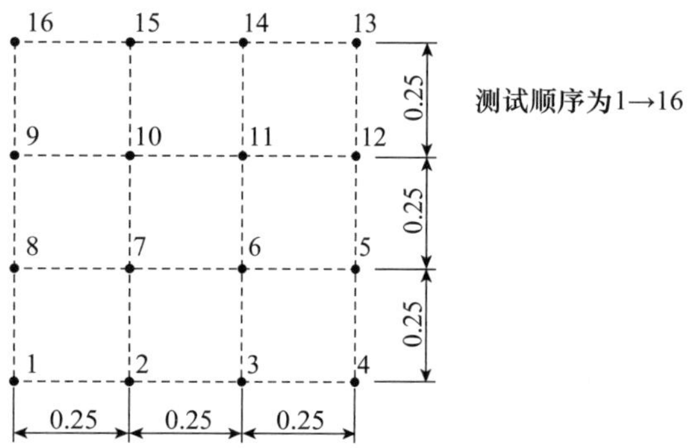


图5.11　单位面积测点布置

### 2. 测试结果分析

按上述要求进行测试，并对结果按每个测区进行统计，得到：

1）去除3个最大和3个最小值后，10个数据的平均值，绘制平均等值线图（图5.12）；

2）取6个最小值的平均值，绘制最小平均值等值线图（图5.13）；

3）16个数据的标准差。

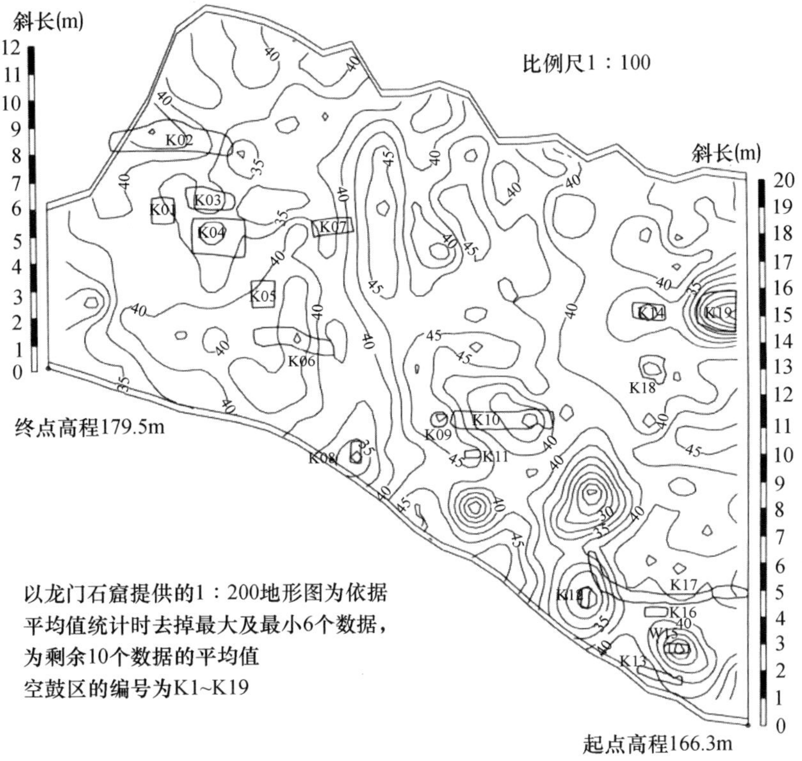


图5.12　平均值等值线图及空鼓区分布

由测试结果可知，南部地形相对平缓且被保护层覆盖，平均值基本在40，测试结果比较稳定。但在北部基岩裸露部位，平均值相对较低且数据变化较大。

由等值线图可以看出，受风化、内部起壳等因素影响，导致整个防护层出现不同程度的劣化，完整性明显降低。

## （三）潜溪寺顶部岩体深部物探测试

潜溪寺顶部深部岩体性质的物探主要采用地震、电法和地质雷达等手段。

### 1. 地震探测及结果分析

地震探测采用地震折射层析法，它利用折射波在速度分界面的几何关系，来解释地表层状介质的分层问题。这种方法有效地克服了一般地震折射解释方法在速度横向不均匀、下覆地层起伏变化较大，或者速度渐变、存在透射地形、地质体的情况下，无法给出较好结果的缺点。

（1）工作量布置

地震折射层析共布置了4条探测剖面（图5.14），包括3条横向探测剖面DZ-1、

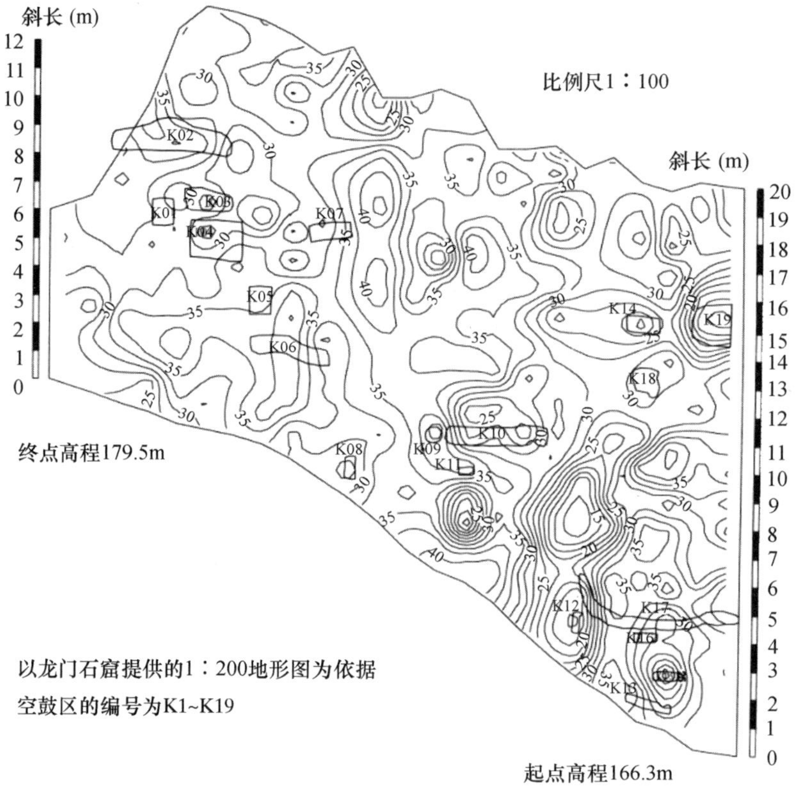


图5.13　6个最小值的平均值等值线图及空鼓区分布

DZ-2、DZ-3（1m检波距、24道接收），另外沿南侧帷幕灌浆线在DZ-1、DZ-3剖面之间布置了1条纵向探测剖面DZ-4（1m检波距、12道接收）。

地震折射层析探测深度为10m，地震采用锤击震源激发，100Hz检波器接收，为了改善耦合条件，在岩石和混凝土上打孔布置检波器（图5.15）。

（2）测试结果分析

地震DZ-4剖面的检波器布置在混凝土上，由于混凝土盖层与基岩之间脱空，有较大空隙，未能产生折射波，只测得了混凝土盖层的纵波速度为2000m/s左右。

从图5.16的三条地震折射层析探测剖面的波速分布图上可以看到，南侧坡体由于裂隙发育、岩体风化严重，相对比较破碎，波速比较低，以小于1500m/s为主，这一区域也是导致潜溪寺窟内渗水的主要水源区之一。

DZ-3剖面上南侧帷幕灌浆孔右侧有一片宽约3m的蓝色低速区，推测是构造节理带J1的反映，距帷幕灌浆孔左侧10m左右存在约4m宽的低速带，结合现场调查发现，对应此处位置岩体中发育有三组近平行的裂隙，局部最大隙宽超过1cm。

三条地震剖面波速从上至下逐渐增高，说明坡面部岩体相对于下部风化破碎更严

图5.14 潜溪寺物探测线布置图（DZ地震，GM电法）

图5.15 设置地震检波器孔、布置检波器

重，为降水的储存提供了空间，为裂隙渗流及窟内渗水病害提供了水源。

### 2. 高密度电法探测及结果分析

高密度电法沿混凝土防护区的上、下排水沟布置了2条电极距为0.5m的探测剖面GM-1、GM-2（图5.14、图5.17）。

高密度电法最大探测深度为15m，分别采用了温纳、斯龙倍格两种装置进行了对

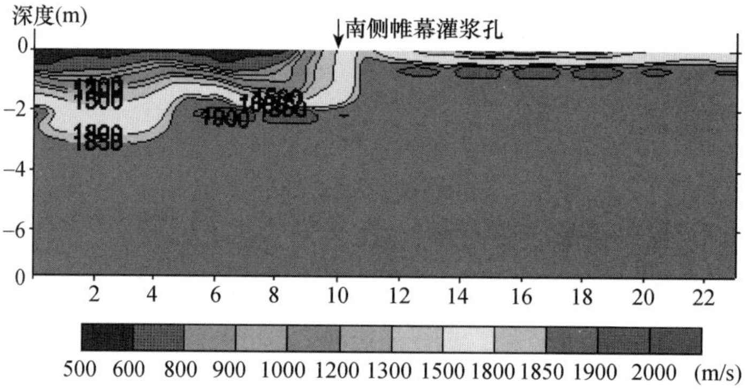


a）地震折射层析探测DZ-1剖面速度分布图

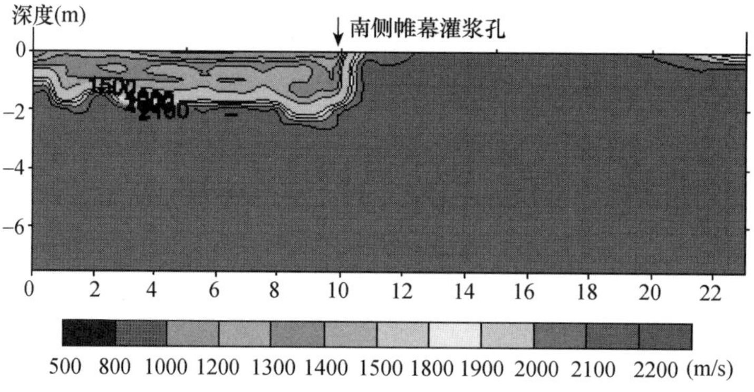


b）地震折射层析探测DZ-2剖面速度分布图

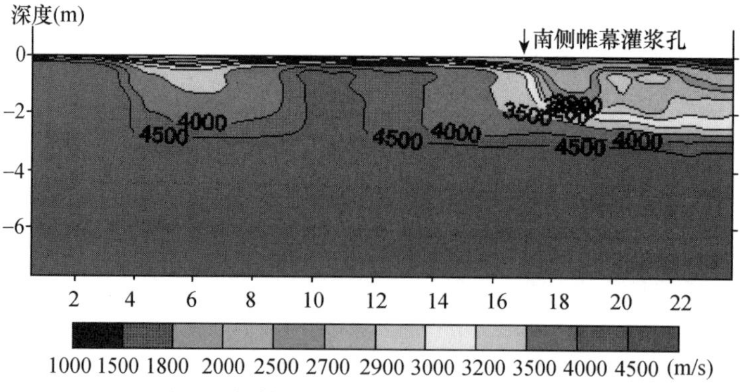


c）地震折射层析探测DZ-3剖面速度分布图

图5.16　地震折射层析探测剖面波速分布图像

图5.17　高密度电法探测现场

比采集。通过专业软件对各剖面测试数据进行正、反演计算，对反演结果形成的数据进行最后的地形校正和排列拼接，最终绘制出2条电阻率分布图像（图5.18）。

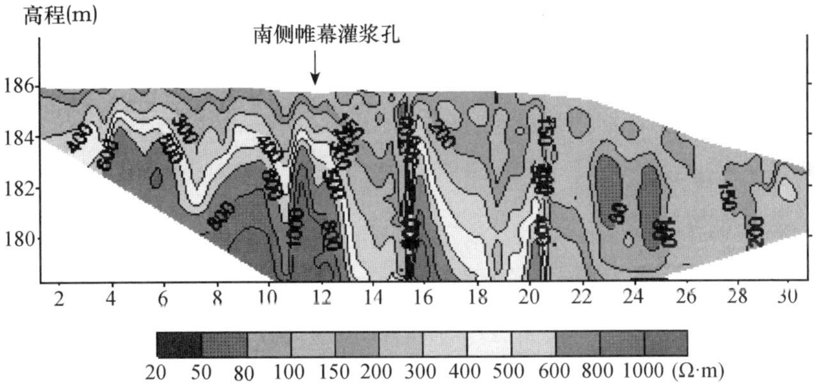


a）高密度电法GM-1剖面电阻率分布图像

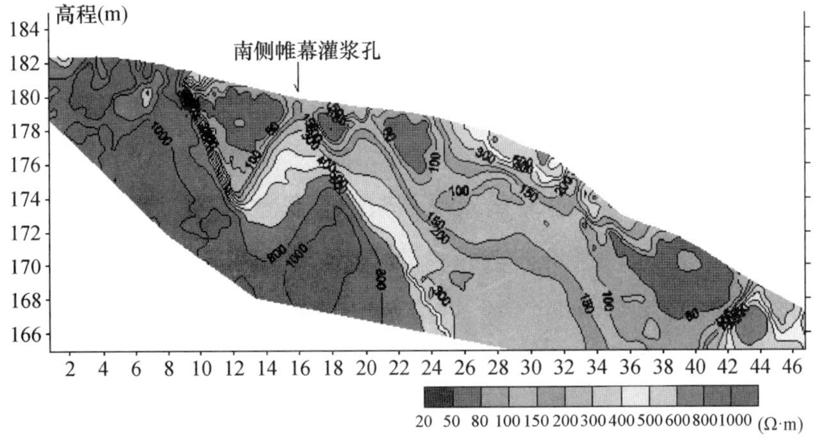


b）高密度电法GM-2剖面电阻率分布图像

图5.18　高密度电法剖面电阻率分布图

从高密度电法剖面的电阻率分布图像可知，探测区域整体电阻率偏低，完整灰岩、白云岩地层的电阻率应为3000—5000Ω · m，而GM-1、GM-2剖面测得的电阻率为50—1000Ω · m。从电阻率分布图像还可看到，岩体视电阻率分布不均，总体呈南高北低，从电阻率的分布可以推断岩石层面由南向北缓倾，局部形成的条带状低阻是由于构造节理带及其中储存的地下水。据图可知，表层电阻率低，深部电阻率高，反映由岩体浅层至深部风化程度由强变弱。

两条剖面上南侧帷幕灌浆孔宽4m左右的低电阻率范围是对构造节理带J1的反映。南侧帷幕灌浆孔左侧为宽4m左右的条带状低阻带，与岩体中的三组近平行的裂隙相对应。剖面北部存在8—10m宽的低阻区域，电阻率小于200Ω · m，分析推测可能是该区域岩体受F2断层影响，岩体相对比较破碎，山坡远处西南方向的降雨及裂隙水沿层面裂隙下渗汇集形成相对富水区，导致该区域电阻率较低。

与地震折射层析探测结果相比较，高密度电阻率成像法探测结果与之相吻合。

### 3. 地质雷达探测及结果分析

（1）工作量布置

现场布置了4条测线，分别为C1—C1'、C2—C2'、C3—C3'、C4—C4'（图5.19）。

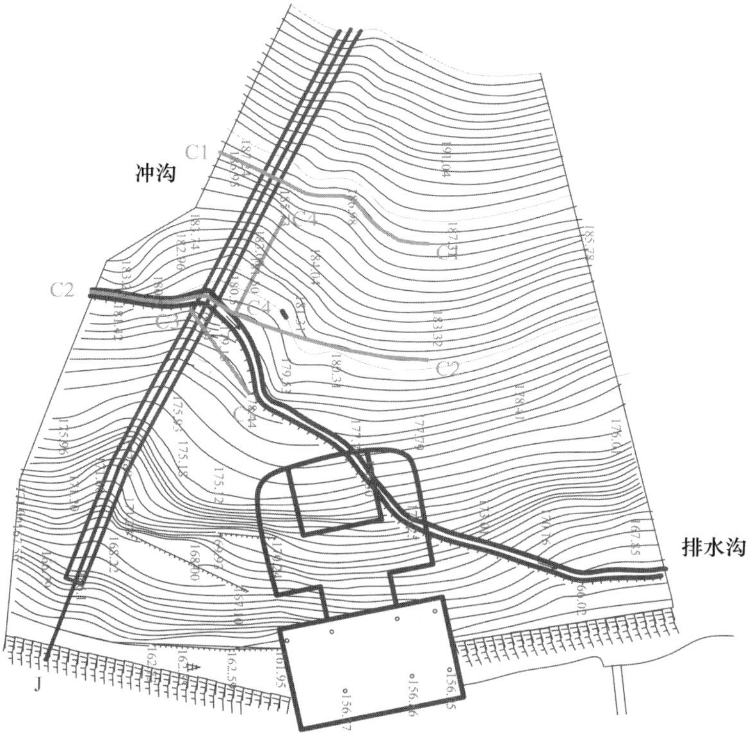


图5.19　地质雷达测线布置图

（2）测试结果分析

从C1测线断面的地质雷达扫描图像上（图5.20），可以清楚地看到，在A区域与B区域两处位置上，存在频率较低、同相轴较为连续、幅值较强的反射信号。初步判断A、B两个区域在深度1m左右处存在层面裂隙，内部潮湿、含水。

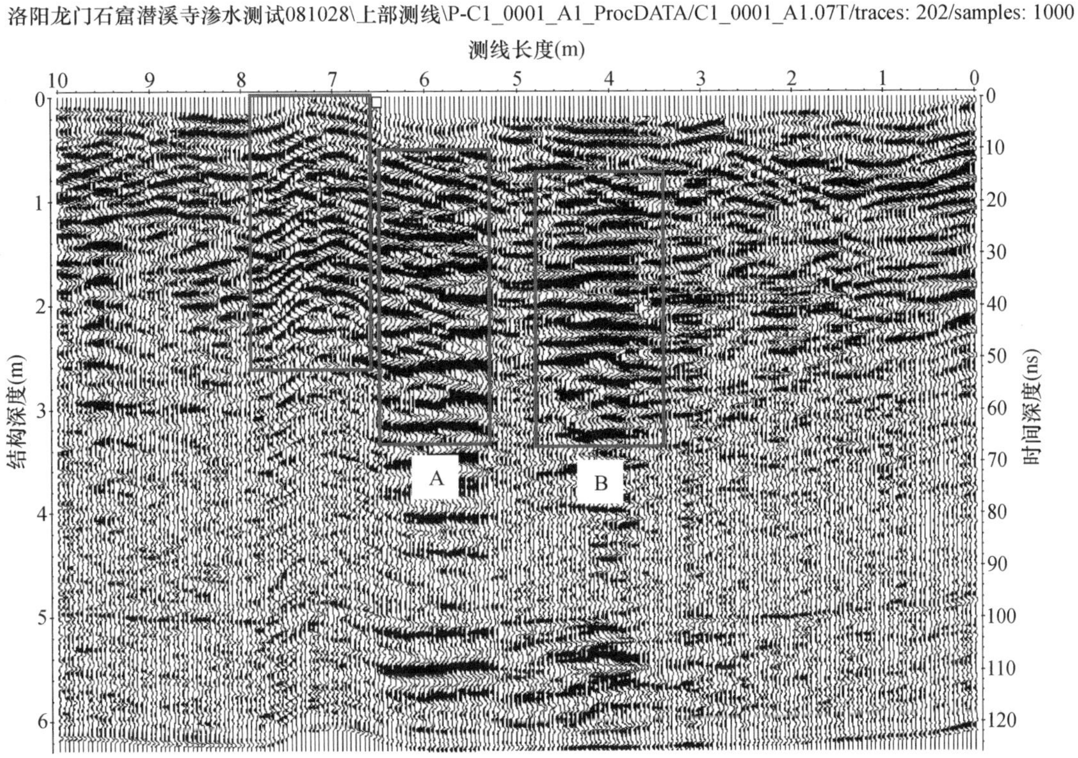


图5.20　C1测线断面地质雷达扫描图

从C2测线雷达图像上（图5.21），可看到：

1）在A区域，深约1m处存在频率较低、幅值较强、多次震荡的电磁波反射信号。初步判断该处裂隙较为发育，呈一定倾斜角度且含水；

2）在B区域，深约0.6m区域存在频率极低、幅值极强、多次震荡反射信号，三振相明显，上下界面信号强，两组信号时程差明显，同相轴呈曲线状，初步判断存在空洞；

3）在C区域，存在频率较低、同相轴较为连续、在帷幕注浆处有错段、幅值较强的多次反射信号。初步判断C区域的混凝土层下部存在连续的脱空；

4）在D区域，存在频率低、同相轴较为连续、幅值强、上下存在时程差的反射信号。初步判断深约0.6m处存在空洞；

5）在E区域，存在频率较低、同相轴较为连续、幅值较强的多次反射信号。初步

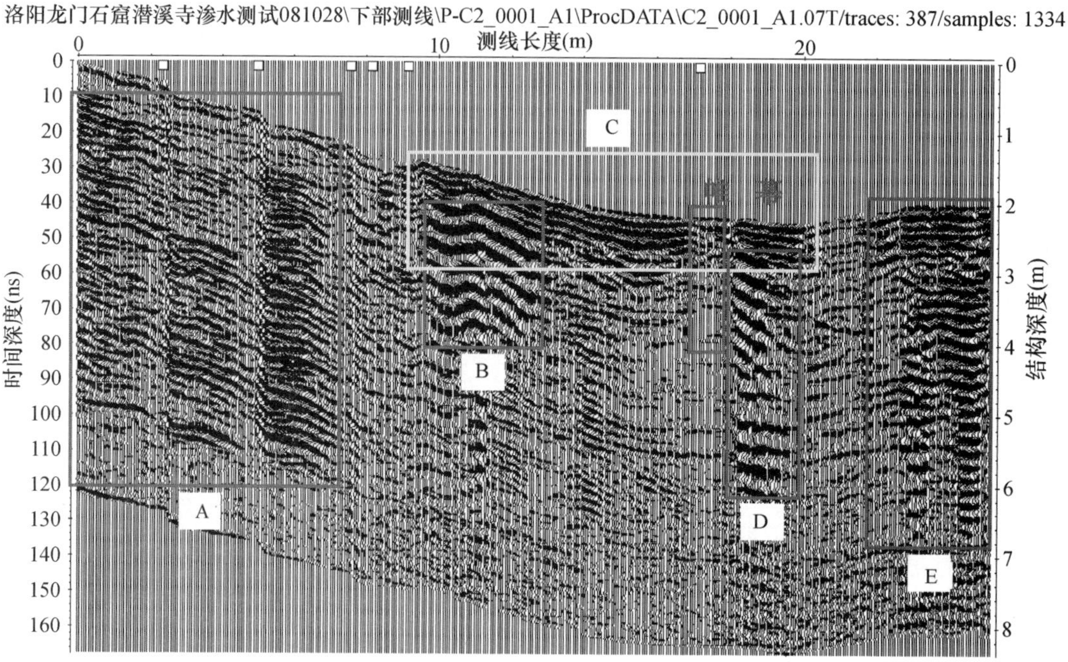


图5.21　C2测线断面地质雷达扫描图

判断E区域的混凝土层下部存在连续的脱空，深1m以下的岩层较为潮湿。

从C3测线雷达图像上（图5.22），可看到，在A区域存在频率低、幅值强、同相轴错段的多次反射信号，初步判断该处岩体裂隙发育。

从C4测线雷达图像上（图5.23），可看到，在A区域存在频率较低、同相轴较为连续、幅值较强的多次反射信号，初步判断A区域的混凝土层下部存在连续的脱空。在B区域，深约1m处存在频率较低、幅值较强、多次震荡的电磁波反射信号，初步判断该处裂隙较为发育，呈一定倾斜角度且含水。

综合以上4条测线，可推测得到以下结果：

1）混凝土覆盖层的下面普遍存在脱空，因混凝土表面缝隙较多，容易蓄水；

2）帷幕灌浆孔两边的岩体内部裂隙发育，且呈一定的倾斜角度，潮湿；

3）在岩体内部存在空洞，并与裂隙连通，容易蓄水。

## （四）潜溪寺南冲沟地表浅部截水沟调查

潜溪寺南部的冲沟位于一个构造裂隙带。在该部位开挖截水沟，可以截断浅表层的渗水。通过截水沟可以了解构造裂隙带的地质构造特征，还可以了解前期的多次治理工程的实施情况。

该截水沟分为东西向和南北向两条，其中以东西向的截水沟为主。东西向截水沟

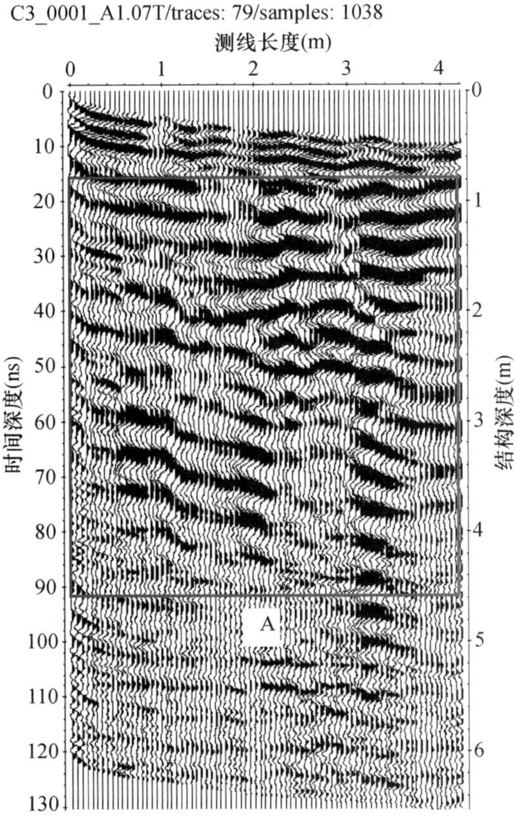


图5.22　C3测线断面地质雷达扫描图

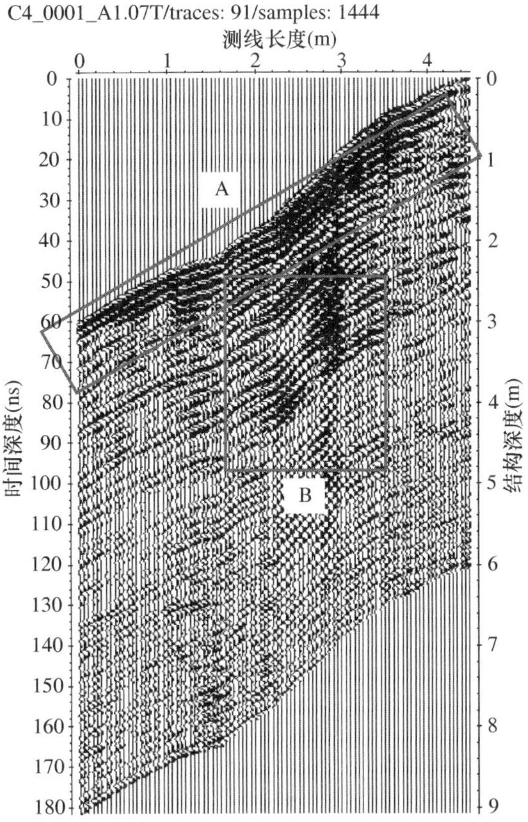


图5.23　C4测线断面地质雷达扫描图

基本顺地形的最低处沿构造裂隙带延伸，并在顶部与南北向的截水沟相交。

1. 东西向截水沟现状

（1）东西向截水沟南立面

东西向截水沟的南壁揭露面（图5.24），自上而下共揭露层面裂隙21条，产状358°∠25°。其中，层面裂隙JS1—JS6、JS17—JS20内充填有大量浅黄色或灰白色岩溶沉淀物，JS7—JS16层面裂隙中充填有褐红色铁锰氧化物。层面裂隙JS1—JS7、JS8—JS21间岩体内层面裂隙发育较密集，裂隙间距0.1—1m。层面裂隙JS7—JS8及JS21下部岩体内层面裂隙发育较稀疏，裂隙间距大于2.5m。由于后期构造运动的影响，层面裂隙JS8—JS15有25—50cm的挫断现象（图5.25）。

层面裂隙JS7上部岩体内发育有产状分别为137°∠60°、220°∠54°、255°∠82°的三组构造裂隙，裂隙间距分别为1—15cm、5—25cm、6—10cm。层面裂隙JS7—JS17之间的岩体内发育有产状分别为137°∠60°、205°∠65°、255°—265°∠75°—85°的三组构造裂隙。产状为137°∠60°的构造裂隙间距为1—15cm，产状为205°∠65°的构造裂隙间距

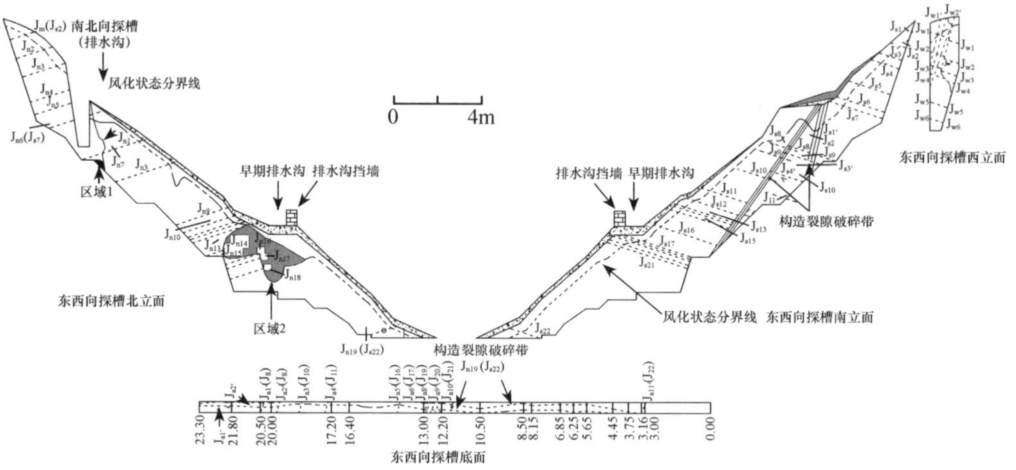


图5.24　东西向截水沟现状地质测绘图

图5.25　东西向截水沟南壁面裂隙发育及岩体特征

为5—15cm，产状为255°—265°∠75°—85°的构造裂隙间距为10—50cm。

产状为137°∠60°的一组裂隙的隙宽1—10mm，接近坡面处隙宽最大，向下隙宽逐渐变小，近坡面的裂隙内部充填泥土，植物根系发育。其余两组构造裂隙闭合。

层面裂隙JS17下部岩体中发育有产状分别为132°—155°∠60°—74°，190°—210°∠71°，235°∠67°的三组构造裂隙。其中产状为132°—155°∠69°—74°的一组构造裂隙，裂隙间距为5—20cm，裂隙张开度为1—10cm，裂隙靠近坡面处张开度较大，向下逐渐闭合，裂隙内部充填有泥土。

南壁面上在构造裂隙JS1’—JS2’、JS3’—JS4’之间构造裂隙发育较密集，壁面上形成两条构造裂隙密集带。

在JS1’—JS2’构造裂隙密集带底部壁面发育孔径约10cm、深30cm的天然近垂直孔洞，为岩体内的导水通道。

整个南壁面上部靠近坡面20—50cm深的岩体相对于下部岩体风化更为强烈，为岩体强风化带。随着深度增加，壁面下部岩体风化程度逐渐降低，为弱风化岩体。

两条排水沟之下的岩体风化程度更高，形成的强风化带深度较大。

南壁面在靠近坡面约50cm深的范围内，由于产状为132°—155°∠60°—74°的构造裂隙的切割，岩体比较破碎。在层面裂隙JS11与坡面相交处至探槽南壁面的最西端，存在多处危岩体。

（2）东西向截水沟北立面

北壁揭露面自上而下共发育层面裂隙19条（图5.24左图），产状为358°∠25°。层面裂隙内多充填浅黄色岩溶沉淀物，JN6—JN9层面裂隙内含褐红色铁锰氧化物。层面裂隙JN11—JN18之间的岩体内层面裂隙发育比较密集，裂隙间距0.1—0.8m。层面裂隙JN1及JN18下部岩体内层面裂隙发育较稀疏，层面裂隙间距大于1m。

在层面裂隙JN6以上的岩体中共发育有产状分别为137°∠60°、220°—225°∠55—60°、250°—270°∠82°的三组构造裂隙，其中产状为137°∠60°的构造裂隙间距为1—15cm，产状为220°—225°∠55°—60°的构造裂隙间距为10—50cm，产状为250°—270°∠82°的一组构造裂隙间距为5—20cm。

产状为137°∠60°的构造裂隙的隙宽1—10mm，靠近坡面的上部段张开度较大，有泥土充填，见少量植物根系生长，向下隙宽逐渐变小，有岩溶沉淀物充填。另外两组构造裂隙闭合。

层面裂隙JN6—JN14之间的岩体内发育三组产状分别为132°—155°∠69°—74°、180°—200°∠ 71°、220°—225°∠55°—60°的构造裂隙。产状为132°—155°∠69°—74°的一组构造裂隙上部隙宽1—18mm，靠近坡面段张开度较大，向下张开度逐渐变小。产状为132°—155°∠69°—74°的构造裂隙的裂隙间距为1—8cm，产状为180°—200°∠71°的构造裂隙间距为2—10cm。

层面裂隙JN14—JN18之间的岩体内由于风化及溶蚀堆积覆盖，裂隙发育迹线不明显。

层面裂隙JN18以下的岩体中发育有两组构造裂隙，一组产状为135°—155°∠70°—

75°，裂隙间距为1—5cm，另外一组产状为185°—200°∠70°，裂隙间距为3—10cm。两组构造裂隙均闭合。

截水沟北壁面沿产状为220°—225°∠55°—60°的构造裂隙面开挖。

构造裂隙JN1’的裂隙面上堆积有大量灰白色岩溶沉积物。在裂隙JN1’下部区域1内岩体比较破碎，且富含大量褐红色铁锰氧化物。在层面裂隙JN13与JN18之间的区域2内，壁面堆积大量浅黄色泥土与岩溶沉积物。此区域位于早期排水沟底部，风化及渗水溶蚀较强烈，岩体较破碎，局部呈土状，锤击易散（图5.26）。

a）区域1

b）区域2局部

图5.26　东西向截水沟北壁立面裂隙发育及岩体特征

北壁面的上部深度20—50cm范围内岩体风化较强烈，岩体一般呈强风化状。两排水沟底部的岩体风化深度较大。裂隙面上由于渗水溶蚀，堆积大量泥土及岩溶沉积物。在层面裂隙JN19中部，北壁面上发育一个孔径10cm、进深约50cm的垂直孔洞，为渗水导水通道。

（3）东西向截水沟西端壁面

此壁面自上而下共发育层面裂隙6条，产状为358°∠25°，层面裂隙内充填有浅黄色岩溶沉淀物及褐红色铁锰氧化物。层面裂隙间距为40—120cm。由于后期构造运动的影响，层面裂隙JW1—JW4有挫断现象，挫距为10cm（图5.27）。

壁面上共发育有构造裂隙4条，其中JW1’—JW3’为同一组，产状为210°∠59°，裂隙间距为10—25cm。构造裂隙JW4’产状为105°∠80°。裂隙内充填大量浅黄色岩溶沉积物及褐红色铁锰氧化物。西壁面沿构造裂隙JW4’开凿。

东西向截水沟西壁面由于裂隙的切割，岩体较破碎，呈块状。层面裂隙J6上部岩体为浅灰色，风化后表面呈浅黄色。壁面上部30—90cm范围内的岩体呈强风化状，西壁面与南壁面交界处附近岩体风化深度较大。

图5.27　西壁面岩体特征及层面裂隙挫断现象

（4）东西向截水沟底面

东西向截水沟底面为一高低不平的开凿面，共揭露层面裂隙Jd1（J8）—Jd11（J22）共11条，裂隙面内充填有浅黄色或灰白色岩溶沉淀物。除层面裂隙外，探槽底面还揭露了一组以构造裂隙Jd1’、Jd2’为边界的构造裂隙密集带，裂隙带宽20—35cm。构造裂隙产状205°—212°∠65°—70°，揭露表面迹线曲折。裂隙面有溶蚀现象，充填有浅黄色岩溶沉淀物。

层面裂隙Jd6（J17）上部岩体呈紫灰—紫黑色，岩体相对较完整，呈厚—巨厚状。JS17下部岩体呈青灰色，岩体较完整致密，呈巨厚层状。构造裂隙密集带内岩体呈褐黄色，相对较破碎（图5.28）。

图5.28　东西向截水沟底面裂隙发育及岩体特征

## 2. 南北向截水沟现状

北壁自上而下揭露有层面裂隙共5条，产状为358°∠25°，间距10—50cm。层面裂隙内部有浅黄色和灰白色岩溶沉淀物充填（图5.29）。

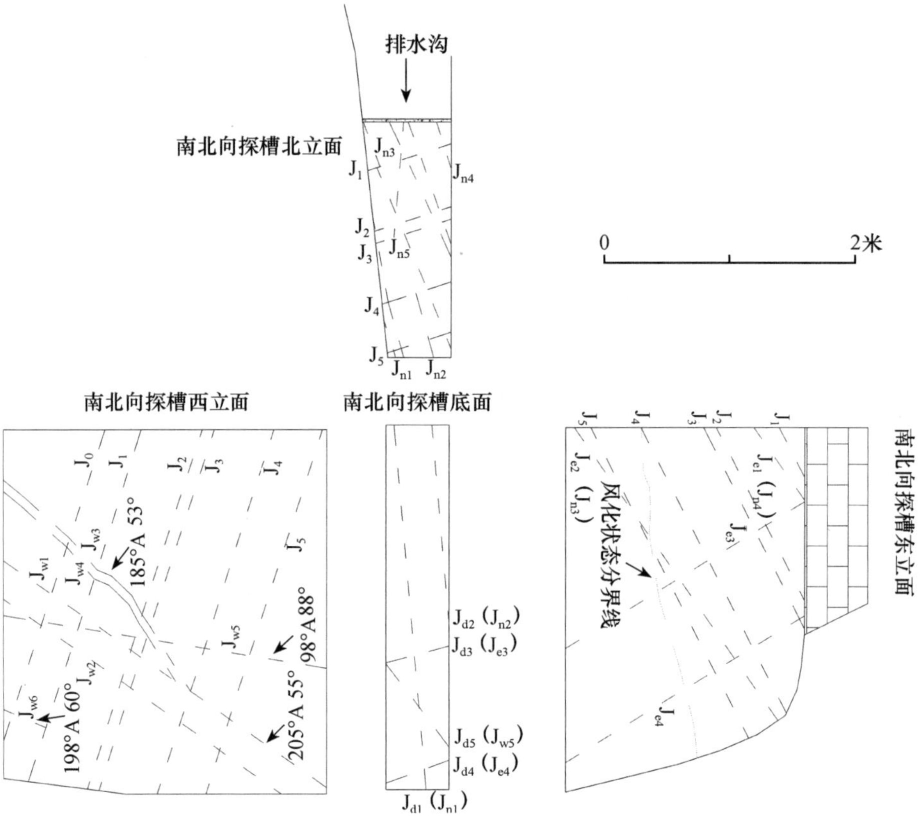


图5.29　南北向截水沟展开图

除以上5条层面裂隙外，此壁面还揭露了一组产状为125°—135°∠74°—89°的构造裂隙发育密集带JN1—JN4，裂隙间距为1—5cm。层面裂隙J3以下，此组构造裂隙发育最为密集。构造裂隙的隙宽1—10mm，由上到下逐渐变小。层面裂隙J3、J4之间的构造裂隙内有白色碳酸钙充填，层面裂隙J3以上的构造裂隙内充填泥土，见植物根系生长（图5.30）。

除JN1—JN4构造裂隙密集带外，壁面上部还揭露了一条产状为330°∠86°的构造裂隙JN5。

东壁面揭露了2组构造裂隙，一组（JE3—JE4）产状为180°—210°∠55°—65°，裂隙闭合，间距为1—8cm；另外一组（JE1、JE2）产状为125°—130°∠74°—86°，裂隙闭合，间距为1—5cm。由于东壁面岩体风化及渗水溶蚀程度较高，壁面中、上部裂隙

a）北壁面裂隙发育及岩体特征

b）层面裂隙间充填有碳酸钙岩溶淀积物

c）北壁面底部中央部位泥土充填

图5.30　南北向探槽北壁面裂隙发育及岩体特征

出露迹线不明显（图5.29）。

在西壁面南侧的构造裂隙JW1、JW2之间发育一组构造裂隙密集带，产状为205°∠55°。构造裂隙密集带北侧发育有两条产状为185°∠53°的构造裂隙JW3、JW4，裂隙闭合，间距为6cm。在壁面中部发育一条产状为98°∠88°的构造裂隙。壁面南侧层面裂隙J1之上发育一条产状为198°∠60°的构造裂隙JW6，裂隙闭合（图5.29）。

探槽底面主要发育2组构造裂隙密集带Jd1—Jd2和Jd3—Jd4。Jd1—Jd2产状为125°—130°∠74°—86°，裂隙较密集，间距为1—10cm。Jd3—Jd4产状为180°—210°∠55°—65°，裂隙闭合，间距为1—8cm。除以上两组构造裂隙外，沟底南部发育一条产状为98°∠88°的构造裂隙（图5.29）。

### 3. 截水沟调查结论

根据对东西向截水沟和南北向截水沟的测绘调查，可以得到如下结论：

1）潜溪寺顶部岩体受两侧构造裂隙带发育和断层的影响，地形低凹处岩体破碎，岩溶相对发育，岩体裂隙中发育大量溶蚀堆积物和松散第四纪泥土，属于地表水入渗带；

2）前期推断潜溪寺南侧冲沟属于构造裂隙密集发育带，是潜溪寺渗水的一条重要控制性通道的结论是正确的，但对其影响程度和定量研究不足；

3）调查期间进行的现场渗水试验表明，目前截水沟所在区域的裂隙和潜溪寺内部是贯通的且连通性好；

4）从开挖揭露的前期帷幕灌浆孔发现，前期进行的压力灌浆施工存在质量问题。灌浆并没有按设计要求形成帷幕，浆液没有顺裂隙或者岩溶洞穴实现压力填充，仅仅填充在钻孔内形成柱状体（图5.31）。

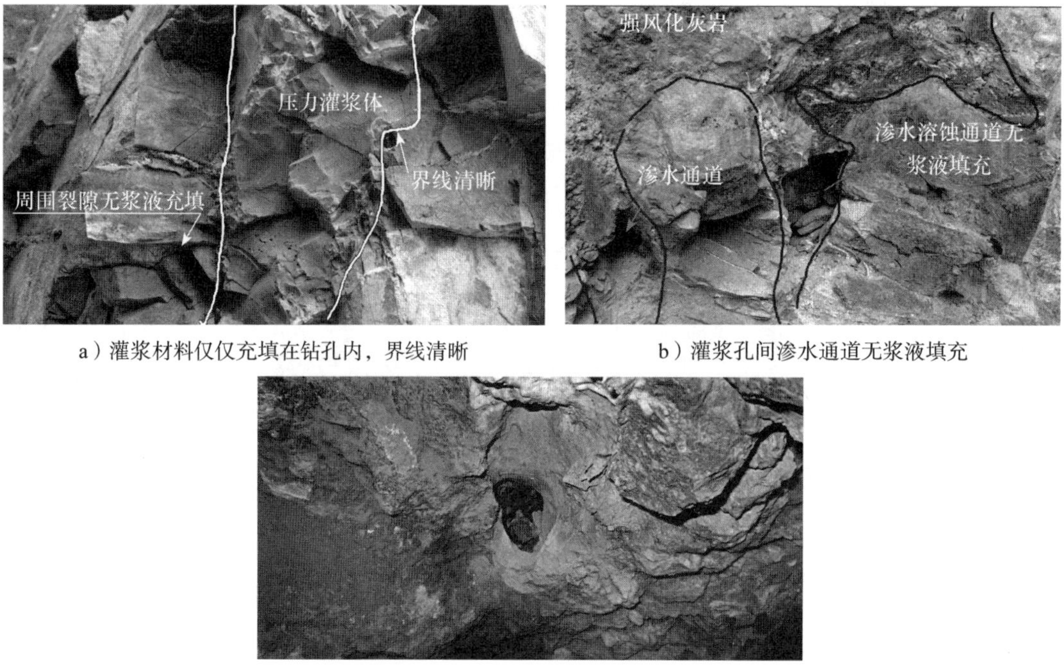


a）灌浆材料仅仅充填在钻孔内，界线清晰　　b）灌浆孔间渗水通道无浆液填充

c）灌浆孔下的裂隙也无浆液填充

图5.31　截水沟探槽揭露前期帷幕灌浆存在施工质量问题

# 四、潜溪寺洞窟监测

## （一）洞窟内外的环境监测

潜溪寺洞窟内部设置有监测洞窟内环境温湿度的感应器和监测岩壁温度的感应探头（4处）。数据采集为每小时一次，自动记录在存储器中。洞窟内的基本温湿度监测数据可以与石窟区域气象观测场的数据进行比对研究。气象观测场的监测项目有大气温度、湿度、风向、风速、光强度、降雨量等项，数据每小时采集一次。西山气象站

增加了土壤含水率、露天岩体表面温度两个项目。

### （二）洞窟主要病害的监测

潜溪寺洞窟的主要病害中，洞窟渗漏水及凝结水病害尤为突出，因此对潜溪寺的洞窟渗漏水、凝结水和裂隙病害进行了针对性的监测。

1. 渗漏水监测

潜溪寺渗漏水集中表现为顶部的滴漏和南壁面的渗流，为此，在洞窟顶部滴漏部位的下方设置收集窟顶滴水的连续自动记录装置，自动记录滴漏时间和水量。在洞窟内设置红外线摄像机，对准南壁渗流区域每间隔10分钟拍摄照片连续记录渗漏时间、渗漏面积，结合洞窟外气象观测场记录的降雨情况，可以对洞窟渗漏水的规律和程度进行分析研究。

2. 凝结水定量测定

潜溪寺凝结水试验采用了专门研制的凝结水定量测试仪器，利用密闭气流循环干燥的原理，将试验点洞壁表面富集的凝结水置于一个密闭罩里，利用动力使密闭系统内的空气循环流动，这样不断循环的空气就能将岩壁上富集的凝结水吸入一个干燥剂管内，干燥剂的增重即为试验区岩壁上的凝结水质量。根据凝结水定量采集试验的结果，可以测算岩壁单位面积的凝结速率和凝结的水量。

3. 裂隙监测

石窟壁面发育的裂隙是洞窟渗漏水的主要通道，也是造成造像破损病害的主要原因，为此对裂隙进行了针对性监测。选择洞窟内典型部位的裂隙进行变形监测，了解石窟岩体的变形状态及其变化，验证修复治理工程的处理效果。监测内容具体包括石窟岩体裂隙的水平位移、石窟岩体裂隙张开度等。

# 第三节　渗水治理工程设计

## 一、潜溪寺第二期防渗工程设计

第二期潜溪寺渗水治理工程是在联合国教科文组织资助的第一期渗水治理工程基

础上的延续，下面对主要工作内容予以介绍。

### 1. 潜溪寺三维立体扫描与数值建模

潜溪寺是龙门石窟一个重点研究对象，曾经做过多次测量工作，主要包括龙门石窟1∶2000地形图，石窟内部1∶50三维测绘等。但是上述测绘工作并没有将洞窟顶部地形、洞内几何形态及潜溪寺与周边小型洞窟及宾阳三洞之间的关系建立起来。因此，本次工作将对潜溪寺及其周边进行三维扫描测绘工作。主要工作量包括如下。

潜溪寺周围地貌三维扫描工作。测绘范围北过潜溪寺附近围墙（断裂带以北），南部包括宾阳三洞，以了解宾阳三洞与潜溪寺的关系，东界需要包含沿江道路和伊河，以建立起伊河与潜溪寺的集合关系，西至山顶围墙，测绘面积为55m × 75m。

潜溪寺内部的三维扫描。该工作前期已经做过一些，但是没有将潜溪寺与外部地形建立起关系，这次工作将解决该问题。

### 2. 潜溪寺现场钻探和钻孔注水试验

受经费等客观原因限制，一直没有进行防渗工程的现场钻探工作，对地下的地质条件仅限于地表推测，难以更为准确评价潜溪寺洞窟的地质条件和地下水渗流条件。本项工程属于研究性保护工程，将施工和勘探密切结合起来，收集详细的地质资料。施工前先试钻4个孔，并对其进行连续的分段压水试验，每个孔至少压水10次，具体位置根据钻孔记录进行调整，但表层和孔底一定要布置测试点。钻孔时对石窟内部的渗水予以观察，为后续施工提供指导意见，并为方案实施和调整提供依据。在正式施工时，采用取芯钻孔的方法，了解潜溪寺围岩的地质条件，并在关键部位进行注水试验。

### 3. 潜溪寺南侧与西侧布置截水钻孔

技术措施研究表明，潜溪寺内部渗水主要来自其南侧山体和宾阳三洞与潜溪寺之间的小石窟群，另有部分来自西侧上部山体。前期进行过注浆帷幕施工，由于各种原因，导致施工质量没有得到保证，防渗效果不明显。

本次在前期工作的基础上，顺前期防渗帷幕布置方向，靠近潜溪寺方向布置两排垂直钻孔。初步设定孔间距为400mm，排间距为200mm，钻孔按三角形布置。钻孔直径取110mm，按岩土工程钻探标准进行取芯。钻孔孔底标高要低于150m，即需要进入长期地下水位的稳定标高，基本与伊河河面等高（平均孔深按30m考虑）。除了前述的4个试钻探测孔外，所有内排钻孔每隔一孔必须进行上、中、下三段压水试验，根据现场地质条件，可以增加压水试验工作，并做好试验记录。

钻孔孔口采用砂浆嵌入一根不锈钢管，然后将孔口盖住并予以保护。通过上述处理，一方面可以有利于后期的研究，主要进行每个孔的水位监测；另一方面可以防止浅层泥土顺大裂隙进入堵塞钻孔。

#### 4. 潜溪寺顶部南排水沟处理措施

前期施工在潜溪寺南侧顺冲沟开挖了一条排水沟，沟深约2.5m，宽将近1m。通过该沟开挖，部分截断了浅表层的地下渗水，也为该部位地质调查提供了探槽，并对注浆施工的质量有了一个清晰的了解。

主要措施为在排水沟外侧保持开挖现状，以利于地表水体进入排水沟。而在排水沟的内侧（靠近石窟一面）和排水沟底部，采用厚15cm的防渗混凝土（C20）现浇防渗，避免进入排水沟的水体进入石窟围岩。然后在排水沟内分三层填埋，最下一层主要采用卵石，中间为砂卵石，顶部为级配砂石料，以此形成反滤层，防止沟底排水通道堵塞。

沟口采用素混凝土浇筑，形成与周围山体地形一致的表面，为后期现浇混凝土施工提供条件。

#### 5. 揭露裂隙的灌浆处理

潜溪寺渗水一个重要来源为潜溪寺与宾阳三洞之间的裸露岩体，该区域小型石龛密集分布，难以采取大的工程治理措施，历年来一直采用裂隙注浆和封堵的办法进行。在此次工程治理实施过程中，铁道部西北院（现为中铁西北科学研究院有限公司）于2009年曾经进行过裂隙注浆工作，但实施效果不好。此次工作需要对上述工作进行完善。

1）宾阳三洞和潜溪寺之间冲沟的治理。该冲沟也是一大型构造裂隙发育地带，需将地表松散堆积层和植物清理掉，同时清除已经失效的历史封堵混凝土，重新对裂隙进行压力灌浆，完成后表面进行做旧处理。

2）对上述构造裂隙带与潜溪寺之间的裸露裂隙（包括层面裂隙、卸荷裂隙及构造裂隙）进行补充灌浆。

#### 6. 潜溪寺顶部人工覆盖层揭除和生态恢复工程

潜溪寺顶部曾经采用喷射混凝土的办法形成了外包防渗体。随着时间推移，老化明显。2009年为了解决老化问题，在外表面重新涂抹了一层水泥砂浆，但目前看来有如下一些问题。

首先，新老混凝土之间性质存在明显的差异，难以牢固黏结。同时，涂抹砂浆没有挂网，抗拉强度很低，容易开裂。因此，施工完成一年来，已经出现明显的质量问题。

而且涂抹砂浆后，与周围环境不甚协调，应恢复到原有环境风貌。

因此，经过多次讨论，决定按前期设计要求，将其揭掉，重新做防护体。揭除后需要进行现场调查，对所有覆盖裂隙予以测绘，为建立窟顶山体的地质模型及渗流模型提供基础资料。

根据施工期间的调查表明，采用喷射混凝土形成的防护体结构松散，透水透气性好，容易老化变形（图5.32）。而采用现场浇筑办法形成的混凝土经过20年使用后，其强度仍然保持很高，没有明显的风化痕迹（图5.33）。在保护工程实施过程中，正是由于该类现浇混凝土强度太高，难以人工破坏，才促使施工单位提出不揭除现有人工混凝土顶板的决定。总结潜溪寺治水经验，如果需要重新施工顶部防护体，建议直接采用现浇混凝土形成永久防护结构。

图5.32　喷射形成防护体结构疏松

图5.33　现浇混凝土抗风化能力强

### 7. 石窟内部裂隙灌浆封堵

窟内渗水裂隙封堵的目的是防止水害治理工程实施期间水、灌浆材料渗漏对石刻造像的污染损害，工程完成后需要剔除，是预防性的、临时性的。要求封堵材料固化后的强度、硬度等适中，有弹性，具有比较好的密封、封堵作用，又容易剔除，不损害裂隙岩石。

本工作属于一个预防工作，主要是为了避免施工时水及灌浆材料对石刻的影响，因此主要选择对部分裂隙进行处理即可。裂隙的选择遵循下面两个原则：一是否渗水；二是否与地表连通。对于目前出现渗水点的裂隙，必然同地表有一定的联系，因此应该封堵。另外一些裂隙，虽然未出现明显的渗水点，但分析可以看出其可能与地表贯通或者同渗水裂隙联系比较紧密，这类裂隙也应该处理。而对于石窟内部微裂隙、局部因应力集中而出现的各种裂隙则可以不进行处理。由于历史上曾经对裂隙进行过封堵处理，部分位置基本还能发挥临时封堵的功能，可予以保留。由于并不是对所有窟内裂隙都进行处理，因此，监测工作甚为重要。施工时，需对裂隙是否出现渗水或渗浆进行24小时监测，对出现的渗漏进行分析。如果发现渗水同施工有关或者出现浆液渗出，必须立刻停止施工，清除污染物，并对相关裂隙进行封堵处理。

采用铁刷人工清洗裂隙，选择有机硅密封胶封堵处理的裂隙，整个潜溪寺石窟治水工程完工后，剔除密封胶，观测工程治水效果。如果还有渗水，再采用改性环氧树脂对裂隙进行长久封堵的措施。

## 二、第二期工程设计变更

### 1. 灌浆材料及配合比

根据专家意见以及前一阶段的灌浆效果，需对灌浆材料及配合比进行调整：

1）灌浆材料选用超细水泥、硅粉、偏高岭土、片状氢氧化钠、水玻璃等材料的混合体；

2）灌浆材料的配合比例为：超细水泥占20%、硅粉占20%、偏高岭土59%、片状氢氧化钠占0.5%、水玻璃占0.5%。

### 2. 潜溪寺窟檐上部南北向排水沟内增加灌浆孔

为治理窟檐与岩体之间的渗水问题，根据现场实际情况，确定如下：

1）在潜溪寺窟檐上方的南北向排水沟内增加灌浆孔3排共计个45孔，间距按1m，深度及位置根据现场情况确定，具体位置由业主、监理、施工三方根据现场情况确定；

2）灌浆孔直径为50mm；

3）灌浆前需要做压水试验，压力分别为0.1MPa、0.2MPa、0.3MPa；

4）灌浆压力为0.5MPa—0.7MPa；

5）灌浆材料配合比按照上述设计变更要求确定。

### 3. 潜溪寺顶部防渗层挂SNS被动防护网

由于潜溪寺顶部防护体拆除后，发现岩体裂隙极为发育，表层岩体十分破碎，为保证边坡安全，应在顶部防渗层位置，悬挂柔性网。

#### 4. 潜溪寺顶部山体绿化工程

为保证潜溪寺顶部高边坡位置的观感效果，岩体表面采取做旧处理，在较为平坦位置砌筑挡墙，在挡墙内充填种植土，栽植爬山虎。

#### 5. 潜溪寺南侧东西向排水沟内回填级配砂石

1）为避免潜溪寺南侧山体内的排水通道被堵塞，应根据现场实际情况，在潜溪寺南侧东西向排水沟内回填级配砂石，回填位置及深度情况根据现场实际情况确定；

2）由于上一期施工中，石窟东南角位置的排水沟被切断，本次工程为保证排水效果，根据现场情况，在间断位置采用现浇钢筋混凝土构件重新将两侧排水沟连接起来。具体配筋、混凝土强度等级、混凝土构件尺寸根据现场情况确定；

3）为了以后观察周边岩体内水位变化的需要，窟顶上部东南角排水沟内预留钻孔，并预埋直径90mm的套管一根。

#### 6. 潜溪寺南侧排水沟修筑盖板

为保证石窟顶部山体的整体观感效果，需要将潜溪寺南侧排水沟上沿现浇钢筋混凝土盖板。

#### 7. 潜溪寺顶部防渗层延伸段增加灌浆孔

根据4月份降雨之后，对潜溪寺窟内渗水的观测，发现南侧洞壁仍然有渗水情况，作如下变更：

1）将前期所做的钻孔防渗层向东南延伸至排水沟位置；

2）采用水钻成孔之后压水灌浆，形成防渗墙；

3）灌浆材料配合比仍采用2013年7月确定的配合比；

4）灌浆压力仍沿用原来防渗墙的灌浆压力；

5）灌浆孔数量为16个，孔深为13m，灌浆孔的方向与垂直面成38°角。

## 三、第二期工程防渗灌浆材料的研发

2012年6月在北京召开的龙门石窟擂鼓台防渗工程论证会上，专家组要求考虑龙门石窟的个体特点，有针对性地展开龙门石窟裂隙防渗灌浆材料的专项研究，提出适用于龙门石窟的性能优越的裂隙防渗灌浆材料配方，为龙门石窟防渗工程技术设计和施工提供科学的依据。

为此，中国地质大学（武汉）和龙门石窟研究院合作开展新型裂隙防渗灌浆材料配方研制的室内外试验研究。

本项目研发筛选的裂隙防渗材料共有四种，包括以纳米膨润土为主剂的灌浆材料、以偏高岭土为主剂的灌浆材料、以水硬性石灰为主剂的灌浆材料和改性低碱水泥。通过现场和室内试验提出不同材料的适用条件和可靠程度，确定施工工艺流程。通过对比试验优选适合龙门石窟地质环境的最佳防渗材料配方和施工工艺。

为确保项目顺利完成，根据前期调查、勘察资料、龙门石窟岩土工程地质条件、渗水病害特征以及保护工程措施的要求，制订了龙门石窟裂隙灌浆材料配方的室内外试验详细实施计划。

2012年8月中国地质大学（武汉）和上海德赛堡建筑材料有限公司在龙门石窟现场调研并确定了试验研究计划。

2012年9月—2013年2月在中国地质大学（武汉）和上海德赛堡建筑材料有限公司进行了室内试验研究，并提交了室内试验研究报告。中国地质大学（武汉）完成了偏高岭土灌浆材料配方的研究，上海德赛堡建筑材料有限公司完成了水硬性石灰裂隙灌浆材料配方的研究，武汉理工大学硅酸盐建筑材料国家重点实验室完成了低碱水泥的室内试验研究，提出了低碱水泥新配方。专家组原则上通过了前期的研究工作，并要求尽快展开现场试验。

2013年4—6月在龙门石窟东山完成了现场裂隙灌注试验和灌浆效果检验工作。

## （一）试验方案

本次防渗灌浆材料试验研究的目的是针对龙门石窟保护现状和治理的紧迫性，在龙门石窟保护修复工程前期应用的基础上，研发一种经济有效对环境无损的防渗材料。总共进行了4种试验方案。

方案一：由中国地质大学（武汉）工程学院完成。研究选取偏高岭土为主剂，添加不同比例的超细水泥、钠水玻璃、氢氧化钠等。单一的普通水泥、超细水泥在灌浆材料的应用中已经有大量的实例，但是由于有害水溶盐含量高，修复后其析出的水溶盐会对文物表面造成破坏，在现有的文物保护中已经很少使用。所以此次研究采用了一种新型高性能胶凝材料，即地质聚合物，地质聚合物是碱激活偏高岭土形成的胶凝材料。这类地质聚合物胶凝材料具有传统水泥所不具有的优异性能：早强快硬、体积稳定性好、耐化学腐蚀、界面结合力强、抗渗性好、耐高温性好、耐水热作用、耐久性好、可自调温调湿等。它以其独特的性能在建筑材料、高强度材料、密封材料和耐高温材料等方面显示出广阔的应用前景，已成为世界各国材料科学工作者关注的目标之一。

方案二：由中国地质大学（武汉）材料与化学学院完成。主要选择膨润土为主剂，添加不同比例的超细水泥、偏高岭土、添加剂和改性材料。

方案三：由上海德赛堡建筑材料有限公司完成。主要选择天然水硬性石灰作为主剂，添加超细水泥、超细膨润土等材料。天然水硬性石灰（Natural Hydraulic Lime，缩写为NHL），是采用不纯的含杂质的石灰石（如花山的含泥质含粉砂的石灰石）经过高温烧制（温度900—1100℃）、粉碎、消解而成，是一类有别于传统石灰材料与水泥材料的天然无机材料。与水泥不同的是，在消解过程中，不添加石膏等任何外来的材料。天然水硬性石灰成分主要由二钙硅酸（$2CaO \cdot SiO_2$，简写成$C_2S$）、少量$C_3S$、熟石灰［$Ca(OH)_2$］、部分生石灰（CaO）、部分没有烧透的石灰石（$CaCO_3$）以及少量黏土矿物、石英等组成，兼有石灰与水泥的优点。具有低收缩、耐盐、适中的抗压与抗折强度的优点。但是，由于其生产过程中无任何外来添加物，其水溶盐含量很低。天然水硬性石灰在国际上（尤其是欧洲、美国）得到很深入地研究和广泛地应用，借鉴国际上已有的研究成果，项目组吸收、引进、转化，并有针对性地开展研究工作。天然水硬性石灰材料在国内很多国家重点文物保护单位中已经得到了大量的应用，如花山岩画，大足石刻等。

方案四：由武汉理工大学国家重点实验室完成。超细水泥作为防渗灌浆材料具有流动性好，联结强度高，防渗效果好的特点。但是由于有害水溶盐含量高，对文物表面造成污染破坏，不能在龙门石窟使用。本方案试图对超细水泥进行改性，提出低碱水泥配方。

### （二）室内试验内容

1）原材料的测试：包括X荧光化学分析和X衍射矿物成分分析，以了解原材料中化学组分的含量、矿物成分和颗粒级配。

2）浆体工作性测试：包括浆体的流动性、保水性、黏滞性以及浆体的胶凝时间等，以判定灌浆材料是否合格。

3）浆体固结过程测试：包括固结过程试样的胀缩变化和试样安定性测试。

4）固结体性质测试：测试所选灌浆材料的力学性能，包括试样的抗压强度、浆体与灰岩的黏结强度和固结浆体的压汞试验。

5）固结体劣化实验及文物适应性实验：包括碳化实验、硫酸盐破坏试验、固结体材料可溶盐含量、渗透试验、劣化后材料压汞试验以及固结体热力学性质指标。

### （三）材料配方对比

本项目共计采用了129个配方进行筛选比对，从中得出适用于龙门石窟的优选配方材料。

试验研究发现，以膨润土为主剂的灌浆材料流动性差，收缩率大，强度低，不能满足裂隙防渗灌浆的要求。而以天然水硬性石灰为主剂的灌浆材料、偏高岭土+硅粉+超细水泥系列、偏高岭土+膨润土+超细水泥系列和以硫铝酸盐水泥为基材的复合灌浆材料可以满足龙门石窟裂隙防渗灌浆的要求。

从流动性、凝结时间、收缩率、抗压强度、抗渗性、黏结强度、含盐量和产品价格等方面对这4个配方进行比较。

各组配方的优缺点如下：

1）以水硬性石灰为主剂的NHL/CX10—3配方，超细水泥含量为10%，其流动性相对较低、凝结时间短、收缩率较低、黏结强度相对较高，但抗压强度低，可溶盐含量较高，价格成本高。

2）偏高岭土+膨润土+超细水泥的MK/P/S/J—4材料配方，超细水泥含量为20%。其水溶盐含量最低，流动度相对较高，价格成本较低，所需凝结时间较长，但能够符合现场灌浆施工的要求，抗压强度最高，但黏结强度最低，收缩率偏大。

3）偏高岭土+硅粉+超细水泥的S/MK/SN15—42配方，超细水泥含量为15%。其流动性最佳，凝结时间较短，收缩率最低，可溶盐含量低，价格成本最低。但抗压强度和黏结强度较低。

4）硫铝酸盐水泥配方，各项指标接近水泥灌浆材料，但含盐量降低为超细水泥的24%。

国家文物局专家组对室内试验的结果进行了评审，要求对以上配方进行龙门石窟现场裂隙灌浆试验。

### （四）现场灌浆试验

硫铝酸盐水泥配方的现场灌浆性能与水泥接近，未做现场试验。其他3种材料配方的现场试验结论如下。

#### 1. 在裂隙内28天龄期灌浆材料的固化程度

加硅粉的偏高岭土灌浆材料与加膨润土的偏高岭土灌浆材料比较接近，固化程度高于水硬性石灰灌浆材料。水硬性石灰灌浆材料在水灰比大于0.9时，一个月后基本上没有固化，且存在分层度明显的特点；水灰比在0.48—0.9时，固化程度为2种偏高岭土灌浆材料的60%左右。

### 2. 与裂隙面的黏结程度

加硅粉的偏高岭土灌浆材料与加膨润土的偏高岭土灌浆材料比较接近，黏结程度优于水硬性石灰灌浆材料。

### 3. 灌浆材料在裂隙中的填充程度

2种偏高岭土灌浆材料的填充程度较高，水硬性石灰灌浆材料的填充程度低。

### 4. 现场试验确定了龙门石窟的裂隙灌浆工艺和参数

通过现场灌浆试验形成了龙门石窟现场灌浆的工艺流程：

裂隙调查—灌浆孔布置—钻孔—洗孔—插管和封缝—压水试验—压力灌浆—清洗现场—拔管封缝—灌浆效果监测。

现场灌浆效果检测表明，灌浆量与裂隙特征有关，影响灌浆量的因素有裂隙张开度、灌浆压力、水灰比、灌浆材料、裂隙面产状等。龙门石窟的裂隙灌浆机制为充填挤压注浆、渗透填充注浆和挤压劈裂注浆。

适合龙门石窟岩体裂隙灌浆的施工工序为二序孔灌浆。一序孔间距为1m，二序孔间距为0.5m，按同序次等距孔形式布置灌浆试验孔。钻孔直径和孔深分两种方式，对于层面裂隙采用的钻孔孔径为38mm，孔深穿过裂隙面；对于构造裂隙采用的钻孔孔径为16mm，孔深约350mm。

通过现场灌浆试验，确定现场灌浆压力范围0.1—0.4MPa。

通过现场灌浆试验确定可灌性裂隙特征值$\alpha$=0.5mm，即裂隙张开度大于0.5mm的裂隙具有可灌性，张开度越大，灌浆越容易。

由灌浆试验资料分析得到灌浆水灰比参数：水硬性石灰灌浆材料适宜的水灰比0.9—1，适宜的灌浆压力为0.3MPa；加硅粉的偏高岭土灌浆材料适宜的水灰比0.7—1，适宜的灌浆压力为0.2—0.4MPa；加膨润土的偏高岭土灌浆材料适宜的水灰比0.5—1，适宜的灌浆压力为0.2—0.3MPa。

建议对裂隙张开度小于0.5mm的裂隙采用水性环氧树脂材料灌浆。

## 第四节　潜溪寺渗水治理工程施工

2013年10月15日施工人员和机械设备进场，完成施工测量放线等准备工作。在施工过程中采用先进的施工设备、施工工艺和工期施工管理，提高了施工效率。但由于设计变更，增加了新的工程量，工程至2014年5月28日全部完工。工程合同工期120天，实际施工工期170天，工期延长50天。

## 一、工程治理措施

### 1. 治理措施

根据现场施工勘察，施工方与设计方协商，并通过多次专家论证会讨论，最终采取的工程措施如下。

1）潜溪寺顶部人工覆盖层揭除：潜溪寺顶部曾经采用喷射混凝土的办法形成了外包防渗体，2009年为了解决老化问题，在外表面重新涂抹了一层水泥砂浆，但后期勘察发现，人工覆盖层劣化严重，盖层下有地表水渗流，极其容易蓄水，加剧潜溪寺的渗水病害，因此对其进行拆除清理。

2）潜溪寺顶部防渗墙：在南北向排水沟上面的岩体中进行钻孔灌浆，形成一个弧形的防渗墙。

3）潜溪寺窟檐上部南北向排水沟及延伸段钻孔灌浆：采用经专家认可的新型偏高岭土混合灌浆材料进行钻孔灌浆，设有三排灌浆孔，共计61个。

4）潜溪寺窟檐上部南北向排水沟隔水层：用厚约30cm的水泥砂浆在排水沟表面进行找平后铺设土工布，然后用水泥砂浆再次进行找平，最后刷3道防水涂料。

5）潜溪寺坡顶挂柔性防护网：防止潜溪寺坡顶部落石，采用被动式防护网进行防护。

6）潜溪寺顶部山体绿化工程：为了保持潜溪寺顶部岩体与周围环境一致，进行了绿化，在山体上堆填适于生长植物的细土，并在防渗层底边界处修筑三个花台，种植杂草、爬山虎和常青藤。

7）潜溪寺顶部南侧东西向排水沟修建盖板：采用现浇钢筋混凝土盖板。

### 2. 潜溪寺顶部人工水泥盖层揭除和施工期勘察

在专家组的坚持下，施工方克服困难，将潜溪寺顶部的喷射混凝土防渗盖板全部拆除。首次对裸露出来的窟顶岩体进行了详细的施工期测绘勘察，在窟顶布置了4个勘察钻孔和11个辅助勘察孔。详细勘察发现在窟顶的巨厚层白云岩中含有2个破碎的透水夹层，这为后续的设计变更提供了科学依据。

### 3. 潜溪寺顶部防渗层钻孔灌浆施工

由于前期垂直帷幕施工后防渗效果不理想，根据施工勘察揭露的潜溪寺顶部岩体破碎带和裂隙分布情况，潜溪寺渗水的主要通道为岩体破碎带和渗水裂隙。但在压水实验时，潜溪寺北侧冲沟渗水明显，说明潜溪寺山体内存在向北侧冲沟的排泄通道。据此，刘祥友高级工程师提出对潜溪寺的防渗思路进行调整，既要把地下水阻挡在洞窟之外，又要最大限度地利用透水层的透水性能和排水通道，使被阻挡在防渗层外的地下水，顺透水层及排水通道向北侧冲沟排泄。为此在潜溪寺洞窟上方岩体内部设计了雨篷式的倾斜防渗层（图5.34）。倾斜防渗层既能防渗，对原透水层影响较小，且大大减少坡顶防渗的范围和难度。这一防渗设计在施工工艺上实现了创新。该方案的实施最终取得了良好的防渗效果。

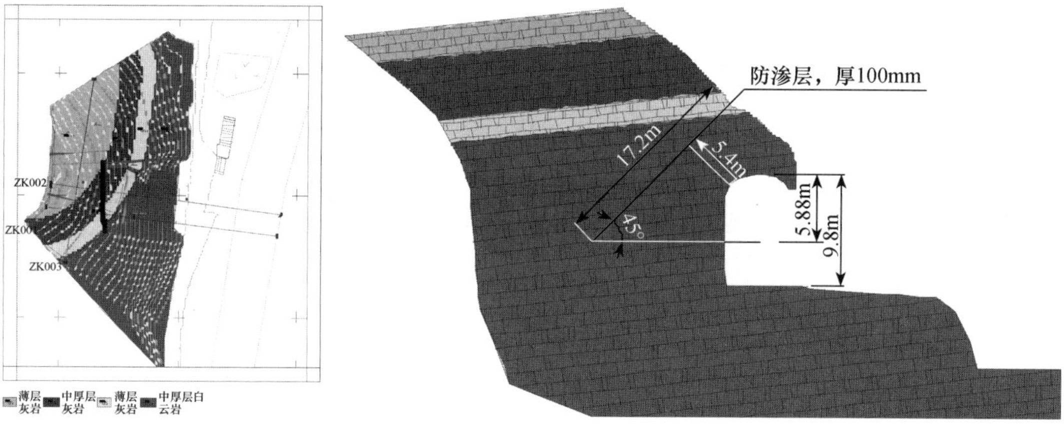


图5.34　雨篷式倾斜防渗层的平面图和剖面图

钻孔：共两排，孔径100mm，总计303个孔，平均深度为20m，钻孔倾角为45°，总进尺为6030m。为保证游客游览的需要，钻孔施工安排在晚上进行施工。

压水：每个钻孔分4段进行压水，每段压水3次，压力分别为0.1MPa、0.2MPa、0.3MPa，每次稳压5分钟，并检查洞窟渗水情况。

灌浆：第一排共灌浆462m$^3$，第二排共灌浆345m$^3$，合计807m$^3$。

在潜溪寺窟檐上部南北向排水沟及延伸段布置钻孔灌浆，其目的是弥补原来的弧形防渗层长度不够的缺陷，使防渗层延伸，跨过透水层，将地下水阻挡在石窟之外，增强弧形防渗层的防水功能。灌浆孔共61个，孔深0.7—3.5m，孔径均为50mm，灌浆孔长度总计为123m。

### 4. 坡面治理

对排水沟做隔水处理，用厚约30cm的水泥砂浆在排水沟表面进行找平后铺设土工布，然后用水泥砂浆再次进行找平，最后刷3道防水涂料，施工面积34.60m²。

对潜溪寺坡面做柔性防护网，对坡面防护区域内的浮土和碎石进行清除，清除面积320m²。铺挂缝合格栅网，格栅网面积共计300m²。

潜溪寺顶部做山体绿化工程，绿化区域包括潜溪寺上部防渗层、潜溪寺上部南侧东西向排水沟和两处花台。用龙门吊运送细土到潜溪寺上部，约20m³，并用细土堆填绿化区域。绿化面积为60m²。为保证潜溪寺顶部施工后与环境协调，对岩体表面采取做旧处理，在较为平坦位置，砌筑挡墙，挡墙内充填种植土，栽植爬山虎。绿化工程完成后潜溪寺顶部与周边环境完全协调一致，解决了第一期工程留下的水泥疮疤（图5.35）。

a）施工前

b）施工后

图5.35　施工前后的环境外貌

### 5. 防渗效果检验

防渗工程施工完成后，采用了三种方式检验防渗效果：

1）在防渗墙外做钻孔压水实验，观察洞窟内是否存在渗水现象；

2）潜溪寺坡顶进行人工降雨实验，持续时间24小时；

3）潜溪寺坡顶每天植草养护，持续1个多月，观察洞窟内渗水情况。

经过上面三种方式检验，洞窟内都无渗水现象。

第二期工程于2014年5月28日完工。经过2014—2017年三个雨季的检验，潜溪寺洞窟基本不漏，取得了很好的防渗效果，是目前国内石窟防渗工程中质量和效果最好的工程之一，工程质量优良。

6. 需要进一步研究的问题

潜溪寺防渗工程完工以后，在暴雨、暴雪和长时间连续降雨的极端天气下，潜溪寺会出现暂时性渗水，但极端天气过后，潜溪寺的防渗系统仍然能有效地阻隔一般的降雨，保持洞窟不漏。

2014年工程竣工后，5—8月，经历了几场连续5天的大、小雨，洞窟内无渗水现象。但到八月底，洛阳开始连续28天下雨，为洛阳50年一遇的降雨，雨量很大。在降雨持续了近28天后，龙门石窟几乎所有洞窟，包括原来不怎么渗水的宾阳三洞，都开始渗水，潜溪寺也出现了渗水，但洞窟内的渗水量比原来大大减少。

产生这种现象的原因还需要进一步的观测和研究分析。

## 二、实际完成施工内容

### （一）搭建安全施工平台

1）搭设脚手架10412.5$m^2$；

2）安全立网280$m^2$；

3）安全通道上部铺设实木板，木板厚30mm，面积共计220$m^2$；

4）窟檐上部沿排水沟临边防护，采用竹笆防护，钢管加固，高3.2m，面积135.2$m^2$；

5）为保证潜溪寺上部防渗层施工，用钢管、松木板搭设施工作业平台，共计45$m^2$；

6）施工人员及管理人员上、下临时通道临边防护24$m^2$。

### （二）潜溪寺顶部人工覆盖层揭除

1）潜溪寺上部高边坡混凝土面层（C30）拆除466$m^3$；

2）为揭开混凝土面层钻孔：孔径100，钻孔120个，长度共计84m；

3）混凝土溜槽（实木板制作、钢管加固）长度为14m；

4）混凝土弃渣外运（10km）350$m^3$；

5）混凝土弃渣人工装溜槽从山上运至地面（高度为21m）350$m^3$；

6）钢筋网片拆除900m$^2$。

### （三）勘察孔

1）钻勘察孔直径91mm，4个；

2）辅助勘察孔直径40mm，11个；

3）勘察孔洗孔1项；

4）勘察孔压水：每个孔分五段压水，每段压水五次；

5）勘察孔内抽水试验1项；

6）勘察孔内水位监测1项；

7）边坡外出水点监测1项；

8）洞窟内出水点监测1项。

### （四）潜溪寺上部钻孔灌浆防渗层施工

1）钻孔：共两排，孔径100mm，总计303个孔，平均深度为20m；

2）封孔：洗孔完成后用高强度的压浆管埋入孔内，然后用高强度砂浆进行封孔，总计303个孔；

3）压水：封孔完成后进行压水，检查洞窟渗水情况，每个钻孔分4阶段进行压水，每阶段压水3次，每次（压力分别为0.1MPa、0.2MPa、0.3MPa）压水5分钟，共对303个孔进行压水；

4）裂隙封堵：压水完成后，对渗水严重的部位（包括石窟外部、内部）进行裂隙封堵；

5）防渗层钻孔灌浆：第一排共灌浆462m$^3$，第二排共灌浆345m$^3$，合计807m$^3$；

6）管口处理：防渗层灌浆管切除、管口防水处理，共切除灌浆管303根，管口防水封堵处理303处；

7）材料、机械转运：根据现场情况，人工向潜溪寺北侧平台位置二次转运灌浆水泥材料、机械865吨。

### （五）窟檐上部排水沟处理

1）钻孔灌浆：潜溪寺窟檐上部南北向排水沟及延伸段钻孔灌浆共布置灌浆孔61个，孔深0.7—3.5m，孔径均为50mm，灌浆孔长度总计为123m；灌浆材料采用中国地质大学（武汉）文化遗产与岩土文物保护工程中心研发的新型混合灌浆材料进行钻孔灌浆。

2）砂石滤水层回填：潜溪寺上部南侧排水沟内回填片石砂子滤水层共计22.65$m^3$。沟内设置的观察孔位置埋设直径90mm钢管一根，长度为3.6m。

3）排水沟隔水层处理：用厚约30cm的水泥砂浆在排水沟表面进行找平后铺设土工布，然后用水泥砂浆再次进行找平，最后刷3道防水涂料，施工面积34.60$m^2$。

## （六）潜溪寺上部防渗层挂柔性网

1）对坡面防护区域内的浮土和碎石进行清除，清除面积320$m^2$；

2）确定锚杆孔位，并在每一孔位处开凿一深度不小于锚杆外露换套长度的凹坑，口径20cm，孔深20cm；

3）钻孔并洗孔，共35个孔，孔深1m，孔径45mm；

4）注浆并插入锚杆，锚杆环套段不能注浆，安装锚杆25根，直径1.5m，安装拉锁10个；

5）安装并张拉、锚固纵横支撑绳，张拉后两端用2—4个绳卡与锚杆外露环套固定连接；

6）铺挂缝合格栅网，格栅网面积共计300$m^2$；

7）铺设高强度钢绳菱形网并缝合。

## （七）潜溪寺顶部山体绿化工程

绿化区域：潜溪寺上部防渗层、潜溪寺上部南侧东西向排水沟、两处花台。

1）用龙门吊运送细土到潜溪寺顶部，约20$m^3$，并用细土堆填绿化区域；

2）防渗层分层堆填，每一次都要浇水，较平整的地方用泥土堆填，保持土壤稳定；

3）在绿化区域种植杂草、爬山虎和常青藤，并用保护膜覆盖防渗层绿化区域，保持水分。

## （八）潜溪寺顶部南侧排水沟回填砂石的清除

2014年4月18日，持续的强降雨，造成潜溪寺南侧壁出现渗水，为查明原因，需要将潜溪寺顶部南侧排水沟内回填的砂石挖除。

1）挖除的材料：由下至上依次为片石、沙子；

2）挖除的方法：人工挖除、装袋、堆放至防渗层上部边坡位置，由于窟顶空间小，无堆放场地，为保证安全和环境整洁的需要，需要进行装袋堆放；

3）工程量：

① 开挖槽1：宽0.95m，长6.9m，平均深2.2m，体积$V_1$=0.95×6.9×2.2=14.421$m^3$；

② 开挖槽2：宽1.2m，长4.9m，平均深1.4m，体积$V_2=1.2\times4.9\times1.4=8.232m^3$。

## （九）潜溪寺顶部南侧排水沟修筑盖板

2014年5月潜溪寺南侧排水沟现浇混凝土盖板（图5.36）及运输建筑垃圾发生工程量如下：

1）浇筑现浇混凝土板$14\times1.35+3.5\times8=46.9m^2$，坡度为45°。现场搅拌混凝土$3.26m^3$（人工搅拌混凝土）；

2）绑扎钢筋587kg；

3）安装模板$21.7m^2$；

4）完成钻孔272个，每个孔孔深为50cm；

5）完成直径18mm的二级钢筋植筋272根；

6）施工工作面坡度为45°；

7）施工前，清理排水沟内浮土消耗10个工日；

8）二次转运材料：排水沟浇筑前，潜溪寺上部岩体浇筑位置人工运送水泥、钢筋、模板等施工材料共计3吨，仓库设置地点位于魏湾村，从仓库运至潜溪寺所在位置路程为1700m，施工单位采用斗车运输材料至万佛洞下方道路位置。然后，采用人工将钻机运至高边坡搭设的施工平台位置，运输总高度为15m，距离35m，搭设的临时施工便道坡度为70°（图5.37）；

图5.36　排水沟盖板制作

图5.37　运送水泥至工作面

9）应业主要求，将原来上部的石块、施工产生的石粉外运至龙门石窟景区外10km以外的建筑垃圾处理场，共计运送$12m^3$。

### （十）潜溪寺上部高边坡做旧处理

为了保证潜溪寺上部高边坡与周围环境协调，对高边坡混凝土面层表面进行做旧处理，做旧面积约87.91$m^2$，在施工前要对坡面进行清理和浇水湿润。

## 三、工程验收

### （一）工程自检情况

工程于2014年5月28日完工，于2014年6月5日进行了自检。自检评定工程外观质量良好，工程总体质量合格。工程竣工后，经历了5天内几场大、小雨，洞窟内无渗水现象，到八月底，洛阳开始连续20多天下雨，雨量较大，为洛阳50年一遇的降雨。龙门石窟各洞窟在降雨持续了近20天后，几乎所有洞窟内开始渗水，包括原来很少渗水的宾阳三洞，但潜溪寺洞窟内渗水量比原来渗水量大大减少。

### （二）工程验收

“潜溪寺渗水治理保护工程”与“擂鼓台水害治理工程”“奉先寺至万佛洞段保护工程”三个项目是共同验收的，验收的相关内容见第四章，这里不作重复。

### （三）工程效果评估和认识

1. 工程效果评估

图5.38为潜溪寺治理前后的效果对比。

2. 几点认识

1）工程全过程采用专家团队指导。

由于潜溪寺裂隙、岩溶发育，地质结构复杂，地下水病害严重，根据岩土工程施工的特点，除采用全过程信息法施工外，龙门石窟研究院为潜溪寺渗水病害治理工程，组织了专门的专家团队，施工期间召开了多次专家咨询论证会，在关键技术节点上及时向专家团队咨询，广泛征求他们的意见，确定后续的施工方案。在遇到问题和困难时，及时请专家到现场指导。龙门石窟研究院严格的项目管理，确保了工程的质量。

2）要重视施工期勘察。

施工期勘察是渗水病害防治工程的重要环节，通过施工期勘察可以及时发现问

a）治理前　　b）治理后

图5.38　潜溪寺治理前后对比图

题，变更设计，及时解决问题。在今后的渗水病害防治工程设计中应该增加施工期勘察预算，确保工程质量。

3）潜溪寺渗水病害防治工程取得了材料创新，研发的新型偏高岭土裂隙防渗灌浆材料经龙门石窟现场实践获得了成功，该材料具有可灌性好，防渗效果好，绿色环保，无副作用等优点，经国家文物局专家认可，目前正在国内同类型石窟防渗工程中推广使用。

4）潜溪寺渗水病害防治工程取得了工艺创新，首次在国内采用洞窟上方岩体内部设计雨篷式的倾斜防渗层灌浆工艺，取得了很好的防渗效果，具有推广价值。

# 第五节　项目相关保护研究

## 一、龙门石窟洞窟渗漏水治理的认识

20世纪50年代龙门石窟开始有计划地开展石窟保护工作，将围岩崩塌、洞窟渗漏、石窟风化明确为龙门石窟的“三大病害”，经过70—80年代实施的奉先寺等重要洞窟抢救性保护工程、1986—1992年实施的东、西两山的综合保护工程，龙门石窟得到了有效保护，重点解决了石窟崩塌，消除了大部分威胁石窟稳定性的隐患。但是，洞窟渗漏、石窟风化等病害仍然普遍存在，尤其洞窟渗漏在大、中型洞窟表现明显。调查表明，在龙门石窟的两千余大、小窟龛中存在明显渗漏现象的有344个，占比15%，且岩体开裂破碎、岩体表面风化、岩溶覆盖、生物滋生等病害的发生发展都与洞窟渗水有着直接或间接的关系，因此洞窟渗水治理一直都是龙门石窟保护的重点工作。

### （一）洞窟渗漏的机理与作用影响

龙门石窟的窟龛一般位于稳定的地下水位以上，因此认为石窟渗水均为大气降水形成的暂时性渗水。降水通过岩体的层面裂隙、卸荷裂隙、构造裂隙、岩溶构造等构成的渗流网络，形成渗流，进而影响石窟。

从渗流的通道来看，层面裂隙和卸荷裂隙两类构造对洞窟影响最大，首先是层面裂隙。山体的裂隙渗水沿层面裂隙由南向北渗流。大多数石窟沿崖壁开凿，垂直崖壁走向，与岩体沉积层理面斜交，石窟的开凿截断了石窟区域岩体层理面的渗流通道，成为层面裂隙面的排泄空间，当石窟截断的层理面中存在裂隙渗流时，裂隙水就在石窟内出露，形成渗水病害。与岩体沉积层理的发育相关，南壁面较北壁面严重，层理面渗水是龙门石窟最主要的裂隙渗水形式。

再者是卸荷裂隙。根据勘察，龙门石窟崖壁岩体15m区域内发育有7—9条卸荷裂隙，0—2m区域比较密集，一般2—3条，其特点是裸露，延伸长，并且随着崖壁坡度变化，下缓上陡，卸荷裂隙大多切穿石窟岩体，卸荷裂隙与层面裂隙相互交切共同构成裂隙渗流网络。对某些洞窟，卸荷裂隙渗水是主要渗水通道，比如潜溪寺石窟，顶板裂隙渗水主要来自卸荷裂隙渗水。

从渗流的时间来看，面临伊河的岩壁大多裸露，直接接受降水，渗透途径短，入渗洞窟的渗水持续时间相对较短；而通过石窟区山顶下渗的降水，要通过山顶具有中、强渗透性的第四纪堆积物，加上山体缓倾，植被发育，延长了大气降水的滞留与下渗时间，这部分降水大部分通过各种连通裂隙及岩溶通道下渗形成潜水，以泉群等形式向伊河排泄，其中一部分汇入石窟内造成洞窟渗水，这种对石窟文物构成重要影响的渗水具有滞后性，持续时间相对较长。

在龙门石窟，可以将渗水的破坏作用分为力学作用、化学作用、生物作用，其中以化学作用最为明显。由于石窟位于灰岩、白云岩中，渗水在岩体内运动时发生溶蚀作用，使洞窟岩体中形成大小不同的溶孔、溶隙或溶槽，造成立壁的空架结构，破坏了岩体和雕刻品的完整性；流出岩体之后，物理化学条件发生改变，溶蚀物在洞窟雕刻品表面重新形成碳酸钙堆积覆盖，使石窟丧失艺术价值；岩体中的层面充填有较多的铁锰质，当渗水通过时，这些铁锰质溶于水中而带至石窟表面，并在空气中发生各种化学反应，形成铁红色、褐黄色、黄褐色等颜色，严重污染文物；渗水还加剧了洞窟内温湿度的改变，参与到化学风化的各个环节，加速了化学风化的速度。

关于力学作用。石窟的开凿，切割了山体裂隙并在洞窟壁面形成排泄口，当雨季到来时，形成连续性涌水。连续性水流具有动力冲刷的破坏作用，造成石窟表层风化层脱离、流失。另一种力学作用是静水压力，渗水在岩体卸荷裂隙内部两壁形成垂直于卸荷面的水压力，不利于岩体的稳定，特别是在四壁角、窟顶等应力状态比较复杂的部位，当渗水在这种裂隙中充填时，会形成静水压力，造成石刻的失稳。

生物作用表现明显，在石窟内部，不直接接受阳光照射且温差变化相对较小的底层、角落部位，只要有水补给，极适宜于苔藓等生物生长，苔藓等生物生长形成的酸性物质对石窟表层具有一定的破坏作用，并在石窟表面形成粗糙的灰绿色或灰黑色附着物。

2011年，《国家文物博物馆事业发展“十二五”规划》公布，实施世界文化遗产保护维修工程，加强世界文化遗产地工程管理的力度进一步加强，借此机遇，龙门石窟将洞窟渗漏水治理作为“十二五”乃至以后一个时期的重点工作，组织实施了多项渗漏水治理工程。

### （二）洞窟渗漏水治理的实践

龙门石窟洞窟渗漏水治理工作集中于两个时期，第一个时期是1985—1992年的五年综合治理时期，重点针对西山大型洞窟及周边岩体采取裂隙灌浆封堵，开挖排水沟，窟顶修筑防渗覆盖层，加装雨篷窟檐等措施；第二个时期是2012年后，根据水文地质特征将龙门石窟东西两山划分为七个片区，相继实施了擂鼓台区域渗漏水治理工程、奉先寺北至万佛洞区域渗漏水治理工程、潜溪寺渗漏水治理工程等，截至2016年完成了三个片区的渗漏水治理主体工程。2019年开始实施东山万佛沟区域综合治理一期工程。

#### 1. 潜溪寺区域渗漏水治理工程

龙门石窟历次渗漏水治理工程都会把潜溪寺列为重点洞窟，在潜溪寺开展的保护工作诸如洞窟病害调查、洞窟内外的环境病害监测、洞窟测绘与地质调查、表面病害修复试验、保护材料（防渗灌浆材料）及施工工艺试验、保护工程施工等，涉及石窟保护全方位的工作，保护研究的广度和深度也最为突出。

近三十年来，潜溪寺开展过三次大型的保护工程：

（1）1990年潜溪寺石窟渗水治理

在1987—1992年的龙门石窟“五年综合治理工程”中，为解决潜溪寺的洞窟渗漏问题，相继采取了拆除封闭式窟门、重建敞开式仿古木构窟檐，裂隙灌浆、封堵，窟顶清理，铺设钢筋网板水泥混凝土防渗层等措施，在一段时间内，治理效果明显。但经过十年左右，潜溪寺裂隙渗水病害又重新产生，而且越来越严重。

（2）2007—2008年潜溪寺石窟水害治理

在联合国教科文组织“龙门石窟保护修复工程”中，根据潜溪寺的水文地质条件，（潜溪寺北侧发育一条断层F2，南侧发育一条延伸较长的J1构造裂隙，两条构造迹线分布在潜溪寺左右两侧，形成相对独立的地貌单元）提出了将潜溪寺作为一个相对独立的水文地质单元进行治理的设计理念，探讨从水源治理上解决洞窟渗漏的治理技术、措施。

潜溪寺石窟受水面积大，裂隙水来源途径多，地质结构比较复杂，单一的治理措施无法达到治水目的，必须采取综合的治理措施。潜溪寺裂隙水治理的设计思想是以疏导、排泄降水和截断裂隙水渗流为主，以从窟内裂隙封堵防止裂隙水在窟内出露为辅，两者结合全面治理。

根据影响潜溪寺石窟渗水的区域的特点，采取了五个方面的治理措施：截水、排水沟和钻孔高压帷幕灌浆措施；窟顶坡体防渗排水措施；窟外崖壁区域岩体裂隙封堵措施；石窟南侧坡体岩体裂隙灌浆、封堵措施；窟内裂隙封堵措施。

由于其中的关键措施帷幕灌浆的效果没有达到设计理想，同时工程的工期和资金又有所限制，潜溪寺的治理效果没有很好地呈现，成为项目专家和参与者共同的遗憾。

（3）2013—2014年潜溪寺石窟水害治理

在总结潜溪寺以往渗漏水治理的经验后，2013年重新启动了新一轮的治理工程。总结认为新的工程应是前期渗水治理工程基础上的延续，认为将潜溪寺作为一个相对独立的水文地质单元，以疏导、截断裂隙水渗流为主要技术措施的设计理念仍然是准确的，应该坚持，只是要在更加细致的施工勘察基础上，确定裂隙水的渗流模式，确定防渗层的精准设计。

最终实施的治理措施主要有：潜溪寺三维立体扫描与数值建模；潜溪寺顶部人工覆盖层揭除；潜溪寺现场钻探和钻孔注水试验；潜溪寺上部布置弧形防渗层，采用钻孔灌浆实施；潜溪寺南排水沟处理措施；潜溪寺顶部采用SNS柔性被动防护网加固上部裸露岩体；生态恢复工程等。

2014年潜溪寺渗漏水治理主体工程完成，后经历了多次降雨，在降雨期，洞窟状况普遍较好，仅在2014年、2015年各有一次极端天气情况下有渗漏水出现，且渗漏水量也明显少于治理前，经过补充施工后，潜溪寺未出现洞窟渗漏现象，因此认为本次潜溪寺的治理效果显著，质量优良，于2016年10月顺利通过专家验收。

### 2. 奉先寺北—万佛洞段渗漏水治理工程

奉先寺北—万佛洞段的主要洞窟有万佛洞、双窑、惠简洞、老龙洞、莲花洞、魏字洞、唐字洞等。该段洞窟分布区的顶部是由河流阶地形成的缓坡平台。该平台构成了本区段内地表水体汇聚、滞留的良好条件，导致了奉先寺北—万佛洞段的石窟渗漏水相对比较严重。

1988年，在龙门石窟的综合治理工程项目中，针对此平台曾做过混凝土防渗铺盖处理，做了下层沥青和上层铺盖黏土，并在表层植以草皮的措施。在后续的维护工作中，发现部分保护措施已经失效，又进行过一些补救工作。上述工作对本区段的石窟保护起了一定的积极作用。但是，随着时间推移，平台上的混凝土防渗铺盖层开裂失效，石窟内部渗水不断加剧，亟待采取治理措施。因此，有必要在总结前人的宝贵治理经验的基础上，重新设计更加合理有效的防渗治理方案。

在地形图测绘、工程地质勘察、水文地质勘察、洞窟渗水病害调查和室内试验的基础上，完成了保护方案的设计。设计的目标是通过治理，有效实现平台汇集的地表水有序流动，大幅度减少平台上水体的下渗量，从而减少石窟内部的水量，达到防渗目的。治理的主要内容有：地表水体的拦截与疏导、平台防渗处理、平台上方坡体裂隙防渗治理，工程于2011年10月至2014年5月实施，洞窟渗漏水状况得到较大改善。

### 3. 擂鼓台区域渗漏水治理工程

龙门石窟擂鼓台位于龙门东山石窟区的南端，为东山石窟区开凿较早、规模较大的一组洞窟，由北、中、南3洞及窟外崖面多个小龛构成相对独立的区域。

该区域受地形与地质条件控制，历经自然营力与人为因素的影响破坏，洞窟又常年缺乏日常维护，洞窟渗水量大，渗水病害严重。在龙门石窟五年综合治理工程项目中，曾经对该区域石窟进行过渗水治理，对石窟保护起了一定的积极作用。但是近年来，石窟内部渗水不断加剧，亟待采取治理措施。

该区域总的设计思路，主要是通过截断来源、合理引导等措施减少入渗量，待渗水明显减缓后，对石窟内部进行裂隙灌浆处理。

擂鼓台水害治理方案的主要内容如下：裂隙灌浆、地表裂隙清理、平台防渗工程、窟崖表面流截断治理工程、南窟窟顶特殊治水防渗工程，本项目于2011年10月至2014年5月实施，取得了较好的治理效果。

### （三）渗漏水治理工程的总结

纵观龙门石窟近三十年的渗漏水治理实践，无论是监测手段、勘察技术，还是设计思想、灌浆材料、施工工艺，还包括对渗漏水治理工作的认识，都有了较大的提高，也正是因为多年坚持不懈地实践，才取得了一定的治理效果。

#### 1. 截、导结合，致力于长远解决洞窟渗漏状况

截、导、堵是石窟渗漏水治理的传统思路，如果仅仅从洞窟外部采取排水沟、防渗层，在洞窟内封堵裂隙的方法，只能暂时性地解决一部分问题，绝非长久之计。渗漏水治理工程，以截断裂隙渗水水源为目的，探索长久、有效治水的措施和方法，将一个相对独立的水文地质单元作为治理对象考察渗流系统，治理措施分步骤实施，首先是设计窟外的截水，从窟外截断裂隙水的入渗通道，其次将水通过适合的排泄通道导出，最后防线才考虑在窟内做裂隙封堵。这一思路是在2007年联合国教科文项目潜溪寺治理工程当中提出的，一直贯彻到以后的洞窟治理工程上。

#### 2. 施工勘察为技术路线的调整提供了方向

在渗漏水的治理工程中，特别体现出勘察的重要性，每一次技术路线上的变化都来自勘察的全面和深入。潜溪寺区域岩体结构复杂，层面裂隙、构造裂隙、卸荷裂隙纵横交错，相互连通，其中又以层面裂隙和卸荷裂隙组成的渗流结构对洞窟渗漏影响明显，加之石窟顶部受水面积大，来源多，洞窟渗漏时间表现不一，渗流途径极为复杂，一般性的地质勘察、调查远远不能满足治理工程的需要。因此在治理施工中，运用了传统的现场调查结合先进的物探手段，对洞窟进行了多次反复的勘察试验，最终确定了相对科学合理的渗流通道地质模型，为渗漏水的治理提供了理论依据。

在潜溪寺水害治理保护研究过程中，先后做过四次勘察工作：一是对潜溪寺顶部人工混凝土防护体现状进行调查；二是采用物探技术对潜溪寺顶部深部岩体研究，为了查明潜溪寺的地质结构和渗流通道，对窟顶原有混凝土防渗层进行了彻底的揭除，露出原岩；采用地震探测、高密度电法、地质雷达探测等多种物探技术和地质钻孔方法对石窟区岩体结构构造特征进行分析研究，并在窟顶设置勘察孔，进行压水试验，分析渗流途径；三是对南侧浅部截水沟的现状进行了调查并做了渗水试验；四是施工阶段的补充勘察和钻孔注水试验。正是在如此反复和精细的勘察基础上，才提出在保

留原来的水文地质特征，不破坏原来的渗流体系的基础上，在潜溪寺上部布置弧形防渗层，实施帷幕灌浆的防渗治理技术路线。

3. 适合的材料奠定了治理的基础

关于裂隙灌浆材料，龙门石窟历史上曾经采用过的主要有水泥、环氧树脂两类。近年来通过对历史灌浆材料研究表明，水泥易产生老化问题，碳化后孔隙率增加，并析出难以清理的可溶盐，参与石窟表面风化；环氧树脂是20世纪洞窟内部裂隙封堵主要采用的材料，1971—1974年、1975—1985年、1987—1992年龙门石窟加固维修工程中，都使用了这种材料。自然条件下，环氧树脂除了会出现老化问题之外，作为一种有机材料，与裂隙表面附着的大量泥质、钙质沉淀等物质衔接较差，是造成洞窟重新渗水的主要原因之一。因此选用适合的灌浆材料是防渗工程中的关键。

4. 多次补充施工完善治理成果

洞窟渗漏水的治理是一项复杂的系统工程，需要分步骤、分阶段、渐进式地进行，甚至需要反复进行，一次性解决所有问题不切实际。面对工程存在的纰漏，只能正视问题，不断解决出现的新问题，才能逐步达成目标。

5. 注重石窟保护工程与石窟环境的协调

1990年的潜溪寺治理工程，从洞窟渗漏水现象严重的现实出发，修建了窟顶防渗盖板，修建了仿唐窟檐，修筑了窟顶排水沟，但是，盖板、窟檐等附加建筑物对石窟环境有一定的改变，出现了一些不同的意见和看法。而2007年开始的再次治理工程，着重考虑了治理工程与环境的协调问题，努力体现不改变原状、最小干预原则，治理措施尽量体现为隐蔽工程。2013年的工程中拆除了对景观影响较大的水泥覆盖层，工程后挂网植草，恢复原有生态景观。

### （四）工程对今后龙门石窟洞窟渗漏水治理的启示

潜溪寺等区域的渗漏水治理工程既是一个保护工程，也是一个不断探索、不断深入的研究过程，其中洞窟微环境监测、历史保护信息的收集、病害档案的建立、重要病害监测、地形测绘和地质勘察以及材料试验等研究内容，涉及与保护工程相关的各个方面，并且每项研究都进入到相当的深度，得出了相应的研究成果，为今后的洞窟治理提供了宝贵的经验。

第一，对洞窟渗漏水治理应该有一个较为客观的认知，从潜溪寺渗水的治理实践上可以看出，洞窟渗漏治理的难度极高，想要准确判断洞窟渗流模式，存在技术和经验等方方面面的难度，且存在反复性，因此对问题的复杂性应有充分的计划。

第二，治理的程度需要一个判断的标准，洞窟的渗漏水来自复杂、多元的渗流通道，而任何治理措施都有针对性，如果主要的治理措施解决了主要的渗漏通道，大大地减少了渗流量，就可以认为这个措施的成功，希望一次性就解决洞窟渗漏问题也是不科学的。另一方面，将一个洞窟从渗漏严重改变到滴水不漏，是否是一个最好的结果，可能还需要专门的研究才能回答。

第三，渗漏水治理工程治理区域的选择不宜过大，即便是一个相对独立完整的水文地质单元，对于单个洞窟而言，也有其独特性，要在大环境下做到逐一甄别。对于难度较大的治理工程可考虑分期实施，前期的治理效果作为后期实施的基础。

第四，治理工程的前期研究尽可能细致、全面，不能急于求成。如在地质勘察方面，除了总体勘察之外，可能还需要施工勘察、专项勘察等，在施工的各个阶段都可能出现勘察需求。在保护材料方面，应重视材料施工工艺的研究，尤其是现场施工，考虑与实验室的误差等。

第五，洞窟监测是长期的研究工作，应贯穿于保护工程的始终，不仅是石窟及其环境保存状态的记录，也是工程活动合理与否的验证，监测不求大而全，必要、合理即可，体现与实际目标的关联性，满足监测最终的核心要求。

在潜溪寺、擂鼓台、万佛洞区域渗漏水治理工程实施的同时，龙门石窟也开展了奉先寺区域、奉先寺以南区域、宾阳洞至摩崖三佛区域、东山万佛沟区域等其余四个片区的渗漏水治理工程的准备工作。

## 二、龙门石窟预防性保护的探讨

文物预防性保护概念的最早提出主要是针对博物馆文物环境的控制，其后扩展至博物馆文物的宏观决策、经费投入、场馆建设、展厅与库房设置以及对文物采取的整体环境、保存展示小环境的控制，甚至到文物提取、包装、安全保卫措施等。概括地讲是指通过评估博物馆和档案馆藏品的风险，采取必要的风险管理措施和方法，从而避免或减少藏品未来的受损或褪变。而将预防性保护概念进一步扩展至石窟寺保护领域，则是近年来的新概念。从国家政策层面，国家明确支持文物保护由抢救性保护向抢救性与预防性保护并重、由注重文物本体保护向文物本体与周边环境整体保护并重转变。石窟寺保护作为我国文化遗产保护中一个重要的领域，也已经开始注重由抢救性保护逐渐转向预防性保护的探讨，2017、2018年由中国文物保护基金会科技保护专项基金主办的两次专业会议更是明确提出了石窟寺的预防性保护、监测评估理论体系建立以及风险管理等石窟寺保护面临的新的课题。

“建立不可移动文物风险监测及评估体系”的岳阳学术研讨会认为：需要明确各类不可移动文物面临的风险和存在的威胁，研究不可移动文物应用风险管理理论，构建不可移动文物风险监测及评估体系，以减缓或降低各类风险对不可移动文物带来的危害。“石质文物预防性保护及风险管理”云南剑川学术研讨会进一步强调：应加紧构建不可移动文物风险监测及评估体系，推进相关保护标准、规范的制定，并积极推广应用。针对当前石质文物保护存在的问题，应加强基础研究，包括日常维护、抢救性保护、预防性保护以及风险管理等方面。

石窟寺的保护区别于馆藏可移动文物的保护，一是石窟寺的不可移动性，二是其保存环境依存于露天的自然环境（地质环境和大气环境），石窟寺与其赋存环境是一个整体，石窟保护是石窟与其环境的整体保护。石窟寺因其本身特性、保存环境与馆藏可移动文物的不同，相应的保护管理运行方式也必然存在较大的差异，从石窟寺保护的历程可以看出，石窟寺的保护首先是基于稳定性等重大安全隐患的抢救性保护，抢救已经坍塌的或行将坍塌的洞窟、雕像，使石窟处于一个相对安全稳定的状态，其次才是有计划地对石窟进行各种调查、监测、研究以及主动性地开展岩体加固、洞窟渗漏水治理、防风化治理等措施。相对于抢救性保护，所谓石窟的预防性保护，应该是指在石窟尚未发生重大病变之前，在石窟本体与环境监测、评估的基础上，有计划、主动地开展保护工作。

龙门石窟从20世纪50年代建立管理机构开始，开展了数十年的科技保护工作，大量抢救性保护保证了龙门石窟目前基本稳定的保存状态，其间也开展了石窟监测、调查、研究等属于预防性保护的范畴，总结龙门石窟在石窟监测、保存状况调查、灾害评估等方面的一些工作，希望有助于石窟寺预防性保护概念的建立以及对监测评估体系、风险管理制度等问题的思考。

## （一）龙门石窟的预防性保护

石窟寺预防性保护的涵盖面大，内容丰富，下面仅从龙门石窟开展的遗产监测、保存状况调查、日常维护等方面，做出总结。

### 1. 龙门石窟的监测

对石窟文物本体状况、本体病害以及石窟保存环境的监测是石窟保护一项最基础性的工作，它可以使我们了解石窟的保存状况和变化情况以及与这些变化相关的环境因素；同时，监测也作为一种研究手段，针对石窟特种病害采取的研究性监测，可以探究石窟文物发生病害变化的原因，了解病害发生发展的趋势，进而提出保护修复措施。

龙门石窟的监测始于20世纪60年代，形成规模是在申遗后的国际合作项目实施中，至2013年监测预警体系得以建立。其中监测的核心内容是对龙门石窟区域环境、洞窟微环境、文物本体病害、大气环境质量等进行连续自动监测，通过无线传输汇入监测平台（图5.39、图5.40）。

图5.39　龙门石窟气象观测场

图5.40　风化监测

龙门石窟重点区域环境和主要洞窟文物病害是体系监测的重点，区域环境监测内容包含：石窟区域环境温湿度、风向、风速、大气降水、光强、土壤含水率、震动、河水、泉水等。文物本体病害监测包括：洞窟环境温湿度、洞窟渗漏水、凝结水、风化、岩体稳定性等。根据龙门石窟自身特点和需求，设计了风化、渗水等方面的研究性监测内容。如利用红外成像技术对洞窟渗漏水进行监测，突破了传统照相等手段的局限性，不仅能够全天候不间断监测记录，而且可以近似模拟渗漏水量，满足了定量监测的需求；利用高精度工业摄像机对典型风化雕刻进行连续监测，长期观察风化状况，进行风化速度的定量研究（表5.8）。

**表5.8　龙门石窟监测体系各期实施情况汇总**

| 时间 | 监测位置 | 监测内容 | 监测指标 | 传感器数量 | 指标数 |
| --- | --- | --- | --- | --- | --- |
| 一期2013年11月开始 | 万佛洞和奉先寺两个监测点位 | 分为环境（综合气象、土壤含水、微环境、噪声）、稳定性、渗漏水、风化等4个监测类型 | 温度、湿度、风速、风向、气压、雨量、总辐射、壁面温度、土壤水分、噪声、裂隙、倾角、渗漏水、紫外线、风化 | 29 | 35 |

续表

| 时间 | 监测位置 | 监测内容 | 监测指标 | 传感器数量 | 指标数 |
|---|---|---|---|---|---|
| 二期2014年4月开始 | 潜溪寺、宾阳北洞、万佛洞、极南洞、牡丹园、擂鼓台、看经寺、白园等8个监测点位 | 分为环境（综合气象、土壤含水、酸雨、空气质量）、微环境、稳定性、渗漏水、风化、凝结水、震动等7个监测类型 | 温度、湿度、风速、风向、气压、雨量、总辐射、壁面温度、土壤水分二氧化碳、$SO_2$、$NO_2$、PM2.5、负氧离子、裂隙、倾斜、渗漏水、风化、凝结水、pH | 50 | 76 |
| 三期2015年11月开始 | 西山入口、监测中心、潜溪寺、宾阳洞、敬善寺、奉先寺、皇甫公窟、西山路洞、极南洞、西山顶部、西山码头、伊河水、东山入口、西方净土龛、千手千眼观音龛、看经寺等16个监测点位 | 分为环境（地下水位、水质）、微环境、稳定性、渗漏水、风化、游客量等6个监测类型 | 温度、湿度、壁面温度、地下水位、pH、电导率、溶解氧、水温、紫外线、风化、裂隙、倾斜、渗漏水、游客 | 54 | 56 |
| 四期2016年11月开始 | 潜溪寺、宾阳中洞、万佛洞、奉先寺、西山南北侧、牡丹园、伊河水、擂鼓台、看经寺、白园、东山南北侧等11个监测点位 | 分为环境（蒸发量、水位、二氧化碳等）、渗漏水、震动、凝结水等4个监测类型 | 温度、湿度、二氧化碳、蒸发量、水位、渗漏水、凝结水、震动 | 25 | 27 |

在众多监测项目和指标中，洞窟的渗漏水、危岩体（裂隙）与石窟的安全性、稳定性关系最为密切，直接关系到石窟保护计划的制订和保护工程的设计安排，是石窟寺预防性保护的前提要素。

以潜溪寺为例：龙门石窟潜溪寺位于龙门西山，自北端开始的第一个大型洞窟，同时也是龙门石窟大型洞窟中病害最为严重的洞窟之一。针对石窟病害的主要原因，即石窟岩体的变形和长期渗漏水作用，重点监测了洞窟岩体的变形和渗流状态及其变化，内容包括石窟岩体内部水平位移、石窟岩体裂隙开度、石窟岩体内部渗透水压力、渗水流量等（图5.41、图5.42）。

图5.41　潜溪寺裂缝计安装现场

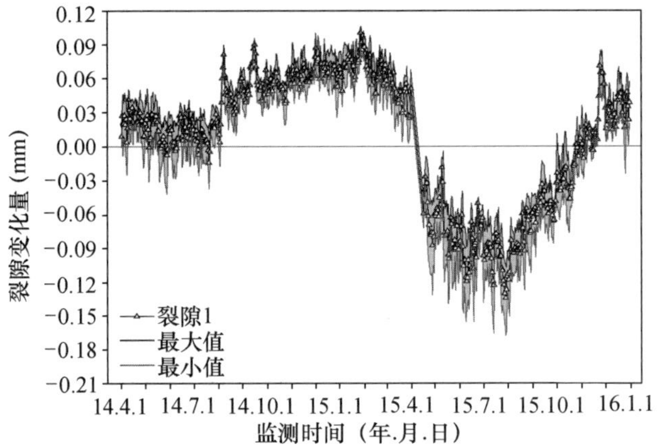


图5.42　潜溪寺裂隙1日平均变化量与波动范围

潜溪寺内外安置裂缝计3个，标注为裂隙1、裂隙2、裂隙3，分别位于潜溪寺洞顶东侧、潜溪寺洞顶东北角和潜溪寺洞口北侧。监测始于2014年4月2日。监测数据为裂隙相对位移的变化量，正值表示裂隙相对位移在增大，负值表示裂隙相对位移在减小。经监测数据分析，得出以下结论：潜溪寺3处裂隙均表现出一定的周期性，符合岩体的热胀冷缩特性；三处裂隙年度变化趋势相同，均为2014年幅度小，2015年幅度大，导致裂隙均略有缩小；裂隙2监测期间变化范围较大，特别是夏季缩小幅度较大，裂隙1和裂隙3的变化范围较小，与岩石固有特性和所处位置有关。通过潜溪寺的渗漏水和裂隙监测，可以验证保护工程的效果，为潜溪寺的长期保护提供依据。

### 2. 龙门石窟保存状况调查

龙门石窟区岩石属于寒武纪、奥陶纪和石炭纪地层，地层层厚大，岩性为石灰岩、白云岩，主体矿物系方解石和白云石，其力学强度适中，具有较强抗风化能力，同时易于开凿。但是层面裂隙、构造裂隙、卸荷裂隙发育，主导着石窟渗漏水病害的发展，石灰岩的可溶蚀性，又决定了石窟溶蚀病害的发生。

龙门石窟从开凿之初就与各种地质病害相伴相生，地质病害的发生发展和石窟的保存状况息息相关。2010年以后，为全面认识龙门石窟的保存现状，完善洞窟的保存状况档案，启动了龙门石窟保存状态调查工作，主要从地质病害的角度，对每个洞窟的保存状况进行记录、评价，以期为龙门石窟的保护规划服务，为以后的洞窟地质病害治理提供依据。调查将龙门石窟东西两山近2km长范围内的洞窟、按照不同地层结构分成7个区段进行调查。内容包括洞窟裂隙、渗水、岩溶、危岩体、生物病害、风化病害等，调查各洞窟主要病害类型，病害发育程度及形成的初步机理，对病害的趋势进行预测，对洞窟保存状况等级进行划分，并提出应对措施。

文物本体影响评估主要评估病害对文物本体，如造像、碑刻等影响，如危岩体本身即为文物本体，则病害对文物本体造成直接破坏；而危岩体破坏不会对文物本体损坏则评估为间接破坏。根据破坏程度可以评估为严重、比较严重、一般及较弱（轻微）（表5.11、图5.43）。洞窟本体完整性是衡量石窟保存状态的重要指标，洞窟本体完整性主要指洞窟内造像、题刻等完整性评估。洞窟形制完整性与本体完整性具有一定相关性，前者是后者的基础，但部分形制完整的洞窟，却存在比较严重的本体完整性问题，因此本体完整性也单独列出讨论（表5.9、表5.10）。

**表5.9 洞窟形制完整性评估表**

| 编号 | 命名 | 定义 | 典型洞窟 |
|---|---|---|---|
| A | 完整 | 洞窟整体形态完好，极易辨别洞窟组成与形制，一般窟檐、窟门、窟顶等关键受力部位基本完好 | 潜溪寺、宾阳三洞、奉先寺等 |
| B | 局部破损 | 洞窟局部破坏，但整体形态可辨，极易恢复洞窟原始形制，主要破坏为窟檐、窟门、窟顶等部位 | 大部分洞窟 |
| C | 缺失 | 洞窟一侧及以上坍塌破坏，洞窟原始形制毁坏，洞窟进深等关键参数难以取得等 | 擂鼓台南洞、西方净土变龛等 |
| D | 残存 | 洞窟位置可辨，但基本不存在文物本体 | |

**表5.10 本体完整性评估表**

| 编号 | 命名 | 定义 | 典型洞窟 |
|---|---|---|---|
| A | 保存完好 | 洞窟形制A或B类，洞窟内造像与雕刻品较完整，主体造像的头、手大部分完好，造像人物身份容易辨认 | 潜溪寺、宾阳三洞、奉先寺等 |
| B | 基本完好 | 洞窟形制A或B类，造像分布位置清晰，主要破坏部位为头、手，身体大部完好，主佛身体完好，其余造像整体盗凿或者整体缺失数量少于1/3 | |
| C | 损毁中等 | 洞窟形制C类，均属于此类，洞窟形制好于C类的，主要根据造像完整性进行评估，主佛头、身破损，其余造像整体缺失数量大于1/3 | 千手观音 |
| D | 严重损毁 | 洞窟形制属于D类的，均属于此类，好于D类的，根据造像完整评估，主佛严重破损，或者风化后弥漫不清，大部分造像破坏严重 | 擂鼓台北洞 |
| E | 遗迹 | 已经不存在文物本体，但在考古资料帮助下，可以大致辨认出原为洞窟 | |

**表5.11 不同地层岩性本体保护评估表**

| 类型 | 保存完好 | 基本完好 | 损毁中等 | 严重损毁 | 遗迹 |
|---|---|---|---|---|---|
| 凤山组 | 7.21% | 22.95% | 25.57% | 7.87% | 36.39% |
| 崮山组 | 0.00% | 10.53% | 0.00% | 0.00% | 89.47% |
| 张夏组 | 13.14% | 43.20% | 22.25% | 5.80% | 15.62% |
| 徐庄组 | 2.60% | 18.20% | 29.20% | 24.40% | 25.60% |

通过调查可以得到如下结论：

1）石窟保存固然受后期人为作用干预影响（盗凿、破坏、保护工程等），但地质条件是控制龙门石窟保存状态的关键因素（图5.43）。主要控制因素为地层岩性和地质构造条件。

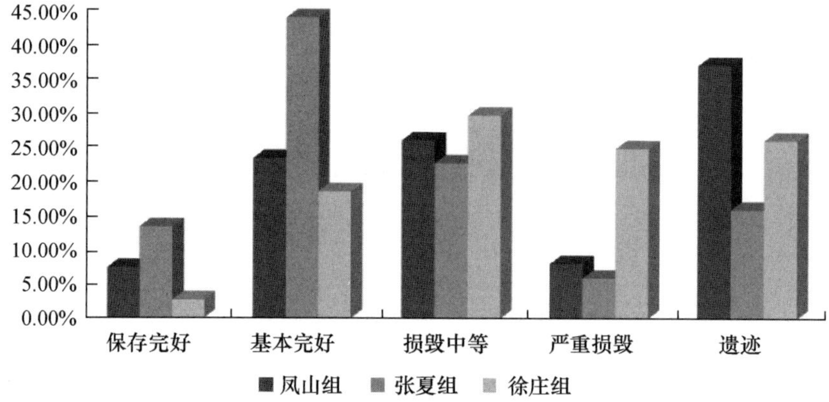


图5.43　不同地层岩性本体保存状态对比图

2）潜溪寺至摩崖三佛段属于层厚很大的白云岩，其岩性有利于岩石抗风化，但是该区域构造影响非常明显，渗水严重，且容易出现岩石碎块状脱落和危岩体。岩石本身抗风化能力高，残留洞窟应加强危岩体治理和渗水治理工作。

3）万佛洞、奉先寺、古阳洞一带，以厚层鲕粒灰岩、白云岩化灰岩为主，是龙门石窟的精华所在。该区域洞窟形制和本体保存比较好，但同样存在比较严重的风险，首先是崖壁陡峭，存在比较严重的整体坍塌破坏风险；其次渗水病害比较严重，虽然尝试性开展过一些渗水治理工作，但系统性不足。

4）皇普公窟、路洞至极南洞一带主要为泥质条带灰岩，岩石本身很差，洞窟形制和本体保存状况一般，自然风化破坏速度是龙门石窟最快区域。因此，该区域应尽快开展如下研究与保护工作：小型洞窟岩体修补、黏结材料、泥质条带灰岩风化机理、灰岩表面防风化等研究工作，同时启动部分洞窟渗水病害治理、松动块石加固工程等项目。

### 3. 龙门石窟地质灾害调查研究

除了洞窟雕像保存状况调查之外，龙门石窟目前正在进行区域地质灾害调查的研究工作。在龙门石窟区域，地质灾害造成的洞窟渗水病害、风化、岩体稳定性、山体滑落、溶蚀等病害严重威胁着文物的安全，对洞窟造成长期的破坏；另外，龙门石窟每年的游客量居于全国石窟之首，地质灾害造成的岩体开裂、脱落时有发生，对密集游人的安全形成了严重的安全隐患。通过全面调查和评估龙门石窟地质灾害的状况，可以为我们编制龙门石窟地质灾害防治工程方案，做好地质灾害的预防和防护提供有力支持。

（1）地质灾害勘察

主要在已有研究工作基础上，对龙门石窟区域进行更为详细的地质灾害调查，绘制1：500的高精度岩石地层剖面图，绘制1：500工程地质立面图。对地质灾害相关的危岩体进行调查，绘制危岩体剖面图，并对危岩体进行稳定性分析。对松动块石进行调查，并绘制相关图件，总结该区域的地质灾害状况。

（2）地质灾害调查

对龙门石窟的地质灾害相关因素岩体裂隙、岩溶、山体滑塌、水文地质、风化、渗漏水等进行详细调查，按照不同岩性进行岩石的矿物成分、化学成分、物理性质测定，结合不同岩性分布区域的裂隙发育同岩溶状况和发育程度的控制关系，建立岩石地层数据资料数据库，评估地质灾害发生规律和破坏性。

（3）地质灾害调查研究

根据前期调查成果，可以科学高效地圈定龙门石窟地质灾害发生的危险区域及其诱发因素，了解地质灾害在龙门石窟的发展演化过程。充分调查掌握龙门石窟地质灾害的分布和发生规律，将为龙门石窟地质灾害的综合治理提供科学有效的支持，通过分析和研究，编制科学有效的龙门石窟地质灾害防治方案，指导龙门石窟地质灾害治理工作，最大限度减小地质灾害的影响。

### 4. 龙门石窟的保养维护

《中国文物古迹保护准则》第29条明确说明：日常保养是及时化解外力侵害可能造成损伤的预防性措施，适用于任何对象。石窟寺也像其他文物一样，保护要从预防做起，保养维护是预防性保护理念的根本体现。

龙门石窟的保养维护工作的主要内容包括：

1）危石积尘清理，坚持制度化的杂草危石清除、积尘清扫工作。及时对杂草进行清理，消除杂草灌木对洞窟雕刻品以及围岩的自然破坏作用；对窟内体量较大的佛像表面进行积尘清扫，避免其带来的吸湿、板结、吸附有害气体以及视觉改变等问题。

2）保护设施的维护，对已有窟檐、雨篷平台进行保养维护，排水沟清理与修补等，确保其发挥作用。近年来主要对宾阳洞、摩崖三佛的雨篷、石牛溪保护窟檐平台进行了清理、裂隙灌浆加固封堵、重新铺设防渗层等保障措施；对潜溪寺、奉先寺顶部等排水沟进行定期清理碎石、砌补加固边坡、修补挡水墙等措施。

3）露天雕刻品及其围岩的保养维护，龙门石窟仅西山南北长1km，洞窟分布在几米到数十米的岩壁上，现有栈道虽能通达主要洞窟，但要做到对每个洞窟的经常性检查仍比较困难。有计划地、分区段搭设脚手架对石窟进行细致检查，相应地对发现的问题或隐患利用成熟的技术手段进行及时的处理，主要包括：表层裂隙封堵、灌浆加固；小体量危岩体黏结归位；对露天碑刻进行试验性的保护和展示；对坍塌窟龛的顶、底部的必要部分进行试验性修补，保护窟内雕刻品。已经维护处理过的区段如西山的摩崖三佛区域、莲花洞区域、奉先寺区域、极南洞区域，东山的二莲花洞区域等效果良好（图5.44）。

图5.44　露天雕刻品的保养维护

通过这些工作，积累了一定的经验，也遇到了一些疑惑和问题：如何建立一套“保养维护的标准化操作规范”；保养维护工作内容的取舍问题；保养维护如何与其他保护工程有机结合起来等。这些问题还有待于进一步思考和实践。

## （二）龙门石窟预防性保护存在的问题

### 1. 石窟寺的监测问题

监测体系已经初步建立，开展了文物本体保护状况、文物环境的连续的、系统性的监测，监测的技术和方法上也有所创新，并在此基础上开展了一些病害机理、工程效果等与监测相关的研究，但是整体监测体系的运行远不成熟，甚至有些问题才刚刚显现，比如监测项目的目的性、有效性问题，表现在有些项目的针对性不强；监测结果的解读、使用问题，震动监测的数据量大，专业性强，解读困难，风化监测的周期长，表征有难度；监测标准的制定滞后，预警值界定有待进一步的研究；监测设备的更新维护是长期的问题，存在人员、资金上的局限。所有这些问题都有待于监测体系在后续的持续运行中逐一研究解决。

### 2. 石窟寺的防护设施有待完善

石窟寺的附属设施作为物理防护手段，相较于化学保护方法安全性上具有优势，如龙门石窟修建的窟檐、导排水沟等，有些附属设施的修建时间可以追溯到开窟的年代，他们沿用至今仍可发挥保护石窟的作用。但是往往因为一些设计上的不足，窟檐等附属设施建设变得困难重重，这些表现在影响洞窟微环境、影响岩体稳定、影响文物景观环境等方面，完全可以通过更加合理、完善的设计来消除或减弱。在龙门石窟风化较严重区段修建窟檐等防护附属设施，防止、减缓区域内文物的劣化，是最直接有效的方式，比如在莲花洞至唐字洞段、千手千眼龛至西方净土变龛、擂鼓台三洞区域段、看经寺区域等区段修建防护附属设施时，只需在修建设计时全面考虑其对石窟文物本体、微环境以及石窟景观等的影响，趋利避害，就可以更好地发挥其保护作用。

### 3. 石窟寺管理层面的保护与控制乏力

石窟寺和环境是紧密结合体，不只是自然环境，人文社会环境对石窟寺的影响也日趋深刻而全面，石窟寺有优质的人文资源，大多石窟寺还地处风光优美的自然环境当中，越来越成为旅游市场的热点，石窟寺从荒郊野外的历史遗迹逐渐成为游客众多的旅游胜地、甚至会逐渐变成城市盆景。龙门石窟在教科书中离城13.5km的距离正慢慢缩短，与城市的界限正变得模糊，早已环绕在城市道路和社区之中。因此从石窟寺的预防性保护角度考量，社会管理层面的任务不容忽视。

## （三）石窟寺预防性保护概念的建立

首先，石窟寺预防性保护概念并不是突然之间产生的，是在抢救性保护工作的经验和积累上发展而来，且抢救性保护与预防性保护是长期并存的一种状态，只不过不同时期会有所侧重。其次，石窟寺预防性保护应当包含技术性保护和管理性保护两个层面，技术性保护是核心，没有这个核心，石窟保护无从谈起；管理性保护是保障，没有足够强有力的保障，石窟保护难以为继。最后，石窟寺预防性保护的各项工作需平衡推动发展。仅从石窟寺预防性保护概念出发，其所涵盖的工作内容应当包括：

1）保存状况调查与评估：掌握石窟寺与赋存环境的现状；

2）石窟寺的监测：连续长期监测相关要素；

3）附属设施的建设和有效性：必要的窟檐、栈道、排水设施的修建和维护；

4）日常维护：石窟寺的日常巡视和保养维护；

5）文物本体病害的及时保护和修复：石窟寺及岩体的保护和修复项目；

6）石窟寺的数字化记录；

7）不可控自然灾害的保护预案；

8）安全保卫：防止人为的破坏；

9）社会环境的管理控制：规划、管理条例等法律层面的控制。

提出预防性保护概念是为了使我们对石窟寺保护面临的目标和任务更加明确。在此基础上建立健全预防性保护工作的框架，其后深入了解石质文物病害的发生、发展及变化规律，制定评价标准，研究不可移动文物风险防范与控制技术，减缓或降低各类风险对石质不可移动文物带来的危害，进而科学构建石质文物风险监测与评估体系，实现对石窟寺保护管理的综合评估、全程管控。

### （四）结语

石窟寺的抢救性保护和预防性保护两个概念都有其积极的实际意义，在一定时期内，两个概念是共存的，在经历过抢救性保护阶段之后，石窟寺预防性保护无疑是更积极的认识和态度，或将是今后石窟保护的主导方向。因此石窟寺预防性保护概念的建立，以及其后的预防性保护体系和风险管理评估机制的建立，将会有力地提升石窟寺科技保护水平。

# 后　记

龙门石窟在历史上经历了大量的保护工作，1993年刘景龙编著出版《龙门石窟保护》一书，记述了从20世纪60年代开始到90年代初实施的“奉先寺保护工程”“五年综合治理工程”等，系统整理了龙门石窟抢救性保护阶段的工程成果，是龙门石窟保护历史的重要记录。2000年后，龙门石窟的保护理念和技术手段不断更新，开展了包括洞窟修复、渗漏水综合治理、遗产监测体系建设、保护技术研究、保护管理规划修订等全方位的保护工作，科技保护水平得到有力提升。本书中收录的工程勘察、设计、施工资料大多来自龙门石窟研究院与中国地质大学、中国文化遗产研究院等单位共同完成的研究成果。编撰此书意在总结梳理近二十年来重大的保护工程项目，汇集成真实档案，为今后龙门石窟的保护提供参考。

本书的出版最重要的起源和动力来自方云教授对我的督促和帮助，方云教授还亲自对全部书稿提出了修改意见，特此致谢！

感谢石窟保护专家黄克忠先生对我和龙门石窟保护工作一贯的关心和支持，黄先生不辞辛劳亲自参与指导了龙门石窟一系列的保护项目。感谢文化遗产保护专家杜晓帆博士、冈田健先生、王金华教授、严绍军博士、刘祥友高工、张兵峰研究员等对龙门石窟保护项目和本书的贡献！

感谢龙门石窟研究院李随森、余江宁、史家珍等历任领导的关心和帮助！

感谢我在龙门石窟研究院的同事马朝龙、高东亮、范子龙、李心坚、杨刚亮、李建厚、赵淑梅等对我的帮助和支持，感谢马朝龙、高东亮、范子龙、李心坚、贺志军、张亚光等为此书提供大量的一手资料！感谢卫婉英、刘轶为书中图片的整理修正！

感谢龙门石窟研究院和科学出版社对此书出版的支持，感谢科学出版社郑佐一老师的辛勤工作！

由于作者水平所限，书中难免有疏漏和不足之处，敬请读者批评指正。

陈建平<br>2022年1月